LE LOISIR ET LA MUNICIPALITÉ

L'HEURE DES CHOIX

PRESSES DE L'UNIVERSITÉ DU QUÉBEC
2875, boul. Laurier, Sainte-Foy (Québec) G1V 2M3
Téléphone : (418) 657-4399
Télécopieur : (418) 657-2096
Catalogue sur Internet : http://www.uquebec.ca/puq/puq.html

Distribution :

DISTRIBUTION DE LIVRES UNIVERS S.E.N.C.
845, rue Marie-Victorin, Saint-Nicolas (Québec) G0S 3L0
Téléphone : (418) 831-7474 / 1-800-859-7474
Télécopieur : (418) 831-4021

Europe :

ÉDITIONS ESKA
27, rue Dunois, 75013, Paris, France
Téléphone : (1) 45 83 62 02
Télécopieur : (1) 44 24 06 94

LE LOISIR ET LA MUNICIPALITÉ

L'HEURE DES CHOIX

par Pierre Gagnon

Presses de l'Université du Québec

Données de catalogage avant publication (Canada)

Gagnon, Pierre, 1944-

   Le loisir et la municipalité : l'heure des choix

   Comprend des réf. bibliogr.

   Publ. en collab. avec : Sodem. Recherche et Développement

   ISBN 2-7605-0867-6

      1. Loisirs – Politique gouvernementale – Québec (Province).
2. Loisirs : – Aspect social – Québec (Province). 3. Loisir – Québec
(Province). 4. Administration municipale – Québec (Province).
5. Changement social – Québec (Province). I. Sodem inc. Recherche
et développement. II. Titre.

GV56.Q4G339 1996   790'.06'909714   C96-940500-6

Note : Dans cet ouvrage, le générique masculin est utilisé dans le but
d'alléger le texte et sans aucune discrimination.

Couverture : Conception graphique, madame Monique Choquette,
Sodem. Communications graphiques

À Céline et à Marie-Ève

Avant-propos

La civilisation du loisir, vision des années 1960-1970, s'appuyait sur une croissance et un développement économique constants : le loisir était censé devenir un droit pour tous.

Le contexte socio-économique des années 1980-1990 s'est révélé bien différent, de sorte que l'accessibilité et le choix en loisir sont devenus un privilège.

Le loisir prend aujourd'hui une signification plus utilitaire et même nécessaire pour des êtres humains pressés par la productivité et la compétitivité ; d'autres subissent l'exclusion du système et ressentent le besoin de réinsertion.

La municipalité, quant à elle, se voit déjà confier pour l'avenir un rôle accru dans la gestion courante de services directs aux citoyens dans des secteurs d'où se retirent les paliers supérieurs de gouvernement, conséquence des difficultés financières et de la mondialisation des marchés. L'Association québécoise des directeurs et directrices du loisir municipal a donc conclu à l'urgence d'une mise au point fondamentale : adapter la vision professionnelle aux réalités d'aujourd'hui et de demain, circonscrire les enjeux du loisir municipal et sa signification, concevoir et corriger l'instrumentation et les modes d'intervention en milieu municipal.

Après avoir produit, en 1970, *Le loisir et la municipalité,* l'AQDLM nous présente en 1995 le deuxième volet : *Le loisir et la municipalité : l'heure des choix.*

Nous avons convenu que, pour bien atteindre nos objectifs, nous avions besoin d'une contribution équilibrée tant de la rigueur universitaire que de la réalité pratique.

Nous avons donc mandaté M. Pierre Gagnon, auteur de l'ouvrage, pour la partie recherche, documentation, analyse et synthèse.

Nous avons créé un comité consultatif formé de praticiens, dont le rôle essentiel a été d'orienter l'ensemble de l'ouvrage quant à son objet, à ses composantes et à ses prémisses. Ce comité était formé de Clément Bergeron, Alvin Doucet, Paul-André Lavigne et André Montpetit.

Nous tenons à remercier principalement M. Pierre Gagnon pour la générosité professionnelle qu'il offre au loisir municipal. Merci d'avoir accepté la démarche, de l'avoir menée à bien et d'avoir fait de notre projet une réalité.

Merci au conseil d'administration de l'AQDLM 1991-1992 qui a cru dans l'urgence de ce projet et qui y a consacré temps, énergie et argent : André Montpetit (Brossard), Jean-Yves Fournier (Amqui), Jacques Pathwell (Buckingham), Claude Langelier (Beaconsfield), Clément Bergeron (Pincourt) et André Lambert (Saint-Hubert).

Pour terminer, nous dédions cet ouvrage à tous ceux et celles qui croient que le loisir en milieu municipal est une nécessité pour la communauté, la famille et l'individu, quelle que soit la signification qu'il prend pour chacun.

Le comité consultatif (AQDLM 1995)

Clément Bergeron	Directeur des services communautaires et du développement urbain, Ville de Pincourt.
Paul-André Lavigne	Directeur du service de loisir et de la vie communautaire, Ville de Beauport;
André Montpetit	Directeur du service de loisir et du développement communautaire, Ville de Brossard.
Alvin Doucet	Directeur du service de loisir, Ville de Sherbrooke.

Remerciements

Je tiens à remercier tout particulièrement l'AQDLM et les membres du comité consultatif de cet ouvrage, MM Clément Bergeron, Alvin Doucet, Paul-André Lavigne et André Montpetit, tous des professionnels engagés du loisir municipal pour le soutien sans équivoque qu'ils m'ont apporté. C'est grâce à eux que cet ouvrage a pu voir le jour.

J'adresse également des remerciements particuliers :

à mes recherchistes et collaboratrices à la rédaction, Mmes Elaine Blackburn, Lise Desaulniers, Guylaine Lavallée et Maryse Paquin ;

à Mmes Diane Dupuis, France Nadeau et Marie-Noëlle Renaud pour la saisie des textes ;

à Mme Martine Corbeil pour la révision linguistique ;

à Mme Monique Choquette pour la conception graphique de la page couverture et de la mise en pages ;

à Mme Pauline Fortier pour son travail d'infographie.

Merci, enfin, au personnel de bureau de Sodem Recherche et Développement et des Presses de l'Université du Québec avec qui ce fut un plaisir de collaborer.

Pierre Gagnon

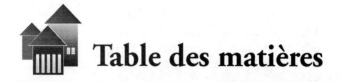

Table des matières

Introduction générale

En 1970, l'Association des directeurs de loisirs municipaux du Québec publiait *Le loisir et la municipalité : guide d'intervention*[1]. Cet ouvrage se voulait, à l'époque, une réflexion de base sur l'ensemble de l'intervention municipale en loisir. Les responsabilités assumées par la municipalité en matière de loisir datant de quelques années à peine, l'ouvrage publié par l'Association des directeurs de loisirs municipaux du Québec se donnait avant tout pour vocation de permettre aux administrateurs municipaux d'alors, conseillers et travailleurs professionnels, d'orienter leur action, de rationaliser leurs décisions, d'améliorer la qualité et l'envergure du produit final de l'intervention municipale et, aussi, de rehausser l'ensemble des services et des programmes de loisir au Québec.

Quelque vingt-cinq années plus tard, cette réflexion de base se montre tout aussi nécessaire. En effet, les contextes culturel, social, démographique, économique et politique dans lesquels évoluent les municipalités ont considérablement progressé au cours des dernières années, et tout indique que les transformations à venir influeront encore davantage sur le sens et les orientations que chacune donnera à son intervention dans le domaine du loisir. Le concept même de l'intervention municipale en loisir est d'ailleurs en mutation.

Sur tous les plans, la société québécoise vit de profonds changements : les conditions de vie en général se modifient et font apparaître des conflits sociaux. Nous vivons également, depuis trois décennies, le passage d'une société

1

polarisée au chapitre des valeurs et des modes de vie à une société de plus en plus stratifiée et éclatée. Or, les inégalités sociales qui en découlent modifient grandement le paysage culturel et social du Québec d'aujourd'hui. Ainsi, les changements dans les types de ménages où vivent les individus amènent de nouvelles formes d'inégalités des niveaux de vie : par conséquent, tous ne peuvent s'offrir le même loisir. Les inégalités entre groupes d'âge s'accentuent ; les personnes les plus âgées (plus de 45 ans) accaparent une proportion grandissante des ressources, tandis que la précarité des emplois augmente chez les jeunes. L'iniquité entre hommes et femmes demeure et s'accentue même en fonction du statut social et économique. Les inégalités entre les groupes linguistiques, anglais et français, diminuent, mais non les clivages entre ces deux entités, d'une part, et les nouveaux immigrants, d'autre part[2].

Cette stratification de plus en plus grande de la société québécoise amène plusieurs problématiques sociales qui s'expriment haut et fort dans l'arène sociale qu'est devenue la municipalité d'aujourd'hui. L'intervention de la municipalité dans le domaine du loisir vit ces phénomènes de changements culturels et sociaux et doit remettre en question ses orientations et ses actions afin de corriger son tir en conséquence.

Sur le plan démographique, le profil du Québec et de ses régions est en transformation. On assiste ainsi à un vieillissement général de la population, mais de façon inégale. Ce vieillissement est, par exemple, plus rapide dans les villes centres et dans les municipalités de petite taille en région. Les banlieues des villes centres attirent les jeunes familles et retardent ainsi, temporairement, le vieillissement de leur population. N'oublions pas non plus que le dépeuplement de plusieurs régions du Québec au profit des grands centres économiques et industriels ainsi que l'immigration modifient encore le paysage sociodémographique des municipalités du

Québec et demandent un rajustement de l'offre de services en matière de loisir.

Sur le plan économique, nous assistons, au Québec comme dans l'ensemble des pays industrialisés, à une restructuration complète, car la mondialisation des marchés entraîne la mort de certaines entreprises ainsi que la rationalisation et la restructuration de celles qui restent. L'état critique des finances publiques et le manque de ressources, peu importe le niveau de gouvernement, exige une intervention musclée afin de réagir et d'apporter des solutions temporaires ou même, à long terme, en vue de corriger les situations engendrées par la crise économique actuelle. Nous assistons en outre à un appauvrissement de certains groupes de Québécois, de sorte que l'écart se creuse de plus en plus entre les riches et les pauvres de notre société. La situation économique est inquiétante pour les consommateurs québécois qui craignent de perdre leur emploi, crainte qui atteint aussi leur pouvoir d'achat. Tous ces phénomènes se répercutent sur l'intervention municipale en matière de loisir : la municipalité doit repenser ses méthodes et améliorer sa productivité si elle veut maintenir la qualité de services en loisir qu'elle offre actuellement à ses citoyens ou encore répondre à de nouveaux besoins dans ce domaine. La baisse de la richesse collective et l'alourdissement de la dette publique obligeront la municipalité à se rabattre sur une gestion de plus en plus rigoureuse des choix collectifs.

Sur le plan politique, le partage des pouvoirs, des responsabilités et des ressources entre les divers paliers gouvernementaux afin de rendre l'intervention plus efficace auprès du citoyen réside au cœur des débats actuels. La municipalité de demain sera appelée à jouer un plus grand rôle dans l'intervention et l'offre de services aux citoyens et ce, malgré la rareté des ressources : la municipalité devra faire des choix et être novatrice dans ses méthodes pour répondre aux besoins.

Dans ce contexte, le concept même d'intervention municipale en matière de loisir vit une mutation et se cherche une nouvelle justification. Quelle place le loisir doit-il occuper aujourd'hui et demain dans l'ensemble des interventions de la municipalité auprès des citoyens ?

Les enjeux sont importants. Ainsi, pour faire face aux changements culturels, sociaux, démographiques, économiques et politiques qui s'imposent d'eux-mêmes, la municipalité devra prendre en charge le développement harmonieux de son propre milieu. Elle devra entreprendre des actions structurantes afin de maintenir la qualité de vie de ses citoyens, et ces actions devront mettre ces derniers au centre de ses préoccupations. Le maintien et l'amélioration du cadre de vie des citoyens sont et demeureront l'essentiel de la mission municipale. Quel rôle peut jouer le loisir dans l'amélioration de ce cadre de vie ? Quelles orientations et méthodes devront mettre au point les intervenants en loisir pour s'adapter à la conjoncture actuelle et future où œuvre et continuera d'œuvrer la municipalité ? Les réponses à ces questions constituent la raison d'être du présent ouvrage.

Notre ouvrage vise les objectifs suivants :

Dresser le portrait de l'intervention municipale en loisir jusqu'à ce jour et en faire l'analyse

Cette analyse de l'intervention municipale en loisir se veut tant descriptive, objective et critique que prospective. La prise en charge, par la municipalité, des responsabilités ou du rôle de maître d'œuvre à l'égard de l'intervention en loisir sur son territoire s'est effectuée graduellement au cours des trente dernières années. Au fil du temps, la municipalité a choisi la mission, l'orientation, les actions et la structure d'intervention en loisir qui lui ont permis de constituer un patrimoine collectif riche d'expériences de toutes sortes, tant en ce qui concerne les services et les programmes offerts ou les équipements mis en place que les alliances établies avec les organismes du milieu. Ces acquis ont trouvé leur justification dans un contexte social et économique qui a évolué et qui continuera d'évoluer. Des interventions qui avaient leur raison d'être auparavant ne se justifient plus nécessairement aujourd'hui ou se justifieront différemment demain. Notre analyse veut donc décrire le cheminement suivi par la municipalité dans ses choix d'intervention en loisir jusqu'à ce jour, puis présenter objectivement le contexte dans lequel ces choix se sont effectués, poser un regard critique sur ces choix et les enjeux dont ils s'assortissaient et, finalement, dégager de manière prospective les nouveaux enjeux et les choix qui se présenteront à la municipalité de demain dans le domaine du loisir.

Cerner les grandes tendances qui influeront sur l'intervention municipale en matière de loisir dans la prochaine décennie

Toute réflexion ou toute analyse n'a de sens que si elle aboutit sur l'action dans l'avenir. Apprendre du passé est une chose ; bien définir ce que sera l'avenir en est une autre. Notre ouvrage portera donc une attention particulière à ce qui change, tant sur le plan de l'environnement culturel, social, démographique, économique et politique dans lequel œuvre la municipalité que sur celui de l'objet même de l'intervention dont il est question ici : le loisir. Nous approfondirons particulièrement les défis que devra relever la municipalité en matière de loisir dans un proche avenir.

Préciser la mission, les rôles et les modes d'intervention de la municipalité en matière de loisir

Quelle mission doit être dévolue aujourd'hui à la municipalité en matière de loisir dans le contexte où nous vivons ou dans lequel nous serons appelés à vivre comme société québécoise ? Comment doit s'harmoniser cette mission avec celle plus globale de la municipalité de demain, compte tenu de ses orientations et de ses ressources ? Dans une approche plus globale et plus harmonieuse d'intervention auprès du citoyen, la municipalité doit relever un défi : celui de la sectorialisation et de la spécialisation de son intervention auprès du citoyen. L'intervention en loisir, dans ces différents secteurs, c'est-à-dire le sport, le loisir, la culture, le sociocommunautaire et même le récréotourisme, doit également être intégrée afin de répondre plus efficacement aux besoins multiples d'un citoyen doté de caractéristiques qui lui sont propres. Le choix d'une mission s'accompagne d'un choix des rôles à jouer. Une attention particulière sera apportée dans notre ouvrage aux rôles que pourra assumer la municipalité dans ses diverses interventions auprès du citoyen dans le domaine du loisir ainsi qu'à l'harmonisation et à l'intégration de ces rôles ou fonctions spécifiques au regard de sa mission. Les modes d'intervention ou les « méthodes » de la municipalité en loisir peuvent être le fruit des décisions qu'elle aura prises afin d'accomplir sa mission et de jouer efficacement les rôles qu'elle se sera donnés en matière de loisir. Ces modes d'intervention seront décrits et analysés dans le présent ouvrage.

Dégager les paramètres de l'intervention professionnelle en loisir au niveau municipal

L'apport de la municipalité dans tous les secteurs de services aux citoyens fait l'objet d'une certaine intervention professionnelle. Le domaine du loisir, tout en s'appuyant fortement sur la participation bénévole du citoyen, n'y échappe pas. Quelle est la place de l'intervention professionnelle dans le champ du loisir municipal ? Vers quelles « méthodes » doit s'orienter cette intervention actuellement et dans l'avenir ? Quelles devront être les connaissances, les compétences et les attitudes des intervenants professionnels en loisir au niveau municipal qui permettront à la municipalité de demain de s'acquitter plus efficacement du mandat qu'elle se sera donné ? Autant de questions auxquelles tentera de répondre le présent ouvrage.

Précisons enfin que cet ouvrage sur le loisir et la municipalité s'adresse à tous les intervenants, élus municipaux, bénévoles, professionnels, formateurs et étudiants qui s'intéressent de près ou de loin à la question de l'intervention municipale en matière de loisir. Il se veut un outil de réflexion sur le sens et les modalités de leurs interventions, actuelles ou futures, auprès du citoyen dans le but d'améliorer son cadre et sa qualité de vie.

Notre ouvrage se divise en trois parties et comporte douze chapitres.

La première partie tracera l'historique de l'intervention municipale en matière de loisir au Québec de 1960 à aujourd'hui.

Elle caractérisera, pour différentes époques, les choix d'intervention par la municipalité dans le domaine du loisir, en regard du contexte social, économique et politique dans lequel elle évoluait. On y découvrira également comment la municipalité a justifié son intervention dans le domaine du loisir au cours des trente dernières années, en tentant, au mieux, de s'adapter au changement. Cette partie comprendra trois chapitres couvrant chacune des trois grandes époques qui ont caractérisé l'intervention municipale en matière de loisir : l'engagement de la municipalité dans le champ du loisir (1960-1975), de la prestation directe de services aux citoyens à la prestation de services aux organismes du milieu (1975-1985) et l'explosion des champs d'intervention de la municipalité, notamment dans les secteurs de la culture et des services sociocommunautaires (1985-1995).

La deuxième partie, quant à elle, traitera de l'intervention municipale en matière de loisir à l'aube de l'an 2000. Elle comprendra quatre chapitres.

Le chapitre quatre fera le portrait le plus exhaustif possible des changements qui s'opèrent présentement dans l'environnement et au sein de l'organisation municipale, ainsi qu'à l'égard de l'objet même de l'intervention dont il est question ici : le loisir. Il dégagera les défis que posent ces changements pour l'intervention municipale en matière de loisir, dans sa quête continuelle afin de répondre aux besoins changeants des citoyens.

La mission et les rôles de la municipalité dans le domaine du loisir feront l'objet du cinquième chapitre. Nous décrirons et analyserons l'ensemble des objectifs de l'intervention municipale aujourd'hui dans le domaine du loisir, les formes de structures d'intervention qui peuvent être mises en place au sein de l'appareil municipal pour en assurer la gestion, les buts visés et les rôles que peuvent remplir ces différentes structures dans l'offre de services au citoyen, ainsi que l'intégration de l'organisation du travail au sein de l'appareil municipal en vue d'une intervention moins « éclatée » auprès du citoyen.

Les modes d'intervention de la municipalité auprès de ses citoyens et avec eux dans le domaine du loisir et dans ses différents secteurs d'activité, le loisir, la culture, le socio-communautaire et le récréotourisme, seront abordés au sixième chapitre. Les avantages et les inconvénients des divers modes d'intervention à la lumière des programmes et des services à offrir, des espaces à aménager et des équipements à mettre en place dans les différents secteurs d'activité pour y répondre y seront aussi décrits et analysés. Nous dégagerons les contraintes à respecter et les objectifs poursuivis par chaque mode d'intervention afin d'éclairer le choix d'un modèle d'intervention de la municipalité auprès de ses citoyens et avec eux.

Le septième chapitre portera sur le partenariat que la municipalité peut établir avec les organismes du milieu et ses citoyens en rapport avec son intervention dans le domaine du loisir. La définition du développement communautaire comme approche privilégiée pour un véritable partenariat et ses conséquences pour la municipalité, les diverses formes que peut prendre ce partenariat avec les organismes et les citoyens, sa concrétisation dans des politiques de reconnaissance et de soutien de même que dans des protocoles d'entente y seront tour à tour décrits et analysés afin de permettre à la municipalité de faire, encore ici, les choix qui s'imposeront.

La troisième partie, quant à elle, traitera plus particulièrement des actions directes que la municipalité peut entreprendre en matière de loisir. Elle comprendra cinq chapitres.

La description du processus général d'élaboration, de gestion et d'évaluation des politiques municipales en matière de loisir fera l'objet du huitième chapitre. Énoncés d'orientation et guides pour l'action, les politiques constituent un instrument privilégié de la municipalité dans ces choix d'intervention. Nous illustrerons dans ce chapitre le contenu de diverses politiques dont peut se doter la municipalité dans divers champs d'intervention (loisir, culture, sociocommunautaire, récréotourisme) ou auprès de certaines clientèles spécifiques (les jeunes, les personnes âgées, la famille, etc.).

Le neuvième chapitre abordera la mise en marché des services en matière de loisir, de culture, de services sociocommunautaires et de récréotourisme offerts directement par la municipalité à ses citoyens ou, indirectement, par l'intermédiaire d'organismes partenaires. Nous cherchons particulièrement dans ce chapitre à cerner les caractéristiques des services offerts et leurs conditions de mise en marché dans le contexte municipal. En tant que producteur ou producteur-associé des services aux citoyens, la municipalité doit, dans le domaine du loisir comme dans tout autre secteur d'intervention auquel elle participe, s'assurer que ses services répondent aux besoins des citoyens et les rejoignent véritablement. La rentabilité sociale et économique de son intervention dans le domaine du loisir et ses différents secteurs d'activité résideront au cœur des préoccupations de ce chapitre.

La planification et la gestion des espaces et des équipements feront l'objet du dixième chapitre. Les rôles, les pouvoirs et les limites de l'intervention municipale en matière de planification et de gestion des espaces et des équipements à caractère récréatif, culturel, communautaire et récréotouristique seront décrits et analysés en fonction d'une rationalisation des choix collectifs et d'une meilleure réponse aux besoins des citoyens. Les formes de partenariat que peut établir la municipalité dans le contexte actuel avec d'autres intervenants pour la mise en place et la gestion d'espaces et d'équipements au service de la communauté y seront abordées et discutées.

L'intégration de l'intervention de la municipalité en matière d'offre de services aux citoyens et en matière de partenariat avec ces derniers et les organismes du milieu sera traitée au onzième chapitre. Nous examinerons l'importance de la gestion des choix collectifs visant l'amélioration du cadre de vie que les citoyens veulent ou peuvent s'offrir afin de redistribuer et de rationaliser les ressources collectives, ainsi que les processus décisionnels à mettre en place pour y arriver.

Le douzième et dernier chapitre portera sur l'intervention professionnelle municipale dans le domaine du loisir. Nous y tracerons l'historique et le portrait de l'intervention professionnelle municipale dont le loisir est l'objet. Nous définirons les rôles que ces professionnels jouent et seront appelés à jouer dans l'appareil municipal, auprès des citoyens et avec eux. Nous y établirons le profil des connaissances, des compétences et des attitudes que les professionnels de l'intervention municipale dans le domaine du loisir devront posséder pour relever les défis auxquels fera face la municipalité de demain.

En guise de conclusion, nous tenterons de décrire ce que sera l'intervention municipale dans le secteur du loisir en l'an 2000 et présenterons les possibilités et les contraintes de ce champ d'intervention pour la municipalité et qui amèneront celle-ci à faire des choix collectifs, en partenariat avec ses citoyens, pour l'amélioration du cadre et de la qualité de leur milieu.

Notes

1. Association des directeurs de loisirs municipaux du Québec, *Le loisir et la municipalité : guide d'intervention*, ADLM, 1970.

2. Simon Langlois, « Inégalités sociales », dans : Simon Langlois *et al.*, *La société québécoise en tendances 1960-1990*, Québec, Institut québécois de recherche sur la culture, 1990, p. 257-259.

Première partie

L'intervention municipale en matière de loisir : 30 ans de pratique évolutive adaptée au changement

Au cours des trente dernières années, l'intervention en loisir au niveau municipal a évolué et s'est adaptée constamment en fonction des contextes social, économique et politique. Les changements qu'a connus le Québec, comme l'ensemble des pays industrialisés d'ailleurs, durant la deuxième moitié du siècle ont eu une incidence directe sur cette intervention.

Caractérisée par une prise en charge directe de la prestation de services et de programmes aux citoyens dans les années 60, l'intervention municipale en matière de loisir se traduit davantage, 30 ans plus tard, par la mise en place d'un partenariat avec le milieu. Cette progression s'est réalisée graduellement au cours des années, en réponse aux exigences du cadre social, économique et politique qui l'ont amenée à se justifier de nouveau et à modifier ses objectifs et ses modes d'intervention.

Au cours des dernières années, l'intervention municipale en matière de loisir au Québec s'est non seulement adaptée au contexte dans lequel elle évoluait, mais a aussi fortement innové dans plusieurs secteurs, notamment dans celui des relations entre la municipalité et ses citoyens. Elle a su concevoir des modes d'intervention qui ont fait que le citoyen consommateur est devenu, au cours des années, un citoyen producteur et partenaire de la municipalité dans l'amélioration de la qualité de vie du milieu. Non plus axée sur la mise en place de structures, de services et de programmes, l'intervention municipale en matière de loisir est devenue, au fil des ans, davantage centrée sur le citoyen, consommateur et producteur de services.

Nous verrons dans les prochains chapitres comment s'est effectué ce passage ou cette transition marquée par trois périodes : l'engagement des municipalités dans le champ du loisir (1960-1975), des services directs aux citoyens à la prestation de services aux organismes du milieu (1975-1985) et l'explosion des champs d'intervention de la municipalité en matière de loisir (1985-1995).

Pour chacune de ces périodes, nous décrirons le contexte qui prévalait ou qui prévaut encore aujourd'hui. Nous tenterons de comprendre les principaux facteurs sociaux, économiques et politiques qui ont influé sur l'état du loisir organisé au Québec, qui ont justifié l'intervention municipale et qui ont façonné ses objets et ses modes d'intervention. Nous verrons enfin quels acquis en matière d'amélioration de la qualité de vie des citoyens ont fait suite à l'intervention de la municipalité dans le champ du loisir.

L'engagement des municipalités dans le champ du loisir (1960-1975)

C'est graduellement que la municipalité a pris en charge le loisir organisé au Québec au cours des années 1960. Timide à ses débuts, l'intervention municipale en matière de loisir s'est fortement généralisée au début des années 1970 pour couvrir une gamme de plus en plus variée de services et de programmes offerts aux citoyens et ce, principalement dans les municipalités de plus forte taille. L'activité fébrile qu'ont connue les municipalités québécoises à cette époque s'est traduite par la mise en place de structures publiques, commissions ou services de loisirs municipaux, afin de gérer un ensemble de plus en plus complexe de services et de programmes d'activités de loisir destinés aux citoyens. Soulignons également la mise en place d'un réseau d'équipements et d'espaces récréatifs de soutien. Un contexte social, économique et politique justifiait alors ce type d'intervention orientée vers l'accessibilité pour tous.

1. Le contexte

À partir de la situation du loisir organisé au Québec en 1960, nous tenterons ici de décrire les principaux éléments du contexte social, économique et politique qui ont amené la municipalité à intervenir directement dans le champ du loisir.

La situation du loisir organisé

> Dans une perspective historique d'ensemble, nous observons qu'à partir des années 1960, l'État se substitue progressivement à l'Église comme principal agent interne de développement de la société québécoise, non seulement dans le champ du loisir mais également dans les autres secteurs de la vie sociale (éducation, santé, bien-être, etc.). Le fait marquant des années soixante et de ce qu'on a appelé la Révolution tranquille, demeure l'émergence du politique et la construction de l'État du Québec[1].

Le passage d'une intervention cléricale à une intervention laïque dans le champ du loisir a fortement mobilisé les municipalités, qui ont hérité rapidement de ce qui était connu à l'époque comme « l'Œuvre des terrains de jeu » (OTJ). C'est le clergé qui avait pris l'initiative d'une telle organisation :

> Dès les années 1925 ont commencé à se créer, dans les paroisses, de tels terrains de jeu, s'adressant surtout aux jeunes pendant le temps des vacances (par exemple, on mentionne l'ouverture d'un terrain de jeu à Québec en 1929). C'est autour de l'église ou de l'école, ou encore dans un parc, que se déroulaient les activités. Le clergé était même propriétaire des équipements dans de nombreux cas, sinon les autorités municipales acceptaient de bon gré de céder ou de louer à long terme et à un loyer nominal les installations qu'elles possédaient. Ce n'est qu'à partir de 1967, par la nouvelle *Loi des fabriques*, que le clergé aura à se déposséder de ses biens en cette matière.

> Les municipalités ont hérité également à cette époque d'autres initiatives prises par le clergé quelques décennies auparavant et visant la population ouvrière dans ce qu'on appelait alors l'éducation populaire. Les institutions principales du clergé pour atteindre ces fins ont été la « *Ligue ouvrière catholique*, la « *jeunesse ouvrière catholique* », le « *Cercle des fermières* », l'« *Union catholique des femmes rurales* » et les « *Cercles Lacordaire et Jeanne D'Arc* ».

À cela, se sont ajoutés peu à peu des cercles littéraires et diverses associations à buts sportif, intellectuel ou artistique[2].

C'est cet héritage d'initiatives du clergé visant non seulement le repos matériel, le délassement du corps et de l'esprit, mais principalement un objectif éducatif permettant d'élever le niveau intellectuel du peuple et sa moralité, qui a constitué la première matière à intervention de la municipalité dans le champ du loisir.

La municipalité a également bénéficié d'initiatives prises par les institutions scolaires dans le champ de l'éducation physique et du sport au début des années 1960. C'est alors que sont apparues les sciences de l'activité physique amenant l'école, sur tous les plans, à intervenir dans des programmes d'éducation physique intégrés à l'apprentissage scolaire tout en favorisant la mise en place de programmes sportifs parascolaires.

Cette intervention des institutions scolaires dans le champ de l'activité physique et du sport a rapidement exercé une pression sur la municipalité pour que celle-ci prenne en charge la création des activités sportives pour lesquelles existait alors une forte demande. On peut comprendre ainsi pourquoi les premiers professionnels municipaux en loisir ont été principalement des éducateurs physiques issus du réseau de l'éducation.

À partir d'une concertation entre la municipalité, l'Église et les institutions scolaires, l'offre de programmes et de services à la population en matière de loisir et de sport est rapidement devenue l'apanage de la municipalité, qui semblait avoir alors plus de ressources physiques, financières et humaines pour les gérer. Le personnel professionnel et rémunéré, et non pas des bénévoles, prit l'initiative du développement et de l'organisation de l'offre de programmes et de services en loisir.

Outre les pressions exercées par son milieu pour la prise en charge du loisir organisé, la municipalité a subi, à la même époque, des pressions externes qui l'ont contrainte à s'engager davantage.

Pendant les années soixante, les animateurs professionnels et les associations volontaires s'entendent pour reconnaître que le loisir ne relève plus exclusivement d'une responsabilité publique.

L'État doit intervenir pour garantir le droit au loisir à tous les individus. Pour ce faire, il se doit d'assurer un minimum de services récréatifs à tous les niveaux : local, régional et provincial[3].

L'exercice de cette responsabilité publique en vue de faire respecter le droit au loisir des citoyens a engendré au Québec la mise en place de structures d'action à tous les niveaux, la création de services administratifs, de mécanismes de réglementation, de législation et de contrôle qui ont donné naissance aux institutions qu'on connaît aujourd'hui, dont la non moins importante municipalité comme maître d'œuvre du loisir.

Ainsi, dès 1962, le gouvernement québécois a créé un comité d'étude sur les loisirs, l'éducation physique et les sports pour faire le point sur la situation du loisir au Québec et sur les intervenants susceptibles d'en faire la promotion. Par suite des recommandations de ce comité d'étude, l'État pose les premiers jalons d'une organisation publique du loisir. En effet, il crée en 1965 le Bureau des sports et des loisirs, service administratif rattaché au nouveau ministère de l'Éducation, qui devient par la suite, en 1968, le Haut-commissariat à la jeunesse, aux loisirs et aux sports.

L'intervention de ces deux entités est importante dans la restructuration du loisir au Québec, car, n'intervenant pas directement dans le champ du loisir mais plutôt indirectement par l'octroi de subventions de plus en plus importantes, ces organismes ont entraîné la mise en place de structures organisationnelles de loisir à tous les niveaux. À l'échelle municipale notamment, les programmes d'aide gouvernementale à l'embauche d'employés permanents en loisir ont contribué grandement à l'implantation de services municipaux de loisir au Québec.

On assiste alors à la création de la Confédération des loisirs du Québec, regroupant l'ensemble des associations et mouvements de loisir dans trois secteurs : le sport en 1968, le socioculturel en 1969 et le plein air en 1972. L'action de cette confédération, avec l'appui financier de l'État, a provoqué à son tour la mise en place de structures de services et de programmes provinciaux, régionaux et locaux. Sont apparus alors au niveau provincial les fédérations de sport et de loisir, puis, au niveau régional, les « Conseils régionaux du loisir » et les associations régionales de sport et de loisir ; enfin, il y a eu au niveau local les « Commissions municipales de loisir », les « Services municipaux de loisir » et, dans les municipalités de plus petite taille, les « Comités locaux de loisir », tous agissant en collaboration avec une foule d'associations locales de sport et de loisir.

L'intervention indirecte de l'État et l'apport des institutions de loisirs provinciales, régionales et locales ont créé une pression grandissante sur la demande de services et de programmes en loisir, forçant donc la municipalité à intervenir davantage sur le plan du loisir, dans son milieu, c'est-à-dire là où se déroulent principalement des manifestations de toutes sortes.

Dès la fin des années 1960, et plus fortement au début des années 1970, se sont créés au Québec, surtout dans les municipalités de plus grande taille, les services municipaux de loisir. Les municipalités confirmaient ainsi leur engagement et leur responsabilité directe dans ce nouveau champ de services à l'intention des citoyens. En réponse à la demande, ces services municipaux ont conçu et adapté leur structure organisationnelle afin de répondre à des besoins de plus en plus variés provenant des citoyens et des organisations de loisir du milieu.

L'intervention de la municipalité dans le champ du loisir s'est appuyée sensiblement durant cette période sur les services de professionnels en loisir chargés de dispenser ses services et ses programmes à la population. L'Association des directeurs de loisirs municipaux, créée en 1965, avait choisi d'intervenir publiquement pour la promotion de principes et de valeurs qui devaient, petit à petit, cimenter cette nouvelle profession.

Le contexte social

Au plan social, deux ensembles de facteurs ont influencé la municipalité au cours de la période 1960-1975 dans son intervention en matière de loisir : des changements sur le plan des valeurs relatives au loisir et des transformations sociodémographiques.

La conception du phénomène du loisir et de son rôle dans la société, tant chez les intervenants que les individus, a considérablement évolué au cours de la période. D'une vision instrumentale du

QUELQUES JALONS HISTORIQUES

1943   Création du premier service municipal de loisir : le Service de la récréation et des parcs de la Ville de Montréal.

1946   Création de la Confédération des œuvres de terrains de jeu du Québec.

1960-61   Modifications de la *Loi des cités et des villes* permettant aux municipalités de conclure des ententes avec « toute commission scolaire, institution d'enseignement et toute autorité religieuse » pour concevoir en commun des projets et des programmes de loisir et aider à l'« organisation de centres de loisir et de lieux publics de sport et de récréation ».

1962   Création par le gouvernement du Québec d'un comité d'étude sur les loisirs, l'éducation physique et les sports.

1965   Création du Bureau des sports et loisirs rattaché au ministère de l'Éducation du Québec.

1965   Création de l'Association des directeurs de loisirs municipaux du Québec.

1967   Modification de la *Loi des fabriques* signalant le retrait de ces dernières de l'administration de tous biens pouvant servir aux fins de loisir.

1968   Publication de la Déclaration de Montmorency : *Le loisir défi d'aujourd'hui* par l'Association des directeurs de loisirs municipaux du Québec.

1968   Création du Haut-commissariat à la jeunesse, aux loisirs et aux sports en remplacement du Bureau des sports et des loisirs.

1968   Création des conseils régionaux de loisir.

1969   Mise sur pied d'un programme de formation professionnelle en récréologie à l'Université du Québec à Trois-Rivières.

1969   Mise sur pied d'un programme de formation professionnelle en techniques de loisir au Cégep de Rivière-du-Loup.

1970   Diffusion de l'ouvrage de l'ADLM sur *Le loisir et la municipalité.*

1974   Création du Conseil québécois de la jeunesse, des sports et du plein air.

loisir, ce dernier servant à atteindre certaines fins, on est passé au loisir comme fin en soi.

En raison de l'intervention cléricale en matière de loisir qui a caractérisé le loisir organisé au Québec jusqu'au début des années 1960, les intervenants en loisir ont hérité, selon Pronovost, d'une hiérarchie des formes et des fonctions de loisir qui en a cristallisé les valeurs. Voyons cette hiérarchie.

> Au bas de l'échelle, pourrait-on dire, se situe le rôle du loisir dans la simple reproduction physique de la force de travail, et aussi dans la conservation de la santé. Pour le travailleur, il s'agit de se reposer, de ne pas tendre son corps jusqu'à la rupture ; on parle de « la récupération des forces perdues sur le champ du labeur ». Pour les jeunes, il s'agit de se maintenir en forme et en santé, notamment par les activités de plein air, par les jeux et par les sports. Il est à noter que le sport comme tel n'a pas semblé être considéré outre mesure, on lui préférait des jeux et des compétitions anodines. Le principe était l'adage « une âme saine [sic] dans un corps sain », l'accent étant surtout mis sur l'âme. Quant à ce qu'on appelait alors la « culture physique », ancêtre de « l'éducation physique » actuelle, une certaine crainte du corps – typique de la morale chrétienne alors en usage – en a fortement ralenti le développement.
>
> Vient ensuite la fonction intellectuelle du loisir. Par le loisir, l'homme peut développer ses facultés de l'esprit, notamment grâce aux bonnes lectures et à la réflexion. Il est intéressant de constater que le loisir est véritablement perçu comme le prolongement de l'école, et qu'il peut ainsi faire œuvre de formation personnelle et de développement de la personnalité.
>
> Comme il se doit, le loisir a aussi une fonction morale, qui a pour objectifs la formation proprement chrétienne des enfants et des hommes, notamment grâce à l'instauration d'un contexte et de pratiques spécifiques. Il s'agit soit de distraire ou de détourner les enfants et les adultes de la paresse, de l'oisiveté et aussi des embûches du péché, soit de les mener à une vie plus chrétienne. Les manuels ne manquent pas d'ailleurs, qui se font fort de fournir des exemples appropriés : temps de prière ou de contemplation, utilisation du jeu aux fins de rappel de la morale chrétienne, semaines mariales ou missionnaires sur les terrains de jeux, chants religieux, etc. (on écrit même que la prière et la contemplation sont partie intégrante du loisir).

Et enfin, la plus haute des fonctions du loisir est sa fonction surnaturelle : le loisir doit servir les fins de Dieu et de l'Église : christianiser le monde, étendre le règne divin sur la terre, assurer le salut des âmes[4].

À cette conception religieuse instrumentale du loisir va succéder rapidement une nouvelle idéologie professionnelle axée sur la modernité et le droit au loisir. L'idéologie du droit au loisir signifie, selon Levasseur, « [...] le droit des Québécois, en tant qu'individus, de participer à la civilisation industrielle et à ses bienfaits, entre autres, à la civilisation des loisirs. Le droit au loisir devient un droit social, au même titre que le droit au travail, à l'éducation et à la santé que l'État moderne doit garantir[5] ».

L'urbanisation et l'industrialisation de la société québécoise ont eu pour effet positif de réduire le temps de travail, défini comme du temps contraint et obligatoire, et donc d'accroître le temps libre consacré à des activités de loisir. Le Comité d'étude sur les loisirs, l'éducation physique et les sports concluait, comme suit, ce propos, en 1964, dans ses recommandations d'ordre général :

1. Les loisirs occupent dans notre vie une place importante. Ils sont devenus un complément indispensable de formation et de culture et un élément essentiel de notre bien-être. En conséquence, l'État du Québec doit reconnaître à tout citoyen le droit aux loisirs et lui assurer un minimum de services récréatifs.

2. L'État ne peut plus tolérer le laisser-aller en matière de loisir, qui encourage l'anarchie et la médiocrité. Les loisirs sont un instrument trop précieux d'expression et d'épanouissement pour les individus et la nation pour qu'on s'en désintéresse. L'État doit donc agir et coordonner, au nom du bien-être commun, l'organisation des loisirs de toute la collectivité.

3. Notre conception actuelle des loisirs doit être modifiée si nous voulons qu'elle contribue vraiment au plein épanouissement des individus et de la nation. Jusqu'à maintenant, nous nous sommes limités à un seul aspect des loisirs : le sport. Comme instrument de formation et de culture, les loisirs englobent plusieurs formes d'activité humaine, soit : la littérature, le théâtre, la musique, la danse, les sciences, les arts plastiques, l'éducation physique et les sports, les activités de plein air et l'éducation populaire en général[6].

À l'instar de l'ensemble des pays industrialisés ou en voie d'industrialisation, le Québec a connu, durant les années 1960, un mouvement progressif de diminution des heures de travail. Un fait marquant de l'époque est l'adoption, en 1965, de nouvelles normes du travail. En effet, le *Code canadien du travail* fixe à 8 heures par jour et à 40 heures par semaine la durée normale du travail, et à 48 heures la durée nationale, pour les entreprises sous compétence fédérale[7]. Selon Pronovost[8], les deux grandes préoccupations sous-tendant les revendications en faveur de la diminution du temps de travail sont l'éducation populaire et le loisir. En matière de loisir, la réduction des heures de travail se justifie par le droit au repos et au divertissement.

Cette diminution du nombre d'heures de travail a eu pour résultat une augmentation du temps libre et, en conséquence, un accroissement de la consommation en loisir ; les statistiques colligées à l'époque démontrent clairement que la portion du budget des ménages affectée au loisir a connu une croissance constante au cours de la période 1960-1975[9].

Au regard de cette hausse du temps libre et de la consommation en loisir, les municipalités ont dû adapter leur intervention en matière de loisir pour répondre aux nouvelles demandes de la population.

Par ailleurs, après l'explosion démographique de l'après-guerre et la fameuse période du baby-boom, le taux d'accroissement annuel de la population québécoise s'est d'abord stabilisé puis a régressé au cours de la période 1960-1975. La population du Québec est passée de 4 millions de personnes en 1950 à 6 millions en 1970. Par conséquent, les ménages comptaient 4,53 personnes, contre 3,5 personnes en 1975[10]. Au cours de cette même période, on assiste à un accroissement de l'urbanisation et ce, évidemment, au profit d'une diminution de la population rurale[11].

Ces mutations sociodémographiques ont eu une influence sur l'intervention municipale en loisir. À titre d'exemple, le boom démographique d'après-guerre a provoqué, au début des années 60, une augmentation considérable du nombre de jeunes. Des programmes de loisir s'adressant à cette clientèle ont donc été mis au point pour répondre à ses besoins. De plus, l'urbanisation sans cesse croissante a favorisé la création de services municipaux de loisir, particulièrement dans les municipalités de grande taille.

Le contexte économique

D'une part, la période 1960-1975 a été témoin d'une croissance accélérée de l'économie. Le taux de croissance annuel moyen qu'a connu le produit national brut (PNB) québécois après la guerre jusqu'en 1974, soit 4,91 % en valeur réelle, a favorisé une expansion significative des richesses produites par l'économie[12].

D'autre part, la « Révolution tranquille » a engendré un accroissement de la capacité financière de l'État. Or, à partir des années 1960, on constate une hausse des dépenses publiques. Les dépenses gouvernementales augmentent à un rythme accéléré et ce phénomène s'accompagne d'une intensification du rôle de l'État par rapport au secteur privé. En 1960, les dépenses totales du gouvernement québécois représentent 564 800 M$. Cinq ans plus tard, le total des dépenses gouvernementales a doublé et atteint 1 282 100 M$. Les dépenses gouvernementales n'ont cessé de croître, se chiffrant à 1 881 100 M$ en 1970[13].

Les autres paliers de gouvernement ont suivi la même évolution : la capacité de dépenser des autorités, tant fédérales ou provinciales que municipales, n'a cessé de progresser durant la période 1960-1975, permettant ainsi une intervention de plus en plus grande de l'État dans tous les champs, économiques aussi bien que sociaux. L'intervention municipale en loisir a bénéficié notablement de cette situation et s'est fortement accentuée.

Durant la même période, le revenu personnel réel par habitant ainsi que le revenu familial n'ont cessé de croître. De 4 775 $ qu'il était en 1961, le revenu personnel par habitant a grimpé de 101,5 % pour atteindre 9 634 $, en dollars constants, en 1975. Le revenu familial, quant à lui, a augmenté plus vite que le revenu des particuliers durant la même période, principalement à cause de la montée des familles à doubles revenus[14].

Cette croissance des revenus, tant personnels que familiaux, conjuguée à la taille plus restreinte des familles, a permis au pouvoir

L'intervention municipale en matière de loisir

d'achat des Québécois en général d'augmenter. Une bonne part des revenus discrétionnaires des individus et des familles a donc pu être consacrée au loisir. Ce pouvoir de dépenser des individus et des familles a exercé une pression à la hausse sur la demande de produits et de services en loisir, demande à laquelle les municipalités ont eu à répondre.

Le contexte politique

Le début des années 1960 marque l'avènement d'un interventionnisme de plus en plus grand de l'État dans tous les secteurs économiques et sociaux ; le champ du loisir n'y échappe pas. Le loisir devenant de plus en plus valorisé par les collectivités, le système politique québécois commence à y affecter davantage de ressources.

Les dépenses nettes du gouvernement québécois dans le secteur de la récréation et de la culture se répartissent comme suit : évaluées à 0,2 % en 1955, les dépenses publiques consacrées à la récréation et à la culture représentent, en 1960, 0,8 % de l'ensemble des dépenses nettes du gouvernement, puis on assiste à une chute en 1965, avec seulement 0,4 %. Toutefois, en 1969, les dépenses du secteur récréation et culture connaissent une remontée en obtenant une part relative de 1,1 %[15].

Notamment par la création du Comité d'étude sur les loisirs, l'éducation physique et les sports en 1962, du Bureau des sports et loisirs rattaché au ministère de l'Éducation en 1965, du Haut-commissariat à la jeunesse, aux loisirs, au sport et au plein air, l'État affirme la volonté d'intervenir de plus en plus dans le champ du loisir[16].

D'autres modifications confirment l'ingérence plus poussée du gouvernement québécois en matière de loisir, telle la création du Haut-commissariat à la jeunesse, aux loisirs et aux sports et puis des conseils régionaux de loisir, en 1968.

En 1973, le gouvernement confirme la reconnaissance du loisir par la nomination d'un ministre responsable du Haut-commissariat au conseil exécutif. Par cette reconnaissance politique du loisir ainsi que par le renforcement administratif du Haut-commissariat, l'État joue un rôle de premier plan dans l'organisation sociale du loisir et non seulement celui d'un simple distributeur de subventions. Toutefois, il n'intervient pas directement dans la mise en œuvre des programmes : il confie cette tâche aux mouvements associatifs qu'il subventionne en grande partie et aux municipalités qui disposent des ressources physiques, humaines et financières nécessaires à l'offre de services et de programmes[17].

Sur le plan local, la valorisation sociale du loisir et l'intervention accrue de l'État ont amené les municipalités à prendre part à la structuration du loisir organisé et à exercer leur pouvoir dans ce domaine. À partir des années 60, le loisir organisé en milieu municipal s'est développé à un rythme accéléré. Grâce à certains programmes adaptés de subvention, le Haut-commissariat a favorisé grandement l'implantation de structures municipales d'intervention en matière de loisir, la création de programmes ainsi que la mise en place d'équipements récréatifs[18].

On assiste également durant ces années à une participation financière croissante des municipalités dans le domaine du loisir. Déjà, en 1964, on signalait que 66 cités et villes de 10 000 habitants et plus consacraient plus de 6 % de leur budget annuel aux services communautaires et récréatifs[19]. Par la suite, au fil des années, les budgets annuels affectés aux services communautaires et récréatifs par les municipalités du Québec augmenteront sensiblement.

La société de type libéral de l'époque 1960-1975 a donc grandement favorisé l'intervention des pouvoirs publics là où un consensus minimal s'établissait autour d'objectifs communs. Il y était question de plus en plus de justice sociale distributive et d'accessibilité pour tous. Le loisir fut donc à l'époque un de ces phénomènes d'où s'est dégagé un certain consensus d'action collective à laquelle la municipalité a participé[20].

2. La justification de l'intervention

Comme nous l'avons vu précédemment, les pressions du milieu, tant internes qu'externes, ont amené la municipalité à intervenir de plus en plus dans le champ du loisir dès le début des années 60. Cette intervention ne s'est pas effectuée dans le désordre, car les professionnels en loisir d'alors ont tenté, au mieux, de rationaliser cette intervention en s'appuyant sur certains principes directeurs. En définissant tout d'abord ce que l'on entendait par « droit au loisir », il fut possible par la suite de mieux cerner les principes qui ont permis à la municipalité d'intervenir directement dans le champ du loisir.

Le droit au loisir

Au cours de la période 1960-1975, le droit au loisir comme droit social de tout individu au même titre que le droit à l'éducation, aux services de santé et aux autres services sociaux devint le leitmotiv des intervenants en loisir de tous les niveaux, y compris du niveau municipal. Au droit proclamé par l'UNESCO à l'article 24 de la Déclaration universelle des droits de l'homme : « Toute personne a droit au repos et aux loisirs [...] », l'Association des directeurs de loisirs municipaux du Québec répondit en 1968 en publiant *Le loisir : défi d'aujourd'hui* [21], déclaration dans laquelle elle précisait ce qu'on entendait par le droit du loisir :

a) Le loisir est un droit fondamental dû à tout homme et, au regard des valeurs qu'il comporte et des conditions de la vie moderne, un droit de plus en plus vital.

b) L'homme a droit à la plus entière sécurité, tant sur le plan moral que physique, dans la pratique de ses activités de loisir.

c) L'homme a le droit d'être initié au loisir, quelque soit son âge ; il a droit d'être informé sur les opportunités de loisir qui s'offrent à lui afin que le choix de ses activités de loisir soit judicieux.

d) Le loisir doit être choisi librement, ce principe de liberté est absolu. Il en découle que l'exercice du loisir doit comporter le moins possible de contraintes et présuppose un choix qui offre le maximum de possibilités. Il en découle également que toutes les formes du loisir doivent être accessibles à tous. Aucune forme de loisir ne doit être l'apanage exclusif d'une élite ou de tout autre groupe en particulier.

e) L'homme a le droit d'être entendu et, par conséquent, il y a la nécessité d'une structure de consultation permettant un dialogue constant entre la population et les organismes privés et publics de loisir[22].

C'est l'expression de ce droit sous ses diverses formes – le droit au loisir, le droit à la sécurité, le droit d'être informé et éduqué, le droit de choisir et le droit d'être entendu – qui a constitué la justification de l'intervention municipale en matière de loisir. Ces principes de base justifièrent le droit d'intervenir directement. Le loisir reconnu comme droit fondamental pour tous sous-entendait que les municipalités, au moyen de leurs services municipaux ou de leurs comités locaux de loisir, avaient le devoir de mettre en place des programmes et des services permettant aux citoyens de s'épanouir et de jouir de ce droit.

L'intervention directe

Afin de permettre la pleine expression de ce droit, l'intervention directe de la municipalité dans le champ du loisir apparaissait alors comme le meilleur modèle d'intervention, qui nécessitait une prise en charge par la municipalité des responsabilités inhérentes à l'organisation des programmes et services de loisir sur son territoire. L'intervention directe de la municipalité en matière de loisir avait pour but d'ouvrir l'accessibilité au loisir, d'en favoriser la gratuité, de contrôler l'utilisation des deniers publics et d'assurer une meilleure qualité de l'intervention auprès des citoyens.

Les professionnels municipaux en matière de loisir d'alors s'appuyaient sur les principes de base dans leur intervention directe auprès des citoyens. Ces principes ont été clairement exprimés dans l'ouvrage publié par l'Association des directeurs de loisirs municipaux du Québec en 1970 et intitulé *Le loisir et la municipalité : guide d'intervention*[23]. Cette justification de l'intervention s'articulait autour des principes suivants : le loisir comme droit, l'accessibilité au loisir, la limitation de l'initiative privée, la nécessité d'harmoniser la conception et la planification des équipements récréatifs avec le milieu urbain, les services professionnels et, enfin, la démocratie. L'encadré présenté dans les pages qui suivent décrit chacun de ces principes.

PRINCIPES JUSTIFICATEURS DE L'INTERVENTION MUNICIPALE EN LOISIR[24]

1. Le loisir comme droit

On pourrait définir un droit comme la garantie qu'une solution est non seulement existante mais accessible face à un problème donné. En ce sens, le loisir est un droit d'autant plus fort qu'il répond à un besoin impérieux.

Car le citoyen urbain qui vit dans un espace restreint et pollué, qui exerce un métier bien loin de lui assurer toutes les dimensions de sa créativité et dont la vie tout entière est accablée de contrôles sociaux et de dirigismes répressifs pour sa spontanéité, n'est pas capable de faire respecter par lui-même son droit au loisir. Si, d'une part, la société l'écrase d'exigences multiples, que ce soit sous la contrainte du bien commun ou à cause des nécessités technologiques assurant notre niveau de vie et rendant le loisir possible, elle doit, d'autre part, lui offrir des opportunités de résorption et d'émergence de l'aliénation qu'elle a engendrée. Or, les services récréatifs municipaux peuvent en être une, à condition de procéder à partir d'une saine philosophie du loisir.

Sans être « une panacée qui vient cicatriser toutes les plaies sociales », le loisir, « en raison de sa capacité de favoriser l'épanouissement de la personne humaine », doit être reconnu socialement et plus particulièrement par les pouvoirs publics comme un droit fondamental de l'individu. À ce titre, qui dit droit dit devoir : ce qui inclut l'idée qu'une municipalité a le devoir de coordonner les moyens dont elle dispose pour réaliser ce droit du citoyen avec le maximum de possibilités de loisir.

2. Accessibilité au loisir

Il n'existe qu'une infime minorité de citoyens qui ont le pouvoir de se donner par eux-mêmes les occasions et les moyens de loisir auxquels ils peuvent aspirer. En créant des facilités pour tous et sans distinction d'âge, de sexe, de religion ou de couleur politique, la municipalité concrétise l'idéal de vie démocratique et assure une meilleure répartition de la richesse dans une société d'abondance.

3. Limitation de l'initiative privée

L'action privée en loisir peut être envisagée comme oscillant entre deux pôles à l'intérieur desquels il y a une infinité de degrés au niveau de la motivation. L'un de ces pôles est celui des organismes et des individus qui s'adressent au loisir comme étant un moyen de répandre les valeurs auxquelles ils adhèrent, ces valeurs étant habituellement parmi les plus hautes et les plus nobles auxquelles un homme peut aspirer. Leur action est prosélytique et ne recherche aucunement les aspects lucratifs d'une situation de loisir.

L'autre pôle est occupé par des individus et des organismes qui traitent le loisir comme un fait commercial et qui offrent des services au public contre une rémunération ou un profit. Il n'y a pas lieu de leur reprocher de fonctionner ainsi, mais de considérer que le loisir, s'il se veut tel, doit être offert inconditionnellement à l'individu qui, en toute liberté, peut déterminer subjectivement sa façon d'en faire usage et même de s'en abstenir. La municipalité comme corps social neutre de toutes motivations, qu'elles soient prosélytiques ou mercantiles, peut offrir le loisir aux citoyens avec « un minimum de contraintes » et un maximum de liberté. Elle n'a en vue que le bonheur de ses citoyens sans leur indiquer comment l'obtenir. Elle se satisfait de leur en fournir les moyens.

4. Nécessité de synchroniser le développement et la planification des équipements récréatifs avec le milieu urbain

La municipalité doit envisager le loisir comme étant vécu par un citoyen ayant une pluralité de besoins. Il est aussi faux de dissocier le loisir du reste de l'existence humaine que d'en séparer la santé et l'éducation. Tout comme il faut éviter de cloisonner ou de compartimenter l'humain, il faut éviter d'isoler les uns par rapport aux autres les services publics qui répondent à ces besoins. La municipalité a déjà le mandat de voir à la sécurité du citoyen, à l'hygiène publique, à la circulation et au zonage de l'espace placé sous sa juridiction. Indirectement, elle fait les pressions requises pour que se mettent en opération les services de santé et d'éducation ; elle est de plus responsable de l'embellissement du milieu vital Elle régit l'établissement des lieux de travail. À tous ces titres se posent à elle des exigences architecturales, écologiques et urbanistiques. Elle a le mandat de coordonner l'ensemble des conditions de vie immédiates du citoyen. À ce titre et par l'ensemble des liens qui unissent le loisir aux autres secteurs de l'existence, elle doit s'en préoccuper au tout premier plan. Elle est placée face au loisir dans une position telle que peu de structures publiques et privées ont la possibilité de donner les mêmes services avec autant de qualité et d'efficacité.

5. Service professionnel

N'ayant ni les limitations des entreprises privées à but non lucratif ni les caractères de rentabilité des sociétés commerciales, elle peut utiliser plus aisément que toute autre organisation des principes de service professionnel à rendre au public. Elle n'engage pas un concierge comme directeur d'un centre de loisir ou culturel ni un simple moniteur comme directeur des loisirs. Il semble que, jusqu'à maintenant, ce soit principalement par l'intermédiaire des municipalités que le professionnel récréologue ait pu acquérir droit de cité au Québec, qu'il ait pu être évalué et traité socialement à sa juste valeur.

6. Démocratie

Étant un corps politique dirigé par des élus du peuple, la municipalité, par sa structure même, se trouve susceptible d'être elle-même contestée de la base par les citoyens, corps intermédiaires et groupes de pression qui la composent si les services qu'elle produit ne sont pas satisfaisants. Les loisirs municipaux n'échappent pas à cette règle et le citoyen a une certaine assurance contre l'arbitraire et la malversation dans l'usage des sommes issues de la taxation et affectées au loisir.

L'action de la municipalité peut permettre l'amortissement collectif de la non-rentabilité financière de certaines activités de loisirs particulièrement valorisatrices qui seraient impossibles ou inaccessibles sans la participation des pouvoirs publics locaux. En répartissant les coûts énormes de certains aménagements dans le temps et sur un grand nombre de consommateurs, la municipalité peut accroître la diversité des possibilités de loisir. Si on considère que chaque individu, dans une situation idéale, pourrait vouloir accéder à un certain nombre de formes originales et particulières de loisir, il faut promouvoir toute action susceptible d'en accroître la vérité. Évidemment, au stade où nous en sommes dans l'établissement d'une civilisation du loisir, les pouvoirs publics sont plutôt appelés à répondre à des formes de loisirs populaires ralliant la participation du plus grand nombre possible d'adeptes. Mais déjà, certaines municipalités sont en mesure d'offrir plus que de simples loisirs de divertissement : des loisirs axés sur l'éducation, la culture et les arts. Or, il semble que dans la situation actuelle, la rentabilité des fores de loisirs ait souvent tendance à s'exercer en proportion inverse de leur qualité en termes de valeur. Lorsque cela se produit, l'action du service public peut rétablir l'équilibre, si cela répond vraiment à un besoin public.

Pour bien exprimer comment les professionnels en loisir municipal de l'époque se sentaient justifiés d'intervenir directement, rien de plus révélateur que la conclusion du chapitre de leur ouvrage portant sur la justification historique de l'intervention municipale en loisir :

> En conclusion, on peut aisément affirmer que l'intervention municipale dans ce domaine est l'une des choses les plus heureuses qui soient arrivées au loisir au cours de l'expansion extraordinaire qu'il prend actuellement. La municipalité, par l'excellence de son apport dans la vie de loisir du citoyen, peut aujourd'hui dépasser le stade des services nécessaires à la survie de la personne en milieu urbain. Elle peut développer, dans la mesure du progrès social, des services axés sur le mieux-vivre, le bien-être, l'éducation et la valorisation de la vie de ses citoyens. Et dans la mesure où nous allons entrer plus avant dans la société d'abondance, c'est ce type de services qui va de plus en plus être perçu par le citoyen comme essentiel à la richesse de son existence[25].

3. Les objets et les modes d'intervention

L'intervention directe de la municipalité dans le champ du loisir a pris trois formes principales au cours de la période 1960-1975 : la création de structures municipales d'intervention, l'implantation d'un réseau d'espaces et d'équipements récréatifs et la création de programmes et de services.

La création de structures municipales d'intervention

Face à ce qu'on appelait à l'époque « le problème des loisirs », les municipalités ont opté, selon le cas, pour une variété de structures d'intervention. La *Loi des cités et villes* et le *Code municipal* qui régissaient alors les municipalités permettaient à ces dernières, de façon très large, de se préoccuper du phénomène et de prendre en charge cette nouvelle responsabilité. La liberté dans le choix des moyens à prendre pour exercer cette responsabilité était totale. C'est donc, dès le début des années 1960, une kyrielle de structures d'intervention qui furent mises en place au niveau municipal. Elles peuvent être regroupées, selon l'Association des directeurs municipaux de loisir, sous trois grands titres : l'organisme à statut indépendant, la formule de partage et le service intégré[26].

a) **L'organisme à statut indépendant** a été le modèle le plus populaire d'intervention municipale en matière de loisir. C'était une façon expéditive de solutionner le problème qui se posait aux municipalités. Connu sous plusieurs appellations dont conseil des loisirs, comité des loisirs, œuvre des terrains de jeux, comité des sports, centre de loisir, etc., cet organisme légalement constitué se voyait confier par la municipalité le mandat d'organiser les loisirs. L'organisme avait la responsabilité de concevoir les programmes, d'établir un budget, de voir à l'embauche des ressources humaines et même, dans certains cas, de réserver des sommes aux fins d'immobilisations. Le seul lien qui unit l'organisme à statut indépendant et la municipalité se trouve dans la subvention annuelle qui est versée par les autorités municipales.

b) **La formule de partage** suppose une intervention plus importante de la municipalité : la corporation municipale conserve à l'intérieur de ses structures la responsabilité et la mise en œuvre des programmes et des services mais en confie l'administration à une commission selon les dispositions de la loi provinciale. La commission municipale chargée de l'administration des programmes et des services est généralement constituée d'un ou de plusieurs conseillers municipaux et de représentants de divers organismes privés ou publics de la ville, c'est-à-dire des représentants des commissions scolaires, des chambres de commerce, des ligues de citoyens, des fabriques, etc.

En vertu du règlement municipal qui les crée, les commissions municipales ont les responsabilités et les pouvoirs suivants : généralement, elles sont responsables des services et des programmes de loisir, de la préparation des budgets, de l'embauche du personnel et des principaux plans de développement. De plus, elles doivent faire rapport au conseil municipal.

c) **Le service intégré** se caractérise par la prise en charge directe, par la municipalité, de toutes les opérations dont s'assortit la prestation d'un service public. Elle constitue d'abord une formule timide d'intervention, mais elle prend rapidement de l'ampleur par la suite. Par cette formule, le secteur du loisir devient un protagoniste à part entière au sein de la structure municipale :

> [...] l'officier municipal titulaire de ce service est directement responsable au Conseil ou au gérant municipal, selon le cas. Les programmes, les services, les projets d'aménagement en espace et équipement aussi bien que les opérations financières sont sous la tutelle directe des autorités municipales sans autre intermédiaire.[27]

Le choix de l'une ou l'autre des formules d'intervention n'a pas fait l'unanimité. On voyait plusieurs avantages et inconvénients à ces diverses formules (voir l'encadré ci-après), mais la taille des municipalités est cependant un facteur de choix important. Ainsi l'organisme à statut indépendant a été surtout l'apanage des municipalités de petite taille, tandis que la formule de partage et, encore plus, le service intégré ont été celui des municipalités de plus grande envergure, ces dernières possédant déjà la structure d'accueil et les ressources voulues pour s'engager plus à fond dans l'intervention directe en loisir.

Les attributions de la municipalité en matière de loisir étaient fortement dépendantes, au début, des moyens financiers et structurels dont elle disposait. Les municipalités de plus grande taille, grâce à leurs ressources tant humaines et organisationnelles que financières, ont pu jouer un rôle beaucoup plus actif que les autres. Au mieux de leurs capacités, les gouvernements municipaux s'étaient donné, si l'on en juge par les pratiques de l'époque, trois fonctions principales[28] :

1. Définir les politiques et les priorités de développement du loisir au regard du bien général de la population et réglementer en conséquence;

2. Mettre en place et suivre les structures de fonctionnement d'un véritable service public en loisir de façon à mettre en œuvre ses politiques;

3. Planifier, aménager et contrôler les ressources collectives applicables au loisir.

AVANTAGES ET INCONVÉNIENTS
DES DIFFÉRENTES FORMULES[29]

L'organisme à **statut indépendant** possède certains avantages. Par contre, comme on le verra plus loin, il comporte son lot d'inconvénients.

Certains assurent :

- que le secteur loisir, ainsi situé en dehors de la structure publique, peut mieux se développer et rester hors d'atteinte des agents de politisation,
- que les citoyens ont plus d'égard envers leur organisme de loisir s'ils peuvent le constituer et le faire évoluer selon leur désir,
- qu'un sentiment populaire de participation et d'intérêt est plus facile à développer et à conserver.

Par contre, d'autres reprochent à cette forme d'organisation :

- d'être limitée dans ses ressources,
- d'être à la merci des circonstances,
- de ne pouvoir assurer la continuité et la stabilité des programmes,
- d'être perçue par le public comme une œuvre charitable,
- d'être retardée dans son évolution par une dépense considérable d'énergie employée à assurer des ressources financières adéquates,
- de ne posséder aucun moyen de contrôle efficace,
- d'être incapable de développer une planification par manque de pouvoir d'emprunt ou de réglementation particulière,
- d'être l'éternel consultant et rarement le centre de décision.

Les corps publics qui optent pour la **formule de partage** semblent avantagés :

- par un certain équilibre entre les forces d'une structure publique et les éléments de participation d'une communauté,
- par une certaine protection contre des restrictions subites,
- par une approche plus intime des problèmes,
- par les sources importantes d'information que sont les représentants des corps intermédiaires,
- par une certaine protection contre la bureaucratie,
- par le sentiment d'avoir une perception mieux éclairée des intérêts et des besoins de la population,
- par l'assurance qu'une décision de groupe est plus riche que celle d'un individu isolé.

La contre-partie affirme :

- que l'efficacité en souffre,
- que les opérations coûtent plus cher à cause des nombreuses étapes à parcourir avant une décision,
- que la richesse d'une action peut être quand même assurée en s'adjoignant un groupe de consultants bénévoles ou rémunérés,
- que des influences extérieures peuvent facilement faire dévier l'organisme de ses propres objectifs,
- que cette formule est vulnérable aux attaques politiques.

Les tenants du **service intégré** démontrent :

- que le développement est plus rapide, continu, et planifié,
- que le secteur loisir atteint plus rapidement un seuil minimum de résonance sociale,
- que ce service devient une fonction municipale traitée au même titre que toute autre,
- que le public reçoit de plus fortes garanties de protection,
- qu'il est plus facile de repérer les failles à cause d'un contrôle administratif plus serré,
- que la possibilité d'être officiellement membre à part entière au sein de l'administration municipale permet d'être présent et exigeant lors du partage annuel des ressources financières,
- que la fonction « parc » se marie plus facilement avec la fonction « loisir ».

Ceux qui renient cette formule apportent les arguments suivants :

- le danger de la bureaucratie est persistant,
- l'éloignement des administrés s'accentue rapidement,
- l'évolution ne dépend souvent que d'un seul homme qui peut ne pas toujours avoir la compétence désirée,
- les besoins réels de la population sont plus souvent devinés que perçus.

L'exercice de ces fonctions se traduisait en objectifs généraux que devait chercher à atteindre la municipalité dans son intervention en matière de loisir. Fortement inspirés de l'idéologie du « droit au loisir », les objectifs généraux de l'intervention municipale directe, pour les municipalités qui en avaient les moyens, s'exprimaient généralement ainsi :

1. Développer les formes de loisir répondant aux aspirations de la population en accordant une priorité à celles qui reçoivent le plus large consensus.

2. Rendre le loisir accessible à tous en desservant tous les groupes d'âge, sans distinction de sexe, de religion, de langue, de race et de classe sociale, ainsi que tous les quartiers à l'intérieur de la municipalité.

3. Déterminer les politiques de loisir pour l'ensemble de la municipalité :

   • à titre indicatif lorsqu'il s'agit de sources de services à l'extérieur du service public municipal;

   • à titre directif lorsqu'il s'agit de ses propres services ou des services d'organismes qu'elle assiste techniquement ou financièrement.

4. Planifier, coordonner et promouvoir tout ce qui est offert comme services en loisir sur le territoire qui est sous sa juridiction, que ce soit par :

   • le système scolaire;

   • les autres niveaux de gouvernements intervenant sur son territoire (ministères);

   • les organismes privés de loisir à but non lucratif;

   • les organismes commerciaux;

   • les corps intermédiaires tels que clubs de service, comité de citoyens, clubs privés de loisir, etc.[30]

C'est au moyen d'une intervention directe qui se voulait de plus en plus forte que la municipalité s'est occupée du loisir au cours de la période 1960-1975. Cette intervention, outre la mise en place de structures à tendances centralisatrices, s'est manifestée également par l'implantation d'un réseau d'espaces et d'équipements récréatifs ainsi que par la mise au point de programmes et de services.

L'implantation d'un réseau d'espaces et d'équipements récréatifs

Toujours inspirée de l'idéologie du droit au loisir accessible pour tous, la planification et l'aménagement d'un réseau municipal d'espaces et d'équipements récréatifs dans les municipalités du Québec a connu une forte progression au cours de la période 1960-1975. Là où le réseau était inexistant ou incomplet, on reconnaît le besoin urgent d'ériger des installations et des équipements sportifs et culturels pour répondre aux besoins communautaires de la civilisation du loisir.

C'est donc à cette période que les municipalités s'engagent dans le développement, l'implantation, l'aménagement et la prise en charge non seulement de parcs de voisinage, de quartier et d'envergure urbaine, mais aussi d'équipements de loisir tels des arénas, des centres culturels et des centres récréatifs. Cet aménagement et cette implantation d'espaces et d'équipements ne se sont pas effectués au hasard : déjà, à l'époque, les municipalités reconnaissaient la nécessité de rationaliser et de planifier en fonction des ressources dont elles disposaient afin de combler au mieux les besoins de leurs populations respectives (voir l'encadré ci-après).

Ces efforts des municipalités et des commissions scolaires dans l'aménagement et l'implantation d'espaces et d'équipements récréatifs sur leur territoire ont grandement bénéficié durant cette période de l'appui des gouvernements supérieurs. Le pouvoir de dépenser de ces derniers a permis à nombre de municipalités de se doter d'équipements récréatifs et culturels que seules, dans bien des cas, elles n'auraient pu se payer. On assiste d'ailleurs à cette époque à un endettement accru des municipalités eu égard à leurs immobilisations en espaces et équipements de loisir.

La mise au point de programmes et de services

L'intervention directe de la municipalité dans le champ du loisir s'est également caractérisée, au cours de la période 1960-1975, par la mise au point de programmes et de services en loisir à l'intention de la population. Afin de permettre l'accessibilité au loisir et le droit de choisir qui sont inhérents à l'idéologie du droit au loisir, il importait

OBJECTIFS DE RATIONALISATION ET DE PLANIFICATION DES RESSOURCES[31]

La municipalité doit également fixer des objectifs et des principes directeurs dans sa façon d'assurer le droit au loisir.

Planification : elle doit viser à créer par un plan directeur l'infrastructure qui intègre et relie ces divers éléments :
- Personnel
- Équipement
- Ressources physiques
- Financement

Recherche : elle doit reconnaître le mieux possible les besoins réels perçus, exprimés ou inconscients, ainsi que les aspirations de la population et des diverses catégories sociales qui la composent.

Consultation participation : elle doit permettre la participation de ses citoyens à l'élaboration de ses politiques, l'aménagement des ressources, l'orientation des programmes, au moyen d'une consultation permanente.

Utilisation maximale des ressources : elle doit veiller à favoriser les divers organismes de loisirs qui œuvrent à l'intérieur de son territoire (qu'ils soient publics, commerciaux ou privés à but non lucratif) afin d'éviter le gaspillage et la compétition ; il lui faut augmenter le rendement social et culturel par une utilisation optimale des ressources naturelles et humaines.

Loisir et aménagement global : elle doit s'assurer que dans l'aménagement et le développement des autres secteurs de l'activité du milieu (routes, moyens de transport, réglementations, éducation, développement économique, etc.), on tienne compte des exigences et des impératifs d'une civilisation du loisir.

Prolongement de l'action municipale : comme responsable du bien-être et du mieux être de sa population, la municipalité se doit de présenter ses besoins prioritaires et ses particularismes auprès des gouvernements supérieures dans les divers ministères qui touchent de près ou de loin au loisir.

Prévision : elle doit tenir compte des besoins futurs prévisibles et prendre immédiatement toutes les mesures pour pouvoir y répondre, en particulier par la préservation et l'acquisition de ressources physiques naturelles.

d'offrir la gamme la plus variée possible de programmes et de services qu'on pouvait se permettre compte tenu des besoins exprimés et des ressources disponibles. Comme l'exprimait l'ADLM en 1970, la municipalité devait, en ce qui concerne les programmes et services de loisir :

> Assurer l'accessibilité au loisir pour tous : sans discrimination d'âge, de sexe, de religion, de classe sociale, etc., en mettant sur pied des services spéciaux pour travailleurs de nuit, handicapés, personnes âgées, familles, etc. sous toutes ses formes : activités physiques, pratiques, de plein air, artistiques, intellectuelles et sociales, étant entendu que cette accessibilité exige un choix et doit reposer sur un éventail d'activités le plus varié possible[32].

La réponse aux besoins des citoyens devait cependant s'effectuer dans un certain ordre. Les ressources dont disposent la municipalité ne lui permettant pas de satisfaire à des demandes illimitées, il fallait user de discernement à partir de certains principes généralement reconnus à l'époque. L'ADLM décrivait en ces termes comment devait exercer ce jugement pour établir l'ordre de priorité dans la programmation d'activités et de services :

> **En termes de priorités, l'on doit :**
>
> - satisfaire les besoins et les aspirations les plus unanimement présents ou exprimés par la population ;
>
> - viser à assurer à l'ensemble de la population la connaissance des moyens d'expression et l'accès réel à la pratique des activités de loisirs, et ne viser au développement des élites qu'en second lieu ;
>
> - réduire les inégalités culturelles dans les activités, les coûts, « l'accessibilité géographique », les périodes de temps libre, etc., tout en conservant un équilibre dans le programme ;
>
> - aplanir les disparités de secteurs en privilégiant les quartiers les plus défavorisés au plan économique dans les secteurs où il y a absence d'équipements personnels ou communautaires de loisirs, trouver les palliatifs souhaitables ;
>
> - mettre sur pied un programme systématique d'éducation populaire ; sensibiliser toute la population aux opportunités de loisirs sous tous leurs aspects, en visant à réduire les écarts entre les élites et les spécialistes, d'une part, les initiés et les profanes, d'autre part[33].

L'atteinte des objectifs de la municipalité en matière de conception de programmes et de services a exigé la mise en place de structures d'intervention. La formation et l'embauche de ressources humaines professionnelles affectées à la planification, à la gestion et à l'animation des programmes, des activités et des services de loisir ont connu une forte progression au sein des services municipaux de loisir, là où les municipalités s'étaient dotées de tels services ou pouvaient le faire. Pour les municipalités de plus petite taille, les employés rémunérés (le plus souvent engagés à mi-temps ou à temps partiel) et les bénévoles principalement se sont aussi multipliés considérablement. Encore ici, les programmes d'aides gouvernementales visant la mise au point de programmes municipaux ne furent pas étrangers à ce phénomène.

4. Les acquis de l'intervention municipale en loisir

Que faut-il retenir l'intervention de la municipalité en matière de loisir durant la période 1960-1975 ? Quels furent ces acquis en matière d'expérience ?

Tout d'abord, il faut souligner la reconnaissance d'une responsabilité de la municipalité dans le champ du loisir. Timides à leurs débuts, se considérant aux prises avec « un problème » dont elles ne maîtrisaient pas les éléments, les municipalités ont rapidement rationalisé leur intervention. Elles se sont aussi dotées de rôles, de fonctions et d'objectifs qui correspondaient aux mouvements et aux idéologies de l'époque fortement orientées vers l'expression du droit au loisir. Cette responsabilisation de la municipalité en loisir sur son territoire représente un acquis d'importance. Cet acquis, même aujourd'hui, n'est pas remis en cause : la municipalité doit toujours jouer un rôle dans ce domaine.

En second lieu, les municipalités se sont munies de structures d'intervention, axées sur une intervention de type professionnel ou bénévole selon leur taille. Ces structures ont permis l'acquisition d'une expertise considérable dans les domaines de la planification, de la gestion et de l'animation de l'offre en loisir sur le territoire municipal. Cette expertise sert encore aujourd'hui de référence dans la coordination des efforts afin d'améliorer le cadre de vie et de mieux redistribuer et rationaliser les ressources collectives disponibles à cette fin.

Les municipalités ont également mis en place au cours de cette période un réseau d'espaces et d'équipements récréatifs qui sert encore aujourd'hui de soutien à l'expression du loisir des citoyens sous toutes ses formes. Ces espaces et équipements, bien que vieillissant et demandant des adaptations régulières, constituent un patrimoine collectif important des municipalités d'aujourd'hui.

Nous verrons dans le prochain chapitre comment l'intervention municipale en matière de loisir a évolué au cours de la décennie suivante (1975-1985).

Notes

1. Roger Levasseur, *Loisir et culture au Québec*, Montréal, Boréal Express, 1982, p. 71.

2. Gilles Pronovost, *Temps, culture et société*, Sainte-Foy, Presses de l'Université du Québec, 1983, p. 189.

3. Roger Levasseur, *op. cit.*, p. 84.

4. Gilles Pronovost, *op. cit.*, p. 187-188.

5. Roger Levasseur, *op. cit.*, p. 74.

6. Haut-commissariat à la jeunesse, aux loisirs et aux sports, *Prendre notre temps. Livre vert sur le loisir au Québec*, Québec, Gouvernement du Québec, 1977, p. 16.

7. Gilles Pronovost, *op. cit.*, p. 176.

8. *Ibid.*

9. Gilles Pronovost, *op. cit.*, p. 208-209.

10. Gary Caldwell, « Tendances démographiques », dans : Simon Langlois *et al.*, *La société québécoise en tendances 1960-1990*, Québec, Institut québécois de recherche sur la culture, 1990, p. 27.

11. *Ibid.*, p. 29.

12. Pierre-André Julien, Pierre Lamonde, Daniel Latouche, *Québec 2001. Une société refroidie*, Montréal, Boréal Express, 1976, p. 133.

13. *Ibid.*

14. Simon Langlois, « Revenus personnels et familiaux », dans : Simon Langlois *et al.*, *La société québécoise en tendances 1960-1990*, Québec, Institut québécois de recherche sur la culture, 1990, p. 431-432.

15. Pierre-André Julien *et al.*, *op. cit.*, p. 134.

16. Gilles Pronovost, *op. cit.*, p. 206.

17. Roger Levasseur, *op. cit.*, p. 88.

18. *Ibid.*, p. 86.

19. Ministère de la Jeunesse, *Rapport sur le comité d'étude sur les loisirs, l'éducation physique et les sports*, Gouvernement du Québec, 1964, p. 22-23.

20. Gilles Pronovost, *op. cit.*, p. 212.

21. Association des directeurs de loisirs municipaux du Québec, *Le loisir : défi d'aujourd'hui,* Montmorency, ADLM, 1968.

22. *Ibid.,* p. 27-33.

23. Association des directeurs de loisirs municipaux du Québec, *Le loisir et la municipalité : guide d'intervention,* ADLM, 1970.

24. *Ibid.,* p. 34-38.

25. *Ibid.,* p. 38-39.

26. *Ibid.,* p. 127.

27. *Ibid.,* p. 130.

28. Centre d'études en loisir, *Plan de développement des services municipaux en loisir à Trois-Rivières,* Trois-Rivières, Université du Québec à Trois-Rivières, 1972, p. 21.

29. Association des directeurs de loisirs municipaux du Québec, *Le loisir et la municipalité...,* *op. cit.,* p. 132-134.

30. Centre d'études en loisir, *op. cit.* p. 23.

31. Association des directeurs de loisirs municipaux du Québec, *Le loisir et la municipalité...,* *op. cit.,* p. 85-86.

32. *Ibid.,* p. 84.

33. *Ibid.,* p. 84-85.

De la prestation directe de services aux citoyens à la prestation de services aux organismes du milieu (1975-1985)

La période 1975-1985 a consacré la municipalité comme maître d'œuvre du loisir organisé au Québec. Si le mouvement interventionniste des municipalités dans le champ du loisir s'est accru et s'est renforcé, il a également subi de profondes transformations. En effet, le ralentissement général de l'activité économique au Québec à la fin des années 1970 et au début des années 1980, comme dans l'ensemble des pays industrialisés d'ailleurs, a causé un choc chez les consommateurs aussi bien que chez les pouvoirs publics. Ces derniers ont été forcés de remettre en question, pour la première fois depuis le début des années 1960, la nature, la qualité et l'envergure de la prestation des services aux citoyens. La question des services dits essentiels commence donc à se poser sérieusement dans ce qui s'annonce comme un début de crise financière pour l'ensemble des autorités publiques.

Pour réagir au phénomène, la présence municipale en matière de loisir s'est caractérisée principalement durant cette période par une transformation des modes d'intervention. Délaissant graduellement l'intervention directe, c'est-à-dire la prestation quasi gratuite de services aux citoyens, la municipalité privilégie désormais les services aux organismes du milieu, qui assument davantage de responsabilités et sont donc appelés à déterminer les besoins des citoyens en matière de loisir et à y répondre. On jette ainsi les bases d'un partenariat avec les citoyens, producteurs et consommateurs de services en loisir. Le contexte social, économique et politique justifiait alors ce type d'intervention appuyée davantage sur une prise en charge du loisir organisé par des organismes issus du milieu.

L'intervention municipale en matière de loisir

1. Le contexte

À partir de la situation du loisir organisé au Québec en 1975, nous tenterons dans la présente partie de décrire les principaux éléments du contexte social, économique et politique qui ont amené la municipalité à intervenir indirectement dans le champ du loisir.

La situation du loisir organisé

La situation du loisir organisé au Québec se caractérise vers le milieu des années 1970 par des inégalités dans l'accessibilité au loisir pour tous allant de la surconsommation de biens et services à la non-accessibilité, par l'expansion accélérée du milieu associatif, la création du ministère du Loisir, de la Chasse et de la Pêche au Québec et l'omniprésence de l'État qui se manifestera jusqu'au milieu des années 1980, ainsi que par une participation plus grande des municipalités en qualité de maîtres d'œuvre du loisir.

Sur le plan municipal, la gratuité des services de loisir en vigueur depuis les années 1960 a favorisé, là où ils étaient dispensés, une surconsommation des services par certaines catégories de citoyens. La gratuité a également contribué à rendre les citoyens de plus en plus exigeants, autant en ce qui concerne la qualité que la quantité des services offerts.

Par ailleurs, malgré le discours entourant la civilisation du loisir, ce qui marque cette période tient à la faible participation aux loisirs organisés par les services publics, la participation passive des Québécois aux diverses formes de loisir proposées par l'entreprise commerciale, de même que l'inégalité de l'accès au loisir. Le *Livre vert sur le loisir au Québec* tirait la conclusion suivante sur la participation des Québécois au loisir organisé :

> En résumé, on peut illustrer schématiquement la situation en disant que notre loisir national consiste à regarder la télévision et que, à part quelques activités de plein air dites populaires, les Québécois participent généralement peu aux loisirs physiques et socio-culturels, la plupart des activités comprises dans ces secteurs étant exercées par moins du cinquième et souvent même par un groupe encore plus restreint de la population. Si l'on étudie les comportements de loisir en regard des groupes d'âge,

on constate que ce sont les activités physiques et sportives, qu'elles soient de plein air ou non, qui sont les plus touchées. En effet, plus les activités sont exigeantes physiquement, plus le phénomène de non-participation s'accentue une fois passée l'adolescence ou dès que les jeunes adultes entrent sur le marché du travail ou prennent de nouvelles responsabilités familiales. En ce qui a trait aux loisirs artistiques et intellectuels, la même tendance se remarque, mais de façon moins prononcée : l'écoute de la radio est toutefois la seule activité qui accuse une légère reprise avec l'âge. Ainsi, même à partir de la retraite, alors que les individus disposent d'un temps libre qui peut être le double et même le triple de celui de la population active, on ne constate pas de regain dans les activités de loisir, même pas parmi les plus sédentaires et les moins créatrices.

Les causes de ces faibles taux de participation sont multiples et de divers ordres : elles sont individuelles et collectives, culturelles et techniques. Parmi ces causes, on a noté en maints endroits : le manque de motivation, le manque d'information et d'initiation, le manque d'habileté, le manque de temps libre ou une mauvaise distribution de ce temps libre, le coût d'acquisition de l'équipement et de la pratique même des activités, la répartition inégale des équipements sur le territoire, les habitudes de vie urbaine, certains préjugés selon lesquels le loisir est essentiellement une récompense méritée par le travail, la difficulté d'accès au vaste territoire québécois, certains handicaps reliés à l'âge, des réticences bien ancrées face à l'effort. Ce n'est pas le lieu d'analyser ici chacune de ces causes, mais leur simple énumération est déjà éloquente et fournit des indices pouvant permettre de découvrir ce qui se cache derrière cette non-participation[1].

Cette faible participation, on l'attribue donc, entre autres, à l'accessibilité inégale des Québécois au loisir.

Sur l'ensemble du territoire du Québec, que ce soit dans les quartiers défavorisés des grandes villes ou dans les territoires isolés, des milliers de citoyens de tout âge et de toute condition n'ont pas accès aux services et aux programmes de loisir. Quand ils peuvent y accéder, c'est, la plupart du temps, sans pouvoir exercer pleinement cette liberté de choix qui distingue fondamentalement le loisir des autres activités humaines.

Jusqu'à présent, notre société s'est peu préoccupée du loisir de certains groupes sociaux, tels les personnes handicapées, les personnes âgées, les détenus, les chômeurs et les assistés sociaux.

L'intervention municipale en matière de loisir

Notre attitude générale face au temps libre de ces groupes tient à une mentalité profondément ancrée qui ne rend éligibles aux loisirs que ceux qui font preuve et acte de productivité économique. Notre société se comporte comme si les personnes qui appartiennent à ces groupes ne devaient consacrer leur temps, et ils en ont, qu'à méditer sur leur malheur, sur leur malchance et sur l'inéluctable fin de tous les mortels[2].

On dénote également une exploitation commerciale sauvage du loisir qui se manifeste sous trois facettes :

[...] celle de l'exploitation du consommateur par l'intermédiaire d'une publicité qui a pour effet de freiner la participation, d'accélérer l'aliénation et de reproduire, dans le domaine du loisir, des différences socio-économiques injustes [...] ;

[...] le phénomène ... qui consiste à associer directement les bienfaits de la détente et des activités de loisir à la consommation de la cigarette, des boissons gazeuses et surtout de la bière, ou même l'achat de gadgets de tous ordres [...] ;

[...] La grande majorité des spectacles sportifs sont des produits d'entreprises commerciales dont le but est de tirer profit de la popularité de ces spectacles (hockey sur glace, base-ball, football, lutte, boxe). [...] La faveur populaire détermine la rentabilité de l'entreprise [...][3].

À cet effet, le *Livre vert sur le loisir au Québec* concluait :

Face à ces diverses formes d'exploitation, les responsables de l'organisation et du développement de ce domaine d'activités, tant du secteur public que du secteur privé, demeurent encore beaucoup trop silencieux. Aucune riposte vraiment énergique et concertée n'est venue de tous les partenaires qui proclament pourtant bien haut les idéaux de participation, de démocratisation et d'accessibilité au loisir[4].

Dans le monde du loisir organisé en général, on dénote cependant que les besoins sont immenses et les ressources limitées. Au chapitre des ressources humaines, on relève certaines difficultés qui ont une influence sur la qualité des services : les statistiques démontrent par exemple que les ressources bénévoles occupent une part importante de l'intervention en loisir. Or, bien qu'on doive reconnaître l'apport des travailleurs non rémunérés dans le secteur du loisir, ils présentent certaines lacunes, notamment le manque de formation, l'ambiguïté des rôles et des statuts ainsi que les relations difficiles avec les professionnels du loisir[5].

En matière de ressources physiques, on dénombre sur le territoire québécois une gamme variée d'équipements et d'espaces de loisir exploités en grande partie par les autorités fédérales et provinciales, les municipalités et les commissions scolaires. Par contre, on remarque des inégalités dans la répartition spatiale des équipements. Ainsi, les régions urbaines à haute densité d'occupation sont beaucoup mieux nanties en équipements au point de vue de la quantité et de la qualité[6].

Quant aux ressources financières, il faut bien l'admettre, le domaine du loisir bénéficie d'une part relativement faible des budgets individuels et collectifs, quoique cette proportion ne soit tout de même pas négligeable ; on signale également des disparités entre les municipalités. Cependant, la principale difficulté des ressources financières consacrées au loisir réside dans la multiplicité d'instances et dans l'articulation des sources de financement qui relèvent d'un grand nombre de paliers. Les structures du loisir au Québec sont donc jugées complexes et truffées de dédoublements[7].

Au niveau local, l'intervention en loisir relève de divers acteurs : la municipalité, les organismes privés à but non lucratif et lucratif ainsi que les commissions scolaires. À l'échelle régionale, il existe une foule d'organismes communautaires offrant des programmes dans divers secteurs. On retrouve également des organismes de services, tels les conseils régionaux de loisirs et les associations sportives régionales, qui n'interviennent pas directement dans l'offre de programmes mais s'occupent de la promotion et du développement du loisir. De plus, par ses ministères, l'État se réserve un pouvoir régional de nature directe et indirecte.

Les années 1970, et plus fortement encore le début des années 1980, sont ainsi marquées par le développement de la vie associative dans le champ du loisir. Dans un premier temps, les interventions de l'État visant la mise en place de structures provinciales et régionales dans les secteurs du sport, du loisir socioculturel et du plein air (fédérations et associations régionales) ont entraîné à leur tour la création d'associations et de clubs de loisir au niveau local. Dans un deuxième temps, le souci des municipalités de favoriser la prise en charge du loisir par des organismes issus du milieu a contribué fortement à l'essor du mouvement associatif dans tous les secteurs d'intervention du loisir. Ainsi, la vie associative en loisir qui s'est manifestée dans ce domaine durant la période 1975-1985 est davantage le fruit des volontés politiques des gouvernements que d'une réelle initiative des citoyens.

Au niveau provincial, l'absence d'une politique globale d'orientation du développement du loisir a amené des déficiences dans le système de distribution des services de loisir. S'en est suivi le cloisonnement des secteurs et un manque de communication entre les diverses instances. De plus, la multiplicité des intervenants publics et l'insuffisance des mécanismes administratifs illustrent la position pour le moins confuse de l'État en matière de loisir[8].

Par ailleurs, l'intervention grandissante du gouvernement fédéral dans le champ du loisir a causé des dédoublements de compétences et un gaspillage des deniers publics. Le fédéral s'est immiscé dans tous les secteurs du loisir par la création de plusieurs programmes relevant de divers ministères malgré la présence du Québec[9].

Avant 1976, les principales structures gouvernementales mises en place dans le secteur du loisir au Québec furent le Haut-commissariat à la jeunesse, aux loisirs et aux sports, le Conseil québécois, les conseils régionaux de loisir ainsi que diverses autres institutions publiques. En 1976, l'arrivée au pouvoir du Parti québécois marque une nouvelle étape dans le développement du loisir au Québec[10].

À partir de 1976, l'intervention de l'État se traduit par une politique de mobilisation : il entend prendre en charge le développement et le contrôle du loisir en fonction de ses propres objectifs. Les associations et les institutions publiques deviennent non plus des dirigeants, mais des partenaires de l'État[11].

Le nouveau rôle de l'État, principal responsable du développement du loisir, l'amène à établir une série de procédures administratives et législatives. C'est ainsi qu'on assiste en 1979 à la création du ministère du Loisir, de la Chasse et de la Pêche. Bien que le monde du loisir fasse la promotion d'un tel ministère depuis le début des années 60, les réticences provenaient, contrairement à ce qu'on peut croire, autant de l'intérieur du gouvernement que de l'extérieur[12]. La valse-hésitation qui a duré plus de 15 ans n'entourait pas la création du ministère mais bien plus la structure la plus souhaitable de cet éventuel ministère ainsi que le mandat qu'il y avait lieu de lui confier[13].

La naissance du ministère devait permettre de rapatrier les programmes de loisir au sein de l'administration gouvernementale. Le nouveau ministère va ainsi récupérer les programmes du Haut-commissariat à la jeunesse, aux loisirs et aux sports, les programmes relatifs au loisir des ministères du Transport, des Affaires culturelles, et du Tourisme, de la Chasse et de la Pêche. Il va également s'occuper du réseau des parcs et des réserves. Cette rationalisation administrative s'étend aussi du côté des institutions publiques et des associations partenaires. Au niveau local, la municipalité est maintenant appelée à être une collaboratrice de l'État[14].

Par ailleurs, grâce à la création du ministère, l'État affirme la reconnaissance politique du phénomène du loisir au sein de l'administration gouvernementale. Cette reconnaissance s'exprime également par une augmentation des budgets et du personnel ainsi que par la mise en place de programmes gouvernementaux favorisant la diffusion et la promotion des activités de loisir.

L'année 1979 est également marquée par le dépôt du *Livre blanc sur le loisir*. Ce document expose les orientations de l'État dans le développement du loisir au Québec et énonce du même coup la nouvelle politique de l'État en matière de loisir.

Quatre grandes orientations de l'État québécois en matière de loisir en sont dégagées[15] :

- Le citoyen : centre et priorité de la politique du loisir ;

> Faire du citoyen le centre et la priorité d'une politique du loisir, c'est tirer les conséquences les plus évidentes de nos propos sur la nature même de l'expérience du loisir. En effet, en reconnaissant que cette expérience est faite de liberté et de spontanéité et s'enracine dans les motivations et les aspirations infiniment variées des personnes, on s'engage déjà sur la voie de l'affirmation du primat de la personne et de ses dynamismes[16].

L'intervention municipale en matière de loisir

- La municipalité : maître d'œuvre du développement et de l'organisation du loisir ;

> Ce que nous venons de dire indique bien comment les citoyens et les groupes de citoyens constituent la première priorité de la politique du loisir préconisée dans ce Livre blanc : il revient aux personnes de « prendre leur temps » et nul ne saurait prétendre le faire à leur place. Cependant, il faut bien que la maîtrise d'œuvre de l'organisation et du développement communautaire du loisir soit logée et assurée quelque part, à une instance responsable devant les collectivités concernées. C'est pourquoi la deuxième option fondamentale autour de laquelle s'articule la présente politique du loisir consiste à confier à la municipalité la maîtrise d'œuvre de l'organisation et du développement du loisir au Québec. Telle est même, au plan proprement organisationnel, la plus fondamentale des options de la politique proposée[17].

- L'État : gardien et promoteur des intérêts collectifs ;

> L'État a également le devoir de promouvoir et de soutenir la poursuite d'un certain nombre de grands objectifs nationaux qu'il est le seul à pouvoir assurer efficacement. Essentiellement voué aux intérêts proprement collectifs, il est tout désigné pour être le héraut et le défenseur de tels objectifs à portée générale[18].

- Les organismes régionaux et nationaux : partenaires des municipalités et de l'État.

> La quatrième option fondamentale concerne la place et le rôle des organismes régionaux et nationaux dans le développement et l'organisation du loisir au Québec : c'est comme partenaires des municipalités et de l'État que ces organismes seront invités à participer à la mise en œuvre des visées et des objectifs de la présente politique[19].

L'État confirme alors à la municipalité le rôle de maître d'œuvre en matière de loisir. La municipalité obtient le mandat de mettre en œuvre, selon les goûts et les intérêts de la population, toute l'organisation du loisir au niveau local. Il lui appartiendra, désormais, de consulter les citoyens, d'appuyer les initiatives des organismes du milieu, d'informer les citoyens, de susciter la concertation entre tous les partenaires du milieu ainsi que d'aménager et de gérer les espaces et les équipements de loisir sur son territoire[20].

Ainsi, les municipalités québécoises se voient officiellement confirmer les responsabilités de même que les obligations juridiques et morales envers les citoyens et les organismes du milieu en matière de loisir, responsabilités et obligations qu'elles avaient commencé à assumer dès le début des années 1960.

QUELQUES JALONS HISTORIQUES

1977   Livre vert sur le loisir au Québec « Prendre notre temps »

1978   Énoncé d'une politique québécoise du développement culturel

1979   Livre blanc sur le loisir au Québec « On a un monde à récréer »

           Création du Ministère du Loisir, de la Chasse et de la Pêche

1980   Réforme de la fiscalité municipale

           Création des municipalités régionales de comté

1980-82   Première récession économique importante dans les pays industrialisés depuis le « crash » des années 30

1985   Conférence nationale du loisir au Québec

Le contexte social

Plusieurs facteurs sociaux et démographiques ont modifié le portrait de l'ensemble du Québec à cet égard au cours de la période 1975-1985.

Le bilan démographique montre que le Québec vit une stagnation à ce chapitre au cours de la période 1975-1985. Entre 1971 et 1986, la population du Québec s'est en effet accrue de 8,37 %, alors que celle de l'Ontario a augmenté de 18,1 %. Entre les années 1981 et 1986, le taux de croissance de la population québécoise s'établit à 1,5 % contre 5,5 % pour l'Ontario[21].

La faible croissance de la population québécoise est imputable à un taux de natalité qui s'infléchit sans cesse, mais également à un fort taux d'émigration. Depuis 1980, le taux de natalité n'a cessé de diminuer, atteignant 1,4 % en 1986 comparativement à 1,7 % en Ontario[22]. Cette chute de la natalité au Québec peut s'expliquer par un ensemble de facteurs d'ordre culturel, social et économique : l'urbanisation, l'accessibilité à l'avortement et à la contraception, la scolarisation accrue de la femme et sa participation plus active au marché du travail, pour ne nommer que ceux-là.

Par ailleurs, la tendance du vieillissement de la population commence à se faire sentir. Entre 1966 et 1987, l'âge médian de la population québécoise est passé de 24 à 32 ans ; durant cette même période, le groupe d'âge de 0-14 ans est passé de 33,6 % de la population à 20,1 %, alors que la population de 65 ans ou plus s'est accrue. Bien que la dénatalité ait une influence sur le vieillissement, l'augmentation de l'espérance de vie accélère également ce phénomène[23].

Le bilan sociodémographique révèle également que, durant la période de 1971 à 1981, le Québec a connu un mouvement de contre-urbanisation. Alors qu'en 1971 80,6 % des membres de la population vivaient en milieu urbain, le taux d'urbanisation se situait en revanche à 77,6 % en 1981. Remarquons que la population québécoise s'est concentrée géographiquement autour des grands centres urbains et des grands centres régionaux. Les villes dénombrant entre 20 000 et 99 999 habitants sont celles qui ont connu la plus forte croissance[24].

On commence également à remarquer que les individus se retirent du marché du travail de plus en plus jeunes[25].

De plus, la situation économique des personnes âgées de 65 ans ou plus a connu une nette amélioration durant les années 70 et 80. Également, les personnes âgées consomment davantage de biens et de services que les générations précédentes, notamment des loisirs organisés et des voyages[26].

Toujours au plan sociodémographique, on remarque d'autres tendances ayant une influence dans le domaine du loisir et, conséquemment, elles doivent être considérées dans les programmes et les services offerts à la population. À titre d'exemple, on assiste à un accroissement du nombre de familles monoparentales. Depuis 1960, leur nombre n'a cessé d'augmenter, de sorte qu'elles représentaient

20,8 % des familles en 1986. La structure familiale traditionnelle (époux-épouse-enfant(s)) s'est également modifiée puisqu'on retrouve de plus en plus de couples sans enfant et de couples dont les deux conjoints sont sur le marché du travail[27].

L'immigration a également bouleversé le portrait sociodémographique du Québec. Jusqu'en 1970, les immigrants au Québec étaient surtout d'origine européenne. Depuis 1973, la proportion d'Européens a diminué de moitié, alors que celle des Asiatiques a doublé. On constate en outre que les immigrants se concentrent de plus en plus dans la région de Montréal. Au début des années 60, 75 % des immigrants s'installaient dans la région de Montréal. Cette proportion n'a cessé de croître et, au début des années 1980, plus de 80 % des immigrants du Québec choisissaient Montréal comme lieu de résidence[28].

La part de la semaine affectée à des activités de temps libre tend à diminuer : de 43,9 heures en 1981, elle est passée à 39,6 heures en 1986. La crise économique du début des années 1980 et les modifications observées au sein de la famille québécoise ne sont pas étrangères à ce phénomène[29]. Les heures consacrées aux spectacles et à certaines activités domestiques (lecture, écoute de la musique) ont diminué quelque peu tandis que les activités de temps libre favorisant la sociabilité ont connu une augmentation[30].

Par ailleurs, la durée des vacances annuelles des travailleurs syndiqués s'est considérablement allongée. En 1979, 73,3 % des travailleurs syndiqués avaient droit jusqu'à quatre semaines ou plus de congés annuels. Pourtant, malgré le prolongement des vacances annuelles, les Québécois ne font pas plus de voyages, mais ils ont quelque peu diversifié leurs destinations. Quant aux amateurs de séjours en plein air (camping, résidences secondaires), ils sont devenus plus nomades[31]. D'ailleurs, on assiste à une hausse de la mobilité des individus autant pour les activités professionnelles que pour les activités liées à la vie quotidienne et aux loisirs[32].

Les changements sociaux et démographiques observés au Québec durant la période 1975-1985 ont commencé sérieusement à mettre en doute le bien-fondé de l'intervention municipale en matière de loisir. Désirant toujours atteindre l'objectif d'accessibilité au loisir, les municipalités ont dû réajuster leur intervention afin de tenir compte des clientèles plus variées dont les modes de vie étaient en train d'évoluer.

Le contexte économique

Après une période croissance, le Québec est frappé par une crise économique au début des années 1980. Déjà un ralentissement s'était fait sentir au milieu des années 1970. Cette récession fut qualifiée par plusieurs comme étant la pire depuis celle des années 30. La situation économique du Canada et du Québec se caractérise alors par un alourdissement du déficit budgétaire et un nombre croissant de chômeurs et de faillites, tant personnelles que commerciales.

Durant cette crise économique, le Québec a connu un taux de chômage élevé, et le pourcentage de perte d'emplois a été plus élevé qu'en Ontario. Depuis le début des années 60, le taux de chômage avait subi une hausse sans cesse croissante pour atteindre un sommet de 13,9 % en 1983. De plus, le Québec a mis plus de temps que la province voisine à récupérer les emplois perdus au cours de cette période de récession. Les groupes d'âge 20-24 ans et 25-34 ans ont été les plus durement touchés par les pertes d'emplois ; de plus, la décroissance des emplois s'est produite dans les secteurs primaires et secondaires au profit du secteur tertiaire, qui connut une forte croissance[33].

Au cours de cette même période, l'endettement public s'aggrave. Les administrations publiques fédérale et provinciale essuient des déficits sur leurs recettes courantes atteignant des sommets inégalés. Les dépenses gouvernementales ont donc été supérieures aux recettes, ce qui a alourdi les déficits publics. L'importance relative du service de la dette n'a cessé de croître depuis, et cet endettement des pouvoirs publics a entraîné une diminution des investissements publics[34].

Les dépenses des administrations municipales ont augmenté moins rapidement que celles du gouvernement provincial, mais à un taux semblable à celui du gouvernement fédéral. Du côté des recettes, les municipalités comptent de plus en plus sur leurs propres sources de financement (impôts fonciers et taxes d'affaires) de même que sur les revenus de prestations de services. Du côté des dépenses, les municipalités ont occupé de nouveaux champs de compétence. Les fonctions contribuant à l'amélioration de la qualité de vie des citoyens telles l'hygiène du milieu, le loisir et la culture, notamment pour ce qui est des bibliothèques publiques, ainsi que l'urbanisme et l'aménagement du territoire ont profité d'une augmentation des dépenses municipales[35].

Sur le marché de l'emploi, l'époque est témoin de deux autres phénomènes : une croissance de l'activité professionnelle chez les femmes ainsi qu'un accroissement du travail à temps partiel. La récession économique et la progression de l'emploi dans le secteur des services ne sont pas étrangères à la prévalence du travail à temps partiel et à l'augmentation du nombre de femmes sur le marché du travail. Le premier est particulièrement marqué chez les jeunes et les personnes à l'âge de la retraite. Quant à la hausse du taux d'activités professionnelles des femmes, elle s'est fait surtout ressentir chez les mères ayant de jeunes enfants[36]. Enfin, ces deux facteurs ont provoqué une montée de la précarité des emplois.

Entre 1961 et 1982, le taux d'épargne des Québécois par rapport à leur revenu disponible après impôt a augmenté. La croissance de l'épargne des Québécois a donc été plus importante que celle de leur revenu. En contrepartie, jusqu'en 1977, l'endettement des familles et des personnes seules a progressé plus rapidement que leurs revenus. Toutefois, pendant la récession économique durant laquelle les taux d'intérêt ont atteint des sommets inégalés, le pouvoir d'achat des Québécois a subi une nette diminution[37].

Le contexte économique de la période 1975-1985 a eu des conséquences directes sur l'intervention de la municipalité en matière de loisir. Compte tenu de la baisse des investissements des gouvernements supérieurs, les municipalités ont dû compter davantage sur leurs propres recettes afin de soutenir leurs propres investissements, y compris dans le champ du loisir. À partir du début des années 1980, on assiste au Québec à un ralentissement de l'investissement des municipalités dans le domaine des espaces et des équipements récréatifs et à une augmentation du service de la dette à cet égard. Le recours à la tarification des services aux usagers, principalement dans le champ des services de loisir, fait sont apparition comme source de financement pour équilibrer quelque peu les dépenses publiques municipales.

Par ailleurs, la chute des revenus des particuliers et des familles au Québec, principalement au début des années 1980, a affecté directement la participation des usagers aux programmes et aux services offerts aussi bien directement, par le service municipal des loisirs, qu'indirectement, par ses organismes partenaires du milieu. Les usagers ont dû apprendre à composer avec une baisse de leurs revenus discrétionnaires et une augmentation des coûts des services récréatifs qui leur étaient offerts.

Le contexte politique

Cette période signale le début d'une remise en question de l'intervention directe de l'État dans la prestation de services aux citoyens ou encore de son intervention indirecte par le soutien qu'il apporte aux organismes, publics ou privés, du milieu. Le contexte économique de l'époque, soit l'amorce d'une décroissance et d'une crise financière des pouvoirs publics, explique en partie ce phénomène. Le retour au libéralisme économique, prônant de laisser agir les entreprises et les organismes du milieu comme système de régulation des marchés, devient davantage un leitmotiv. Ce mouvement s'accentuera davantage au cours de la décennie 80.

Double reflet d'une idéologie de la participation et d'un souci d'une plus grande démocratie impliquant une meilleure information et une plus grande consultation des citoyens, l'intervention municipale en matière de loisir a été grandement influencée par ce retour au libéralisme économique.

Les orientations de l'État en matière de loisir au Québec sont explicites : en consacrant la municipalité comme maître d'œuvre en loisir et le monde associatif comme partenaire de cette dernière dans la prestation de services aux citoyens, et en ne conservant qu'un rôle de gardien et de protecteur des intérêts collectifs, l'État québécois enclenche le processus d'une décentralisation et d'une prise en charge définitive du loisir organisé au Québec par les instances du milieu[38].

Dans un contexte plus général, les municipalités du Québec ont vécu plusieurs réformes au cours de la période 1975-1985, comme le notait la Commission d'étude sur les municipalités créée en 1985 :

> Les principales lois adaptées dans ce domaine concernent la fiscalité municipale, le contrôle des finances des partis politiques municipaux, le logement, la protection de l'environnement, du patrimoine et du territoire agricole, le transport en milieu urbain, l'urbanisme et l'aménagement du territoire[39].

Ces réformes furent grandement axées sur la décentralisation, cherchant à réviser la répartition des pouvoirs au sein des collectivités, à rapprocher davantage les citoyens des organes décisionnels et à valoriser les autorités les plus près d'eux, celles qui touchaient leur vie de tous les jours. À cet effet, le rapport de la Commission d'étude sur les municipalités rappelait :

> La décentralisation envisagée pour le Québec en 1978 correspondait à un réaménagement des pouvoirs et des responsabilités entre divers paliers de gouvernement dans le sens :
>
> - d'une revalorisation des instances municipales : il faut leur confier les pouvoirs et moyens financiers leur permettant d'assumer plus facilement leur rôle dans l'avenir ;
>
> - d'un renouvellement des municipalités de comté : certains services ne peuvent être gérés efficacement que sur une base intermunicipale ; les comtés municipaux, l'une des institutions les plus fortement ancrées dans notre histoire, pourraient, après un ajustement de leurs structures, constituer un palier de gestion intermunicipal dynamique et moderne ;
>
> - d'un réajustement du rôle de l'État : l'État pourrait, sur une période relativement étendue, céder aux comtés municipaux et aux municipalités locales, certaines fonctions permettant à leurs citoyens de jouer un rôle plus dynamique dans leur développement communautaire[40].

En matière de réforme fiscale, les orientations de l'État vont dans le sens d'une plus grande affirmation de l'autonomie locale. Cette option de l'État a certaines conséquences. D'une part, il appartiendra « à chaque collectivité locale de déterminer la nature et la qualité des services ainsi que les taxes requises pour les financer[41] ». À cette fin, l'impôt foncier est privilégié comme la principale source de revenus des municipalités pour les motifs suivants :

> La visibilité de cette taxe est suffisante pour attirer l'attention du contribuable et provoquer chez lui une prise de conscience du fait que son compte de taxe dépend de l'ampleur des dépenses municipales. Par ailleurs, son administration est relativement simple. Son rendement est important, sûr et prévisible[42].

Toujours en ce qui concerne la réforme fiscale des municipalités, la Commission d'étude sur les municipalités recommandait, entre autres, ce qui suit :

- Que les sources essentielles du financement des municipalités soient d'origine locale.

- Que les taxes foncières, les taxes de services et la tarification soient et demeurent les principales sources de leur financement.

- Que le pouvoir qu'ont les municipalités de tarifer les services qu'elles offrent à leurs citoyens soit généralisé et que ne soient exclus que certains services essentiels comme, par exemple, la police et la protection contre les incendies[43].

Quant à la tarification des services qui est appelée à devenir une source de financement de plus en plus importante pour les municipalités du Québec, la Commission d'étude formulait les suggestions suivantes :

1. Que les municipalités assurent, par le truchement de la taxation, la qualité et la gamme des services qui doivent être accessibles à l'ensemble des citoyens, ou en tout cas, à un très grand nombre d'entre eux.

2. Que l'excédent de ces qualités et quantités minima, qui peut donner lieu à des demandes différentes de la part des citoyens, puissent être l'objet d'une tarification.

3. Que, dans le cas spécifique des loisirs, les municipalités financent par la taxation la mise en place des installations et des équipements. Que la tarification porte sur les dépenses courantes, à moins que, dans le cas de certains services, on ne considère que c'est la recommandation 1 qui s'applique.

4. Que l'on fasse davantage usage du ticket modérateur pour contrôler une expansion de la demande qui provoque un engorgement dans la fourniture de services considérés en eux-mêmes comme essentiels, mais dont une partie ne correspond pas ou ne correspond que faiblement aux objectifs poursuivis[44].

Le contexte économique et politique de la période 1975-1985 amène la remise en question de la gratuité totale des services parce qu'elle conduit à des coûts faramineux qui deviennent insupportables pour les municipalités[45]. Cette situation a exigé que les municipalités établissent principalement dans le secteur du loisir le coût de leurs services puisqu'elles déterminent la demande et le taux de participation de chacune des activités, tout en prenant en considération la mission sociale de l'intervention en loisir. C'est ainsi qu'est apparue la tarification imputée aux usagers de chaque activité, qui offrait quand même une certaine accessibilité à tous. Cette remise en question a également poussé les municipalités à se questionner sur les besoins réels à combler. L'apport d'une tarification où l'usager assume une partie des coûts réels des services qui lui sont dispensés a contribué non seulement à réduire la pression budgétaire à la hausse sur les budgets des municipalités, mais aussi à responsabiliser les utilisateurs.

2. La justification de l'intervention

Le souci d'une meilleure réponse aux besoins des citoyens et la participation de ces derniers aux processus de décision, de planification et d'organisation des services à leur être dispensés, voilà les deux grands principes qui guident les municipalités du Québec dans leur intervention en matière de loisir au cours de la période 1975-1985.

Une meilleure réponse aux besoins des citoyens

Par suite du développement accéléré du loisir organisé au Québec, il s'avère désormais primordial de mieux planifier les ressources et les services offerts aux citoyens. Tel que stipulé dans le *Livre blanc sur le loisir au Québec*[46], l'intervention de l'État dans le domaine du loisir doit répondre au principe d'une répartition équitable des ressources en loisir (humaines, physiques, financières) qui prend en considération les particularités de chaque milieu afin d'éviter les déséquilibres entre les groupes. Ainsi, il devient possible de mieux satisfaire les besoins et les attentes de tous. Ce principe d'intervention découle du droit et de l'accessibilité au loisir ; il vise de surcroît à établir un ordre social juste et équitable. La répartition équitable des ressources exige une meilleure planification permettant à tous de pouvoir jouir de services, de programmes, d'espaces et d'équipements récréatifs.

Cette meilleure réponse aux besoins des citoyens deviendra réalité si ces derniers sont consultés :

> S'ils sont au cœur du concept même de « loisir », il est bien normal que les individus, les bénévoles et les groupes de citoyens aient leur mot à dire dans les choix que la municipalité doit nécessairement faire chaque année ou chaque saison. Les municipalités veilleront donc à associer les citoyens aux choix des priorités locales de développement du loisir ; bien plus, les projets municipaux de loisir devraient finalement être ceux que les groupes de citoyens voudront bien se donner. Dans cette perspective, les municipalités auront à faire preuve d'initiative et de créativité pour trouver des modes efficaces de consultation des citoyens[47].

Les réformes gouvernementales du début des années 1980 visant la décentralisation des décisions au profit des municipalités et, par conséquent, le renforcement du pouvoir local ont favorisé cette reconnaissance de la participation des citoyens aux orientations en matière de loisir. L'intervention de la municipalité s'appuiera désormais sur ce principe directeur dans ce secteur d'offre de service aux citoyens.

La prise en charge du loisir par les citoyens

Pour mieux répondre aux besoins des citoyens en matière de loisir, il apparaît nécessaire pour les intervenants en loisir municipal de l'époque d'aller beaucoup plus loin que la simple consultation.

Alors qu'au cours des années 1960 nous avons assisté à la bureaucratisation de l'organisation municipale du loisir, le modèle des années 1980 introduit la prise en charge par les citoyens. Cette nouvelle approche s'illustre comme suit : le service de loisir municipal agit comme gestionnaire des équipements et fournit l'information et l'instrumentation nécessaire alors que le citoyen prend en charge individuellement ou en groupe ses propres activités. C'est donc à la fin des années 1970 que les services de loisir municipaux commencent à faire appel davantage aux ressources bénévoles du milieu. Le rôle des municipalités en matière de loisir tend ainsi à changer ; il s'articule dorénavant autour des fonctions de multiplicateur, d'éducateur, de conseiller et d'informateur[48].

Il ne faut toutefois pas croire que les municipalités ont complètement écarté toute intervention directe. En effet, il semble plutôt que les professionnels en loisir ont délaissé leur vocation traditionnelle de fournisseurs pour s'orienter davantage vers l'organisation communautaire. Ce modèle d'organisation communautaire, c'est-à-dire une programmation prise en charge par la base, par les groupes du milieu, force le citoyen à agir autant à titre de consommateur que de producteur d'activités. On s'assure ainsi que les programmes et services offerts répondent réellement à ses besoins[49].

Voyons maintenant comment l'intervention municipale a défini ses objectifs et ses modes d'intervention au cours de cette période.

3. Les objets et les modes d'intervention

Une meilleure réponse aux besoins des citoyens et la prise en charge du loisir par ces derniers qui justifient l'intervention de la municipalité en matière de loisir ont modifié profondément son rôle au cours de la période 1975-1985. Cette intervention devient davantage axée sur l'offre de services aux organismes du milieu que sur la prestation de services directs aux citoyens. Au cours de cette période, elle se caractérise par la mise sur pied d'organismes communautaires de loisir, la mise en place de mécanismes de consultation et de concertation, la reconnaissance des organismes du milieu et le soutien qui leur est accordé ainsi que par la tarification des services aux usagers.

La mise sur pied d'organismes communautaires de loisir

Afin de susciter la prise en charge du loisir organisé par les citoyens, la municipalité a dû intervenir au moyen d'actions directes propices à cette évolution. Le modèle d'intervention directe dans la prestation de services et de programmes aux citoyens prôné au cours de la période 1960-1975 avait favorisé l'intervention « professionnelle » au détriment, bien souvent, de celle de type « bénévole ». Il a donc fallu, dans bien des cas, partir de zéro afin de structurer et de mettre en place des organismes pouvant prendre en charge le loisir dans la collectivité.

Les actions de la municipalité à ce chapitre ont été tournées vers la structuration de deux genres principaux d'organismes communautaires de loisir sur son territoire : les organismes pluridisciplinaires et les organismes unidisciplinaires.

Les premiers s'occupaient de la prestation de programmes et d'activités de loisir destinés à la population d'une partie du territoire de la municipalité ou encore à une partie donnée de la population. Les associations paroissiales de loisir, dont la zone d'influence s'arrêtait, plus souvent qu'autrement, aux limites des paroisses religieuses existantes, constituent un exemple de ces organismes pluridisciplinaires que les professionnels du loisir ont ressuscités ou dont ils ont facilité la création dans les municipalités. Peu importe les critères utilisés pour découper le territoire de la municipalité en zones d'intervention, il importait de respecter le principe voulant que les citoyens puissent s'identifier le plus naturellement possible à un certain milieu de vie.

Les organismes unidisciplinaires de loisir, quant à eux, étaient orientés vers la prestation de programmes et d'activités de loisir dans une discipline donnée. Leurs programmes et activités devaient être accessibles à l'ensemble de la population du territoire intéressée. Citons par exemple les associations sportives, telles l'Association du hockey mineur, l'Association du baseball mineur ou encore les multiples associations à caractère social ou culturel.

L'animation du milieu afin que celui-ci se prenne en charge dans l'organisation même des activités de loisir a été l'un des objets caractérisant l'intervention de la municipalité au cours de la période 1975-1985.

La consultation et la concertation

L'extrait qui suit illustre bien les objets et les modes d'intervention privilégiés par les municipalités au début des années 1980, soit la consultation et la concertation :

> Par le programme national de soutien aux activités de loisir municipal, le ministère du Loisir, de la Chasse et de la Pêche vise, entre autres, à :
>
> – S'assurer de la mise en place de mécanismes de consultation ;
>
> – inciter les municipalités à établir ou à coordonner une programmation de loisir ;
>
> – inciter les municipalités à planifier le développement du loisir sur leur territoire ;
>
> – inciter les municipalités de petite taille à regrouper leurs ressources et leurs efforts entre elles, ou avec des municipalités de plus grande taille, pour offrir conjointement de meilleurs services à leurs citoyens et citoyennes[50].

Effectivement, les municipalités sont invitées à mettre en place des structures et des mécanismes de consultation permettant à la population d'exprimer non seulement ses besoins, mais également ses idées face à l'intervention municipale en matière de loisir. Dans les municipalités de petite taille, le comité de loisir se charge de l'organisation de la consultation, alors que c'est la responsabilité des services de loisir dans les municipalités de plus grande taille[51]. Les objets ou sujets sur lesquels porte généralement la consultation sont les suivants : l'organisation du loisir municipal, le besoin de nouvelles activités et de nouveaux équipements, l'utilisation des équipements actuels, la satisfaction des usagers, le budget alloué à la fonction loisir, la politique de reconnaissance et de soutien des organismes du milieu, l'« intermunicipalisation » des services de loisir, ainsi que la tarification des activités[52].

Par ailleurs, la prise en charge du loisir organisé par les organismes du milieu a favorisé la concertation entre ces derniers et les municipalités. C'est ainsi que l'« intermunicipalisation » du loisir est un mode d'intervention qui est apparu au cours des années 1970 : les municipalités de petite taille ne pouvant disposer de toutes les ressources sur leur territoire, elles ont conclu des ententes entre elles, ou encore avec des municipalités de plus grande taille, afin de mettre en commun leurs ressources et leurs efforts pour offrir conjointement de meilleurs services à la population. Au début des années 1980, les ententes intermunicipales ont porté en priorité sur les échanges et la fourniture de services de loisir aux populations respectives[53].

La concertation scolaire-municipale est également devenue, au début des années 80, une préoccupation importante des administrations publiques municipales. Alors qu'en 1981 on ne répertorie que 600 ententes scolaires-municipales, on en dénombre 1 008 en 1984, ce qui représentait 555 municipalités et 257 organismes scolaires[54]. Ces ententes visent principalement l'utilisation conjointe des équipements et touchent la gestion, le partage des coûts, de même que les horaires d'utilisation des équipements.

Par ailleurs, même si 94 % des municipalités participantes et 93 % des commissions scolaires se disent satisfaites des ententes établies, l'enquête réalisée en 1985 par l'Institut québécois d'opinion publique (IQOP)[55] identifiait les principaux problèmes suivants liés aux ententes scolaires-municipales :

- un partage des rôles ne précisant pas suffisamment les attributions respectives des organismes scolaires et municipaux intervenant en matière de loisir a contribué à l'émergence d'un climat ne facilitant pas la concertation ;

- l'absence d'une politique de tarification rend difficile l'évaluation et le partage des coûts d'utilisation des équipements et services faisant l'objet des ententes ;

- plusieurs municipalités peu organisées en loisir ne possèdent pas les ressources nécessaires pour échanger ou pour bénéficier de services dans le cadre d'ententes scolaires-municipales ;

- les intervenants municipaux se sentent peu préparés et peu outillés pour jouer le rôle de négociateurs.

La consultation de la population et la concertation entre la municipalité et les divers intervenants du milieu ont marqué l'intervention municipale en matière de loisir au cours de la période 1975-1985. Comme nous le verrons au chapitre suivant, ces mécanismes d'intervention ont pris davantage d'importance au cours des années suivantes.

La reconnaissance et le soutien aux organismes du milieu

La responsabilisation ou la prise en charge par les citoyens des activités de loisir organisées a amené les municipalités à élaborer des politiques de reconnaissance et de soutien aux organismes du milieu afin de préciser leurs interventions ou rôles respectifs. De telles politiques de reconnaissance et de soutien :

> confèrent aux organismes qui ont des préoccupations communes avec les objectifs d'intervention de la municipalité un véritable statut de partenaire. À cet égard, on leur reconnaît un mandat axé sur l'organisation d'activités et, en conséquence, la municipalité veille à leur conserver la priorité d'intervention dans un champ d'action précis, ainsi qu'un droit de participation aux orientations de développement du loisir par la consultation. Enfin, cette reconnaissance implique que la municipalité fournisse aux organismes certaines ressources qui leur permettront d'agir efficacement dans l'accomplissement de leur mandat[56].

La structure organisationnelle des services municipaux de loisir et le rôle des professionnels se modifient en conséquence. Les principales tendances observées sont la subdivision des fonctions, la réduction du personnel cadre par le regroupement des diverses activités municipales, le développement et la reconnaissance du rôle de l'animateur[57].

Ainsi, non plus fournisseur direct de services aux citoyens, la municipalité est devenue, par l'entremise de son service municipal de loisir, prestateur de services aux organismes du milieu. Le personnel professionnel en loisir est appelé à jouer davantage un rôle d'animateur auprès des organismes du milieu qu'un rôle d'organisateur et de gestionnaire de programmes en loisir. Nous analyserons plus attentivement, au chapitre sept, comment s'articule encore aujourd'hui l'intervention de la municipalité en matière de reconnaissance des organismes de loisir du milieu et le soutien municipal qui leur est accordé.

L'intervention directe et la tarification des services

La prise en charge du loisir organisé par les citoyens et les organismes issus du milieu s'est opérée graduellement au cours de la période 1975-1985 dans les municipalités du Québec. De plus, cette prise en charge n'est pas totale et a beaucoup varié selon les régions et les municipalités. L'intervention de la municipalité dans la prestation directe de services et de programmes d'activités aux citoyens se fait encore sentir.

Plusieurs facteurs peuvent expliquer cette situation : l'absence d'intérêt des citoyens pour la prise en charge de tel ou tel programme d'activité, la lourdeur appréhendée de la gestion de certains programmes, ou encore la perception d'un certain manque de compétence en gestion freinent la participation des bénévoles. L'efficacité administrative et le rendement recherchés dans la gestion de certains services et programmes font également que l'intervention directe de la municipalité apparaît souhaitable ou nécessaire. Encore aujourd'hui, la municipalité doit constamment s'interroger sur la façon la plus efficace et la plus rentable, socialement et économiquement, de dispenser les services désirés par les citoyens.

Bien que la prise en charge du loisir organisé par les citoyens ait semblé souhaitable aux intervenants municipaux de l'époque afin de mieux répondre aux besoins de la population, elle répondait également à d'autres impératifs. En effet, la participation du citoyen à titre de bénévole organisateur et gestionnaire était perçue comme une excellente façon de compenser la hausse des coûts engendrée par la multiplication des services et des programmes à offrir à la population.

Toujours en vue de maintenir ou d'améliorer la qualité et la quantité de la prestation de services de loisir aux citoyens, la tarification des usagers est devenue rapidement un autre moyen dont disposaient les municipalités afin de contrer la hausse des coûts qu'entraînait la multiplication des services et des programmes nécessaires. La réforme de la fiscalité des municipalités au Québec au début des années 1980 a permis ce type d'intervention[58]. La tarification des usagers s'est alors répandue dans le secteur des services et des programmes offerts en loisir.

La tarification aux usagers dans le secteur des services et des programmes municipaux de loisir ne s'est pas effectuée sans soulever de sérieuses questions. L'accessibilité au loisir et l'équité des bénéfices tirés par chacun de la prestation de services reçus sont au nombre de ces questions.

La notion de « service essentiel » s'est rapidement imposée dans le débat sur l'intervention municipale en matière de loisir et de la tarification des usagers : un service jugé « essentiel » devait être payé par l'ensemble des citoyens au moyen de la taxe générale tandis qu'un service jugé « non essentiel » devait l'être, au nom du principe d'équité, directement par l'usager au moyen de la tarification. Chaque municipalité a dû s'interroger ainsi sur les services et les programmes de loisir qui pouvaient faire l'objet d'une tarification aux usagers.

Bien que chaque cas soit différent d'une municipalité à l'autre, de façon générale, on reconnaît que les coûts liés à l'implantation et la gestion des espaces et des équipements récréatifs devaient être assumés par l'imposition générale. En revanche, les coûts liés à la production des programmes et des activités (encadrement professionnel, achat de matériel, frais de transport, etc.) devaient être assumés directement par l'usager.

La tarification des services de loisir aux usagers, qu'ils soient offerts directement par la municipalité ou par les organismes du milieu partenaires de son intervention, engendre durant la période 1975-1985 la formulation et la mise en application de politiques municipales à cet égard. Nous analyserons plus attentivement, dans le chapitre huit, comment s'articule encore aujourd'hui l'application de telles politiques.

4. Les acquis de l'intervention municipale en matière de loisir

Que faut-il retenir de l'intervention de la municipalité en loisir durant la période 1975-1985 ? Quels ont été ses acquis sur le plan de l'expérience d'intervention ?

Il faut d'abord souligner la reconnaissance de la municipalité comme « maître d'œuvre » du développement et de l'organisation du loisir au Québec. Elle est maintenant l'instance politique et administrative responsable devant sa collectivité dans ce champ d'intervention. Le mandat est devenu on ne peut plus clair : il lui appartient désormais de prendre les décisions qui s'imposent, en raison du respect qu'elle doit aux volontés exprimées par ses citoyens. Cet acquis renforce sa responsabilisation dans ce secteur d'intervention.

La municipalité a également acquis au cours de cette période une vaste expérience dans l'exercice d'une plus grande démocratie. En matière de loisir, la démocratie est devenue plus qu'un simple mot au niveau municipal. En effet, les mécanismes mis en place à des fins de consultation des citoyens, de concertation entre la municipalité et les autres intervenants du milieu, de prise en charge et de partenariat dans la prestation de services à la population par les citoyens constituent tous autant de manifestations de la démocratie municipale qui s'est exercée dans le secteur du loisir et que lui envient, encore aujourd'hui, les protagonistes des autres secteurs d'intervention de la municipalité.

Grâce à la prise en charge du loisir organisé par les citoyens qu'elle a suscitée et appuyée, la municipalité a su créer un vaste réseau d'organismes de toutes sortes, animés et gérés par des bénévoles, qui constituent encore aujourd'hui un patrimoine collectif nécessaire au maintien et à la conception de services aux citoyens dans le secteur du loisir.

Nous verrons, dans le prochain chapitre, comment l'intervention municipale en matière de loisir a évolué au cours de la décennie suivante (1985-1995).

Notes

1. Haut-commissariat à la jeunesse, aux loisirs et aux sports, *Prendre notre temps. Livre vert sur le loisir au Québec*, Québec, Gouvernement du Québec, 1977, p. 36.

2. *Ibid.*, p. 37.

3. *Ibid.*, p. 39.

4. *Ibid.*, p. 40.

5. *Ibid.*, p. 42.

6. *Ibid.*, p. 44.

7. *Ibid.*, p. 45.

8. *Ibid.*, p. 48.

9. *Ibid.*, p. 50.

10. Roger Levasseur, *Loisir et culture au Québec*, Montréal, Boréal Express, 1982, p. 146.

11. *Ibid.*, p. 148.

12. René Tremblay, *Le Regroupement des services de loisir des municipalités de Bernières et de Saint-Nicolas : enjeux et modalités d'intégration*, Rapport d'activité présenté pour l'obtention de la maîtrise en analyse et gestion urbaines, Montréal, UQAM, 1994, p. 18.

13. Association québécoise des travailleurs en loisir, *La municipalité maître d'œuvre en loisir*, Les dossiers Beaux-jeux 4, Montréal, Bellarmin-Desport, 1980, p. 67-68.

14 Roger Levasseur, *op. cit.*, p. 147.

15. Haut-Commissariat à la jeunesse, aux loisirs et aux sports, *On a un monde à récréer. Livre blanc sur le loisir au Québec*, Québec, Gouvernement du Québec, 1979, p. 31-48.

16. *Ibid.*, p. 32.

17. *Ibid.*, p. 36.

18. *Ibid.*, p. 43.

19. *Ibid.*, p. 45.

20. *Ibid.*, p. 38-39.

21. Michel Demers, *La performance économique et l'évolution démographique du Québec*, Texte préparé pour le Congrès annuel de l'A.S.D.E.Q., 1989, p. 1.

22. *Ibid.*, p. 2.

23. Gary Caldwell, « Tendances démographiques », dans : Simon Langlois *et al.*, *La société québécoise en tendances 1960-1990*, Québec, Institut québécois de recherche sur la culture, 1990, p. 28.

24. *Ibid.*, p. 29.

25. Simon Langlois et Gary Caldwell, « Personnes âgées », dans : Simon Langlois *et al.*, *La société québécoise en tendances 1960-1990*, Québec, Institut québécois de recherche sur la culture, 1990, p. 74.

26. *Ibid.*

27. Gary Caldwell et Jean-Paul Baillargeon, « Modèles matrimoniaux », dans : Simon Langlois *et al.*, *La société québécoise en tendances 1960-1990*, Québec, Institut québécois de recherche sur la culture, 1990, p. 135-136.

28. Gary Caldwell, « Immigrants et minorités ethniques », dans : Simon Langlois *et al.*, *La société québécoise en tendances 1960-1990*, Québec, Institut québécois de recherche sur la culture, 1990, p. 582.

29. Pierre Gagnon, *La mise en marché des services récréatifs : Analyse à partir des modes de vie de la population*, Québec, Conseil régional du loisir – Québec et Chaudière-Appalaches, 1990, p. 10-11.

30. Jean-Paul Baillargeon, « Temps libre », dans : Simon Langlois *et al.*, *La société québécoise en tendances 1960-1990*, Québec, Institut québécois de recherche sur la culture, 1990, p. 515.

31. Jean-Paul Baillargeon, « Vacances et voyages », dans : Simon Langlois *et al.*, *La société québécoise en tendances 1960-1990*, Québec, Institut québécois de recherche sur la culture, 1990, p. 521.

32. Simon Langlois, « Mobilité de la vie quotidienne », dans : Simon Langlois *et al.*, *La société québécoise en tendances 1960-1990*, Québec, Institut québécois de recherche sur la culture, 1990, p. 492.

33. Michel Demers, *op. cit.*, p. 5.

34. Jean-Paul Baillargeon et Gary Caldwell, « Tendances macro-économiques », dans : Simon Langlois *et al.*, *La société québécoise en tendances 1960-1990*, Québec, Institut québécois de recherche sur la culture, 1990, p. 40.

35. Gary Caldwell, « Autonomie locale », dans : Simon Langlois *et al.*, *La société québécoise en tendances 1960-1990*, Québec, Institut québécois de recherche sur la culture, 1990, p. 97.

36. Simon Langlois, « Formes d'emploi », dans : Simon Langlois *et al.*, *La société québécoise en tendances 1960-1990*, Québec, Institut québécois de recherche sur la culture, 1990, p. 173-174.

37. Simon Langlois, « Patrimoine », dans : Simon Langlois *et al.*, *La société québécoise en tendances 1960-1990*, Québec, Institut québécois de recherche sur la culture, 1990, p. 447-449.

38. Haut-commissariat à la jeunesse, aux loisirs et aux sports, *On a un monde à récréer, op. cit.*, p. 31-48.

39. Union des municipalités du Québec, *Rapport de la Commission d'étude sur les municipalités*, U.M.Q., 1986, p. 42.

40. *Ibid.,*.

41. Ministère des Affaires municipales, *La revalorisation du pouvoir municipal – Réforme fiscale*, Québec, Gouvernement du Québec, 1978, Fascicule 1 : fondements et principes, p. 26.

42. *Ibid.*, p. 28.

43. Union des municipalités du Québec, *op. cit.*, p. 222.

44. *Ibid.*, p. 240.

45. Association québécoise des travailleurs en loisir, *op. cit.*, p. 111.

46. Haut-commissariat à la jeunesse, aux loisirs et aux sports, *On a un monde à récréer, op. cit.*, p. 35.

47. *Ibid.*, p. 38.

48. Max d'Amours, *Municipalisation des loisirs au Québec : bilan et perspectives*, Trois-Rivières, Département des Sciences du loisir, Université du Québec à Trois-Rivières, 1981, p. 13-14.

49. Association québécoise des travailleurs en loisir, *op. cit.*, p. 81.

50. Ministère du Loisir, de la Chasse et de la Pêche, *Le portrait du loisir en milieu municipal*, Québec, Gouvernement du Québec, Service de l'analyse et de la recherche économique, 1985, p. 1.

51. *Ibid.*, p. 5.

52. *Ibid.*, p. 29.

53. *Ibid.*, p. 11.

54. *Ibid.*, p. 9.

55. Institut québécois d'opinion publique (IQOP), *La concertation scolaire-municipale au Québec : étude qualitative*, Québec, Gouvernement du Québec, mars 1985.

56. Conseil des loisirs, Région de Québec, *La politique municipale de reconnaissance et de soutien des organismes de loisir : des liens à préciser*, Sainte-Foy, CL-RQ, 1986, p. 3.

57. Max D'Amours, *op. cit.*, p. 63.

58. Union des municipalités du Québec, *op. cit.*, p. 222-240.

L'explosion des champs d'intervention de la municipalité (1985-1995)

La délégation de responsabilités au profit des municipalités qu'ont enclenchée les gouvernements supérieurs en crise financière, dont les déficits budgétaires ne cessent d'augmenter, ainsi que les pressions exercées par les citoyens et les nombreux organismes du milieu sur les mêmes municipalités afin qu'elles appuient davantage leurs actions communautaires caractérisent le contexte dans lequel doivent œuvrer les administrations municipales au cours de la période 1985-1995. C'est une véritable explosion de ses champs d'intervention que connaît la municipalité à cette époque et plusieurs d'entre eux relèvent du loisir. Devant la rareté des ressources et le nombre croissant des préoccupations de la municipalité, principalement dans le secteur sociocommunautaire, les acquis de l'intervention municipale en matière de loisir sont sérieusement remis en question. Le loisir organisé s'apparente davantage à un privilège qu'à un droit acquis immuable.

L'intervention de la municipalité en loisir se caractérise donc, durant cette période, par une remise en question et une plus forte rationalisation de ses ressources ainsi que par des efforts d'adaptation de ses services au contexte social. Voyons plus attentivement les éléments du cadre général où ont dû œuvrer les municipalités du Québec au cours de la période 1985-1995 et qui ont eu une incidence sur leur intervention dans le champ du loisir.

1. Le contexte

À partir de la situation du loisir organisé au Québec en 1985, nous tenterons ici de décrire les principaux éléments du contexte social, économique et politique qui ont amené la municipalité à réorienter son intervention en loisir.

La situation du loisir organisé

La croissance accélérée du milieu associatif comme founisseur de services directs aux citoyens, l'élargissement du rôle de l'entreprise privée dans la prestation de ces services, le vieillissement du réseau des espaces et des équipements récréatifs gérés par la municipalité et le désengagement quasi total de l'État dans son rôle de soutien au développement du loisir municipal caractérisent le loisir organisé dans les municipalités du Québec durant la période 1985-1995.

À cause de la mutation de l'intervention municipale en loisir vers des fonctions de soutien des initiatives lancées par les groupes du milieu, conjuguée au nombre grandissant d'associations, les associations locales constituent maintenant les principaux fournisseurs directs d'activités aux citoyens[1]. Ainsi, en 1989, le ministère du Loisir, de la Chasse et de la Pêche estimait que les organismes locaux de loisir étaient responsables de plus de 50 % des activités de loisir organisées dans la majorité des municipalités du Québec[2]. À ce titre, les principales tâches et fonctions assumées par les associations locales comprennent l'offre d'activités de loisir, accompagnée parfois de la gestion des équipements récréatifs nécessaires à leur réalisation.

En 1985, l'arrivée au pouvoir du Parti libéral amène un repositionnement de l'État dans plusieurs secteurs, dont le loisir. Le discours de l'État s'oriente vers la privatisation comme mode de prestation de ses services[3]. Le concept de privatisation, c'est-à-dire le transfert de responsabilités à des partenaires privés, a pour but de dégager l'État, qui s'est vu forcé de réviser ses modalités d'intervention à cause de sa présence croissante au cours des deux dernières décennies, de la crise économique du début des années 1980 ainsi que de l'augmentation de la dette publique[4]. D'après les conclusions émanant des nombreuses études effectuées pour évaluer l'efficacité des services publics, la production de biens et services dans plusieurs domaines peut être assurée à des coûts moindres par l'entreprise privée[5].

Les restrictions budgétaires et les choix qui s'ensuivent ont également obligé les municipalités et les gouvernements supérieurs à découvrir de nouvelles avenues pour offrir ces services à la population. Ainsi, du côté des administrations municipales, la délégation de la gestion des services récréatifs n'avait pour seul objectif que de réduire les dépenses publiques. Ce nouveau style de gestion a d'abord été adopté pour des services dits moins essentiels, comme les secteurs récréatif et culturel. La gestion déléguée prenait la forme d'un transfert des responsabilités telles l'animation et l'organisation d'activités ainsi que la gestion d'équipements communautaires[6].

L'ampleur du phénomène de privatisation des services récréatifs et culturels a été mesurée lors d'une étude réalisée en 1986 par D'Amours et Foy[7]. L'étude révèle qu'au cours des années 1980 la participation des associations dans l'offre d'activités de loisir en milieu municipal s'est grandement accrue : « 61,4 % des répondants ont indiqué un accroissement du nombre des expériences de faire-faire (mode de privatisation) avec les associations[8] ». Les données recueillies montrent également que, au moment de l'enquête (1986), les partenaires des municipalités en matière de faire-faire sont principalement des organismes sans but lucratif (89,85 %), des entreprises commerciales (74,2 %) et des organismes intermunicipaux (28,1 %)[9]. À titre de principaux partenaires associatifs, les organismes sans but lucratif et les entreprises commerciales se voyaient confier principalement les tâches de gestion de programmes, de surveillance et de promotion ainsi que la gestion d'équipements et de personnel[10].

En somme, au cours des années 1980, la gestion déléguée des services récréatifs s'est implantée dans les municipalités du Québec. Ce nouveau mode de gestion a donné la possibilité aux municipalités de réduire les coûts de production de ces services, tout en cherchant à en préserver la qualité.

Un autre phénomène explique également le rôle plus important joué durant cette période par l'entreprise privée à caractère commercial dans l'offre de services de loisir dans maintes municipalités du

Québec. L'application de la tarification aux usagers dans l'offre de services offerts directement par la municipalité ou indirectement par ses organismes partenaires a fait en sorte que l'usager a été appelé à payer davantage que ce qu'il en coûtait réellement pour offrir ces services. Dans un tel contexte de services non subventionnés, il apparaissait aux entreprises commerciales qu'elles pouvaient maintenant concurrencer les services publics dans ce secteur d'activités. Il y a donc eu, au cours de la période 1985-1995, de nombreux secteurs d'activités de loisir délaissés par le secteur public et ses partenaires au profit des entreprises commerciales qui s'en accaparèrent.

Un des principaux acquis de l'intervention municipale en matière de loisir au cours de la période 1960-1975 a été la mise en place d'un réseau intégré d'espaces et d'équipements récréatifs permettant l'exercice d'activités de loisir de toutes sortes dans les municipalités. Le soutien financier des gouvernements supérieurs n'est pas étranger à l'acquisition et à l'expansion de ce patrimoine collectif d'importance pour les municipalités. Le maintien de cet acquis commence à poser problème aux municipalités durant la période 1985-1995.

En effet, le parc d'espaces et d'équipements récréatifs des municipalités vieillit mal. Beaucoup de municipalités doivent de plus en plus souvent, au cours de la décennie, procéder à des travaux majeurs et même renouveler certains équipements. Les municipalités n'ont pas toujours su ou pu entretenir ces équipements par mesure de prévention ni constituer les réserves financières nécessaires à leur réfection ou à leur remplacement. De plus, les programmes d'aide gouvernementale qui ont aidé à leur implantation au cours de la période 1960-1975 sont quasi inexistants aujourd'hui.

Cette situation a amené les municipalités à réagir de différentes façons au problème. Certaines se sont interrogées carrément sur la nécessité de maintenir ou non certains équipements récréatifs sur leur territoire lorsqu'elles devaient réinvestir des sommes importantes pour leur réfection ou leur renouvellement. Cette époque a été témoin, bien que peu fréquemment, de la fermeture ou de l'abandon d'équipements récréatifs municipaux. Plus souvent qu'autrement, les municipalités ont su malgré tout trouver des moyens pour faire face à la situation : soulignons les ententes intermunicipales et le partenariat d'investissement avec le milieu associatif ou le secteur privé. Le vieillissement des équipements récréatifs existants sur le territoire des municipalités du Québec est un problème qui s'aggrave depuis la fin des années 1980 et qui devrait marquer encore davantage l'intervention municipale en matière de loisir au cours de la prochaines décennie, surtout que de nouveaux besoins en équipements communautaires se dessinent à l'horizon.

Depuis 1985, le nouveau discours de l'État dans le champ du loisir s'oriente également vers un désengagement progressif. À cet égard, au cours de la période 1985-1995, on assiste à la disparition de tous les programmes d'aide gouvernementale dans lesquels pouvaient puiser les municipalités du Québec[11].

Ce désengagement dans le domaine du loisir municipal s'exprime d'abord par l'abolition du programme d'aide au développement des équipements de loisir, qui avait permis à bon nombre de municipalités de se doter d'un réseau d'espaces et d'équipements récréatifs. Également, le ministère du Loisir, de la Chasse et de la Pêche réduit ou même abolit l'aide financière destinée aux structures régionales et nationales de loisir. Enfin, le retrait de l'État s'exprime encore plus clairement par la disparition du ministère du Loisir, de la Chasse et de la Pêche en janvier 1994. Dorénavant, la fonction loisir devient une direction générale du ministère des Affaires municipales.

Par conséquent, après vingt-cinq ans d'efforts, le gouvernement se retire de ses fonctions d'orientation et de développement du loisir, de sorte que les municipalités se retrouvent à assumer toutes les responsabilités inhérentes à ce dernier secteur sur leur territoire.

Le contexte social

L'évolution sociodémographique des années 1985-1995 au Québec se traduit par une décroissance et un vieillissement de la population, une mutation accélérée au sein de la famille ainsi que l'apparition de nouvelles problématiques sociales.

Bien que la population canadienne continue de s'accroître, atteignant 29,2 millions en juillet 1994, le taux de croissance annuel connaît un ralentissement depuis le milieu des années 1980 ; la population canadienne augmente quand même plus rapidement que celles des autres pays occidentaux industrialisés. Ce faible taux de croissance s'explique, en partie, par la migration internationale qui a diminué au cours des dernières années. En 1992-1993, la population du Québec, quant à elle, a atteint 7 281 100, soit une progression de 0,7 % par rapport à l'année précédente, alors que la moyenne canadienne se chiffre à 1,1 %. Le Québec a vu sa part de l'immigration canadienne chuter, de 18 % en 1992-1993 à 15 % en 1993-1994[12].

Le vieillissement de la population ressort également et représente un facteur important qui agit sur l'offre et la demande de services en loisir. Cette tendance s'explique par le faible taux de fécondité qui persiste depuis le début des années 1970 ; elle est également attribuable à l'augmentation de l'espérance de vie et au vieillissement des enfants nés pendant le *baby-boom*. Évaluée à 12 % en 1993, la proportion des personnes âgées de 65 ans et plus au Canada passera à 16 % en 2016, selon les projections, pour atteindre près de 23 % en 2041. L'augmentation de l'âge médian confirme le processus de vieillissement de la population : situé à 34 ans en 1993, l'âge médian de la population canadienne passera à 40 ans en 2016 et à 44 ans en 2041[13].

L'accroissement du nombre de personnes âgées s'accompagne d'une baisse constante de la proportion de jeunes au sein de la population. En 1993, la proportion de jeunes de moins de 18 ans au Canada se chiffre à 25 % alors que les projections la placent quelque part entre 17 % et 19 % en 2041. Enfin, puisque la population des 15-64 ans augmentera moins rapidement que celle des 65 ans et plus, les Canadiens en âge de travailler auront à prendre en charge un plus grand nombre de personnes âgées. Au Québec, le vieillissement de la population se fait sentir plus fortement en région et dans les centres urbains.

Au point de vue du revenu familial, on relève en 1992 une stabilisation du revenu des ménages à deux conjoints tandis que la situation des familles monoparentales à ce chapitre s'est légèrement améliorée. En 1992 au Québec, le revenu médian total des ménages à deux conjoints atteignait 43 900 $ alors que celui des familles monoparentales était de 21 300 $. Par ailleurs, il est à noter que plus de 80 % des enfants vivaient dans la première catégorie de ménages[14].

Pour ce qui est du revenu des familles aînées au Canada, en 1992, les ménages à deux conjoints ont subi les contrecoups de la baisse des revenus de placements imputable à la chute des taux d'intérêt. En 1992, le revenu médian des couples aînés de 55-64 ans atteignait 48 800 $, 34 600 $ pour le groupe des 65-74 ans et 27 400 $ pour les couples de 75 ans et plus[15]. Bien qu'on assiste, au Québec, à une stabilisation des revenus des familles au milieu des années 1990, cette situation est marquée par des disparités de plus en plus grandes à ce chapitre au sein de la collectivité québécoise. Ainsi, Statistique Canada signalait qu'en janvier 1994 un million de personnes dépendaient directement de l'État pour vivre au Québec, soit un peu plus de 14 % de la population. Par ailleurs, on notait dans un document du ministère de la Santé et des Services sociaux que « la transformation des valeurs et des modes de vie au sein de la société québécoise a des répercussions sur la stabilité de la famille et sur la structure familiale elle-même [16]».

Les principales sources des mutations familiales sont la hausse du nombre de divorces, la monoparentalité qui s'ensuit et la pauvreté affligeant bon nombre de familles québécoises[17]. Les jeunes des années 1990 sont exposés à des problèmes qui demandent la plus grande attention. Le nombre de victimes de violence physique et sexuelle signalé à la Direction de la protection de la jeunesse fait réfléchir : en 1989, 12 530 jeunes avaient été victimes de violence ou de différentes formes de négligence. Les phénomènes de toxicomanie et d'alcoolisme, le suicide, la délinquance, le chômage et l'itinérance sont également en progression constante chez les jeunes[18].

Le portrait sociodémographique du Québec est également modifié par la multiplication des communautés culturelles. Les nations autochtones composées de trois familles ethnolinguistiques (iroquoise, algonquine, inuit) sont de plus en plus amenées à utiliser les services publics. Il en va de même pour les communautés culturelles qui forment maintenant plus de 10 % de la population. Il importe donc d'adapter les services à ces diverses cultures[19].

À la lumière des divers éléments du contexte sociodémographique québécois, la demande en matière de loisir change. Les municipalités comme les autres institutions sont confrontées à ces mutations qui touchent non seulement la famille mais la société québécoise. On n'a qu'à penser au vieillissement de la population, qui influe sur l'environnement socio-économique des municipalités et qui amène une modification de la demande en matière de loisir. Les équipements, les programmes et les services ne répondent plus aux nouveaux besoins des familles[20]. La pluriethnicité, l'éclatement de la cellule familiale, les problèmes auxquels les jeunes sont confrontés engendrent également de nouveaux besoins. Face à cette évolution, l'intervention municipale en loisir doit évoluer. Enfin, au cours des années 1980-1990, on assiste à une transformation du statut de l'enfant, car les années 1980 ont été celles des droits de l'enfant, de l'« enfant-roi ». Près de 50 % des dépenses de consommation des ménages sont consacrées aux enfants[21].

Le contexte économique

Ce qui caractérise le contexte économique des années 1985-1995 est sans conteste la crise des finances publiques, une récession qui n'en finit plus et la mondialisation de l'économie. Pour la population en général, ces phénomènes entraînent une incertitude économique qui se traduit par une baisse du revenu réel, un taux d'endettement en hausse, la mobilité dans l'emploi et une augmentation de la pauvreté dans plusieurs milieux et pour plusieurs catégories de personnes. Deux des principaux acteurs économiques, l'État et les consommateurs, disposent de moins en moins de marge de manœuvre afin de relancer l'économie. Tous ces phénomènes agissent sur l'intervention municipale en matière de loisir, qui se voit freinée brusquement dans son élan.

Depuis 1985, l'État, tant fédéral que provincial, a entrepris de mettre de l'ordre dans les finances publiques. Il ne cesse d'affirmer sa volonté d'éliminer les dédoublements et de comprimer les dépenses publiques afin d'éliminer son déficit et de diminuer la dette publique. Toutefois, malgré des efforts d'assainissement qui prennent plus souvent qu'autrement la forme d'un « pelletage » de responsabilités sans compensation financière des niveaux supérieurs de gouvernement vers les autres, les déficits budgétaires des gouvernements supérieurs ne cessent de croître et le fardeau de la dette devient de plus en plus difficile à porter. On ne cesse de répéter que l'effort financier que l'État devra imposer, aussi bien par la coupure de services à la population que par l'alourdissement de la charge fiscale des particuliers, deviendra considérable au cours des prochaines années. Instance décentralisée de l'État, la municipalité, en bout de ligne, se voit obligée d'assumer de plus en plus de responsabilités, dans un contexte où elle peut difficilement aller chercher davantage de ressources financières dans le gousset des citoyens.

La fin des années 1980 voit poindre une deuxième récession économique dans les pays industrialisés en moins de dix ans. Cette récession s'éternise, et nul ne peut affirmer, encore aujourd'hui, que nous en sommes réellement sortis. La dernière décennie a montré que l'État ne pouvait plus agir efficacement, faute de moyens, pour relancer l'économie. Les programmes qu'il met sur pied afin d'aider l'entreprise privée et de créer des emplois semblent être autant de coups d'épée dans l'eau : les taux de chômage demeurent élevés, les montants alloués à l'aide sociale directe sont en croissance, réduisant ainsi considérablement le pouvoir général de dépenser des particuliers. Les municipalités voient ainsi diminuer, au cours de cette période, les investissements sur leur territoire et, partant, elles assistent à une stagnation de leurs revenus de taxation.

Cette deuxième récession économique en moins de dix ans est d'autant plus difficile à vivre qu'elle s'accompagne, dans le secteur des entreprises, d'une restructuration importante de l'activité économique. La mondialisation des marchés et l'abandon progressif des politiques de protectionnisme par les états industrialisés expliquent en grande partie cette rationalisation qui devient nécessaire à la survie des entreprises. Les fusions d'entreprises, les fermetures d'usine, l'abandon de la production dans certains secteurs d'activités et la découverte de nouveaux secteurs d'activité économique remettent en question la structure de l'emploi telle que nous l'avons connue jusqu'à maintenant. La gestion et le perfectionnement de la main-d'œuvre deviennent des problèmes cruciaux. La structure économique de plusieurs municipalités qui dépendent de certains secteurs d'activités traditionnels subit des bouleversements qui entraînent des problèmes sociaux importants.

La rationalisation chez les entreprises privées ainsi qu'au sein de l'appareil gouvernemental de même que le taux de chômage élevé minent la confiance des consommateurs. Ces derniers éprouvent un plus grand sentiment d'insécurité face à leur situation financière et à leur emploi. La récession actuelle et la restructuration de l'activité économique ont frappé plus durement le Québec que l'Ontario, où les pertes d'emplois ont été pourtant plus lourdes.

Toutefois, depuis le début de l'année 1994, la relation entre l'emploi et la croissance économique semble se stabiliser ; en effet, le niveau de chômage est à la baisse. Le travail à temps partiel connaît par ailleurs une croissance : entre 1975 et 1993, le nombre d'emplois à temps partiel a plus que doublé et en 1993, les emplois à temps partiel représentaient près du quart de tous les emplois[22].

Il importe toutefois de souligner qu'un bon nombre de travailleurs à temps partiel ne voulaient ou ne pouvaient pas occuper un emploi à temps plein. À titre d'exemple, en 1993, 43 % des personnes ayant choisi de travailler à temps partiel fréquentaient l'école. Ce sont surtout les femmes et les jeunes qui se retrouvent, volontairement ou non, sur le marché du travail à temps partiel. Les femmes constituent la majorité des personnes travaillant à temps partiel involontairement et en 1993, 35 % des travailleurs à temps partiel auraient préféré un poste à temps plein. Le cumul d'emplois est également de plus en plus répandu ; il a plus que doublé entre 1977 et 1993[23].

Les modifications observées dans la structure de l'emploi au Québec ont changé grandement le mode de vie des Québécois au cours de la dernière décennie. Le travail à temps partiel, les couples et les familles à deux revenus et le cumul d'emplois divers ont modifié la structure du temps libre de bien des gens. L'offre de programmes et de services en loisir, assurés directement par la municipalité ou indirectement par ses organismes partenaires, a dû s'adapter à ces nouvelles réalités[24].

La situation économique des années 1985-1990 a aggravé la pauvreté, qui, dans bon nombre de ses manifestations, remet en question l'intervention municipale en matière de loisir. Le phénomène de la pauvreté n'a cessé de s'amplifier au Québec depuis la fin des années 1980. Plus de jeunes et moins de personnes âgées se retrouvent dans le groupe des pauvres depuis 1989. On observe également une forte hausse de la pauvreté chez les familles monoparentales et le maintien à un degré élevé de pauvreté des femmes vivant seules. Le nombre de ménages vivant de l'aide sociale accordée par l'État reste élevé. On assiste également à une hausse de la marginalité sociale, de la pauvreté visible et des sans-abri[25]. Le respect du droit au loisir et du principe de l'accessibilité égale pour tous devient de plus en plus difficile à actualiser par les municipalités.

Le contexte politique

La période 1985-1995 est marquée par un discours idéologique « dur » prônant le retour au libéralisme économique, le désengagement de l'État dans le champ du loisir et une forte remise en question de l'intervention de ce dernier dans le secteur des services sociaux, ainsi que par le discours en faveur de la décentralisation et de la régionalisation.

Les préoccupations économiques résident au cœur du questionnement qui entoure l'intervention des pouvoirs publics dans tous les secteurs au cours des années 1985-1995. Le ralentissement général de l'économie et sa restructuration dans l'ensemble des pays industrialisés, dont le Canada, ont mis les acteurs économiques dans un état de crise permanent. L'État est impuissant à agir efficacement, vu son endettement ; il est incapable de relancer l'économie. De plus, les consommateurs ne disposent, comme acteurs économiques, que d'une faible marge de manœuvre pour participer à la relance. Les impôts et les taxes grugent une part de plus en plus grande de leurs revenus, ils disposent de moins en moins d'économies, et le climat d'incertitude face à l'emploi ne les incite pas à dépenser. Les espoirs se dirigent vers l'intervention du troisième acteur économique d'importance : l'entreprise privée. On préconise dorénavant le retour au libéralisme économique dur où, en laissant agir librement les lois du marché, il sera possible de faire le « ménage » dans l'économie et éventuellement de la relancer.

Ce discours entraîne une remise en question de l'intervention de l'État dans plusieurs secteurs. Ce dernier doit, le plus possible, laisser agir librement les forces du milieu et se retirer de certains champs de compétence ou de certains programmes afin de se concentrer sur l'essentiel de sa mission. On cherche ainsi à privatiser autant qu'il se peut l'action gouvernementale. Les conséquences économiques de l'intervention gouvernementale priment dorénavant sur les effets sociaux dans la justification de cette intervention.

Les municipalités vivent plus difficilement ce discours. Elles voient en conséquence s'étendre leurs préoccupations sociales sans avoir pour autant les moyens d'agir. C'est à la municipalité, instance la plus proche des citoyens, que s'adresse dorénavant le milieu pour régler les problèmes sociaux les plus criants. Le rôle de la municipalité en matière de loisir est remis en question pour donner place à ce nouveau secteur d'intervention. La municipalité doit faire à son tour l'objet d'une rationalisation et rechercher plus véritablement à conclure un partenariat avec les organismes et les entreprises du milieu afin de garantir son maintien et son développement.

La crise des finances publiques, qui s'est manifestée avec le plus d'acuité durant la période 1985-1995, a forcé l'État à se dégager de certaines responsabilités dont les municipalités du Québec ont ainsi hérité. Cependant, cette délégation s'est assortie des transferts financiers correspondants. L'idée de réduire les responsabilités de l'État, de se départir de certains équipements, voire de privatiser certains services publics, a eu des répercussions en matière de loisir. Le retrait du financement des conseils régionaux de loisir, l'abolition du ministère du Loisir, de la Chasse et de la Pêche ainsi que la décentralisation fonctionnelle au ministère de la Culture en sont des exemples.

> En somme, au cours des 30 dernières années, nous avons beaucoup centralisé pour ensuite transférer unilatéralement des responsabilités au palier local sans pour autant ne jamais parler de décentralisation[26].

Le nouveau rôle de l'État favorise les partenariats et la décentralisation. Désormais, l'alliance de l'État et des municipalités, des secteurs public et privé ainsi que du milieu associatif est essentielle.

Le discours politique des années 1990 est également orienté vers la décentralisation et la régionalisation. La politique de développement régional mise de l'avant en décembre 1991 vise à donner plus d'autonomie aux régions. La réforme Picotte, qui a été présentée comme une stratégie d'accompagnement et de responsabilisation, propose des outils en vue d'une plus grande décentralisation des fonds publics vers les régions. Sans qu'on puisse parler de véritable et complète décentralisation, les régions disposent tout de même d'un plus grand pouvoir, principalement aux fins de la concertation et de la définition des orientations[27].

La décentralisation vers les régions est également prônée dans la réforme de la santé et des services sociaux (1990). En effet, la croissance des coûts du système de santé et des services sociaux de même que l'augmentation sans cesse grandissante des coûts engagés pour répondre aux besoins de la population ont incité l'État à procéder à une réforme des services de santé et des services sociaux. À cet égard, il importe de souligner que les dépenses rattachées au secteur de la santé et des services sociaux progressent plus rapidement que l'ensemble des dépenses gouvernementales : la part du budget du gouvernement consacrée au secteur de la santé et des services sociaux s'élargit d'année en année ; en 1985-1986, elle représentait 28,6 % du budget gouvernemental, et elle mobilise 30,3 % en 1989-1990[28].

La décentralisation proposée dans la réforme s'illustre comme suit :

> Afin de procéder à une réelle décentralisation du réseau de la santé et des services sociaux, le Ministère entend :
>
> - créer un palier régional responsable du développement et de l'organisation des services de santé et des services sociaux ;
>
> - abolir les actuels conseils de la santé et des services sociaux ;
>
> - créer une régie de la santé et des services sociaux dans chacune des régions administratives du Québec, sauf pour le Nord du Québec où il y en aura deux pour tenir compte des particularités des Inuit et des Cris ;
>
> - accorder, au sein de ces régies, une priorité d'engagement au personnel actuel des conseils de la santé et des services sociaux[29].

La réforme signale également la reconnaissance des organismes communautaires qui contribuent à la prestation directe de services. Elle confirme que les organismes communautaires sont particulièrement aptes à répondre aux nouveaux besoins. Enfin, la réforme vient accentuer l'interrelation entre les municipalités et le réseau de la santé et des services sociaux, puisque 20 % des sièges des régies régionales sont attribués aux élus municipaux.

La réforme des services sociaux entreprise par l'État dans un objectif de décentralisation et de régionalisation a marqué l'intervention de la municipalité en loisir. Plus souvent qu'autrement, c'est vers son service des loisirs que la municipalité oriente les demandes des citoyens en matière d'intervention sociale et communautaire. L'expertise acquise par ce dernier dans le domaine de l'organisation communautaire le prédispose naturellement à trouver des solutions concrètes afin de soutenir efficacement les initiatives du milieu. L'intervention des services municipaux de loisir dans le secteur des services sociocommunautaires les caractérise encore davantage aujourd'hui[30].

2. La justification de l'intervention

Comment est appelée à se justifier l'intervention municipale en matière de loisir dans le contexte social, économique et politique de la décennie 1985-1995 ? Cette dernière a été témoin de profondes transformations : les services de loisir dispensés aux citoyens sont devenus davantage un privilège qu'un droit ; l'accessibilité au loisir a été l'objet d'interventions plus ciblées vers certains groupes sociaux et l'intervention en loisir a dû faire de la place à des interventions dans d'autres secteurs dont principalement celui des services socio-communautaires.

Le loisir, un privilège

Avant 1985, la philosophie d'intervention que prônait la municipalité en matière de loisir se basait sur la reconnaissance du droit au loisir pour tous. Il était alors justifié de tout mettre en œuvre pour rendre le loisir accessible à chacun des citoyens en respectant le plus possible les besoins exprimés. Les citoyens sont invités à prendre en charge l'organisation du loisir avec l'appui des pouvoirs publics. La crise économique de la dernière décennie, touchant tant les pouvoirs publics que les particuliers, a modifié quelque peu cette philosophie d'intervention.

La diminution du pouvoir de dépenser des municipalités, doublée d'un accroissement de ses responsabilités sociales et économiques, les ont forcées à revoir leurs objectifs d'intervention en matière de loisir. Le principe du consommateur payeur a pris le pas sur celui de l'accessibilité, de sorte que les citoyens doivent payer directement le coût de la quantité et de la qualité des services qu'ils reçoivent. Les politiques de tarification des services font l'objet d'une plus large application, principalement dans le secteur des services en loisir. La prise en charge du loisir par les organismes du milieu est également renforcée. Désormais, la municipalité ne se voit plus obligée de répondre à l'ensemble des besoins exprimés en matière de loisir. Celui-ci devient un privilège : ceux qui peuvent s'en payer l'exercice ou prendre en charge collectivement la promotion de leurs intérêts pourront dorénavant en jouir.

Le contexte social justifie également cette nouvelle approche de la municipalité en matière de loisir. Le phénomène de la pauvreté et l'ensemble des problématiques sociales qu'il entraîne (chômage, criminalité, situation des jeunes, de la famille et des aînés) place le loisir au second rang des préoccupations sociales du moment. L'accessibilité au loisir, dans un tel contexte, devient un « luxe », du superflu. L'intervention de la municipalité en matière de loisir se justifie encore, cependant, mais elle doit être ciblée davantage. Le loisir comme moyen de solutionner ou d'atténuer certaines problématiques sociales vécues dans la collectivité justifie davantage cette intervention. Ainsi, selon les milieux, on affectera des ressources à l'intervention auprès de certaines clientèles cibles (par exemple, les jeunes).

L'accroissement des responsabilités de la municipalité

L'accroissement général des responsabilités de la municipalité est un autre facteur qui modifie grandement son approche en matière d'intervention en loisir au cours de la dernière décennie. La municipalité est davantage reconnue comme étant le palier de gouvernement le plus en mesure de comprendre les intérêts et les besoins des citoyens et d'y répondre. C'est à son niveau que peuvent le plus directement se résoudre certaines problématiques sociales et économiques vécues par les citoyens.

Le discours de l'État et des municipalités concordent à ce sujet. Les municipalités, cependant, requièrent plus de pouvoirs et de concertation. Elles reprochent à l'État le « pelletage de responsabilités » dans leur cour, sans préparation et sans l'attribution des moyens économiques nécessaires. L'élargissement des responsabilités de la municipalité s'exprime autant dans les secteurs économiques que sociaux : transport en commun, voirie, services policiers, culture, tourisme, services sociaux, etc. C'est davantage vers la municipalité que vers l'État que les associations communautaires du milieu se tournent pour obtenir soutien et services.

L'intervention de la municipalité en matière de loisir doit être revue à la lumière de ces nouveaux champs de responsabilités ainsi que des nouvelles demandes exprimées par les groupes du milieu. Il ne s'agit pas uniquement de « tasser » le loisir pour faire place à d'autres préoccupations, mais de voir comment l'intervention de la municipalité en la matière peut interagir avec les autres secteurs sous sa responsabilité. L'intervention de la municipalité en matière de loisir se justifie dorénavant dans une vision plus grande orientée vers le développement communautaire.

3. Les objets et les modes d'intervention

De nouveaux champs d'intervention, le partenariat et les politiques concertées d'intervention au regard de problématiques sociales et économiques caractérisent les objets et les modes d'intervention de la municipalité au cours de la période 1985-1995.

Les nouveaux champs d'intervention

La réforme de la santé et des services sociaux[31] ainsi que l'application d'une nouvelle politique de développement culturel[32], qui touchent toutes deux le partenariat des municipalités, le transfert de responsabilités nouvelles de l'État vers les municipalités ainsi que les nouveaux besoins exprimés par les citoyens, ont incité les municipalités à élargir et à moduler leurs champs d'action. De nouveaux secteurs d'activités, tels les services sociocommunautaires, la culture et le récréotourisme, font désormais partie du décor de l'intervention municipale en matière de loisir.

> Les services municipaux de loisir au Québec sont concernés directement par l'accroissement de ces nouvelles responsabilités. C'est à eux que revient généralement le rôle de gérer et d'encadrer les interventions de la Ville en matière culturelle et de développement communautaire. Leur savoir-faire en matière d'encadrement et de support aux organismes locaux ou encore les liens étroits existants entre les champs du loisir et de la culture font en sorte que ces nouvelles responsabilités leur échoient naturellement[33].

Il n'est pas surprenant, dans le contexte social et économique de la dernière décennie, que les municipalités soient de plus en plus sollicitées pour concevoir et appuyer des services sociocommunautaires dans leur milieu. Le « virage communautaire » des municipalités s'accentue. Le développement communautaire mettant en présence les forces vives du milieu et utilisant des stratégies basées sur la participation, la consultation et la concertation est favorisé comme mode d'intervention. La période 1985-1995 est marquée par l'apparition et l'expansion d'organismes communautaires de toutes sortes visant l'aide à la personne, le maintien et l'amélioration de sa qualité de vie et la satisfaction de ses besoins d'épanouissement dans sa collectivité. Ces organismes, tout comme les organismes locaux de loisir existants, nécessitent leur part de soutien professionnel, technique et financier de la municipalité. L'intervention de la municipalité dans le domaine des services sociocommunautaires a monopolisé l'attention et les ressources professionnelles des services municipaux de loisir, services jugés les plus aptes à intervenir promptement et efficacement.

Même si ce n'est pas d'hier que les municipalités sont engagées dans la prestation de services culturels aux citoyens, l'intervention de la municipalité dans ce secteur d'activité a crû en importance durant la période 1985-1995. Les municipalités de forte taille et principalement les villes-centres des régions sont très tôt appelées à jouer un rôle, principalement pour la mise en valeur du patrimoine et le soutien à la diffusion culturelle.

Au cours de la dernière décennie, l'intervention grandissante des municipalités en matière de culture s'est traduite par des interventions dans les champs :

- de la conservation et la mise en valeur du patrimoine ;
- de la création d'institutions locales ;
- du soutien aux institutions locales ;
- de l'organisation des loisirs culturels ;
- de l'établissement de bibliothèques, salles de spectacles, musées locaux, centres d'exposition et du soutien à la diffusion.

En publiant sa nouvelle politique culturelle en 1992, le gouvernement du Québec fait encore davantage appel à la municipalité dans le secteur de la culture. Le partenariat avec les municipalités est jugé non seulement souhaitable mais nécessaire.

En misant sur le partenariat au niveau local, le gouvernement souhaite collaborer avec les municipalités pour leur permettre de jouer pleinement leur rôle et de poursuivre le développement culturel de leur milieu. D'abord axées sur les services à leurs citoyens, les municipalités sont les mieux placées pour déterminer les types de services publics nécessaires et choisir les lieux où les offrir. Elles sont également les plus à même de déterminer quels types d'interventions seront les plus profitables et quels sont les coûts qui y seront rattachés. En matière d'accessibilité de la culture et d'aménagement physique, elles sont donc des intervenantes de première ligne[34].

Les principes d'accessibilité et de respect des responsabilités locales seront donc le fondement des interventions du gouvernement dans le cadre du partenariat avec les municipalités en matière de culture. À cet effet, la politique précise que le gouvernement privilégiera la conclusion d'ententes globales de développement culturel avec les municipalités locales et régionales :

Par ses ententes de développement culturel avec les municipalités, le gouvernement se donne les objectifs suivants :

- développer le partenariat avec les municipalités et mettre en place un cadre permanent d'échanges ;

- adapter le soutien gouvernemental en fonction des caractéristiques et du contexte de chaque municipalité (modulation) ;

- maximiser les retombées des investissements publics ;

- améliorer la planification des interventions gouvernementales ;

- stimuler l'adoption de stratégies de développement culturel par les municipalités locales et régionales[35].

Sans faire de la municipalité le « maître d'œuvre » principal du développement et de l'organisation de la « culture » au Québec, les nouvelles orientations de l'État en la matière visent une décentralisation vers les municipalités. Encore ici, vu son engagment traditionnel dans le secteur des loisirs culturels, c'est au service municipal de loisir que revient la responsabilité municipale d'intervenir dans le champ de la culture. Il devient un autre secteur qui monopolise l'attention et les ressources des services municipaux de loisir[36].

Le secteur du récréotourisme est un autre champ d'intervention qui accapare de plus en plus l'attention et les ressources de la municipalité au cours de la période 1985-1995. Caractérisée par la mise sur pied d'événements (fêtes et festivals), par la mise en valeur du patrimoine et des sites naturels, récréatifs et historiques ainsi que par le soutien des initiatives du milieu, l'intervention de la municipalité en la matière vise principalement le développement de son économie locale.

Encore ici, le faible soutien que peut apporter l'État aux initiatives croissantes des divers milieux fait que c'est vers la municipalité que se tournent les organismes promoteurs du milieu pour obtenir services et ressources nécessaires à leur développement. Il n'est pas rare de voir les projets récréotouristiques mis de l'avant solliciter les ressources bénévoles du milieu et engager étroitement les organismes de loisir en place dans un quelconque partenariat. L'ensemble des services municipaux sont également de plus en plus sollicités pour appuyer la tenue des événements ou encore la mise en valeur des sites naturels, historiques et récréatifs de leur milieu.

L'accroissement des responsabilités de la municipalité dans les champs des services sociocommunautaires, de la culture et du récréotourisme, domaines très proches du loisir organisé de par leur similarité d'intérêts et leur mode d'action communautaire, a modulé l'intervention de la municipalité en matière de loisir et amené cette dernière à établir de nouveaux partenariats.

Le partenariat

La concertation et le partenariat à tous les niveaux, à l'interne entre les divers services de l'appareil municipal, à l'externe entre la municipalité et les autres intervenants du milieu (publics, parapublics, associatifs et privés), tant au plan local que régional, ont marqué l'intervention municipale en matière de loisir au cours de la dernière décennie. Ce partenariat et cette concertation s'avéraient nécessaires compte tenu de l'accroissement des responsabilités et des problématiques sociales et économiques sur lesquelles la municipalité était appelée à intervenir.

Au sein de l'appareil municipal, les divers services doivent se concerter davantage face à certaines problématiques sociales liées au développement urbain. Tel ou tel problème social n'apparaît plus comme pouvant être du ressort d'un seul service. Chacun, avec la compétence qui lui est propre, est dorénavant appelé à intervenir conjointement avec les autres services, sur la recherche de solutions concrètes aux problèmes vécus par les citoyens, et à agir de concert pour plus d'efficacité. L'intervention auprès des jeunes en est un exemple. Les services de loisir, de la sécurité publique et de l'aménagement du territoire (urbanisme) doivent collaborer afin de réduire le phénomène de la délinquance sur leur territoire. Le service municipal de loisir est également interpellé avec les autres services municipaux pour agir sur des politiques à l'égard des aînés, de la famille, etc.

La mise en place de mécanismes de concertation entre les municipalités et les divers organismes du milieu (publics, parapublics, associatifs et privés) a pris différentes formes. Au niveau public et parapublic, le meilleur exemple de concertation est celle qui s'est établie avec le milieu scolaire. Bien qu'elle existe depuis bon nombre d'années, elle a grandement évolué au cours des dernières années pour des raisons d'ordre économique : autant les municipalités que les commissions scolaires ont eu à faire face à des problématiques similaires, soit l'offre de services à des coûts moindres[37].

Outre les traditionnelles ententes relatives au prêt de locaux et aux échanges de services, de nouvelles formes de concertation sont apparues. Le partenariat lors de la construction ou de l'aménagement d'équipements, les achats en commun d'équipements et la planification conjointe d'activités de loisir en sont autant d'exemples. Enfin, tout porte à croire que le partenariat entre ces deux entités publiques ne cessera de progresser, si on considère que les avantages sont nombreux et qu'ils s'intègrent au concept de rationalisation et d'optimisation des ressources en loisir d'un territoire.

Le milieu associatif est un intervenant majeur dans l'organisation et le développement du loisir à tous les niveaux : local, régional et national. Cependant, le retrait du financement de l'État l'a amené à devenir plus autonome et à chercher à définir un nouveau partenariat. À cet égard, au cours des dernières années, certaines associations ont conclu des alliances avec les réseaux scolaires et les services sociaux. De plus, à titre de maîtres d'œuvre du loisir au palier local, les municipalités constituent des partenaires essentiels pour le monde associatif[38].

Au cours des années 1985-1995, on assiste à l'émergence d'un partenariat à l'échelle régionale. Les régions du Québec, qui connaissent des difficultés de dévitalisation économique, démographique et sociale, ont adopté un discours favorisant la concertation régionale. La réforme Picotte (1991) a invité les divers intervenants de chacune des régions du Québec à harmoniser leurs interventions et à établir des priorités et des axes de développement[39].

L'exercice de planification stratégique régionale a permis de mobiliser et de rallier les divers secteurs socio-économiques des régions autour d'un objectif commun, soit dégager les potentiels de développement et établir les priorités régionales. Cette démarche de planification a engendré une synergie entre les divers intervenants de chaque région. Sans critiquer cette approche de planification régionale, soulignons toutefois que le partenariat à l'échelle régionale ne peut se faire sans une alliance entre les intervenants municipaux, institutionnels et associatifs. La conscience régionale s'est également manifestée dans le champ du loisir, favorisant la mise en commun des ressources collectives afin de satisfaire plus adéquatement les besoins des populations sur le plan des services et des équipements récréatifs.

Le partenariat municipalité-entreprise privée en matière de loisir est également une approche de concertation privilégiée au cours de la période 1985-1995. Il prend surtout la forme d'une délégation des responsabilités de gestion de certains services et équipements récréatifs, qui relevaient auparavant de la municipalité. L'objectif visé ici est double : réduire les coûts de fonctionnement et maintenir, ou encore améliorer, la prestation de services aux citoyens. Ce partenariat va encore plus loin aujourd'hui ; l'entreprise privée est ainsi de plus en plus souvent sollicitée pour investir dans la construction et l'aménagement d'espaces et d'équipements récréatifs destinés à des usages publics.

Les politiques concertées d'intervention en regard des problématiques sociales et économiques

L'élargissement des champs de responsabilités de la municipalité et la nécessité d'intervenir promptement sur certaines problématiques sociales qui l'affectaient plus particulièrement l'ont amenée à formuler des politiques d'action concertées. Ce mode d'intervention visant à doter la municipalité d'orientations, de moyens d'action et d'un partenariat avec le milieu pour agir est fortement privilégié par les municipalités du Québec au cours de la période 1985-1995. Plus souvent qu'autrement, c'est le service municipal de loisir qui est appelé, de concert avec les autres intervenants, à concevoir et à mettre en œuvre de telles politiques d'action concertée.

Une enquête menée auprès des directeurs de loisirs municipaux en 1993 révèle que 25,2 % des municipalités répondantes disposent d'une politique culturelle et 12,3 %, d'une politique de développement sociocommunautaire. Les résultats de l'étude montrent également que 25,8 % des municipalités disposent d'une politique à l'égard des jeunes, que 25,2 % sont dotées d'une politique visant la famille et que 20,9 % possèdent une politique relative aux aînés. Enfin, 16 % des municipalités disposent d'une politique à l'égard des handicapés et seulement 5,5 % à l'égard des communautés culturelles[40].

4. Les acquis de l'intervention municipale en matière de loisir

Que faut-il retenir de l'intervention de la municipalité en matière de loisir durant la période 1985-1995 ? Quels ont été ses acquis ?

Ce qui est le plus frappant, c'est que le phénomène loisir fait maintenant partie d'un projet collectif et social beaucoup plus vaste. En effet, il n'est plus uniquement vu comme une fin en soi mais davantage comme un moyen efficace de façonner le cadre de vie des citoyens. Le phénomène loisir est en interface avec les problématiques sociales et économiques du moment où le développement communautaire prend son véritable sens.

C'est également une réelle expertise en matière de développement communautaire qu'a su acquérir la municipalité en matière de loisir durant la période 1985-1995. Plus que jamais, la consultation, la concertation et le partenariat dans l'action constituent des modes d'intervention. L'intervention municipale en matière de loisir s'est donc merveilleusement outillée pour faire face aux enjeux et aux défis qui l'attendent au cours des prochaines années.

Notes

1. Gilles Pronovost, *Loisir et Société : traité de sociologie empirique*, Sainte-Foy, Presses de l'Université du Québec, 1993, p. 246.

2. Ministère du Loisir, de la Chasse, et de la Pêche, *Politique sur le bénévolat en loisir*, Québec, Gouvernement du Québec, 1989.

3. René Tremblay, *Le Regroupement des services de loisir des municipalités de Bernières et de Saint-Nicolas : enjeux et modalités d'intégration*, Rapport d'activité présenté pour l'obtention de la maîtrise en analyse et gestion urbaines, Montréal, UQAM, 1994, p. 21.

4. Lionel Ouellet, « La privatisation, instrument de management public », dans : Roland Parenteau (dir.), *Management public : comprendre et gérer les institutions de l'État*, Sainte-Foy, Presses de l'Université du Québec, 1992, p. 130.

5. *Ibid.*, p. 131.

6. Max D'Amours, « La gestion déléguée de services récréatifs et culturels », *Loisir et société*, 12, 1, printemps 1989, p. 89.

7. Max D'Amours et Harold Foy, *Rapport sur la privatisation et le faire-faire municipal dans le domaine des services récréatifs et culturels*, Trois-Rivières, Département des Sciences du loisir, Université du Québec à Trois-Rivières, 1987, p. 87-105.

8. Max D'Amours, « La gestion déléguée... », *op. cit.*, p. 95.

9. *Ibid.*, p. 97.

10. *Ibid.*, p. 98.

11. René Tremblay, *op. cit.*, p. 22.

12. Statistique Canada, « Estimations de la population au 1er juillet », *Le Quotidien*, 27 septembre 1994, p. 5-6, et « Projections démographiques pour le Canada, les provinces et les territoires », *Le Quotidien*, 23 janvier 1995, p. 7-8.

13. Statistique Canada, « Projections démographiques pour le Canada, les provinces et les territoires », *Le Quotidien*, 23 janvier 1995, p. 7-8.

14. Statistique Canada, « Familles, 1992 », *Le Quotidien*, 17 août 1994, p. 5-7.

15. Statistique Canada, « Familles aînées, 1992 », *Le Quotidien*, 13 septembre 1994, p. 2.

16. Ministère de la Santé et des Services sociaux, *Une réforme axée sur le citoyen*, Québec, Gouvernement du Québec, 1990, p. 27.

17. *Ibid.*, p. 27.

18. *Ibid.*, p. 28.

19. *Ibid.*, p. 33.

20. Ministère du Loisir, de la Chasse et de la Pêche, *Ma famille, ma ville, nos loisirs,* Québec, Gouvernement du Québec, 1989.

21. Philippe Thillay, *À la croisée de l'école et de la famille*, Texte de conférence, Colloque international sur le loisir, Trois-Rivières, Université du Québec à Trois-Rivières, 3 et 4 novembre 1994.

22. Statistique Canada, « Croissance des emplois à temps partiel », *Le Quotidien*, 6 septembre 1994, p. 5-6.

23. *Ibid.*

24. Pierre Gagnon, *La mise en marché des services récréatifs : Analyse à partir des modes de vie*, Québec, Conseil régional du loisir – Québec et Chaudière-Appalaches, 1990, p. 10-11.

25. Simon Langlois, « Pauvreté », dans Simon Langlois *et al.*, *La société québécoise en tendances 1960-1990*, Québec, Institut québécois de recherche sur la culture, 1990, p. 607-609.

26. Gérald Grandmont, *Le rôle de l'État*, Texte de conférence, Colloque international sur le loisir, Trois-Rivières, Université du Québec à Trois-Rivières, 3 et 4 novembre 1994, p. 9.

27. Gérald Beaudry, *Émergence d'un pouvoir régional : au stade des premiers pas*, Texte de conférence, Colloque international sur le loisir, Trois-Rivières, Université du Québec à Trois-Rivières, 3 et 4 novembre 1994.

28. Ministère de la Santé et des Services sociaux, *op. cit.*, p. 76.

29. *Ibid.*, p. 48.

30. Pierre Gagnon, *Intégration des secteurs d'activités de la culture et du développement communautaire au sein du service municipal des loisirs*, Études du loisir – Cahier 5, Trois-Rivières, Département des Sciences du loisir, Université du Québec à Trois-Rivières, 1993.

31. Ministère de la Santé et des Services sociaux, *op. cit.*

32. Ministère des Affaires municipales, *La politique culturelle du Québec*, Québec, Gouvernement du Québec, 1992.

33. Pierre Gagnon, *Intégration des secteurs ...*, *op. cit.*, p. 1.

34. Ministère des Affaires municipales, *op. cit.*, p. 130-131.

35. *Ibid.*, p. 131.

36. Pierre Gagnon, *Intégration des secteurs..., op. cit.*

37. Sur ce sujet, voir : Stella Guy, *Une nouvelle concertation, une longue tradition...*, Texte de conférence, Colloque international sur le loisir, Trois-Rivières, Université du Québec à Trois-Rivières, 3 et 4 novembre 1994. Voir aussi : Marc-André Lehoux, *Une nouvelle concertation scolaire-municipale*, Texte de conférence, Colloque international sur le loisir, Trois-Rivières, Université du Québec à Trois-Rivières, 3 et 4 novembre 1994 ; Paul-André Roger, *Une nouvelle concertation scolaire-municipale*, Texte de conférence, Colloque international sur le loisir, Trois-Rivières, Université du Québec à Trois-Rivières, 3 et 4 novembre 1994.

38. Sur ce sujet, voir : Gisèle Bouchard, *Une nouvelle mission pour le monde fédéré du loisir au Québec*, Texte de conférence, Colloque international sur le loisir, Trois-Rivières, Université du Québec à Trois-Rivières, 3 et 4 novembre 1994. Voir aussi : Michel Beauregard, *La nouvelle mission pour le monde fédéré du loisir au Québec*, Texte de conférence, Colloque international sur le loisir, Trois-Rivières, Université du Québec à Trois-Rivières, 3 et 4 novembre 1994 ; Pierre Filion, *Nouvelle mission pour le monde fédéré du loisir au Québec*, Texte de conférence, Colloque international sur le loisir, Trois-Rivières, Université du Québec à Trois-Rivières, 3 et 4 novembre 1994.

39. Gérald Beaudry, *op. cit.*

40. Pierre Gagnon, *Intégration des secteurs..., op. cit.*

Deuxième partie

L'intervention municipale en matière de loisir au seuil de l'an 2000

La première partie de cet ouvrage illustrait comment l'intervention municipale en matière de loisir a évolué et s'est adaptée au cours des quelque trente-cinq dernières années en fonction des contextes social, économique et politique. Au seuil de l'an 2000, comment évoluera encore cette intervention, compte tenu de l'expérience acquise par la municipalité ?

Il est apparu au cours de la dernière décennie que le cadre dans lequel s'inscrit la municipalité, qu'il s'agisse de la structure interne ou de son environnement externe, amorçait une mutation. Les changements qui s'opèrent actuellement tant sur le plan social ou économique que politique et ceux que subissent l'appareil municipal et l'objet même de l'intervention, c'est-à-dire le loisir, s'accompagnent de défis et d'enjeux importants auxquels devra répondre la municipalité dans les années à venir. Ces nouveaux défis et enjeux feront l'objet d'une analyse dans le chapitre quatre du présent ouvrage.

La mission et les rôles de la municipalité dans le domaine du loisir seront traités au cinquième chapitre, où nous y décrirons et analyserons l'ensemble des objectifs de l'intervention municipale aujourd'hui dans le domaine du loisir, les formes de structures d'intervention qui peuvent être mises en place au sein de l'appareil municipal pour en assurer la gestion, les buts visés et les rôles que peuvent remplir ces différentes structures dans l'offre de services au citoyen ainsi que l'intégration de l'organisation du travail au sein de l'appareil municipal en vue d'une intervention moins « éclatée » auprès du citoyen.

Les modes d'intervention de la municipalité auprès de ses citoyens et avec eux dans le domaine du loisir et dans ses différents secteurs d'activité, soit le loisir, la culture, le domaine sociocommunautaire et le récréotourisme, seront abordés au sixième chapitre. Les avantages et les inconvénients de chacun à la lumière des programmes et des services à offrir, des espaces à aménager et des équipements à mettre en place dans tous les secteurs d'activité y seront aussi décrits et analysés. Nous dégagerons les contraintes à respecter et les objectifs poursuivis par chaque mode d'intervention afin de permettre un choix plus éclairé du modèle d'intervention de la municipalité auprès de ses citoyens et avec eux.

Le septième chapitre portera sur le partenariat que la municipalité peut établir avec les organismes du milieu et ses citoyens en rapport avec son intervention dans le domaine du loisir. La définition du développement communautaire comme approche privilégiée pour un véritable partenariat et ses conséquences sur la municipalité, les diverses formes que peut prendre ce partenariat avec les organismes et les citoyens, sa concrétisation dans des politiques de reconnaissance et de soutien de même que dans des protocoles d'entente y seront tour à tour analysés afin de permettre à la municipalité de faire, encore ici, les choix qui s'imposeront.

Les nouveaux défis

Plusieurs des transformations que subit la municipalité influeront sur son intervention en matière de loisir au cours des prochaines années. Des changements sociodémographiques importants, des phénomènes sociaux qui touchent le loisir, les difficultés économiques irrésolues et de nouvelles orientations politiques poseront de nouveaux défis à la municipalité et à son intervention en matière de loisir. Les modifications qui s'observent dans l'objet même de l'intervention, c'est-à-dire le loisir, aussi bien sur le plan des valeurs, des pratiques que des contraintes qui y sont associées, ainsi que le contexte organisationnel en mutation dans lequel la municipalité doit fonctionner, apporteront également leur lot de nouveaux défis. Dans un tel contexte, quels sont les enjeux de l'intervention municipale en matière de loisir ? Voyons dans un premier temps comment devra évoluer le cadre entourant la municipalité de demain.

1. Un environnement en mutation

Amorcés au cours des dernières décennies, plusieurs changements démographiques, sociaux, économiques et politiques sont apparus. Ils ont affecté l'offre municipale de services en loisir. Aujourd'hui, plusieurs indices laissent présager que ces bouleversements seront encore plus marqués au cours de la prochaine décennie. La figure qui suit illustre les grands courants qui affecteront l'intervention municipale en matière de loisir au seuil de l'an 2000.

FIGURE 4.1
Tendances influant sur l'intervention municipale en loisir

TENDANCES
DÉMOGRAPHIQUES

Diminution du poids
démographique des jeunes
Augmentation du poids
démographique des aînés
Augmentation du poids
démographique des immigrants

TENDANCES
SOCIALES

Mutation de la famille
dans la société québécoise
Évolution des rapports entre
le temps de travail et le temps libre
Accroissement des inégalités
socio-économiques de la population
Intensification des disparités
locales et régionales

INTERVENTION
MUNICIPALE
EN LOISIR

TENDANCES
POLITIQUES

Réalignement du rôle de l'État
Repartage des responsabilités et
des rôles entre les pouvoirs publics
Rationalisation des
dépenses publiques

TENDANCES
ÉCONOMIQUES

Fluctuation entre stabilité
et décroissance économique
Intensification de la concurrence
internationale et restructuration de l'économie
Maintien de taux de chômage élevés
Amplification de la crise financière
des pouvoirs publics
Diminution du pouvoir d'achat
des consommateurs

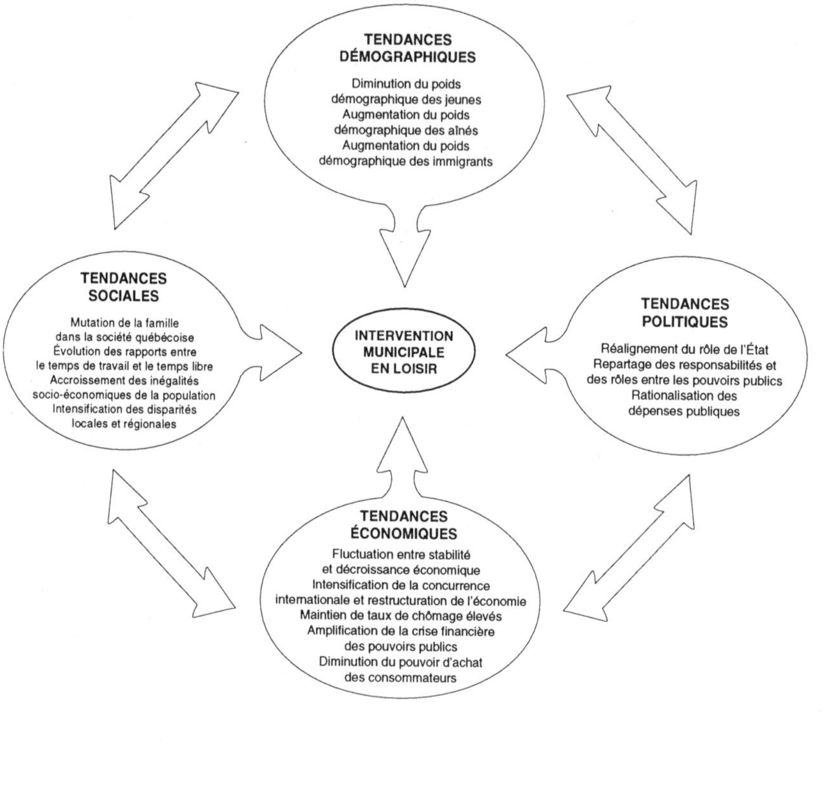

Une période de transition sociodémographique

La baisse de la natalité, le vieillissement de la population et l'immigration sont tous des phénomènes qui influeront sur la structure d'âge de la population et de la société québécoise dans son ensemble au cours des prochaines années. Ces changements sociodémographiques importants poseront de nouveaux défis à l'intervention de la municipalité dans le champ du loisir.

Une fécondité au ralenti ... des jeunes moins nombreux

Au Québec, comme pour l'ensemble du Canada, les taux de fécondité restent faibles depuis le milieu des années 1970[1]. À cette époque, le taux de fécondité au Québec approchait celui des autres provinces canadiennes. Toutefois, durant les années 1980, il a chuté pour atteindre 1,37 naissance par femme en 1987, soit un des taux de fécondité les plus bas au monde[2]. À propos de ce phénomène, le Conseil des affaires sociales notait que « ce qui distingue particulièrement le Québec à ce chapitre, c'est que la baisse de fécondité se produit ici avec une vitesse et une ampleur qui n'ont pas d'équivalent dans le reste du monde[3] ». Il ajoutait ce qui suit concernant l'évolution de l'indice de fécondité :

> Depuis 1978, l'indice synthétique de fécondité à l'échelle canadienne a baissé de 1,6 % par année et celui du Québec de 4,8 %. [...]
>
> Comme la natalité constitue le principal facteur d'accroissement d'une population, on constate qu'à moins d'un revirement rapide et significatif de la situation, l'indice synthétique de fécondité du Québec continuera de se distinguer dramatiquement du Canada et de se maintenir bien en-dessous du seuil nécessaire au renouvellement de sa population[4].

Au début des années 1990, les taux de fécondation au Québec se sont accrus jusqu'à atteindre 1,65 enfant par femme en âge de procréer en 1992. Cette augmentation semblait correspondre avec l'introduction du programme québécois d'allocations à la naissance pour accroître le nombre de naissances. Toutefois, en 1993, le nombre moyen d'enfants par Québécoise en âge de procréer régressait à 1,61 mais demeurait semblable à celui du Canada, soit 1,66 enfant par femme en âge de procréer[5]. À ce propos, Grindstaff remarquait que :

> [...] Même s'il est possible que la fécondité augmente au Québec, dans le futur, en réponse au programme d'encouragement financier mis de l'avant par le gouvernement provincial pour accroître la taille des familles, il reste que la croissance annuelle des taux de fécondité dans cette province depuis l'allocation de ces allocations à la naissance est modeste, et que les taux ont chuté ces dernières années[6].

En outre, il constatait que :

> [...] Jamais depuis le début des années 1970, toutefois, le taux n'a été égal ou supérieur à 2. À raison de 2 naissances par femme, chaque parent dispose d'un remplaçant pour la génération suivante. Avec des taux de fécondité inférieurs à 2, on ne peut compter uniquement sur la naissance des enfants pour maintenir la population[7].

Par ailleurs, il semble que, depuis 1985, le nombre de Québécoises en âge de procréer, soit les 35 ans et moins, connaît une diminution[8]. C'est donc dire que le maintien de faibles taux de fécondité est une tendance qui se poursuivra au cours des prochaines années. Cette dénatalité a pour effet d'engendrer une diminution du poids démographique des jeunes dans la population. Les services municipaux de loisir et leurs organismes partenaires seront donc appelés à réajuster leurs interventions pour en tenir compte tout en considérant les situations qui caractérisent les jeunes d'aujourd'hui.

En effet, même si leur poids démographique décroît, les jeunes vivent des problématiques qui vont en s'accroissant. Il faut donc aussi s'interroger sur cet aspect de l'équation avant d'abaisser l'offre de services en loisir s'adressant à cette clientèle en décroissance. Ainsi, plusieurs phénomènes caractérisent la situation des jeunes d'aujourd'hui, notamment : taux de suicide élevé, chômage, pauvreté, délinquance et difficulté d'intégration au monde du travail. À ce tableau peu reluisant de la jeunesse québécoise s'ajoutent d'autres phénomènes tels l'exode des jeunes qui quittent les régions périphériques en faveur des centres urbains, la part de plus en plus importante qu'occupent les jeunes issus de diverses communautés culturelles et la double occupation, études et travail[9].

Le phénomène du décrochage scolaire est également important et mène dans bien des cas à des emplois précaires et à la pauvreté.

Depuis 1986, près de 35 % des jeunes quittent l'école secondaire avant l'obtention d'un diplôme[10]. En outre, plusieurs jeunes ayant poursuivi des études postsecondaires, voire universitaires, connaissent des problèmes de pauvreté et de précarité d'emploi. À ce titre, l'endettement étudiant et le nombre de faillites d'ex-étudiants atteignent des niveaux records. De plus, le nombre de jeunes chômeurs et de prestataires de la sécurité du revenu est désastreux. Or, cette pauvreté financière s'accompagne de sentiments d'exclusion et de retrait de la vie sociale, ce qui porte énormément à réfléchir.

Enfin, la vie collective en bande, la fugue, l'alcoolisme et la toxicomanie de même que les mauvais traitements infligés aux enfants viennent compléter ce portrait sommaire des problèmes vécus par les jeunes d'aujourd'hui, que trop souvent encore les médias contribuent à dramatiser en les généralisant à l'ensemble des jeunes. Quoi qu'il en soit, il n'en demeure pas moins que certains sont inquiétants.

Face à ce contexte, le loisir peut avoir son rôle à jouer : le loisir comme facteur d'épanouissement, d'intégration sociale, d'outil de sociabilité, de développement de la personne et d'éducation offre une solution dans la prévention des risques reliés à la mésadaptation sociale des jeunes en difficulté. Certains jeunes considèrent que les programmes offerts en loisir par la municipalité ne correspondent pas à leurs besoins. D'autres démontrent peu d'intérêt pour les activités de loisir s'adressant à l'ensemble des adultes et souhaitent qu'on leur donne plutôt la possibilité d'organiser leurs propres activités[11]. Dans cette perspective, les intervenants en loisir au niveau municipal doivent équilibrer et adapter leurs interventions envers la clientèle jeune. À l'aube de l'an 2000, ils devront donc faire preuve quotidiennement d'ingéniosité et d'efficacité afin que les jeunes puissent individuellement et collectivement s'épanouir et s'enrichir.

Un vieillissement accentué de la population

Le fait est connu, le Québec, comme plusieurs régions du Canada et des pays industrialisés, affiche une tendance au vieillissement de sa population. L'augmentation de l'espérance de vie combinée à la baisse de natalité en sont les principaux responsables. Toutefois, le vieillissement de la population du Québec risque de se faire beaucoup plus rapidement qu'ailleurs ; en effet, selon les projections du recensement fédéral de 1991, le Bureau de la statistique du Québec avance que la part des personnes âgées de 65 ans et plus, qui était de 11 % dans la population québécoise en 1991, doublera d'ici 2016 (22 %) et triplera vers 2041 (41 %)[12]. Les projections pour la population canadienne faites par Statistique Canada montrent que la proportion des gens âgés de 65 ans et plus, soit 11,4 % de la population canadienne en 1991, passera à 16 % en 2016 et à 23 % en 2041[13].

Le vieillissement de la population québécoise influera donc grandement sur l'intervention municipale en loisir au cours des prochaines années, d'autant plus que les aînés ne forment pas un groupe homogène et que les besoins sont appelés à changer avec l'arrivée des futurs retraités que sont les *baby-boomers*. En effet, plus scolarisés et mieux nantis, ces derniers risquent d'être plus exigeants comme prestataires de services de loisir et exiger une gamme plus diversifiée que les générations précédentes. D'ailleurs, les études réalisées ces dernières années laissent croire que les loisirs des gens âgés connaissent une évolution marquée. Ainsi, au cours de la dernière décennie, la pratique de la plupart des formes de loisir s'est accrue au sein de ce secteur de population. La fréquence des activités physiques et sportives a augmenté, à l'instar des activités culturelles ; le bénévolat et la propension à voyager se sont également accrus. Il semble, de toute évidence, que le loisir soit devenu une dimension importante dans la vie des aînés[14].

Toutefois, les aînés ne partagent pas tous les mêmes caractéristiques et, conséquemment, ne constituent pas un groupe homogène. En règle générale, les personnes âgées disposent pour la plupart de beaucoup de temps libre, soit 8 heures par jour comparativement à 5 heures 45 minutes en moyenne pour l'ensemble de la population[15]. Toutefois, plusieurs connaissent des contraintes financières : 18 % des aînés au Québec en 1991 vivaient dans la pauvreté[16]. D'autres, par ailleurs, ont un état de santé précaire ou des incapacités physiques qui limitent les choix d'activités possibles. Enfin, nombreux sont ceux qui vivent des sentiments d'isolement et même d'exclusion, notamment lorsqu'ils vivent en institution. En revanche, la désinstitutionnalisation observée dans les établissements sociaux et de santé pose un problème d'intégration dans les diverses communautés des personnes « désinstitutionnalisées », qui présentent souvent un manque d'autonomie.

Ces tendances soulèvent, pour les responsables de l'organisation des loisirs en milieu municipal, de nombreux défis, dont un des principaux consiste à tenir compte de la diversité sociale et économique dont s'assortissent les personnes âgées dans la population et à réajuster l'intervention municipale en loisir en conséquence tout en cherchant à les faire participer davantage à l'organisation de leurs loisirs. En outre, rappelons les difficultés qu'engendrent les situations vécues par les aînés qui ont été relevées lors du Colloque international sur le loisir tenu à Trois-Rivières en 1994 :

> Un premier défi vise les instances publiques qui devront reconnaître le loisir comme essentiel et fondamental au bien-être et à la qualité de vie des personnes âgées. Cette reconnaissance signifie notamment que la personne âgée est une personne à part entière, avec son potentiel, ses contraintes, ses aptitudes et son vécu ; [...]

> Un autre défi a trait à la reconnaissance d'une conception globale du loisir des personnes âgées, qui va au-delà de sa valeur thérapeutique ou préventive (permettant des économies en services sociaux et en santé) ou de ce qu'il peut représenter potentiellement comme occasion d'affaires pour l'entreprise privée. Pour plusieurs aînés à la retraite, les loisirs sont aussi l'occasion de réaliser des projets de vie et d'atteindre le plein épanouissement de soi. [...]

> Enfin, dans un contexte de rareté des ressources, un dernier défi consiste à un meilleur partage des responsabilités communes face aux loisirs des personnes âgées. Ce défi interpelle tous les partenaires qui croient aux valeurs du loisir et les convie à fonctionner dans un service « ouvert » sur la collectivité[17] [...].

Une croissance de l'immigration

Pour assurer une certaine croissance démographique et donc pallier les problèmes de dénatalité et de vieillissement de la population, les gouvernements ont réagi en augmentant l'immigration. C'est ainsi que, depuis les années 1950, la proportion d'immigrants dans l'ensemble de la population québécoise n'a jamais cessé de progresser, atteignant 9 % en 1991[18]. Le Québec est donc de plus en plus multiculturel. Toutefois, la répartition des immigrants sur le territoire québécois n'est pas uniforme : en effet, les immigrants s'installent majoritairement dans la région métropolitaine de recensement (RMR) de Montréal ; cette tendance s'est accentuée d'ailleurs au cours des dernières années. Ainsi, en 1991, 88 % des immigrants étaient établis à Montréal, alors que 45 % de la population du Québec dans son ensemble y habite[19]. À titre de comparaison, 6 % d'entre eux vivaient dans les quatre autres RMR de la province (Chicoutimi-Jonquière, Québec, Sherbrooke et Trois-Rivières, incluant Hull qui fait partie de la RMR d'Ottawa-Hull), contre 19 % de la population québécoise[20].

Par ailleurs, les caractéristiques socio-économiques des immigrants sont de plus en plus diversifiées. Cette tendance se caractérise tant dans la diversité des pays et des langues d'origine ou dans la scolarisation des nouveaux arrivants que dans la situation économique des immigrants au Québec. Il va sans dire que cet apport du multiculturalisme influe grandement sur les pratiques récréatives et culturelles. En outre, l'importance du phénomène de l'immigration dans le développement économique et démographique du Québec s'accompagne du problème d'intégration des communautés culturelles.

Le loisir apparaît comme un outil prometteur pour favoriser l'harmonie ethnoculturelle et l'intégration des immigrants à la société québécoise, notamment en raison de l'interaction sociale qu'il suscite et des échanges plus faciles dès lors entre Québécois d'origine et Québécois d'adoption. Dans cette perspective, les responsables municipaux de loisir seront appelés à adapter leur intervention en fonction du contexte migratoire de leur milieu et des acteurs œuvrant dans le processus d'intégration des immigrants dans leur communauté.

Un contexte social en changement

Outre l'adaptation aux changements sociodémographiques que vivra le Québec de demain, des phénomènes sociaux en émergence auront également une incidence sur l'intervention de la municipalité en matière de loisir et présenteront autant de défis. Les transformations importantes que connaît la famille comme institution, les nouveaux rapports souhaités entre temps de travail et temps libre, l'accroissement des inégalités socio-économiques de la population ainsi que les disparités locales et régionales sont des problématiques sociales et économiques dont les répercussions se feront sentir davantage sur la municipalité de demain et apporteront de nouveaux défis à relever.

La famille en mutation

Depuis les dernières décennies, la famille québécoise se trouve en profonde mutation, comme en témoignent les familles biparentales, monoparentales et recomposées, diverses manifestations de la famille d'aujourd'hui. Ainsi, il est possible de relever les transformations suivantes au sein des familles québécoises :

– La taille des familles a diminué graduellement au Québec au fil des dernières années. La proportion des familles comptant plus de deux enfants mineurs est passée de 28,1 % en 1975 à 14,3 % en 1992. [...]

– Les familles biparentales représentent près de 80 % des familles. C'est dire que quatre familles sur cinq sont formées autour d'un couple marié ou en union libre. [...] Les statistiques ne permettent pas de distinguer les familles biparentales d'origine, des familles recomposées. [...]

– Avec la montée des ruptures d'union, la proportion des familles où les enfants vivent avec un seul parent a augmenté considérablement entre 1981 et 1991, passant de 17,6 % à 21,7 %. La très grande majorité de ces familles, soit plus de 80 %, ont une femme à leur tête. [...]

– [...] En 1990, 9 % de l'ensemble des femmes avec enfants vivaient en familles recomposées. Selon les projections obtenues à partir des comportements de cette même année, on évalue que 15 % des Québécoises pourraient vivre au moins un épisode de leur vie en famille recomposée[21].

Voilà autant de données qui illustrent la pluralité des familles, le fait que les deux conjoints travaillent et la mouvance de cette institution dans la société québécoise. La multiplication des naissances hors mariage, l'accroissement du divorce et des ruptures d'unions de fait, l'augmentation des familles immigrées, le nombre grandissant de jeunes aux études sur le marché de l'emploi, la progression du taux d'activité des mères québécoises, la montée du soutien de parents âgés par la famille et la propension des jeunes adultes à retarder leur départ de leur famille constituent des phénomènes qui, à l'avenir, accentueront la tendance à la diversification des modes de vie familiaux. En outre, les difficultés d'adaptation vécues par les enfants, les problèmes reliés au dysfonctionnement des familles ou au manque de temps des familles où les parents travaillent, ainsi que la détresse économique de nombreuses familles constituent d'anciennes et de nouvelles problématiques qui ont de graves conséquences sur la diversification des réalités familiales.

La famille, milieu naturel propice à la croissance et au bien-être de tous les membres de la société, apporte une contribution essentielle au développement de toute société. Par contre, le Conseil de la famille rappelait que la famille doit pouvoir compter recevoir le soutien dont elle a besoin[22]. Dans cette perspective, tous les acteurs socio-économiques sont appelés, de façon concertée, à jouer un rôle pour aider les familles, à résoudre les problèmes qui peuvent les affecter et à assumer leurs fonctions dans les meilleures conditions possibles.

Au niveau local, le Secrétariat à la famille soulignait l'importance d'associer les municipalités « [...] à une démarche de concertation de toutes les ressources locales (scolaires, de loisirs, de services et de commerces) à l'établissement de milieux de vie sains et soutenants pour les parents et leurs enfants[23]». Quant au rôle des municipalités dans le soutien aux familles, le Secrétariat précisait :

> Les municipalités sont les premières concernées lorsqu'il est question de l'amélioration du milieu de vie des familles. Elles constituent le pivot central de l'orchestration des différents services s'adressant aux familles, que ce soit en matière de loisirs, d'urbanisme ou de sécurité. Il est donc essentiel que les municipalités adaptent leurs interventions aux besoins spécifiques des familles[24].

Les municipalités, milieu de vie des familles, doivent donc adapter leurs interventions de façon à répondre aux besoins diversifiés engendrés par les transformations qui touchent les familles. Le secteur des loisirs, comme d'autres secteurs municipaux, sera invité à penser et à agir en fonction de la nouvelle situation des familles québécoises. En outre, en raison de sa nature et de ses caractéristiques, le loisir est également concerné par la nouvelle dynamique qui caractérise la famille. En effet, le loisir est perçu comme un facteur favorisant le rapprochement des membres d'une famille et, conséquemment, pouvant contribuer à la cohésion et à la stabilité familiales. De même, à cause de son potentiel éducatif, il peut constituer un outil de prévention et d'intégration sociale[25]. Dans ce contexte, les principaux défis à relever par les intervenants en loisir consistent à :

- adapter les conditions et l'organisation des loisirs aux réalités familiales ;

- accroître la qualité et la diversité des programmes de loisir offerts aux familles ;

- accroître les services de loisir et leur accessibilité pour répondre aux besoins des parents qui sont sur le marché du travail ;

- reconnaître la précarité de la situation financière et la vulnérabilité de certaines familles, et mettre en œuvre des solutions adéquates pour leur permettre d'accéder à des loisirs[26].

Les nouveaux rapports entre temps de travail et temps libre

Au Québec, durant les années 1960 et 1970, comme dans la plupart des pays occidentaux, nous avons assisté à une réduction du temps consacré au travail dans la vie quotidienne. Cependant, depuis le début des années 1980, ces chiffres tendent à se stabiliser. Toutefois, cette tendance doit être modulée compte tenu de l'augmentation, au cours de cette période, des heures de travail des employés à temps partiel, du nombre plus grand d'étudiants sur ce marché d'emplois ainsi que de la diminution du temps de travail chez les 55 ans et plus[27].

Les diverses études menées pendant la dernière décennie indiquent qu'un peu plus des deux tiers des travailleurs souhaitent s'en tenir à leur temps actuel de travail alors que la proportion des travailleurs désirant le réduire varie entre 15 % et 19 %[28]. En outre, elles laissent généralement entendre que la majorité des travailleurs québécois ne valorise pas le travail au point d'être disposés à travailler durant de plus longues heures et ce, malgré la rémunération additionnelle qui en découlerait. Il ressort également qu'advenant la réduction volontaire ou non du temps de travail, la majorité des travailleurs souhaitent non pas une diminution de la journée de travail mais davantage une réduction de la semaine de travail[29]. Enfin, l'aspiration à des horaires de travail plus souples figure aussi parmi les attentes des travailleurs[30].

Par ailleurs, on constate d'autres modifications dans le temps consacré au travail. Les deux principaux phénomènes observés sont l'accroissement des vacances et des congés payés ainsi que l'émergence du travail à temps partiel[31]. Ces transformations du travail ont donc modifié le temps libre des travailleurs.

Au-delà des changements survenus dans le temps de travail, il importe de s'attarder aux rapports entre le temps consacré au travail et les autres temps sociaux (famille, loisir). À cet égard, les données disponibles montrent clairement que la famille et le loisir figurent au premier plan parmi les raisons justifiant la réduction et le réaménagement du temps de travail[32]. Le phénomène de la retraite de plus en plus anticipée révèle également l'aspiration au loisir et à une vie familiale plus intense. En somme, il semble de plus en plus évident que ce ne sont pas les conceptions et les valeurs du travail qui changent, mais davantage les perceptions des rapports souhaités entre le temps de travail et les autres temps sociaux.

L'intervention de la municipalité en matière de loisir devra s'adapter à ce changement de valeurs et à la demande de services engendrée par le temps libre dont disposeront les individus. Le défi consistera principalement à tenir compte des disparités à ce chapitre et à éliminer les contraintes liées au temps libre pour bien des membres de la collectivité.

L'accroissement des inégalités socio-économiques

En raison de la diversité des nouveaux modes de vie des ménages et des nouvelles compositions de la famille, les mesures de l'inégalité de la distribution des revenus donnent une image de moins en moins fidèle de l'iniquité réelle dans la répartition de la richesse collective. Il ressort tout de même que les revenus des Québécois sont inégalement répartis : depuis vingt ans, les inégalités ont eu tendance à s'atténuer au sein des groupes ou ménages homogènes tels que les personnes seules et les familles à un ou deux revenus. De plus, la participation accrue des femmes sur le marché du travail a contribué à l'égalisation des revenus familiaux. Par contre, on relève une augmentation de la disparité économique entre chacun de ces groupes[33]. Globalement, on peut observer un réel appauvrissement dans la classe dite « moyenne » de la population et chez les gens à faible revenu.

Ainsi, de plus en plus de Québécois vivent sous le seuil de la pauvreté. Le taux de pauvreté au Québec est passé de 18 % en 1990[34] à 20,7 % en 1993[35]. En outre, pour l'année 1993, le Québec affichait le taux le plus élevé à cet égard au Canada ; la moyenne nationale se chiffrant à 17,4 %[36]. Cette paupérisation atteint autant les jeunes et les personnes âgées que les familles monoparentales ou les jeunes familles et, partant, un grand nombre d'enfants. Laissés en marge des statistiques officielles, les sans-abris viennent en outre grossir le nombre des personnes démunies. À propos de l'évolution de la pauvreté au cours des deux dernières décennies, le Conseil des affaires sociales notait l'apparition des nouveaux visages suivants :

- Ce sont les itinérants, sorte de sans-logis dont on croyait l'existence impossible dans les pays de froid et de neige. [...]

- Ce sont aussi les femmes monoparentales que le divorce fait basculer dans la pauvreté. Parfois temporaire, cette pauvreté est bien différente de celle, plus ancrée, permanente et rivée à la vie quotidienne que l'on rencontre dans les poches de pauvreté des villes. [...]

- Ce sont aussi les ex-pensionnaires des cliniques psychiatriques qu'une désinstitutionnalisation mal planifiée a laissés pour compte. [...]

- Ce sont encore les femmes âgées, pensionnées, trop âgées pour avoir pu profiter des rentes de la Régie, des REER ou des fonds privés de pension.

- Ce sont enfin les personnes non scolarisées, hommes ou femmes, jeunes et moins jeunes, mal préparées pour aborder le marché concurrentiel de l'emploi, marché où les emplois peu spécialisés se font de plus en plus rares[37].

Pour sa part, Lesemann[38] résumait ainsi les grandes tendances caractérisant l'évolution de la pauvreté au cours de la dernière décennie :

- une forte féminisation de la pauvreté ;

- un rajeunissement constant des populations les plus vulnérables : jeunes adultes, jeunes familles, jeunes familles monoparentales, enfants ;

- une vulnérabilité constante des personnes qui travaillent : la majorité des personnes pauvres sont actives sur le marché du travail mais ne parviennent pas à tirer de leur activité un revenu suffisant ;

- une forte diminution du nombre de personnes âgées de plus de 65 ans, essentiellement à cause du supplément de revenu octroyé à celles qui n'ont pas d'autres revenus que la pension gouvernementale de base ;

- d'importantes inégalités territoriales.

Aujourd'hui, plusieurs indications tendent à montrer que le phénomène de la pauvreté est toujours important. À titre d'exemple, soulignons qu'entre 1990 et 1995 le nombre de bénéficiaires de l'aide sociale est passé de 555 000 à un nouveau record historique de 808 000[39]. Qui plus est, plusieurs prévisions tendent à montrer que l'importance du phénomène de la pauvreté dans la population risque de perdurer au cours de la prochaine décennie :

> En effet, à moins de changements importants, totalement imprévisibles actuellement, la pauvreté va continuer à faire des ravages au cours des dix prochaines années, affirme Hector Ouellet, directeur du Centre de recherche sur les services communautaires de l'Université Laval.
>
> Malgré un redressement de l'économie canadienne, M. Ouellet prédit, à la lumière de nombreuses données, que les nouveaux emplois qui seront créés ne compenseront pas ceux perdus et ceux que l'on perdra dans l'avenir. Le nombre de chômeurs et d'assistés sociaux va demeurer élevé et la situation sera aggravée par le désengagement des gouvernements fédéral et provincial de plusieurs programmes sociaux[40].

Il en est de même du phénomène de l'appauvrissement de la classe moyenne : alors qu'auparavant on retrouvait une distribution relativement équilibrée entre la classe moyenne, les petits et les gros salariés, la classe moyenne s'effrite et tend aujourd'hui à disparaître, de sorte qu'un nombre grandissant de ménages de la classe moyenne rejoignent les petits salariés.

Cet appauvrissement de la population a pour effet d'accroître les inégalités dans l'accès au loisir entre mieux et moins nantis. Les premiers gagnent un bon revenu discrétionnaire destiné à la consommation en loisir, alors que les seconds ne disposent plus d'argent à consacrer au loisir, après les dépenses imputables au logement, à l'alimentation et aux autres nécessités quotidiennes. En outre, il semble que la participation des personnes à faibles revenus dans les organisations de loisir est relativement faible et que leur pouvoir d'exprimer leurs intérêts et leurs valeurs en matière de loisir s'en trouve donc diminué[41]. Les principaux enjeux soulevés par l'accroissement des inégalités socio-économiques de la population sont donc liés étroitement aux principes d'accessibilité et de démocratisation que sous-tend le loisir. Plus précisément, ces enjeux se résument comme suit :

- l'amélioration du bien-être des personnes à faibles revenus par le loisir ;

- l'équité dans l'accessibilité, c'est-à-dire un meilleur équilibre dans la répartition des ressources consacrées au loisir entre les nantis et les démunis financièrement ;

- l'accessibilité à des loisirs qui se traduit comme l'adéquation entre les caractéristiques d'une population et les caractéristiques d'un service ;

- la démocratisation du loisir, c'est-à-dire l'intégration des exclus que sont souvent les personnes à faibles revenus dans le processus de participation favorisant la prise en charge par les citoyens et la résolution des problèmes par les principaux intéressés.[42]

Les intervenants en loisir au niveau municipal devront d'abord faire appel à la participation de tous les protagonistes sociaux qui œuvrent à l'amélioration de la qualité de vie des personnes plus vulnérables. Ils devront également envisager des politiques, notamment en matière de tarification, des stratégies et des modes d'action mieux adaptés à toutes les classes socio-économiques. Enfin, ils devront favoriser la mobilisation et l'intégration des gens moins bien nantis financièrement ainsi qu'actualiser la notion d'accessibilité au loisir et ce, dans un contexte de compressions budgétaires et devant l'application plus généralisée aujourd'hui du principe de l'« utilisateur-payeur ».

Le phénomène des disparités locales et régionales

La montée des disparités entre les régions, les milieux urbain et rural, ainsi qu'entre les villes-centres et les villes de banlieue, sont autant de phénomènes qui contribuent fortement à accentuer les problèmes structurels que connaît le Québec. Sur le plan régional, le poids démographique des régions périphériques ne cesse de diminuer. Ainsi, de récentes projections de population établies par le Bureau de la statistique indiquent que l'Est du Québec se dépeuplera au profit de l'Ouest d'ici 2016.

Plus précisément, les estimations montrent que les populations des régions des Laurentides, de l'Outaouais et de la Montérégie connaîtront une croissance supérieure à 30 % d'ici 2016, alors que celles de la Gaspésie, des Îles-de-la-Madeleine, du Bas-Saint-Laurent, de la Côte-Nord et du Saguenay-Lac-Saint-Jean subiront des baisses égales ou supérieures à 10 % au cours de la même période[43]. Ces dernières se caractérisent par un faible taux d'urbanisation et une économie anémique, laquelle est le plus souvent reliée à l'exploitation des ressources naturelles. Cette situation engendre une dévitalisation économique et sociale qui se traduit par des taux de chômage élevés, des niveaux de revenus plus bas que la moyenne provinciale et un repli démographique résultant de la migration de la population qui suit le marché de l'emploi vers les grands centres urbains, surtout dans le cas des jeunes. Cet exode des jeunes a pour effet d'accélérer le vieillissement des populations, particulièrement dans les petites localités rurales éloignées des centres de services. C'est ainsi qu'on assiste à des distorsions croissantes de la structure de peuplement entre les milieux urbains et ruraux de même qu'à des déséquilibres territoriaux et économiques de plus en plus prononcés au Québec.

Par ailleurs, les régions périphériques vivent, à une échelle réduite, les mêmes grandes tendances qui affectent l'ensemble du Québec, soit la forte augmentation de la population dans les banlieues qui ont pénétré et récupéré l'espace rural et la stagnation ou la diminution de la vitalité des villes-centres. En effet, au cours des dernières décennies, on a assisté à l'accroissement des populations des banlieues au détriment des villes-centres. À titre d'illustration, signalons que les communautés en baisse démographique dans la grande région de Montréal se trouvent sur l'île de Montréal, qui a perdu en quinze ans, soit de 1971 à 1986, près de 207 000 habitants, alors qu'au cours de la même période la Ville de Laval s'accroissait d'environ 56 000 habitants[44].

La perte d'activités économiques peut expliquer en partie le dépeuplement des villes-centres au profit des banlieues. Une autre variable réside dans l'exode des jeunes ménages vers les banlieues qui a engendré le clivage entre les fonctions résidentielles et de travail. Il en résulte que les populations des villes-centres se caractérisent de plus en plus par une forte concentration de personnes âgées, de personnes à faibles revenus et vivant des problèmes sociaux importants. En outre, cette migration de population vers les banlieues remet en cause l'organisation des services dans les villes-centres, notamment en matière de loisir. À cet effet, Gagnon et Blackburn notaient[45] ce qui suit:

> [...] En effet, en raison des services et des types de logements qui y sont offerts, s'agglomèrent dans les villes-centres les personnes les moins mobiles et les plus démunies. Ce phénomène a pour conséquences d'engendrer de nouveaux besoins devant être comblés par l'ajout de services dans les villes-centres, de même qu'une sous-utilisation de certains équipements comme les écoles.
>
> À ce phénomène, s'ajoute celui de l'utilisation croissante des villes-centres par les résidants des villes satellites qui y travaillent ou profitent de maints services et activités qui s'y retrouvent, notamment le loisir. Face à cette situation, les villes-centres doivent maintenir, et même ajouter, des infrastructures et des services dans un contexte de rareté des ressources et de forte concurrence entre les municipalités, qui s'accentue en raison du vieillissement de la population et d'une fiscalité municipale inadaptée aux nouvelles réalités. [...]

Les villes-centres seront donc appelées à faire face au maintien et à l'amélioration de ressources communautaires avec moins de contribuables. Dans les banlieues, on doit concevoir à grands frais des équipements et des services pour satisfaire les besoins des ménages qui s'y installent. Par rapport à cette situation qui caractérise le phénomène d'étalement urbain au Québec, Pichette[46] constatait :

1. Les transformations de la structure industrielle, la déconcentration manufacturière, la création de pôles d'emploi en dehors de la ville centrale ont des effets importants sur le partage des revenus des municipalités d'une région.

2. Les déplacements de population à l'intérieur d'une région et la transformation du tissu social diversifient les besoins en services municipaux. Le dépeuplement du centre des régions et l'étalement résidentiel ont accru les coûts en infrastructures et services publics.

3. Les enjeux régionaux et l'interdépendance des différentes parties de la région ne sont pas intégrés dans une vision régionale. Les villes centrales doivent souvent assumer des coûts sans que l'ensemble des bénéficiaires de la région n'aient à en assumer leur juste part. L'aménagement du territoire régional se fait souvent sans concertation et sans vision globale.

À brève échéance, rien ne laisse présager des changements dans ces grands courants. L'avenir de la population québécoise semble voué à devenir de plus en plus urbain. Ainsi, selon des projections de population, le poids démographique des régions de l'Est tendra à s'affaiblir au Québec au profit des agglomérations urbaines et de leur réseau de banlieues situées plus à l'ouest. Il en est de même du clivage entre villes-centres et banlieues et du dépeuplement qui affecte particulièrement les municipalités de l'arrière-pays. En bout de ligne, les disparités observées dans la distribution de la richesse collective sur l'espace québécois risquent de s'accentuer au cours des prochaines années.

Dans ce contexte, le maintien des services de base en loisir posera un défi de taille, particulièrement pour les collectivités en baisse démographique. Pour leur part, les villes-centres seront appelées à améliorer la qualité de vie de leur milieu, notamment par le loisir, pour augmenter leur capacité d'attraction et de rétention. Quant aux villes-satellites, elles devront trouver des moyens pour se doter des équipements et des services récréatifs correspondant aux attentes et aux intérêts de leurs citoyens. Dans cette perspective et compte tenu du contexte économique difficile combiné à la crise des finances publiques, Pichette rappelle que la rationalisation et l'accroissement de la productivité des services de loisir constituera sans nul doute, comme d'autres fonctions municipales, le défi majeur de toute administration municipale[47].

Un contexte économique en crise permanente

Un contexte économique encore plus difficile et contraignant que celui vécu au cours de la dernière décennie caractérisera l'environnement dans lequel les municipalités seront appelées à œuvrer dans les prochaines années. En crise permanente, l'économie se caractérisera encore plus par une restructuration et une décroissance qui affecteront les collectivités locales et entraîneront leur lot de manifestations avec lesquelles il faudra continuer de composer : chômage, crise financière des pouvoirs publics, baisse du pouvoir d'achat des consommateurs, etc.

Croissance ou décroissance économique

Au Québec, comme dans l'ensemble du Canada, la situation économique est difficile et de plus en plus fragile. À la suite de la croissance économique accélérée de l'après-guerre, à partir de 1975, l'économie a connu un ralentissement pour aboutir à la crise économique de 1982, première crise sérieuse depuis le krach des années 30. Après quelques années où les taux d'intérêt ont atteint des sommets inégalés, l'économie canadienne s'est relevée sans toutefois regagner le rythme de croissance des années 60 et 70. Puis, en 1989, le Canada connaît une nouvelle crise économique. Cette dernière récession s'est étendue sur une période plus longue, soit jusqu'en 1993, où l'on commence à constater quelques signes de reprise anémique.

Les économistes s'entendent : l'économie de l'avenir sera d'abord et avant tout stable. Finies les périodes de croissance économique très forte. Les prévisions indiquent que l'économie variera entre la stabilité et la décroissance plutôt qu'entre la stabilité et la croissance. Or, ce contexte économique amène la rationalisation. On ne peut donc plus penser à se développer à partir de l'accroissement des ressources : il faut gérer la décroissance et faire preuve d'ingéniosité et d'efficacité à partir des ressources dont on dispose. L'intervention de la municipalité en matière de loisir devra, elle aussi, relever le défi de la rationalisation.

La mondialisation des marchés et de l'économie

La mondialisation des marchés et la restructuration de l'économie sont des tendances observées dans la plupart des pays industrialisés. Le premier phénomène, et la déréglementation sous-jacente, modifient en profondeur la structure organisationnelle des entreprises. En effet, pour être efficaces et demeurer concurrentielles, les entreprises doivent assurer une gestion serrée de leurs coûts d'exploitation tout en augmentant leur productivité et la qualité de leurs produits et services. La mondialisation de l'économie entraîne la fermeture de certaines entreprises et la restructuration ainsi que la spécialisation de celles qui restent. Les mots clés sont donc rationalisation et innovation.

Par ailleurs, la mondialisation des marchés, la déréglementation et l'abolition des frontières amènent une spécialisation des pays. Les industries doivent se créer des créneaux forts et concurrentiels et abandonner leurs secteurs les plus faibles. Cette spécialisation industrielle ne peut réussir sans être accompagnée de la formation ou de l'adaptation professionnelle des ressources humaines. Les travailleurs non enclins à parfaire ou à modifier leurs qualifications professionnelles risquent, dans certains cas, de venir faire gonfler le taux de chômage ou, dans d'autres cas, d'être contraints à prendre une retraite anticipée.

En somme, la restructuration des entreprises, l'ouverture des frontières économiques, la concurrence sur les marchés ont réduit la marge de manœuvre des entreprises. Bien que la mondialisation des marchés soit profitable pour certains, elle conduit tout de même à l'émergence de phénomènes sociaux tels le chômage et la retraite anticipée non volontaire qui toucheront l'économie de maintes municipalités dans l'avenir. Les efforts que certaines collectivités devront consacrer à la restructuration de leur économie entraîneront une rationalisation des ressources collectives qui risque de réduire d'autant celles consacrées à la fonction loisir.

La mutation du marché de l'emploi

Le marché de l'emploi au Québec a subi d'importantes mutations au cours de la dernière décennie. À l'instar de plusieurs pays industrialisés, la progression de l'emploi n'a pu suivre celle de la population active et, conséquemment, le taux de chômage au Québec a presque doublé depuis les années 70. Ainsi, le taux de chômage était de 7,0 % en 1970 et atteignait un sommet de 13,9 % en 1983 pour ensuite redescendre à 9,3 % en 1989[48]. En 1994, il s'élevait à 12,1 %[49].

Le problème du chômage est plus profond qu'on veut bien le reconnaître. Une des principales tendances du monde du travail est l'interdisciplinarité. Aujourd'hui, les emplois exigent des compétences de plus en plus individualisées. Dans ce contexte, tous affirment qu'il faut mettre l'accent sur la formation. Cependant, d'autres prétendent que les compétences requises pour suivre l'évolution technologique changent plus rapidement que le contenu des formations. Autrefois plus présent chez les gens non formés, le chômage atteint maintenant les travailleurs qualifiés, même s'il continue de manquer d'emplois pour les travailleurs non spécialisés.

Du côté de l'emploi, la restructuration des entreprises et la mondialisation des échanges ont obligé les entreprises à accroître leur productivité et à contrôler leurs coûts. Dans ce contexte, le pouvoir de négociation des travailleurs s'est effrité et les salaires ont fléchi depuis 1990. Aujourd'hui, les travailleurs sont même prêts à accepter des baisses de salaires, parfois substantielles, pour stabiliser et maintenir leurs emplois. Cette stabilisation des salaires est un phénomène nouveau qui s'inscrit parmi les changements structurels des années 90, et elle affecte tant le secteur public que privé[50].

Encore ici, le phénomène du chômage aura de fortes répercussions sur certaines municipalités du Québec, principalement en région, qui éprouveront des difficultés à restructurer leur économie. Le temps libre involontaire et le faible pouvoir de dépenses de certaines catégories de citoyens créeront une pression à la hausse sur la demande de services publics en loisir dans un contexte où les municipalités disposeront de peu de ressources à cette fin.

La crise financière des pouvoirs publics

L'état lamentable des finances publiques tant au palier fédéral que provincial caractérise le contexte économique des années 90. Malgré des efforts d'assainissement des dépenses publiques, les déficits des pouvoirs publics ne cessent de croître, le fardeau de la dette est de plus en plus difficile à supporter. En conséquence, une bonne partie des budgets publics sert au paiement de la dette. Les administrations municipales sont également de plus en plus endettées, car les municipalités subissent l'impact des difficultés économiques des paliers publics supérieurs. Devant l'accroissement des responsabilités et la prise en charge de nouveaux champs d'intervention, elles devront trouver des moyens de gestion plus efficaces.

Au Québec, le contexte municipal est diversifié. Par exemple, les enjeux et les défis des grandes agglomérations urbaines sont différents de ceux des municipalités rurales. Néanmoins, il demeure que toutes les municipalités doivent jouer le rôle de fournisseurs de services publics de base[51]. Les disparités locales et régionales, les phénomènes sociaux grandissants touchent les municipalités. Étant le pouvoir public le plus près des gens, ces dernières sont toutes confrontées aux grandes tendances contemporaines. En effet, la dévitalisation économique et sociale frappe autant les villes-centres que les petites collectivités rurales ; quant aux villes satellites, bien que mieux nanties actuellement, elle se rendront compte dans un proche avenir que la croissance n'est pas infinie. Tôt ou tard, elles devront faire face aux mêmes problématiques. Du point de vue administratif, elles devront adopter des politiques fiscales différenciées.

Désormais, le principal défi des municipalités réside dans le partage des responsabilités. La mise en commun d'équipements, le faire-faire, la prise en charge par les groupes du milieu semblent représenter des solutions efficaces à la crise financière des administrations locales. Bien que le secteur des loisirs municipaux se soit déjà engagé dans ce virage, les perspectives d'avenir indiquent que des efforts supplémentaires devront être déployés dans l'avenir.

Une baisse du pouvoir d'achat des consommateurs

On assiste depuis plusieurs années à une diminution du pouvoir d'achat des consommateurs. Depuis dix ans, les ménages canadiens croulent littéralement sous le poids des dettes. Ainsi, leur taux d'endettement, qui était de 53 % en 1985, atteignait près de 86 %

en 1994[52]. En d'autres termes, c'est dire qu'en 1994 environ 86 % du revenu disponible après impôt était consacré au paiement des dettes.

L'inflation, la hausse des taxes et des impôts, l'accroissement du chômage, l'augmentation des prix des maisons, la surconsommation sont autant de facteurs qui expliquent cette situation :

> [...] entre 1986 et 1991, l'inflation a rogné le pouvoir d'achat à un rythme de 6 % par an, tandis que les revenus des ménages, eux, n'ont augmenté que de 1,1 % par an. C'est vrai aussi qu'en dix ans, la part de nos revenus consacrée à payer taxes et impôts est passée de 20 à 23,8 %.

> [...] Le taux de chômage aussi a grimpé, passant de 11,8 % en 1985 à 13,1 % en 1993. Idem avec le prix des maisons qui a augmenté de 10,6 % en moyenne durant la deuxième moitié des années 80.

> [...] aujourd'hui, grâce à l'accès facile aux produits de crédits, on s'endette pour satisfaire ses besoins de consommation. Alors que le fardeau hypothécaire requiert près de 60 % de notre revenu personnel disponible, nos dépenses de consommation, elles, raflent plus de 25 % du même revenu. C'est la surconsommation[53].

Dans ce contexte, il n'est donc pas étonnant qu'au Québec, le nombre de faillites personnelles ait plus que triplé entre 1985 et 1991 et que le taux d'épargne ait chuté de façon importante, passant de 14,6 % en 1980 à 8,7 % en 1995, selon les prévisions[54]. Le contexte de rationalisation des entreprises et la stabilisation des salaires ne laissent pas présager un avenir où le pouvoir d'achat des consommateurs sera à la hausse. La diminution du pouvoir d'achat des consommateurs affecte directement les dépenses consacrées au loisir. Les politiques de tarification des municipalités en loisir devront donc être adaptées en conséquence.

Les changements d'orientation politique

Des changements d'orientation modifieront l'environnement politique dans lequel œuvreront les municipalités du Québec dans les années à venir. L'intervention de l'État à tous les niveaux – fédéral, provincial et municipal – et particulièrement dans les champs sociaux et économiques, influera sur les choix d'orientation et d'action de la municipalité.

La remise en question de l'intervention de l'État à tous les niveaux : fédéral, provincial, municipal

La pression sur les divers paliers de gouvernement est actuellement très forte. Les piètres résultats économiques des dernières années, jumelés à des problèmes sociaux grandissants, engendrent un réalignement du rôle de l'État. L'ère de l'État-providence est bel et bien révolue. Le rôle et les responsabilités de chaque gouvernement sont en mutation. Dans un contexte de rationalisation forcée par la rareté des ressources, les gouvernements supérieurs ne peuvent plus assumer le rôle central qui leur était dévolu. Plusieurs s'entendent pour dire que nous allons assister à la décentralisation de responsabilités et de rôles étatiques. L'intervention de l'État se fera de moins en moins présente.

Comme on a pu le constater depuis le début des années 1990, les difficultés financières des autorités fédérales et provinciales ont de fortes répercussions sur le niveau municipal. Le délestage des responsabilités vers les municipalités s'est manifesté pour la première fois dans le cadre de la réforme Ryan. Devant cette redéfinition du rôle de l'État, les municipalités, les régions, tous les acteurs et intervenants devront se prendre en main, ne compter que sur eux-mêmes et sur les forces de leur milieu respectif pour assurer leur développement.

Le monde municipal devra tenir compte des grandes tendances économiques et sociales. À l'heure où l'on assiste à l'échelle mondiale à l'éclatement des frontières et à l'ouverture des marchés, les municipalités, actuellement cloisonnées, devront orienter leurs interventions et responsabilités en regard de ce contexte d'ouverture. Le décloisonnement au-delà des territoires municipaux est impératif. Le principal défi des municipalités du Québec réside dans la restructuration économique et politique, la mise en commun des équipements locaux et des forces locales ainsi qu'à un partenariat avec les groupes du milieu[55].

À l'heure où le discours des pouvoirs publics et, à certains égards, les actions de l'État s'orientent vers des coupures en matière de santé et d'éducation, il est légitime de s'interroger sur le sort qui sera réservé au secteur du loisir. Bien qu'il soit reconnu depuis près de 20 ans que la municipalité est maître d'œuvre du loisir et que, depuis, l'aide de l'État s'est graduellement estompée dans ce champ d'activité, il n'en demeure pas moins que la municipalité est sollicitée depuis quelques années à intervenir en matière de développement culturel et sociocommunautaire. À ce rythme, force est de supposer que les municipalités seront d'ici peu reconnues comme maîtres d'œuvre dans ce domaine[56]. L'ajout de nouvelles responsabilités place les administrations locales dans une situation nouvelle où elles devront faire face à des demandes de plus en plus diversifiées.

La remise en question de l'intervention publique dans le champ social : la nécessité de faire des choix

Les gouvernements n'ont plus les moyens de répondre aux nouveaux besoins sociaux. Les déficits accumulés conjugués à la diminution des transferts fédéraux amènent les pouvoirs publics provinciaux à une remise en question de leur intervention dans le secteur de la santé et des services sociaux. Le désengagement progressif de l'État dans ce secteur, la récente réforme qui met les municipalités à contribution, les nouveaux phénomènes sociaux ainsi que la conjoncture économique sont tous des facteurs qui ont forgé un nouveau rôle social pour les municipalités. Plus que jamais, les décisions en matière de santé et de services sociaux prises par les gouvernements supérieurs auront des répercussions sur les administrations locales.

Devant ce désengagement de l'État et l'ajout de nouvelles responsabilités municipales, le tout se situant dans un contexte de compressions budgétaires, les administrations locales ne peuvent se permettre d'être dispensatrices de tous les services s'adressant aux citoyens. Certes, la municipalité est le gouvernement le plus près de la population et le mieux placé pour répondre à ses préoccupations. Par contre, la conjoncture qui s'annonce et les capacités financières limitées des municipalités nécessiteront des choix sur le plan des services qu'on pourra s'offrir. L'émergence de nouvelles responsabilités peut coûter cher aux municipalités, car elles mobilisent des ressources supplémentaires. Les administrations locales seront donc appelées à mieux circonscrire et définir leurs champs d'intervention en fonction des besoins des citoyens et de leur capacité de payer.

2. Un objet d'intervention en mutation

L'objet même d'intervention de la municipalité qu'est le loisir est en mutation. Les valeurs et les contraintes qui lui sont associées se trouvent actuellement en évolution. Ces changements et ceux qui sont observés au niveau des modes de vie affecteront les pratiques de loisir de la population au cours des prochaines années. L'ajustement de l'intervention en loisir en fonction des tendances constituera un défi permanent des organismes municipaux de loisir.

Les changements dans les valeurs associées au loisir par les citoyens

Deux tendances se dégagent à l'heure actuelle : la première concerne les valeurs individuelles, l'autre, les valeurs sociales. On remarque que les valeurs individuelles, telles la recherche du plaisir, de la détente, de l'évasion, de la nouveauté (*challenge*) et du développement de soi sont de plus en plus associées au loisir par les individus. Ce mouvement suit la montée de « l'individualisme ». Par ailleurs, on observe une remontée des valeurs sociales associées au loisir. Ce dernier peut être mis à contribution afin de réduire ou de solutionner maintes problématiques sociales et (ou) économiques vécues par les collectivités d'aujourd'hui. Ces deux tendances, à la fois complémentaires et conflictuelles, devraient continuer de marquer l'évolution des valeurs associées au loisir au cours des prochaines années et modeler l'intervention municipale en la matière.

Cependant, aujourd'hui comme hier, des valeurs éducationnelles et sociales sont associées au loisir. Ainsi, il est considéré comme un moyen permettant de satisfaire des intérêts, autant personnels que sociaux, économiques qu'environnementaux, mais le contexte économique difficile des dernières années a pu estomper certaines de ces valeurs. Voyons celles qui sont le plus souvent véhiculées.

Parmi les valeurs associées aux avantages personnels, le loisir[57] :

- permet une vie plus riche et épanouie ;

- favorise la détente et le repos, ce qui apparaît essentiel au traitement du stress dans une société si agitée ;
- réduit les risques de problèmes de santé ;
- développe le respect de soi et une image positive de soi ;
- contribue à améliorer la qualité de vie.

Le loisir présente également de multiples avantages sociaux. Parmi les plus reconnus, notons que le loisir[58] :

- offre des occasions de prendre des responsabilités ;
- réduit l'isolement, la solitude et les comportements anti-sociaux ;
- favorise l'harmonie ethnoculturelle par son interaction sociale et le partage des différences culturelles ;
- suscite des relations plus proches et plus saines au sein des familles et crée ainsi des liens familiaux plus stables ;
- permet aux citoyens de participer à la vie collective de la communauté ;
- facilite l'insertion des clientèles défavorisées.

Au plan économique, le loisir offre des avantages trop souvent sous-estimés. Les principales valeurs économiques associées au loisir sont les suivantes[59] :

- par ses bienfaits sur la santé, la pratique d'activités récréatives permet de réduire les coûts des services en santé ;
- au chapitre de la main-d'œuvre, il est prouvé que des employés en bonne santé et en bonne condition physique jouent un rôle plus productif au travail, sont moins absents et moins sujets aux accidents ;
- les diverses manifestations de loisir (festivals, événements sportifs, etc.) engendrent des impacts économiques considérables sur les collectivités ;
- les services de loisir, en plus d'améliorer la qualité de vie locale, exercent un attrait pour le développement industriel et domiciliaire ;
- les parcs, les équipements et les services de loisir jouent un rôle déclencheur pour le tourisme ;

– les programmes d'activités, de loisir par leurs qualités intrinsèques, réduisent les coûts sociaux ;

– l'achat, l'entretien et l'utilisation des équipements récréatifs produisent des impacts économiques locaux.

La prise de conscience écologique mondiale concerne directement le loisir. En matière environnementale, le loisir comporte de multiples valeurs[60] :

– les parcs, les espaces verts et les aires naturelles protégées jouent un rôle important non seulement dans la qualité de vie des communautés mais également dans la santé environnementale du milieu biophysique ;

– les espaces verts, en plus d'offrir des possibilités de loisir, entraînent une augmentation des valeurs immobilières ;

– l'éducation au loisir de plein air suscite une meilleure sensibilisation à la protection de l'environnement.

Par conséquent, les valeurs associées au loisir sont multiples et démontrent l'importance de ce secteur d'activité. Ces changements et l'évolution dans les valeurs associées au loisir influent en retour sur les comportements de la population en matière de loisir.

Les changements dans les modes de vie

Les modes de vie adoptés librement ou subis par les citoyens conditionnent leur comportement en matière de loisir. Au cours des dernières années, les conditions de l'environnement ont forcé les citoyens à changer leur mode de vie et, de là, leurs comportements en matière de loisir. Tout porte à croire que ce phénomène perdurera dans l'avenir et conditionnera l'offre de service en loisir par la municipalité et ses organismes partenaires (voir la figure 4.2)[61].

Par exemple, le contexte économique difficile a contribué au fait qu'on retrouve beaucoup plus de familles dont les deux conjoints travaillent et de jeunes couples sans enfant. Le contexte social et culturel d'aujourd'hui avec les changements de valeurs qu'il véhicule font qu'on retrouve davantage de personnes vivant seules ou de familles monoparentales et reconstituées. Ces modes de vie de plus en plus diversifiés et vécus par les citoyens supposent des valeurs différentes et imposent des contraintes. Les deux conditions essentielles à la pratique ou à la consommation de loisir, à savoir le temps libre et la capacité de disposer de revenus discrétionnaires à affecter au loisir, ne se retrouvent pas en proportion égale chez tous les citoyens. En fait, chaque mode de vie présente une composante différente des variables temps libre et revenu discrétionnaire ainsi que de leur affectation dans la pratique du loisir.

FIGURE 4.2
Explication des comportements en loisir selon les modes de vie

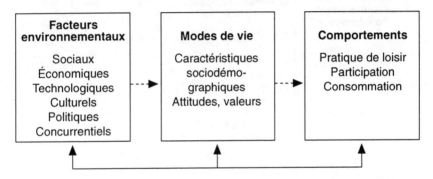

Il découle de la grande diversité des modes de vie des citoyens et de leur évolution constante que l'intervention en matière de loisir ne s'adressera plus à un « client » ou à un « usager » moyen mais plutôt à une clientèle très diversifiée et vivant des contraintes associées à la pratique du loisir également très diverses.

Il est possible aujourd'hui de connaître et de quantifier l'importance relative et de suivre l'évolution des modes de vie d'une collectivité. Toutes les données sociodémographiques sont disponibles afin de mieux cibler l'offre de services en loisir dans une collectivité en tenant compte des caractéristiques des modes de vie des citoyens. Le modèle de segmentation de la population selon les modes de vie et les comportements en loisir élaboré par Pierre Gagnon en 1990 en est un exemple (voir tableau 4.1). La population est divisée en 26 sous-groupes pour une analyse plus approfondie. Chaque sous-groupe est susceptible d'avoir un comportement en loisir distinct compte tenu principalement de son temps libre et de son revenu discrétionnaire[62].

TABLEAU 4.1

**Le modèle de segmentation de la population
selon les principaux modes de vie susceptibles
de toucher significativement la participation
ou la consommation de loisir**

Classification primaire	Classification secondaire	Caractéristiques	
		Revenu	Temps libre
Les célibataires (personne vivant hors famille)	01 Jeunes adultes à bas ou sans revenu d'emploi	–	+
	02 Jeunes adultes à moyen ou à haut revenu d'emploi	+	–
	03 Adultes à bas ou sans revenu d'emploi	–	+
	04 Adultes à moyen ou à haut revenu d'emploi	+	+
	05 Personnes âgées à bas ou sans revenu d'emploi	–	+
	06 Personnes âgées à moyen ou à haut revenu d'emploi	+	+
Les familles monoparentales	07 Père, chef de famille à bas ou sans revenu d'emploi	–	–
	08 Père, chef de famille à moyen ou à haut revenu d'emploi	+	–
	09 Mère, chef de famille à bas ou sans revenu d'emploi	–	–
	10 Mère, chef de famille à moyen ou à haut revenu d'emploi	+	–
Les familles avec enfant(s) et un seul revenu d'emploi	11 Jeunes familles à bas ou sans revenu d'emploi	–	+
	12 Jeunes familles à moyen ou à haut revenu d'emploi	+	+
	13 Familles plus âgées à bas ou sans revenu d'emploi	–	+
	14 Familles plus âgées à moyen ou à haut revenu d'emploi	+	+
Les familles avec enfant(s) et deux revenus d'emploi	15 Jeunes familles à bas revenu d'emploi	–	+
	16 Jeunes familles à moyen ou à haut revenu d'emploi	+	–
	17 Familles plus âgées à bas revenu d'emploi	–	–
	18 Familles plus âgées à moyen ou à haut revenu d'emploi	+	–

TABLEAU 4.1 (suite)

Classification primaire	Classification secondaire	Caractéristiques	
		Revenu	Temps libre
Les familles sans enfant et un seul revenu d'emploi	19 Jeunes couples à bas ou sans revenu d'emploi	–	+
	20 Jeunes couples à moyen ou à haut revenu d'emploi	+	+
	21 Couples plus âgés à bas ou sans revenu d'emploi	–	+
	22 Couples plus âgés à moyen ou à haut revenu d'emploi	+	+
Les familles sans enfant et deux revenus d'emploi	23 Jeunes couples à bas revenu d'emploi	–	+
	24 Jeunes couples à moyen ou à haut revenu d'emploi	+	–
	25 Couples plus âgés à bas revenu d'emploi	–	+
	26 Couples plus âgés à moyen ou à haut revenu d'emploi	+	–

Par ailleurs, tout modèle de segmentation de population doit respecter les critères habituels, c'est-à-dire :

1. Chaque segment doit être mutuellement exclusif et le total des segments doit représenter 100 % de la population. C'est le cas de ce modèle où les segments de classification primaire (célibataires, familles monoparentales, familles avec enfant(s) et un seul ou deux revenus d'emploi, couples sans enfant et un seul ou deux revenus d'emploi) et secondaire représentent chacun 100 % de la population.

2. Chaque segment doit être mesurable. C'est encore le cas de ce modèle de segmentation où, à partir des données tirées des recensements de Statistique Canada, il est possible de quantifier chacun des segments du modèle.

3. Chaque segment doit être assez substantiel pour permettre une analyse discriminatoire entre segments. C'est encore le cas de ce modèle, principalement pour ce qui a trait à la classification primaire où l'étude des comportements en loisir a démontré

que chaque segment avait des caractéristiques différentes. C'est également vrai, mais dans une moindre mesure, pour la classification secondaire, où l'importance de certains sous-groupes ne se vérifie pas toujours.

Les changements dans les contraintes associées à la pratique du loisir

Les nouveaux modes de vie engendrent des changements dans les contraintes associées à la pratique du loisir. Depuis toujours, les contraintes associées au temps et à l'argent ont influé sur les pratiques de loisir. Bien que ces contraintes demeurent importantes, d'autres sont apparues au cours des dernières années. Les contraintes diffèrent selon qu'on est célibataire, membre d'une famille monoparentale, membre d'une famille avec enfant(s) ou couple sans enfant.

Les principales contraintes relevées par les célibataires sont le manque de partenaire, la distance, le transport, le manque de connaissances et de capacités, le risque et le danger. Pour les familles monoparentales, le coût élevé des frais de participation aux activités de loisir est considéré comme une contrainte importante. On relève aussi un manque de temps libre chez les adultes. Les contraintes de distance, de transport et de gardiennage constituent également des obstacles à la pratique de loisir. Chez les familles avec enfant(s) et ayant un seul revenu, le coût élevé des frais de participation aux activités, le manque de connaissances et de capacités, la distance, le transport et le gardiennage représentent des contraintes. De plus, les mères de famille sont contraintes par le temps.

Le coût de participation aux activités semble moins contraindre les familles avec enfant(s) et ayant deux revenus d'emploi. Par contre, ces familles disposent de peu de temps libre pour la pratique de loisir et la distance, le transport et le gardiennage représentent les principales contraintes liées à la pratique de loisir. Pour les couples sans enfant ayant un seul revenu, les principaux obstacles sont le coût de participation aux activités, le manque de partenaire, la distance, le transport, le manque de connaissances et de capacités ainsi que le risque et le danger. Enfin, les couples sans enfant disposant de deux revenus d'emploi considèrent que leurs principales contraintes en loisir sont le manque de temps libre et de partenaire de même que le manque de connaissances et de capacités.

Face à ces constatations, le principal défi des fournisseurs municipaux de services de loisir réside dans la conception de services, d'activités, d'équipements et de politiques adaptés aux besoins des divers segments de population. Les services de loisir peuvent agir sur les contraintes associées à la participation ou à la non-participation. En créant de nouveaux services ou en adaptant ceux qui existent déjà, il est possible d'éliminer certaines contraintes et, ainsi, favoriser la participation aux activités de loisir. Certaines entreprises récréatives ont compris qu'on peut intervenir sur les contraintes touchant la pratique de loisir. Le meilleur exemple qu'on peut donner pour illustrer ce fait est l'implantation de services de garderie dans les centres de ski[63].

Les changements dans les pratiques de loisir

Compte tenu des nouvelles valeurs associées au loisir, aux nouveaux modes de vie et aux contraintes sous-jacentes, on assiste à des changements dans les pratiques de loisir. Malgré tous ces changements, le loisir fait partie des habitudes de vie quotidienne de tous les segments de population.

D'après la plupart des études et sondages effectués, on observe un accroissement et une diversification des pratiques sportives. D'une part, les données disponibles permettent de conclure que la pratique des sports traditionnels tels le hockey et le baseball est relativement stable. D'autre part, de nouvelles activités reliées à l'exercice physique comme la marche, la natation et le cyclisme connaissent une hausse de popularité.

Parmi les grandes tendances observées, on relève une demande accrue pour des loisirs se pratiquant à domicile. D'ailleurs, de nombreux ménages possèdent des appareils permettant de faire des exercices physiques à la maison. Une autre tendance relevée est la propension à la pratique d'activités individuelles plutôt que collectives. Le *cocooning*, terme par lequel on désigne ce mode de vie, prend ici tout son sens.

L'expansion de l'informatique et de la télématique a suscité un autre engouement ayant une influence sur les loisirs se pratiquant à domicile. Le nombre de familles qui disposent d'appareils de jeux électroniques ou d'ordinateurs personnels leur permettant un accès instantané à tout un réseau de télécommunication augmente rapidement.

La pratique d'activités de loisir en plein air provoque une véritable passion chez les Québécois. Il importe toutefois de souligner que le nombre accru de lieux permettant la pratique d'activités de plein air n'est pas étranger à l'accroissement du nombre d'adeptes. La sensibilisation à l'environnement naturel et l'éducation ont aussi des effets sur cette forme de loisir.

La pratique familiale d'activités de loisir ainsi que la pratique libre, c'est-à-dire des activités non programmées et non encadrées, ont également augmenté de manière significative. Par ailleurs, les préoccupations pour la santé et le bien-être exercent une influence sur les pratiques de loisir et ce, particulièrement auprès des aînés, qui sont de plus en plus actifs[64].

Dans le domaine des arts et de la culture, les études prospectives réalisées par le ministère de la Culture et des Communications laissent croire que certains secteurs culturels risquent d'être plus vulnérables alors que d'autres bénéficient des changements sociodémographiques. Les secteurs les plus vulnérables sont les spectacles de musique populaire et le cinéma en salle. En contrepartie, le théâtre et les visites de musées sont les secteurs pressentis pour connaître une augmentation de popularité[65].

En cette ère de restrictions budgétaires, il est également intéressant de constater l'importance du loisir dans l'économie. À cet effet, Pronovost estimait qu'au Québec, « l'ensemble des dépenses personnelles reliées au loisir, au tourisme et à la culture approchait 14 milliards de dollars courants en 1986, soit entre 10 et 11 % du PIB[66] ». Quant à la part des dépenses de loisir dans l'ensemble des dépenses totales des ménages québécois, qu'il estimait à 19,4 % en 1986, il indiquait que cette proportion tendait à se stabiliser et même, à s'accroître[67].

3. Un contexte organisationnel en mutation

Le contexte organisationnel dans lequel œuvre la municipalité, tant sur son territoire que sur le plan régional, est appelé à se modifier au cours des prochaines années. Sur son territoire, le partenariat avec les citoyens et le développement de la vie collective dans les quartiers marqueront davantage les structures organisationnelles que la municipalité devra mettre en place pour dispenser les services. Sur le plan régional, la régionalisation et l'intermunicipalisation des pouvoirs et des services deviendront nécessaires afin de réagir à la décentralisation de plus en plus grande, des responsabilités et des rôles étatiques au profit des municipalités.

La décentralisation des responsabilités et des pouvoirs vers les municipalités

Il s'agit d'une tendance indéniable. Jusqu'à maintenant, elle s'est traduite surtout par le transfert des problèmes financiers de l'État. Le milieu municipal n'est pas contre la décentralisation des responsabilités et des rôles, mais juge qu'elle doit s'accompagner des moyens financiers sous-jacents et des pouvoirs décisionnels permettant d'agir efficacement[68].

Dans ce nouveau contexte, les administrateurs municipaux seront responsables de la mise en valeur globale et intégrée de leur territoire. La gestion municipale deviendra de plus en plus exigeante. Elle devra suivre l'évolution de la société et les grandes tendances. Qui plus est, devant l'ampleur des nouvelles responsabilités, les administrateurs municipaux devront être des généralistes, plus polyvalents, sensibles aux nouveaux besoins, visionnaires et davantage orientés vers des préoccupations sociales et économiques. Au même titre que les administrateurs municipaux, les élus devront adapter leur vision de la gestion municipale. À l'aube de l'an 2000, élus et administrateurs municipaux ont d'importants défis à relever : ils devront être plus sensibles au contexte socio-économique et démographique, plaçant l'humain au centre de leurs préoccupations. L'amélioration du cadre de vie et le développement du milieu figureront au premier plan des défis que devront relever les intervenants municipaux de l'an 2000.

La mission plus large que devra assumer la municipalité de demain, passant du simple fournisseur de services à l'agent de développement communautaire, exigera qu'elle soit de plus en plus imaginative dans les structures organisationnelles à mettre en place afin de répondre au défi de la décentralisation.

La régionalisation des pouvoirs et des services

Autant il se dessine un mouvement en faveur de la décentralisation de l'État vers les municipalités, autant il se manifeste un mouvement qui s'oriente vers la régionalisation des pouvoirs et des services. L'enjeu de la régionalisation consiste à donner aux régions un droit de regard et un pouvoir décisionnel sur toute question relative à la mise en valeur de leur territoire. La réforme du développement régional adoptée en 1992 vise à recentrer l'État vers ses fonctions fondamentales et à responsabiliser le palier régional dans un contexte de concertation et de partenariat.

La régionalisation des pouvoirs et des services soulève bien des questions : qui doit assumer les nouveaux pouvoirs régionaux ? Plusieurs prétendent que les municipalités régionales de comté (MRC) doivent y jouer un rôle central. D'autres interrogations sont également mentionnées, à savoir : qu'est-ce qui doit se faire sous une responsabilité régionale et qu'est-ce qui doit être assumé par les pouvoirs locaux ? Au-delà de ces grands questionnements, il demeure que l'heure est à la concertation régionale et au regroupement des municipalités dans un contexte où l'on dénombrait 1 481 municipalités québécoises en 1991, dont 651 de moins de 1 000 habitants, alors que l'Ontario, pour une population supérieure de deux millions d'habitants, comptait 793 municipalités dont 207 de moins de 1 000 habitants[69].

Il faut bien l'admettre, le secteur du loisir ne constitue pas le premier enjeu de la régionalisation des pouvoirs et des services. L'emploi, la santé et les services sociaux figurent parmi les premières cibles. Il demeure toutefois que la régionalisation des pouvoirs et des services aura une incidence directe sur l'intervention de la municipalité en matière de loisir. Le loisir comme instrument de solidarisation des usagers devra s'arrimer à une vision régionale. Sur le plan des services municipaux de loisir, la régionalisation devra se concrétiser par une planification régionale des services et des équipements. L'intervention municipale en loisir devra s'orienter vers la mise en commun des ressources régionales et mettre en place les structures nécessaires à la prestation des services à cette échelle.

L'intermunicipalisation des pouvoirs et des services

Les mouvements de décentralisation et de régionalisation s'accompagnent d'une tendance vers l'intermunicipalisation des pouvoirs et des services. Le phénomène de migration de population de même que les changements sociodémographiques de la société québécoise et le contexte de restrictions budgétaires forceront cette « intermunicipalisation ». Les régions et les localités aux prises avec des problèmes de décroissance socio-économique et démographique devront trouver des solutions pour pouvoir continuer à desservir adéquatement leur population. Dans ce contexte, l'intermunicipalisation des pouvoirs et des services favorisant le regroupement des ressources est appelée à s'accroître. Bien que les premières démarches d'intermunicipalisation soient apparues il y a une vingtaine d'années (à cet égard, soulignons que le loisir fait figure de pionnier), tout indique que ce mode d'intervention est destiné à se développer selon les nouveaux besoins de l'an 2000.

Pour que le regroupement des ressources soit efficace, il s'appuiera sur une vision commune et nécessitera l'adaptation des structures locales et supramunicipales ainsi que des mécanismes de concertation sous-jacents. En matière de loisir, l'intermunicipalisation pourra aller de la mise en commun d'équipements et de services jusqu'à la fusion de services municipaux de loisir, selon les cas. Elle présente de nombreux avantages, particulièrement pour les municipalités de petite taille qui ne peuvent disposer de toutes les ressources nécessaires sur leur territoire, de même que pour les municipalités centres qui y verront un moyen de rentabiliser socialement et économiquement les équipements et les services récréatifs dont elles disposent actuellement.

Le partenariat

La conjoncture actuelle et future oblige la recherche de l'efficacité dans l'utilisation des ressources collectives. Le partenariat avec les citoyens et les organismes du milieu s'inscrit dans ce contexte de rationalisation. Plus que jamais, l'engagement des citoyens et des organismes du milieu sera nécessaire afin de permettre à la municipalité de jouer les rôles qui lui seront dévolus. L'appareil administratif municipal ne pourra plus fonctionner en vase clos. Il devra apprendre à gérer davantage la concertation, dans la planification et dans l'action, avec des intervenants hors de ses structures externes.

L'intervention municipale en matière de loisir a appris ces dernières années à solliciter des organismes partenaires et à faire participer les citoyens à la planification et à la prestation de services. Ce partenariat a souvent la forme d'un délestage de responsabilités vers les organismes du milieu au même titre que les gouvernements supérieurs l'ont fait à l'égard des municipalités.

Le défi à relever au cours des prochaines années sera la mise en place d'un réel partenariat impliquant un véritable partage des pouvoirs, des responsabilités et des ressources collectives.

La vie collective dans les quartiers

L'essor de la vie collective dans les quartiers est un phénomène qui s'observe surtout dans les grands centres urbains. L'appareil administratif municipal des grands centres étant devenu lourd et bureaucratisé, il tend à s'éloigner de la base, c'est-à-dire des citoyens. De plus, l'hétérogénéité des quartiers des grands centres engendre des besoins particuliers et distincts. Par ailleurs, la vie communautaire en quartier urbain a favorisé la mise en place d'un sentiment d'appartenance chez les résidents. Ce contexte explique, entre autres, l'émergence d'organismes ou de conseils de quartier qui veillent à harmoniser et à suivre l'évolution de la gestion municipale de façon locale dans leur quartier, comme c'est le cas, par exemple, pour les villes de Montréal, Sherbrooke et Québec.

Encore ici, le contexte organisationnel de la municipalité sera appelé à changer. Des formules de gestion plus décentralisées, là où elles peuvent s'appliquer, devront être imaginées afin qu'on puisse rejoindre plus efficacement le citoyen et favoriser davantage sa participation dans les affaires publiques. Le défi consiste ici à mettre en place des structures favorisant cette implication des citoyens tout en ne perdant pas de vue les impératifs généraux de rationalisation des ressources et des services à dispenser sur l'ensemble du territoire de la municipalité. Le service des loisirs, comme d'autres services municipaux, devra participer à ce mouvement.

4. Les enjeux des prochaines années

Le contexte sociodémographique, social, économique et politique dans lequel la municipalité de demain sera appelée à œuvrer pose de nombreux enjeux pour l'intervention municipale en matière de loisir. Les changements appréhendés dans le contexte organisationnel municipal viennent en accentuer encore plus l'importance. L'harmonisation de l'intervention, la nécessité de faire des choix collectifs et le soutien à apporter à l'enthousiasme collectif les caractérisent également.

L'harmonisation de l'intervention

Réussir l'harmonisation de l'intervention ou de l'action à tous les niveaux représente le premier enjeu en cause. Devant l'éclatement des secteurs d'intervention de la municipalité, des problématiques sociales sur lesquelles intervenir, des partenariats tous azimuts à créer, l'intégration de l'intervention n'aura jamais représenté un tel défi de cohérence.

Réussir l'intégration de l'intervention

Un bref retour sur l'histoire de l'intervention municipale en loisir nous rappelle qu'elle a été orientée pendant longtemps et de façon prioritaire vers le secteur des sports. Au cours de la dernière décennie, de multiples facteurs ont amené les municipalités à diversifier leur champ d'intervention. Le désengagement de l'État dans le secteur de la santé et des services sociaux, l'émergence de nombreux phénomènes sociaux, les nouveaux besoins exprimés par la population de même que les diverses réformes et politiques gouvernementales ont forcé les administrations locales à élargir et modeler leur champ d'intervention. Les secteurs tels le développement sociocommunautaire, la culture et le récréotourisme font désormais partie du champ d'intervention des services de loisir municipaux. La municipalité, dans sa responsabilité du loisir, a donc élargi sa mission.

En raison de l'élargissement ou de la diversification des champs d'intervention des municipalités en matière de loisir, il importe d'intégrer l'intervention municipale. La réussite de cette intégration repose sur l'établissement de politiques, d'orientations et d'objectifs communs. Le but de cette intégration est de parvenir à une intervention cohérente, juste et équitable et ce, malgré la diversité des champs.

Respecter les particularités et les dynamiques propres aux différents champs d'intervention

Bien que l'intégration des divers champs d'intervention soit impérative, il demeure que celle-ci doit s'effectuer en tenant compte des particularités et des dynamiques propres aux différents champs. Un piège qui guette les municipalités est de chercher à tout mettre dans le même moule, mais les interventions stratégiques dans les divers secteurs d'activité ne doivent pas être nivelées. Dans cette perspective, on doit reconnaître que les secteurs communautaire, culturel, sportif et récréotouristique présentent des besoins et des objectifs distincts. L'intégration des divers champs et le respect de leurs particularités et dynamiques se trouvent donc intimement liés. Par l'intégration, on doit réussir à se donner des moyens de respecter les particularités et les dynamiques de chacun.

Le respect des dynamiques et des particularités favorise le développement de chacun des champs individuellement, tout en harmonisant l'intervention globale et collective de la municipalité en matière de loisir. En somme, l'intégration doit se faire par la gestion de la diversité.

Respecter les particularités des milieux

Le contexte des municipalités du Québec est diversifié. Il y a d'abord les grandes agglomérations urbaines, les capitales régionales, les villes moyennes et les municipalités de petite taille. À cela s'ajoutent les particularités des régions centrales et périphériques du Québec. Bien que ce contexte soit composé de spécificités, la problématique qui caractérise l'intervention municipale en loisir réside dans la tendance qu'ont les municipalités à fonctionner par comparaisons. Les municipalités justifient cette façon de faire en disant que ce qui fonctionne bien ailleurs devrait donner des résultats également chez elles. Dans un souci de rationalisation et d'uniformisation, la tendance est donc au nivellement. Par contre, cette manière d'intervenir ne prend pas en considération les particularités propres à chaque milieu de vie. Les intérêts, les attentes et les dynamiques divergent d'un milieu à un autre, d'un quartier urbain à un autre. L'intervention municipale en loisir doit donc respecter les particularités propres à chaque milieu.

Apprendre à s'informer

Étant donné que l'intervention municipale en loisir repose sur des choix collectifs, elle exige d'être bien informée. L'importance de l'information se justifie principalement par le fait que tout est en constante évolution, tout change rapidement. En outre, avec la multiplication des technologies de l'information et de la communication, il est de plus en plus facile d'avoir accès à des informations pertinentes. Dans cette perspective, pour être capable de suivre les tendances et l'évolution de même que pour prendre des décisions éclairées, les services municipaux de loisir et leurs partenaires devront apprendre à s'informer et à accroître l'échange d'informations. L'intégration et l'harmonie de l'intervention municipale en matière de loisir ne pourront se réaliser qu'en respectant cette première condition.

Apprendre à analyser

Ce n'est pas tout d'être bien informé. Il faut également faire des liens et comprendre ce qui se passe, donc apprendre à analyser l'environnement. L'analyse de l'environnement permet d'expliquer les conséquences des changements ou des tendances pour ensuite orienter les actions à entreprendre. Dans un contexte de rareté des ressources et de multiplication des besoins, apprendre à analyser pour ensuite prendre de bonnes décisions est d'autant plus important.

À titre d'exemple, on remarque que les intervenants municipaux connaissent souvent bien peu les populations qu'ils desservent.

Pourtant, une bonne connaissance des caractéristiques des populations est à la base de toute intervention en loisir. Les données sociodémographiques existent, elles sont disponibles. Une bonne analyse permet d'en apprendre beaucoup sur les changements et les tendances. Cette analyse doit ensuite conduire à interroger la programmation, la tarification et les services ou tout nouveau projet en regard des informations recueillies et analysées.

Apprendre à travailler en concertation

Tous les acteurs sociaux sont appelés à examiner les ressources pouvant être mises à contribution pour un mieux-être collectif. La concertation dans l'action semble plus que jamais une nécessité. À partir d'une volonté commune d'agir en harmonie entre la municipalité et les organismes du milieu, il est possible de créer une vision globale et complémentaire de l'intervention en loisir. Les avantages d'un tel rapprochement entre ces acteurs sont indéniables et peuvent prendre une multitude de formes[70]. Bien que chacune des structures ait sa propre vision, ses propres objectifs et modes d'intervention, il n'en demeure pas moins que tous ces organismes locaux ou régionaux œuvrent auprès de la même clientèle. Dans la conjoncture actuelle, il est donc logique que tous apprennent à travailler ensemble et conçoivent des façons de faire communes et complémentaires. Le travail en réseau en est un exemple : les divers services d'une municipalité, dans leurs champs d'intervention spécifiques, peuvent agir en concertation sur une problématique sociale et (ou) économique particulière à la municipalité, coordonner leurs actions afin d'offrir un service aux citoyens qu'un seul département ou service ne pourrait rendre, etc.

Les formes de partenariat sont également destinées à évoluer. La multiplication et la diversification des responsabilités municipales amènent les administrations locales à envisager de nouvelles avenues de concertation avec les intervenants institutionnels et communautaires. Réaliser la concertation est un autre critère préalable à la réussite de l'intervention en loisir.

Apprendre à innover

Des problématiques nouvelles d'intervention peuvent exiger des façons de faire novatrices, des solutions nouvelles. On devra plus que jamais laisser la place à l'imagination. Pour ce faire, la plus grande ouverture d'esprit possible doit se manifester. Les intervenants municipaux devront de plus en plus permettre l'initiative individuelle ou collective, laisser les gens s'exprimer le plus librement possible sans trop exercer de jugement *a priori* condamnant à l'avance toute idée nouvelle.

La nécessité des choix collectifs

La nécessité de réussir à faire des choix collectifs en matière des services qu'on pourra ou voudra s'offrir représente un autre enjeu d'importance pour l'intervention municipale en matière de loisir. Ces choix obligeront la municipalité à s'interroger de plus en plus sur la qualité du cadre de vie à maintenir et à mettre en valeur sur son territoire et ce, en concertation avec le milieu.

Le cadre de vie que l'on désire s'offrir

La rareté des ressources, les mutations et les difficultés socio-économiques qui caractérisent l'avenir collectif des communautés québécoises commandent des changements d'attitudes et d'habitudes des municipalités. Dans un contexte où l'on assiste à une diminution des ressources en même temps qu'à une augmentation des besoins, il est impératif de faire des choix pour que la communauté se définisse un projet collectif.

Tous les projets sont bons en soi, mais leur importance est relative lorsqu'ils sont mis en présence de l'ensemble des facettes et des besoins de la vie municipale. Devant une telle situation, il ne s'agit pas uniquement de définir ce que la communauté veut s'offrir, mais également ce qu'elle est prête à payer collectivement. Il n'y a pas de limites aux aspirations de bien-être. Le principal défi consiste donc à déterminer le cadre de vie qu'on désire s'offrir collectivement et dont on est prêt à assumer les coûts, tant financiers que sociaux. Le réflexe du « pas dans ma cour » survient régulièrement et démontre la fragilité des liens d'intérêt entre le collectif et le privé.

La rationalisation des ressources

La rationalisation des ressources va de pair avec le cadre de vie qu'on désire s'offrir. Elle semble être la seule avenue qui permette d'optimiser l'intervention ou la marge de manœuvre des municipalités. Par une utilisation plus efficiente des ressources tant physiques et financières qu'humaines, la municipalité peut envisager non seulement de réaliser des économies d'échelle, mais surtout de satisfaire les besoins des citoyens. L'enjeu des prochaines années est donc d'apprendre à rationaliser les ressources.

En matière de loisir, le meilleur exemple de rationalisation qu'on puisse donner est l'utilisation et l'aménagement polyvalents et multi-fonctionnels des équipements communautaires. Au plan des ressources humaines, la mise en commun de personnel entre les organismes communautaires est une solution d'avenir. À l'aube de l'an 2000, il faut faire preuve d'ingéniosité dans l'utilisation des ressources, dans le but de répondre à des besoins de plus en plus variés.

Le partenariat

Le phénomène de rationalisation des ressources amène les municipalités à orienter leur intervention vers le partenariat. Les municipalités, au même titre que tous les acteurs œuvrant auprès des citoyens, doivent reconnaître qu'elles ne peuvent tout faire seules. Il faut donc apprendre à travailler en partenariat. Bien que le partenariat soit implanté dans plusieurs secteurs de l'administration locale, l'appareil municipal se retrouve souvent en situation d'autorité avec ses partenaires. Trop souvent encore, le partenariat prend la forme où l'appareil municipal dicte les façons de faire.

L'enjeu des prochaines années est donc d'instaurer un réel partenariat dans lequel on met à profit tout le dynamisme du milieu. Le réel partenariat doit s'articuler autour de problématiques et d'objectifs communs, dans le respect de l'identité de chacun des partenaires. Ainsi, les municipalités sont appelées à redéfinir la nature même du partenariat, à se doter d'outils d'orientation, de politiques et de mesures qui déterminent clairement le rôle et les responsabilités de chacun ainsi que les moyens pour gérer efficacement la diversité du partenariat. Il convient également de préciser que le réel partenariat doit s'effectuer sur un mode égalitaire basé sur le respect mutuel de la culture des partenaires.

L'enjeu des prochaines années en matière de partenariat peut se résumer comme suit :

- Être partenaire c'est une question d'attitudes, à partir d'une volonté réelle de la direction de partager son autorité.

- Le partenariat se construit sur une question de confiance davantage que d'obligation, sur une question de leadership davantage que de pouvoir.

- Le partenariat doit être réalisé selon les traditions, la culture, les valeurs, les objectifs, les intérêts et l'évolution propres à son milieu, à son institution[71].

Soutenir l'enthousiasme collectif

Il n'est pas tout de réussir à engager les citoyens et les organismes du milieu comme partenaires dans la planification et la réalisation de services et de projets communautaires. Il faut aussi soutenir l'enthousiasme collectif ainsi créé et qui est nécessaire à toute action communautaire. Tout est un réel recommencement et les bénévoles s'épuisent rapidement. Deux séries d'actions peuvent être envisagées afin de réussir à ce chapitre.

Se doter d'une politique d'intervention en matière de développement communautaire

Un des défis des prochaines années pour les municipalités sera de se doter d'une politique d'intervention plus cohérente en matière de développement communautaire. Bien que plusieurs municipalités aient élaboré au cours de la dernière décennie diverses politiques d'intervention à l'égard de certaines problématiques sociales et économiques (politiques à l'égard des jeunes, de la famille, des aînés, des communautés culturelles, etc.), les politiques des années à venir devront être plus larges et équitables. L'analyse des politiques actuelles de reconnaissance démontre qu'il existe encore trop souvent une hiérarchie dans le soutien aux organismes. L'appui aux organismes de loisir et de sport vient souvent au premier rang, suivi de ceux de la culture et de ceux du secteur sociocommunautaire.

Les politiques de l'an 2000 devront intégrer un partage beaucoup plus équitable des ressources entre les divers organismes du milieu et les différents champs d'intervention, tout en évitant de niveler vers le bas les ressources consacrées à l'intervention. Les politiques de l'avenir devront également viser l'équité sociale par rapport aux demandes des citoyens et aux buts collectifs. En somme, les municipalités doivent, dans l'élaboration de leur politique d'intervention, tenter d'atteindre l'équilibre et l'équité vis-à-vis les organismes et les divers champs d'intervention. Pour ce faire, la planification stratégique s'impose.

LE CONCEPT DE DÉVELOPPEMENT COMMUNAUTAIRE

Le développement communautaire traite des **moyens de faciliter**, diriger et supporter les mécanismes de changements sociaux orientés vers le mieux-être des individus et des collectivités, qu'il s'agisse d'un quartier, d'une ville, d'une communauté rurale, d'une nation ou d'un groupe que lie l'ensemble des intérêts communs. En d'autres mots, **c'est l'ensemble des procédés par lesquels les habitants d'une localité unissent leurs efforts à ceux des pouvoirs publics** en vue d'améliorer la situation économique, sociale, environnementale et culturelle de la collectivité[72].

Le développement communautaire est **un modèle de développement, une façon de faire**. Il se fonde sur la prise en charge par les citoyens et les citoyennes de leurs besoins propres et des solutions qu'ils envisagent pour y répondre et ce, dans tous les secteurs de l'activité humaine. On peut donc intervenir selon une approche de développement communautaire dans les domaines des loisirs, de la culture, de l'habitation, des problématiques socio-économiques et socio-communautaires[73].

Gérer la ressource bénévole

La participation des citoyens et le soutien de leurs initiatives sont devenus fondamentaux. L'engagement du citoyen dans le développement et l'organisation du loisir comme dans tout autre secteur d'intervention de la municipalité a démontré jusqu'à maintenant qu'il a pu contribuer grandement à l'amélioration du cadre de vie municipal. Plus que jamais les administrations locales devront faire appel au dynamisme de la collectivité. Tel que mentionné précédemment, le bénévolat est une ressource humaine fragile dont il ne faut pas tuer l'enthousiasme. Il faut apprendre à gérer cette ressource collective au même titre que les autres types de ressources humaines. Dans cette optique, il importera de susciter, de coordonner et de canaliser le bénévolat, notamment à l'aide d'un plan des ressources humaines à long terme et de politiques favorisant leur vitalité, que ce soit en matière de formation, d'information, d'éthique, de sécurité ou de consultation.

Notes

1. Carl F. Grindstaff, « La fécondité au Canada de 1951 à 1993 », *Tendances sociales canadiennes*, Statistique Canada, n° 39, Hiver 1995, p. 14.

2. *Ibid.*, p. 16.

3. Conseil des affaires sociales, *Deux Québec dans un : rapport sur le développement social et démographique*, Boucherville, Gouvernement du Québec, Gaëtan Morin, 1989, p. 4.

4. *Ibid.*, p. 7.

5. Carl F. Grindstaff, *op. cit.*, p. 16.

6. *Ibid.*

7. *Ibid.*, p. 14.

8. Conseil des affaires sociales, *op. cit.*, p. 7.

9. Voir à ce sujet « La situation des jeunes » dans : Pierre Gagnon et Elaine Blackburn, *Le loisir... un défi de société... une réponse aux défis collectifs*, Sainte-Foy, Presses de l'Université du Québec et Sodem Recherche et Développement, 1995, p. 41-56.

10. Myriam Beauregard, *L'utilisation des activités parascolaires comme moyen de réduire la prédisposition au décrochage scolaire*, Texte de communication scientifique, Colloque international sur le loisir, Trois-Rivières, Université du Québec à Trois-Rivières, 3 et 4 novembre 1994, p. 3.

11. Voir à ce sujet « Les loisirs des jeunes » dans Pierre Gagnon et Elaine Blackburn, *op. cit.*, p. 119-137.

12. Association québécoise des directeurs et directrices du loisir municipal en collaboration avec le groupe I.D.E., *La municipalité québécoise en mutation : défis et enjeux*, Montréal, AQDLM, 1994, p. 8.

13. Statistique Canada, « Projections démographiques pour le Canada, les provinces et les territoires », *Le Quotidien*, 23 janvier 1995, p. 7.

14. Voir à ce sujet « Les personnes âgées et le loisir » dans Pierre Gagnon et Elaine Blackburn, *op. cit.*, p. 151-162.

15. Guy Gauthier, *Les personnes âgées et le loisir*, Texte de conférence, Colloque international sur le loisir, Trois-Rivières, Université du Québec à Trois-Rivières, 3 et 4 novembre 1994, p. 2-3.

16. *Ibid.*, p. 2.

17. Pierre Gagnon et Elaine Blackburn, *op. cit.*, p. 75-76.

18. Viviane Renaud et Rosalinda da Costa, « La population immigrante du Québec », *Tendances sociales canadiennes*, Statistique Canada, n° 7, Été 1995, p. 10.

19. *Ibid.*, p. 11.

20. *Ibid.*

21. Secrétariat à la famille, *Familles en tête 1995-1997 : les défis à relever*, Gouvernement du Québec, Ministère du Conseil exécutif, mars 1994, p. 3-5.

22. *Ibid.*, p. 29.

23. *Ibid.*, p. 50.

24. *Ibid.*, p. 126.

25. Pierre Gagnon et Elaine Blackburn, *op. cit.*, p. 63-64.

26. *Ibid.*, p. 64-65.

27. Jean-Paul Baillargeon, « Emploi du temps », dans Simon Langlois *et al.*, *La société québécoise en tendances 1960-1990*, Québec, Institut québécois de recherche sur la culture, 1990, p. 485.

28. Gilles Pronovost, *Loisir et société : traité de sociologie empirique*, Sainte-Foy, Presses de l'Université du Québec, 1993, p. 284-288.

29. *Ibid.*, p. 295-296.

30. *Ibid.*, p. 298.

31. *Ibid.*, p. 289.

32. *Ibid.*, p. 291-292.

33. Simon Langlois, « Inégalités économiques », dans Simon Langlois *et al.*, *La société québécoise en tendances 1960-1990*, Québec, Institut québécois de recherche sur la culture, 1990, p. 243-246.

34. Conseil national du bien-être social, *Profil de la pauvreté : 1980 à 1990*, automne 1992, p. 18.

35. Manon Cornelier, « Le Québec est le champion de la pauvreté : Le taux de pauvreté y est le plus élevé au Canada, selon le Conseil du bien-être social », *La Presse*, Montréal, 6 avril 1995, p. B-1.

36. *Ibid.*

37. Conseil des affaires sociales, *op. cit.*, p. 109-110.

38. Frédéric Lesemann, « La pauvreté : aspects sociaux », dans Fernand Dumont *et al.* (dir.), *Traité des problèmes sociaux*, Québec, Institut québécois de recherche sur la culture, 1994, p. 583.

39. André Pépin, « 808 000 assistés sociaux au Québec », *La Presse*, Montréal, 27 avril 1995, p. A-1.

40. Damien Gagnon, « La pauvreté augmentera au cours de la prochaine décennie », *Le Soleil*, Québec, 8 octobre 1995, p. B-1.

41. Pierre Gagnon et Elaine Blackburn, *op. cit.*, p. 9.

42. *Ibid.*, p. 11.

43. Henri Michaud, « L'Est du Québec se vide : Des prévisions pessimistes au moins jusqu'en 2016 », *Le Soleil*, Québec, 1er avril 1995, p. A-3.

44. Conseil des affaires sociales, *op. cit.*, p. 40-41.

45. Pierre Gagnon et Elaine Blackburn, *op. cit.*, p. 21.

46. Claude Pichette, *L'intervention en loisir : réinventer les structures*, Texte de conférence, Colloque international sur le loisir, Trois-Rivières, Université du Québec à Trois-Rivières, 3 et 4 novembre 1994, p. 10.

47. *Ibid.*, p. 13.

48. Simon Langlois et Guy Fréchet, « Chômage », dans Simon Langlois *et al.*, *La société québécoise en tendances 1960-1990*, Québec, Institut québécois de recherche sur la culture, 1990, p. 159.

49. Statistique Canada, « Enquête sur la population active », *Le Quotidien*, 6 janvier 1995, p. 6.

50. Yves Rabeau, « Salaires : stabilité forcée », *Revue Commerce*, novembre 1994, p. 93-94.

51. Association québécoise des directeurs et directrices du loisir municipal en collaboration avec le Groupe I.D.E., *op. cit.*, p. 23.

52. Pierre Lacerte, « Pour en finir avec les dettes », *Affaires Plus*, 17, 10, Décembre 1994-Janvier 1995, p. 14.

53. *Ibid.*

54. *Ibid.*

55. Association québécoise des directeurs et directrices du loisir municipal en collaboration avec le Groupe I.D.E., *op. cit.*, p. 22.

56. Serge Gareau, *La municipalité maître d'œuvre du développement communautaire*, Texte de conférence, Colloque international sur le loisir, Trois-Rivières, Université du Québec à Trois-Rivières, 3 et 4 novembre 1994, p. 4.

57. Fédération des parcs et des loisirs de l'Ontario, *Catalogue des avantages des parcs et des loisirs*, Document traduit, Montréal, Association québécoise des directeurs et directrices du loisir municipal, 1992, p. 9-15.

58. *Ibid.*

59. *Ibid.*

60. *Ibid.*

61. Pierre Gagnon, *La mise en marché des services récréatifs : analyse à partir des modes de vie de la population*, Québec, Conseil régional du loisir – Québec et Chaudière-Appalaches, 1990, p. 17-20.

62. *Ibid.*

63. *Ibid.*, p. 32-54.

64. Gilles Pronovost, *op. cit.*, p. 72-80.

65. Regroupement québécois du loisir municipal, « Le public des arts et de la consommation de produits culturels : 1991-2011 », *Agora*, vol. 16, n° 2, juillet 1994, p. 17-18.

66. Gilles Pronovost, *op. cit.*, p. 217-218.

67. *Ibid.*

68. Association québécoise des directeurs et directrices du loisir municipal en collaboration avec le Groupe I.D.E., *op. cit.*, p. 31-32.

69. Ministère des Affaires municipales, *Modifications territoriales des municipalités : ici et ailleurs*, Québec, Gouvernement du Québec, 1993, p. 30.

70. Serge Plourde, *Les valeurs éducatives du loisir, une force sous-utilisée*, Texte de conférence, Colloque international sur le loisir, Trois-Rivières, Université du Québec à Trois-Rivières, 3 et 4 novembre 1994, p. 10-11.

71. Raymond Bonneau, *L'expérience du partenariat... le vécu des centres communautaires de loisir et de la F.Q.C.C.L.*, Texte de conférence, Colloque international sur le loisir, Trois-Rivières, Université du Québec à Trois-Rivières, 3 et 4 novembre 1994, p. 23.

72. Elizabeth A. Ferguson, dans : Claude Belzil, *Conception des dynamismes des processus en interaction dans le développement communautaire*, Montréal, Ville de Montréal, 1989.

73. Conférence des maires de la banlieue de Montréal, *Rapport de la table sectorielle sur le développement communautaire*, Montréal, 1992, p. 23.

La mission et les rôles de la municipalité en matière de loisir : nouvelles vocations et orientations

L'amélioration du cadre de vie par l'offre de services aux citoyens constitue l'essentiel de la mission de la municipalité. Le loisir fait partie de la gamme de ces services que les citoyens exigent aujourd'hui de leur municipalité.

Il n'y a pas de limites en qualité et en quantité à l'éventail de services qu'une municipalité peut offrir à ses citoyens, sauf sa capacité de payer. Le caractère démocratique de la municipalité fait en sorte que les citoyens sont appelés à intervenir de plus en plus directement dans le processus des choix collectifs qui s'imposent quant à la qualité et la quantité des services qu'ils désirent se voir offrir sur leur territoire, y compris en matière de loisir.

Comme nous l'avons vu dans le chapitre précédent, la municipalité a connu et connaîtra encore dans les prochaines années une explosion de ses champs d'intervention. Cet état de fait s'explique par la décentralisation de certaines responsabilités des gouvernements supérieurs au profit de la municipalité, ainsi que par les pressions exercées par les citoyens pour que la municipalité intervienne sur des problématiques locales, tant sociales qu'économiques. L'intervention de la municipalité en matière de loisir n'y échappe pas.

Dans le présent chapitre, nous cernons la mission et les rôles de la municipalité d'aujourd'hui et de demain dans le champ du loisir. Nous y décrirons et analyserons l'ensemble des fonctions de l'intervention municipale, les formes de structures d'intervention qui peuvent être mises en place au sein de l'appareil municipal pour en assurer la gestion, les buts visés et les rôles que peuvent remplir ces différentes structures dans l'offre de services au citoyen ainsi que l'intégration de l'organisation du travail au sein de l'appareil municipal en vue d'une intervention moins « éclatée » auprès du citoyen.

1. Une intervention éclatée, un client unique : le citoyen

Malgré l'explosion des champs d'intervention de la municipalité et de son caractère « éclaté », y compris dans le champ du loisir, l'hétérogénéité des clientèles à desservir et la multiplication des problématiques sociales et économiques sur lesquelles la municipalité est appelée à agir, un fait demeure : l'intervention municipale vise un client unique, soit le citoyen.

Le loisir dans la structure des fonctions municipales

Comme nous l'avons mentionné précédemment, il n'y a pas de limites aux services qu'une municipalité peut offrir à ses citoyens. Selon la taille de la population, le rôle qu'elle peut être appelée à jouer ou non comme « ville-centre » sur le territoire et principalement en fonction de sa capacité de payer et de la volonté exprimée par ses citoyens, la gamme de services peut être plus ou moins étendue. On reconnaît cependant, de façon générale, un certain nombre de fonctions d'où ces services découlent. (Voir la figure 5.1.)

Afin de répondre à la multiplicité des fonctions à exercer et des services à offrir, la municipalité a dû se pourvoir d'un mode de structuration. On a ainsi créé divers « services » ou « départements » au sein de l'appareil municipal afin de gérer les services à offrir aux citoyens : service de la sécurité publique, service d'urbanisme, service des travaux publics, service des loisirs, etc. Ces départements ou services de l'appareil municipal travailleront de plus en plus en collégialité afin de mieux desservir les citoyens. Le service des loisirs, dans l'exercice de ses responsabilités, est un de ceux qui vit quotidiennement cette collégialité dans ses actions. En effet, les relations qu'il doit entretenir avec le service d'urbanisme relativement à la planification des espaces verts et récréatifs, avec le service des travaux publics concernant l'aménagement et l'entretien de ces mêmes espaces, avec le service de la sécurité publique pour la sécurité et la protection de la population dans les espaces et les équipements récréatifs ou encore lors de la tenue d'événements en sont quelques exemples.

FIGURE 5.1
Les fonctions et les services offerts par la municipalité[1]

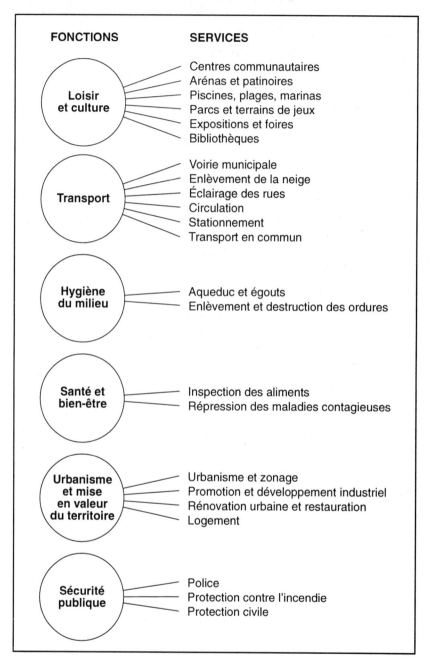

FONCTIONS | SERVICES

Loisir et culture
- Centres communautaires
- Arénas et patinoires
- Piscines, plages, marinas
- Parcs et terrains de jeux
- Expositions et foires
- Bibliothèques

Transport
- Voirie municipale
- Enlèvement de la neige
- Éclairage des rues
- Circulation
- Stationnement
- Transport en commun

Hygiène du milieu
- Aqueduc et égouts
- Enlèvement et destruction des ordures

Santé et bien-être
- Inspection des aliments
- Répression des maladies contagieuses

Urbanisme et mise en valeur du territoire
- Urbanisme et zonage
- Promotion et développement industriel
- Rénovation urbaine et restauration
- Logement

Sécurité publique
- Police
- Protection contre l'incendie
- Protection civile

Dans une optique de développement communautaire, telle qu'elle semble se dessiner aujourd'hui, cette collégialité devra prendre un nouvel essor. Les problématiques sociales et économiques auxquelles sont et seront confrontées les municipalités exigeront encore plus que les divers « départements » ou « services » municipaux agissent de concert, partagent les mêmes objectifs et mettent en commun leurs ressources respectives pour une meilleure efficacité et un meilleur rendement dans leur intervention auprès du citoyen. De même, ils seront de plus en plus appelés à travailler en collégialité avec des intervenants externes. Une problématique sociale et économique comme celle de la pauvreté, par exemple, ne relève pas d'un seul « département » ou « service » de la municipalité : seule une action concertée de l'ensemble peut donner des résultats. C'est la collégialité inter-services, d'une part, et entre la municipalité et les organismes du milieu, d'autre part, qui caractériseront l'intervention de la municipalité auprès de ses citoyens dans l'avenir. Le loisir en sera particulièrement marqué.

Le service municipal des loisirs : une intervention des plus éclatées

Comme nous l'avons vu dans les chapitres précédents, l'intervention du service municipal des loisirs auprès des citoyens a fortement évolué au cours des dernières années et apparaît aujourd'hui sous une multitude de formes. Les différents secteurs d'activité couverts par le service des loisirs, les clientèles ciblées, les problématiques sur lesquelles il compte agir sont autant d'aspects qui concourent à l'éclatement de son intervention. Plus que jamais, le travail en équipe, la mise en réseaux des divers services internes de la municipalité, les interfaces à créer avec les intervenants externes seront nécessaires en vue de mieux focaliser l'intervention pour un meilleur service aux citoyens.

Les secteurs d'activité du service municipal des loisirs

Le service municipal des loisirs d'aujourd'hui est appelé à intervenir dans quatre champs principaux d'activités : le loisir, la culture, le sociocommunautaire et le récréotourisme (voir la figure 5.2). Ce ne sont pas tous les services municipaux des loisirs du Québec, ni même

FIGURE 5.2
Les secteurs d'activité du service municipal des loisirs

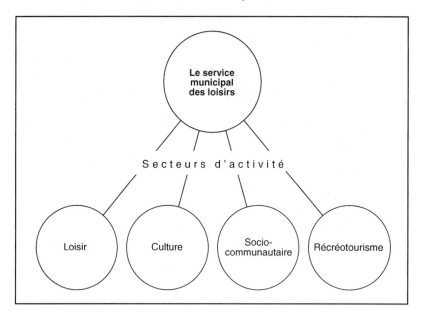

l'ensemble des municipalités du Québec, qui interviennent actuellement dans l'ensemble de ces grands domaines. Certaines de ces dernières, en raison de leur taille, des choix établis ou de tout autre facteur,
n'interviennent pas dans certaines activités et, en conséquence, ne
dispensent aucun service à leurs citoyens dans ces secteurs. D'autres,
selon divers raisonnements que nous analyserons plus loin, ont opté
pour rattacher certains de ces secteurs d'activité à d'autres départements ou services au sein de l'appareil municipal. Il s'agit ici de toutes
les possibilités d'intervention du service municipal des loisirs, telles
qu'elles se dessinent actuellement. Une enquête réalisée en 1993[2]
auprès de 163 services municipaux des loisirs au Québec confirmait
cependant que 66,9 % d'entre eux intervenaient déjà dans les secteurs
d'activité du loisir, de la culture et du sociocommunautaire ; enfin,
33 % des services de loisirs n'intervenant pas dans les secteurs de la
culture et du sociocommunautaire au moment de l'étude s'attendaient
à le faire au cours des trois prochaines années.

Même si nous analyserons un peu plus loin dans ce chapitre les objectifs et les rôles du service des loisirs pour chacun de ces secteurs d'activité, il nous apparaît justifié de tenter de les circonscrire quelque peu dès maintenant.

Le secteur du loisir : l'intervention de la municipalité dans le champ du loisir ou de la récréation, vu sous l'angle du divertissement et (ou) de la socialisation. Cette intervention peut prendre diverses formes : la mise en place d'espaces et d'équipements récréatifs, l'offre de programmes récréatifs (sportifs, sociaux, culturels (amateurs), socio-éducatifs, plein air), le soutien (technique, professionnel, financier) à des organismes du milieu offrant des programmes récréatifs à la population et, enfin, la concertation entre les institutions et autres intervenants du milieu sur l'un ou l'autre de ces objets.

Le secteur de la culture : l'intervention de la municipalité dans le champ de la culture : l'accessibilité des citoyens à la vie culturelle, la diffusion culturelle, la protection et l'interprétation du patrimoine historique. Cette intervention peut prendre diverses formes : mise en place d'équipements culturels (bibliothèque, salle de spectacle, salle d'exposition, musée), offre de programmes culturels, soutien (technique, professionnel, financier) à des artistes ou organismes culturels professionnels et, enfin, la concertation entre les institutions et autres intervenants du milieu sur l'un ou l'autre de ces objets.

Le secteur des services sociocommunautaires : l'intervention de la municipalité dans le champ des services sociaux comme le développement et l'aide à la personne, l'amélioration de sa qualité de vie et la satisfaction de ses besoins de dépassement dans la collectivité, l'amélioration de la sécurité urbaine. Cette intervention prend principalement la forme d'un soutien (technique, professionnel, financier) aux organismes du milieu s'occupant d'aide ou de développement de la personne et de son intégration dans la collectivité et enfin, la concertation et la mise sur pied de réseaux entre les institutions et autres intervenants du milieu sur l'un ou l'autre de ces objets.

Le secteur du récréotourisme : l'intervention de la municipalité dans le champ du récréotourisme comme les fêtes et festivals, les attractions touristiques basées sur la récréation (ex. : terrains de camping, terrains de golf, etc.). Cette intervention peut prendre diverses formes : l'organisation directe d'événements, la promotion, le soutien (technique, professionnel, financier) à des organismes du milieu œuvrant dans le domaine des événements ou des attractions récréotouristiques, la gestion de certains équipements récréotouristiques et, enfin, la concertation entre les institutions et les autres intervenants du milieu sur l'un ou l'autre de ces objets.

C'est au service municipal des loisirs qu'échoit plus souvent qu'autrement, dans la majorité des municipalités du Québec, la responsabilité d'encadrer les interventions municipales dans ces différents secteurs d'activité. Le savoir-faire acquis au cours des années par le service municipal des loisirs en matière d'encadrement et de soutien aux organismes locaux, ou encore les liens étroits qui unissent les champs d'intervention du loisir, de la culture, du socio-communautaire et du récréotourisme quant à leur objet les prédisposent davantage que d'autres départements ou services municipaux à assumer ces responsabilités.

Cependant, comme nous le verrons plus loin, les secteurs d'intervention de la culture, des services sociocommunautaires et du récréotourisme ont chacun leur problématique spécifique : leurs objets et leurs modes d'intervention diffèrent de ceux du loisir proprement dit. L'intégration de ces secteurs d'activité qui sont appelés à prendre une place grandissante dans l'intervention du service municipal des loisirs pose également ici la nécessité de la collégialité à établir entre les professionnels œuvrant dans ces divers secteurs au sein du service des loisirs proprement dit ou, par extension, au sein de l'appareil municipal afin de présenter une intervention cohérente et moins éclatée auprès du citoyen.

Les clientèles ciblées

Bien que l'intervention du service municipal des loisirs s'adresse à toute la population, elle tend de plus en plus à être orientée vers des clientèles ciblées ayant des besoins spécifiques. Or, devant l'intensification des problèmes spécifiques de certaines clientèles, elle doit, dans bien des cas, être adaptée en conséquence (voir la figure 5.3).

FIGURE 5.3
Les clientèles ciblées par le service municipal des loisirs

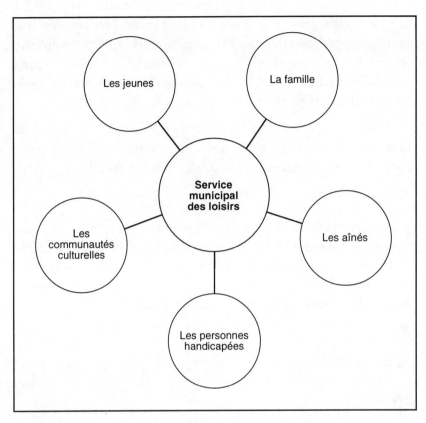

Les principales clientèles sont généralement : les jeunes, la famille, les aînés, les personnes handicapées et les communautés culturelles.

La clientèle des jeunes

Certains phénomènes sociaux caractérisent la situation des jeunes d'aujourd'hui (chômage, violence, délinquance, décrochage scolaire, suicide, etc.). Or, le loisir comme agent d'épanouissement, d'intégration sociale, de développement de la personne et d'éducation représente une réponse à la mésadaptation sociale des jeunes en difficulté. À cet égard, l'intervention du service municipal des loisirs auprès de la jeune clientèle doit chercher à mettre en place des programmes et services répondant à leurs besoins pour que les jeunes puissent individuellement et collectivement s'épanouir.

La clientèle familiale

Les transformations au sein de la famille traditionnelle, qui se traduisent par l'éclatement de la cellule familiale et la dégradation du tissu familial, engendrent une nouvelle dynamique et une grande diversité des familles contemporaines. Face à ces changements, le loisir est perçu comme un outil pouvant jouer un rôle stabilisateur puisqu'il favorise le rapprochement entre les membres de la famille.

Dans cette perspective, l'intervention du service municipal des loisirs doit se modeler sur ces nouvelles réalités familiales et tenter d'accroître les programmes de loisir destinés aux familles.

La clientèle des aînés

Le phénomène du vieillissement de la population a de multiples conséquences, notamment dans le secteur du loisir. Il influe fortement sur l'intervention du service municipal des loisirs. Devant le nombre grandissant d'aînés et les nouveaux besoins exprimés par cette clientèle, le service municipal des loisirs doit rajuster ses stratégies d'intervention. Par ailleurs, avec l'arrivée prochaine des futurs retraités, les *baby-boomers*, tout porte à croire que plusieurs services municipaux des loisirs devront redoubler d'énergie et d'efficacité pour répondre à cette clientèle qui risque d'être plus exigeante que les générations précédentes.

La clientèle des personnes handicapées

Les personnes handicapées constituent une des clientèles les plus défavorisées en matière de loisir. Les personnes handicapées ayant des déficiences (intellectuelle, visuelle, auditive, psychique et physique) font face à différents obstacles dans leur participation au loisir. Les principales contraintes sont liées aux capacités financières, à l'accès à des moyens de transport adéquats, à l'aménagement des lieux et des équipements, au besoin d'accompagnement pour se déplacer et à l'éloignement des lieux d'activité.

Le loisir constitue un instrument contribuant à l'amélioration de la qualité de vie des personnes qui présentent des incapacités. Les limitations en termes de mobilité et d'agilité doivent être prises en considération par le service municipal des loisirs dans l'offre des programmes et des services, car les limites des personnes handicapées élèvent des obstacles à l'accessibilité aux programmes et aux équipements de loisir. Le phénomène de la désinstitutionnalisation observé ces dernières années amène une clientèle plus large de ce type à desservir.

La clientèle des communautés culturelles

La société québécoise traditionnelle connaît également des mutations : la population québécoise est de plus en plus multiculturelle. Il importe toutefois de souligner que l'immigration est un phénomène urbain, et qu'elle se concentre principalement dans la région montréalaise.

L'accueil de diverses communautés culturelles influe sur les pratiques récréatives et culturelles en milieu municipal. L'intégration et le respect des attentes de ces communautés culturelles constituent un défi pour certains services des loisirs municipaux. A cet égard, le loisir est perçu comme un facteur pouvant favoriser l'harmonie ethnoculturelle et l'insertion des minorités culturelles dans la société québécoise. L'intervention municipale des secteurs du loisir, de la culture, du sociocommunautaire et du récréotourisme doit ainsi faciliter l'établissement de relations saines entre les groupes des communautés culturelles et les communautés d'accueil.

Bref, plusieurs des problématiques sociales et (ou) économiques soulevées ci-dessus relativement aux diverses clientèles ciblées le plus couramment par les services municipaux des loisirs exigent, pour que l'intervention soit efficace, une collégialité dans le travail avec les autres services municipaux, de même qu'entre ces derniers et les autres institutions et intervenants du milieu. Ces problématiques dépassent souvent les seules compétences et les seules ressources du service municipal des loisirs. L'harmonisation de l'intervention des différents départements ou services municipaux auprès des clientèles ciblées en vue d'optimiser la qualité de vie du milieu devient une exigence à laquelle l'appareil municipal dans son ensemble ne peut échapper.

2. L'intégration et la spécialisation de l'intervention

L'intégration, au sein de l'appareil municipal et plus spécifiquement au sein du service municipal des loisirs, des secteurs d'activité du loisir, de la culture, du sociocommunautaire et du récréotourisme, soulève plusieurs questions, principalement en regard de la spécialisation de l'intervention. Jusqu'où peut-on intégrer ou harmoniser l'intervention de la municipalité dans ces différents secteurs d'activité, que ce soit au chapitre des objectifs, des politiques et (ou) des structures d'intervention, tout en respectant la spécificité propre à chacun des secteurs d'activité, qu'il s'agisse de la problématique, des objets et des modes d'intervention ? (Voir figure 5.4.)

En d'autres termes, est-il possible et souhaitable que la municipalité se dote d'objectifs généraux d'intervention communs à l'ensemble des secteurs d'activité du loisir, de la culture, du sociocommunautaire et du récréotourisme ? De les envisager comme un tout ? Serait-il préférable de les envisager séparément ? Il en est de même des politiques d'intervention énoncées par la municipalité dans ces divers secteurs d'activité, par exemple en ce qui a trait aux politiques de reconnaissance et de soutien des organismes du milieu ou encore pour la tarification des services aux usagers. Devrait-on préconiser des politiques communes à l'ensemble ou à plusieurs des secteurs d'activité ou vaudrait-il mieux élaborer et présenter des politiques distinctes ? Quant aux structures organisationnelles, vaut-il mieux intégrer l'ensemble des responsabilités d'intervention de ces secteurs d'activité en un seul département ou service, en l'occurrence le service des loisirs, ou plutôt confier les responsabilités propres aux différents secteurs d'activité à des départements ou services autonomes, ou bien à d'autres départements ou services municipaux ?

Dans la recherche d'une meilleure harmonisation et d'une meilleure cohérence de l'intervention municipale pour des secteurs d'activité où, traditionnellement, l'intervention s'est élaborée plus tôt et, plus souvent qu'autrement, en parallèle, mais où la finalité est la même (l'optimisation du cadre de vie des citoyens), ces questions se posent avec acuité, d'autant plus que les services offerts aux citoyens dans ces divers secteurs d'activité sont souvent complémentaires et en compétition pour l'utilisation des ressources collectives.

FIGURE 5.4
**L'intégration et la spécialisation de l'intervention
municipale dans les secteurs du loisir, de la culture,
du sociocommunautaire et du récrétourisme**

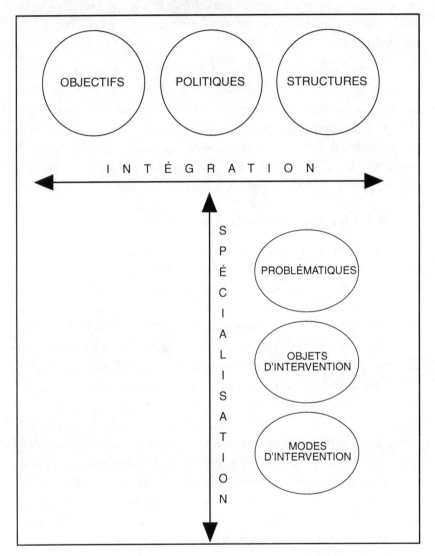

Soulignons d'emblée, qu'il n'y a pas de réponse unique ou idéale
à ces questions. Plusieurs municipalités y ont répondu de manière
différente et d'autres s'apprêtent à faire de même. Il n'est pas de notre
propos non plus de préconiser telle ou telle approche ou telle ou telle

solution comme modèle d'intervention souhaitable de la municipalité dans ces secteurs d'activité. Nous visons plutôt, dans le présent chapitre, à analyser les implications de chacun des divers modèles possibles de structuration de l'intervention municipale en matière de loisir, de culture, de services sociocommunautaires ou encore de récréotourisme.

Cependant, certains éléments doivent être pris en compte dans la réflexion que fait ou fera chaque municipalité sur ces questions liées à l'intégration et à la spécialisation de l'intervention dans ces secteurs d'activité. Il s'agit principalement de la taille et des ressources de la municipalité, de l'historique de l'intervention et du respect des problématiques, des objectifs et des modes d'intervention propres à chacun des secteurs d'activité. Voyons de plus près chacun de ces éléments.

La taille et les ressources de la municipalité

Ces deux éléments jouent pour beaucoup dans la décision d'intégrer ou non l'intervention de la municipalité dans les secteurs d'activité du loisir, de la culture, du sociocommunautaire et (ou) du récréotourisme au sein d'un seul département ou service. On observe dans les municipalités de plus petite taille, compte tenu de leurs ressources tant humaines que financières généralement moindres, une tendance à l'intégration de l'intervention dans ces champs d'activité au sein d'une même structure départementale ou d'un même service. Au niveau des municipalités de plus forte taille, compte tenu de leur participation généralement plus étroite dans ces divers secteurs d'activité et de l'importance des ressources à gérer, on opte quelquefois pour la spécialisation structurelle, c'est-à-dire qu'on confie l'intervention de chaque secteur d'activité à des départements ou services indépendants au sein de l'appareil municipal. Le mouvement de rationalisation organisationnelle observée dans plusieurs municipalités de forte taille au Québec fait également en sorte que la fusion de services internes est favorisée en vue de réduire les effectifs cadres.

L'historique de l'intervention

L'intervention ou l'absence d'intervention de la municipalité dans les divers secteurs d'activité du loisir, de la culture, du sociocommunautaire et du tourisme s'est faite graduellement, au rythme des choix collectifs qui se sont effectués dans le temps. Des traditions se sont installées au sein de l'appareil municipal reconnaissant les responsabilités de gestion de tel secteur d'activité ou encore de telle fonction de gestion des secteurs d'activité à tel ou tel département ou service de la municipalité. Des liens se sont tissés au fil des ans entre les professionnels de ces départements ou services, de même qu'entre eux et les clientèles, citoyens ou organismes. Toute réorganisation administrative visant une plus grande intégration de l'intervention dans les différents secteurs d'activité doit prendre en compte et analyser ces phénomènes. Tout changement doit être sérieusement planifié compte tenu de la dynamique existante dans le milieu.

Le respect des problématiques, des objectifs et des modes d'intervention propres à chacun des secteurs d'activité

Comme nous le verrons plus loin dans ce chapitre, chacun des secteurs d'activité du loisir, de la culture, du sociocommunautaire et du récréotourisme, bien qu'ayant la même finalité, c'est-à-dire l'optimalisation du cadre de vie des citoyens, a une problématique, des objectifs et des modes d'intervention qui lui sont propres. Il importe de prendre en compte ces éléments dans tout exercice d'intégration de l'intervention des divers secteurs d'activité, principalement au chapitre des énoncés d'objectifs et de politiques. Il y a des limites à l'intégration de l'intervention ; il importera toujours de respecter la spécificité propre à chaque secteur d'activité.

Nous verrons dans la prochaine partie quelle est cette spécificité des secteurs d'activité pouvant faire l'objet d'une intervention de la municipalité. Nous verrons par la suite comment peut s'organiser le travail au sein de l'appareil municipal afin d'en gérer l'intervention.

3. L'intervention de la municipalité dans les différents secteurs d'activité

La problématique générale, les fondements juridiques, la mission et les objectifs généraux, les rôles ou fonctions de chacun des quatre secteurs d'activité (le loisir, la culture, le sociocommunautaire, le récréotourisme) qui peuvent faire l'objet d'une intervention de la part du service municipal des loisirs, seront tour à tour décrits dans la présente partie du chapitre.

Le secteur du loisir

La problématique générale

La municipalité est le maître d'œuvre de l'organisation et du développement du loisir au niveau local. C'est à elle que revient le devoir d'offrir les services que les citoyens désirent en cette matière, selon sa capacité de payer. Il imcombe généralement au service des loisirs, dans les municipalités de moyenne et de grande taille, ou au comité local des loisirs reconnu par le conseil municipal, dans les municipalités de plus petite taille, de gérer la dispensation de ces services. Ces derniers prennent généralement la forme de la mise en disponibilité d'espaces et d'équipements récréatifs, de l'offre de programmes récréatifs et de soutien (matériel, professionnel, technique et (ou) financier) aux organismes du milieu œuvrant dans ce secteur d'activité au niveau local.

Comme nous l'avons décrit dans la première partie, l'intervention de la municipalité en matière de loisir a fortement évolué au cours des dernières décennies. De la prestation directe de services au citoyen à l'origine, cette intervention prend davantage aujourd'hui la forme d'une prestation de services aux organismes du milieu. Les services municipaux des loisirs interviennent moins directement auprès du citoyen et établissent plusieurs formules de partenariat avec le milieu pour assurer les services aux citoyens.

À l'aube de l'an 2000, le loisir pose aux municipalités du Québec un défi collectif et, outre le délassement, il offre une réponse aux problématiques sociales vécues sur leur territoire. Dans le contexte socio-économique actuel, le loisir constitue un défi collectif pour la municipalité en ce sens que son accessibilité n'est plus le fait de tous les citoyens. Les problématiques sociales vécues au sein des collectivités ainsi que celles liées au temps libre engendrent des contraintes en matière d'accessibilité au loisir pour certains groupes de citoyens. En contrepartie, l'intervention municipale peut constituer une réponse à ces problématiques sociales et peut contribuer à en atténuer les effets.

En somme, le loisir est perçu aujourd'hui comme une composante importante de l'amélioration du cadre de vie des collectivités locales. Enfin, devant l'alourdissement des responsabilités municipales et la capacité de payer des citoyens, on s'interroge davantage sur la justification de l'intervention municipale en loisir.

Les fondements juridiques

La *Loi sur les cités et villes* constitue la loi fondamentale qui précise les pouvoirs qui sont dévolus aux municipalités urbaines. Pour les municipalités rurales, c'est le *Code municipal du Québec* qui en précise les termes. D'autres lois, dont plusieurs sont administrées par le ministère des Affaires municipales du Québec, complètent et précisent les deux lois fondamentales (voir l'encadré qui suit).

LE RÉGIME LÉGISLATIF ET LA MUNICIPALITÉ[3]

Au Québec, les municipalités sont régies principalement par deux lois : le *Code municipal* et la *Loi sur les cités et villes*.

D'autres lois, au-delà d'une centaine, viennent compléter ou préciser le contenu de ces deux lois maîtresses. De ce nombre, plus d'une quarantaine sont administrées par le ministère des Affaires municipales. Mentionnons, parmi les plus importantes : la *Loi sur l'aménagement et l'urbanisme*, la *Loi sur la fiscalité municipale*, la *Loi sur les élections et les référendums dans les municipalités*.

En outre, des décrets, des arrêtés ministériels et des règlements publiés à la *Gazette officielle du Québec* précisent certains aspects de l'administration municipale.

Quelques incontournables

Aide au développement touristique (Loi sur l')	L.R.Q., c. A-13.1
Bibliothèques publiques (Loi sur les)	L.R.Q., c. B-3
Biens culturels (Loi sur les)	L.R.Q., c. B-4
Qualité de l'environnement (Loi sur la)	L.R.Q., c. Q-2
Sécurité dans les sports (Loi sur la)	L.R.Q., c. S-3.1
Services de santé et les services sociaux (Loi sur les)	L.R.Q., c. S-5

La législation québécoise attribue aux municipalités la maîtrise d'œuvre de l'organisation et du développement du loisir à l'échelle locale. Les pouvoirs de la municipalité pour l'interprétation du mandat qui lui est confié en cette matière sont très larges et quasi illimités. L'encadré intitulé « Les fondements juridiques de l'intervention de la municipalité en matière de loisir et de culture » résume l'essentiel de ces pouvoirs en matière de loisir.

LES FONDEMENTS JURIDIQUES DE L'INTERVENTION DE LA MUNICIPALITÉ EN MATIÈRE DE LOISIR ET DE CULTURE[4]

La législation québécoise attribue aux municipalités la maîtrise d'œuvre de l'organisation et du développement du loisir et de la culture au niveau local.

A ce titre, elles peuvent prendre des règlements pour établir, maintenir et améliorer des centres de loisirs et des terrains de jeux, aménager et améliorer des parcs publics et les entretenir. Avec l'adoption de la *Loi sur le ministère de la Culture*, les mêmes pouvoirs sont attribués à la municipalité au regard des bibliothèques publiques, des maisons de la culture, des musées publics, des centres d'exposition, des centres d'interprétation du patrimoine et des salles de spectacle. *(C-19, art. 415, 4° — C-19, art. 471, 471.0.1 à 471.0.4)*

Dans l'exercice de cette compétence, une municipalité peut aussi, par résolution : *(C-19, art. 28)*

- contribuer à la création et à la poursuite, dans la municipalité et ailleurs, d'œuvres de culture scientifique, artistique ou littéraire ;
- aider à l'organisation de centres de loisirs et de lieux publics de sport et de récréation ;
- fonder et maintenir ou aider à la fondation et au maintien d'organismes dont le but est d'organiser et de favoriser l'activité physique et culturelle par les résidants de la municipalité ;
- accorder des subventions à des institutions, sociétés ou corporations vouées à la poursuite des fins ci-dessus mentionnées ;

- confier à des institutions, sociétés ou corporations sans but lucratif l'organisation et la gestion, pour le compte de la municipalité, d'activités ou organismes de loisir et de culture et, à cette fin, passer avec elles des contrats et leur accorder les fonds nécessaires ;
- avec l'autorisation préalable du ministre des Affaires municipales, se porter caution d'une institution, société ou corporation ayant pour objectif l'organisation d'un centre de loisirs ou d'un lieu public de sport ou de récréation, ou visant à organiser ou à favoriser l'activité physique et culturelle par les habitants de la municipalité ;
- conclure des ententes intermunicipales.   C-19, art. 468

La concertation

Les ententes intermunicipales peuvent représenter une solution avantageuse pour les municipalités dont les ressources affectées au loisir sont limitées ou encore pour celles, mieux équipées, qui souhaitent rentabiliser leurs équipements et services.

Les dispositions de la loi en matière d'ententes intermunicipales favorisent la mise en commun des ressources par les municipalités.

Ainsi, il est possible, en matière d'activités de loisir, de conclure une entente relative à des biens ou à des services sur simple résolution des conseils municipaux étant parties à l'entente.   C-19, art. 468, al. 2

Ce type d'entente ne peut toutefois entraîner des dépenses d'immobilisation à l'égard d'immeubles, ni comprendre une contribution financière à de telles dépenses.

Le conseil peut néanmoins se prévaloir du pouvoir de conclure des ententes, par règlement, selon d'autres modalités prévues à la loi.   C-19, art. 468 à 469.1

Il est également possible de conclure des ententes avec toute commission scolaire, institution d'enseignement ou toute autorité religieuse pour établir, aménager, maintenir et améliorer en commun des centres de loisirs et des terrains de jeux et déterminer la part de chacune des parties à de telles ententes. Ces ententes peuvent être conclues par résolution.   C-19, art. 415, 4°

La mission et les objectifs généraux

Étant donné que la municipalité est le palier de gouvernement le plus près des citoyens, c'est à elle qu'incombe la responsabilité générale de la mise en place des conditions de vie immédiates du citoyen.

> La municipalité constitue une forme de gouvernement ou de pouvoir public à la portée immédiate du citoyen. Il semble que le peu de distance entre ce niveau de services publics et le citoyen confère à la municipalité, compte tenu de la réalité du loisir vécu, un rôle prépondérant face aux niveaux supérieurs de gouvernement que nous connaissons. L'importance de ce rôle est fondée sur le fait que le loisir constitue un élément majeur de la qualité de la vie dans un milieu urbain et que les instances politiques élues de ce même milieu sont les mieux placées pour percevoir les besoins et aspirations-loisir de cette population et y répondre d'une façon adaptée aux caractéristiques locales[5].

Le *Livre blanc sur le loisir au Québec*[6] confirmait ces prérequis toujours actuels permettant de mieux cerner la mission et les objectifs de la municipalité en matière de loisir. On pourrait exprimer ainsi cette mission générale de la municipalité en matière de loisir :

Optimiser le cadre de vie des citoyens en leur offrant la possibilité de vivre les occasions de loisir auxquelles ils aspirent et en leur garantissant l'accessibilité la plus large possible aux services collectifs mis en place pour y répondre en fonction de la richesse de la communauté.

Les objectifs généraux qui découlent de cette mission générale de la municipalité en matière de loisir sont les suivants :

- consulter les citoyens et les groupes du milieu sur les choix et les priorités de développement ;

- susciter la concertation entre les divers partenaires du milieu ;

- assurer un soutien aux organismes locaux et aux initiatives du milieu ;

- veiller à la mise en place et à l'entretien d'équipements et d'espaces récréatifs ;

- planifier, coordonner et (ou) gérer des programmes d'activités pour répondre aux besoins de la population.

Les rôles

En tant que maître d'œuvre du loisir au niveau local, la municipalité doit favoriser la prise en charge par le milieu de l'organisation des activités de loisir. À ce chapitre, elle joue le rôle d'agent facilitateur permettant aux citoyens et aux organismes de participer à la définition des orientations et à la réalisation des programmes. Ainsi, le citoyen joue un rôle central dans l'intervention municipale en loisir.

Le statut de maître d'œuvre confère d'autres fonctions à la municipalité : elle doit s'assurer que les différentes clientèles sont desservies équitablement et sans distinction quant à l'âge, au sexe, à la situation économique, à la religion, etc. Veiller à l'accessibilité pour tous aux services offerts demeure son rôle prépondérant. Enfin, la municipalité doit orienter et maximiser l'utilisation des ressources financières, physiques et humaines sur le territoire en vue de l'organisation et de la réalisation d'activités et de services en loisir répondant aux aspirations de la population.

Le secteur de la culture

La problématique générale

Jusqu'à tout récemment, on distinguait la pratique artistique et culturelle professionnelle, qui dépend encore aujourd'hui principalement du palier gouvernemental provincial (ministère de la Culture et des Communications), d'une part, et le loisir culturel (sorte de culture populaire) qui dépend principalement des interventions de la municipalité[7]. Ce cloisonnement tend à s'estomper aujourd'hui et à conférer à la municipalité davantage de responsabilités dans le secteur de la culture. Encore ici, la volonté de décentralisation de l'État – qui cherche à rapprocher le plus possible du citoyen les instances politiques décisionnelles en matière de services à dispenser et, force nous est de le constater, qui souhaite également de réduire l'intervention de l'« État-Providence » – tend à responsabiliser davantage la municipalité en cette matière.

Bien que la législation québécoise ait attribué assez tôt la maîtrise d'œuvre de l'organisation et du développement de la culture au niveau local à la municipalité, cette dernière n'a, jusqu'à tout récemment, exercé qu'un faible rôle de direction en la matière, étant surtout tributaire des initiatives de l'État. Ainsi, l'intervention des municipalités dans le domaine des bibliothèques publiques ou de l'implantation et de l'animation d'équipements culturels (salles de spectacles, centres culturels, etc.) est devenue possible grâce à la mise en place de programmes provinciaux ou fédéraux de soutien aux municipalités dans ces domaines. Il en est de même pour l'intervention de la municipalité, par l'entremise de son service d'urbanisme, en matière de protection et d'interprétation du patrimoine bâti.

La politique culturelle énoncée par le gouvernement du Québec en 1992, qui faisait de l'accessibilité de la culture pour l'ensemble des citoyens et du partenariat avec les municipalités les éléments moteurs de son action future dans ce secteur d'activité, ouvre les portes d'une intervention plus large de la municipalité. Certaines municipalités du Québec, jouant un rôle de « ville-centre » en matière de diffusion culturelle, sont déjà actuellement fortement engagées dans la prestation de services culturels aux citoyens. Ce mouvement tend à s'accentuer :

> [...] on assiste à un changement structurel profond au niveau de l'organisation et de la gestion municipales de la culture. Cette nouvelle approche met l'accent sur l'implication des associations et des organismes locaux dans l'organisation et la mise en œuvre des diverses activités culturelles et de loisir, alors que les municipalités prennent en charge le financement de la construction, de l'entretien et de la gestion des infrastructures culturelles, en plus de collaborer à la réalisation des grandes manifestations culturelles. En ce sens, en plus de créer de nouvelles activités à l'intention de la population, les municipalités s'enrichissent de la participation de plusieurs organismes culturels, qui apportent avec eux des ressources humaines et financières souvent non atteintes par le passé. Afin d'encourager et d'appuyer cette participation, les municipalités aident financièrement les organismes culturels sans but lucratif et organisent à l'occasion des soirées destinées à souligner leur contribution à la vie communautaire[8].

Les fondements juridiques

En ce qui a trait aux fondements juridiques de l'intervention de la municipalité en matière de culture, nous référons le lecteur à l'encadré « Les fondements juridiques de l'intervention de la municipalité en matière de loisir et de culture » présenté auparavant.

La mission et les objectifs généraux

On pourrait tenter de définir ainsi la mission de la municipalité en matière d'intervention dans le secteur de la culture :

> **Optimiser le cadre de vie des citoyens en leur offrant la possibilité de vivre les expériences culturelles auxquelles ils aspirent et en leur garantissant l'accessibilité la plus large possible aux services collectifs mis en place pour répondre à leurs aspirations en fonction de la richesse de la communauté.**

Les objectifs généraux qui découlent de cette mission générale de la municipalité en matière de culture sont les suivants :

- consulter les citoyens et les groupes du milieu sur les choix et les priorités de développement ;
- susciter la concertation entre les divers organismes partenaires du milieu ;
- assurer un soutien aux organismes locaux et aux initiatives du milieu ;
- aménager et entretenir les lieux municipaux de diffusion des arts et de la culture ;
- planifier, coordonner et (ou) gérer des programmes d'activités culturelles pour répondre aux besoins de la population ;
- protéger et mettre en valeur les richesses patrimoniales ;
- favoriser le rayonnement des artistes locaux.

Les rôles

L'équipe de la Chaire de gestion des arts, dans son étude sur l'intervention culturelle des municipalités québécoises, tentait de circonscrire ainsi, compte tenu des modèles d'intervention préconisés actuellement par ces dernières dans ce secteur d'activité, les rôles que la municipalité peut être appelée à jouer :

> [...] **municipalité facilitatrice** : selon ce premier type, la municipalité se définit comme un « centre de services », l'impulsion de l'intervention culturelle provenant de la population, des usagers et des organismes culturels qui s'impliquent dans un ou plusieurs secteurs culturels.
>
> **municipalité – mécène** : selon ce deuxième type, la municipalité apporte un soutien financier aux organismes culturels qui reçoivent des crédits annuels pour la réalisation de leurs programmes d'activités et de leurs services. La municipalité n'intervient peu ou pas du tout.
>
> **municipalité – architecte** : selon ce troisième type, la municipalité élabore les objectifs, les orientations et les grands axes de développement de l'intervention culturelle. Les organismes culturels demeurent libres de leurs choix et des moyens de parvenir à leurs fins.
>
> **municipalité – maître d'œuvre** : selon ce quatrième type, la municipalité possède d'importants moyens afin d'assurer le développement culturel de son territoire : équipements, politiques, programmes, ressources humaines, services, etc. Elle prend directement en charge une grande partie de l'offre culturelle[9].

Le secteur sociocommunautaire

La problématique générale

Le secteur des services sociocommunautaires relève des responsabilités de nature sociale pour lesquelles les municipalités sont de plus en plus sollicitées. Petit à petit, qu'on le veuille ou non, un certain nombre de phénomènes tendent à forger un nouveau rôle social pour les municipalités.

> Ainsi, la récente réforme de la santé et des services sociaux interpelle les municipalités au sein des collèges et des nouvelles régies régionales de la santé. Adoptée en 1991, la *Loi sur les services de*

santé et les services sociaux stipule que les élus municipaux, ou leurs représentants, occupent 20 % des sièges au conseil d'administration des régies. De plus en plus de municipalités sont interpellées par des citoyens qui demandent aux élus locaux d'intervenir politiquement, techniquement ou financièrement dans des dossiers de nature « sociale ». De fait, les services municipaux et les conseils de ville sont sollicités pour venir en aide aux personnes âgées, pour subventionner une maison de jeunes ou de personnes aux prises avec une difficulté quelconque, pour supporter les organismes de charité, pour cautionner tel mouvement, pour aider les familles, les jeunes sans emploi, les pauvres, les sans-abri, les toxicomanes, etc.

De plus, la récente vague de délestage de responsabilités financières vers les villes et la possibilité d'une prochaine vague touchant cette fois le secteur social, ne laissent pas les administrations locales indifférentes[10].

Plus souvent qu'autrement, c'est au service municipal des loisirs qu'échoit la responsabilité d'encadrer l'intervention de la municipalité dans le secteur sociocommunautaire. L'expertise acquise par ce dernier au fil des années en matière de soutien aux organismes du milieu et de développement communautaire a fait en sorte que les responsabilités lui ont été naturellement confiées. Une enquête réalisée en 1993 auprès des services municipaux des loisirs du Québec (N=163) démontrait que 71,8 % de ces derniers intervenaient actuellement dans ce secteur d'activité et que 34,8 % de ceux qui n'intervenaient pas actuellement dans ce secteur (N=46) prévoyaient le faire au cours des trois prochaines années[11].

Les fondements juridiques

Le domaine social et du bien-être relève d'abord et avant tout des gouvernements supérieurs. Dans le cadre de sa mission, l'État québécois s'est donné un cadre législatif en la matière (*Loi sur les services de santé et les services sociaux*) ; il s'est également doté de structures opérationnelles (les centres locaux de services communautaires (« CLSC »), les régies régionales, les centres d'accueil, etc.).

Cela n'interdit pas à la municipalité de se reconnaître une mission sociale, en fonction de ses capacités physiques et financières. La *Loi sur les cités et villes* confère notamment aux municipalités certains pouvoirs lui permettant d'intervenir dans plusieurs champs de services sociocommunautaires tels le soutien à la famille, les services de garde à l'enfance, les œuvres charitables, etc. L'encadré de la page suivante montre assez bien l'étendue des pouvoirs de la municipalité à cet égard.

La mission et les objectifs généraux

La mission et les objectifs généraux qui sous-tendent l'intervention municipale en matière de services sociocommunautaires peuvent varier d'une municipalité à l'autre. Cette mission et ces objectifs généraux reposent eux-mêmes sur certains principes d'intervention qui prennent en compte la dynamique propre au secteur sociocommunautaire.

Sans faire un tour d'horizon complet des principes qui guident les municipalités dans leur intervention, nous vous suggérons l'exemple de la Ville de Charlesbourg. Dans sa politique d'intervention communautaire[12], Charlesbourg précise que « la Ville reconnaît un rôle social important aux citoyens dans l'organisation de la vie de sa communauté ». Elle appuie son intervention sociocommunautaire sur les principes suivants :

- Reconnaissance de l'expérience des citoyens, c'est-à-dire respecter l'expérience des citoyens ainsi que l'expertise inhérente ;

- Égalité et accessibilité, c'est-à-dire permettre à tous les citoyens et organismes d'avoir accès à des ressources et à des services dans le domaine sociocommunautaire ;

- Participation, c'est-à-dire favoriser la prise en charge par les citoyens regroupés en association dans le but qu'ils s'approprient des moyens permettant la gestion de leurs propres problèmes sociaux ;

- Concertation, c'est-à-dire viser une meilleure efficacité et éviter ainsi les chevauchements au sein des organismes ayant les mêmes objectifs ou les mêmes clientèles.

LES FONDEMENTS JURIDIQUES DE L'INTERVENTION DE LA MUNICIPALITÉ EN MATIÈRE DE SERVICES SOCIOCOMMUNAUTAIRES[13]

À ce chapitre, les municipalités peuvent intervenir dans plusieurs champs de l'activité humaine en fonction des valeurs sociales qu'elles privilégient. La législation n'impose, cependant, aucune obligation à cet égard à l'exception de la *Loi des non-fumeurs.*

La protection des non-fumeurs

Elles doivent veiller à l'exécution des dispositions de la *Loi sur la protection des non-fumeurs* dans certains lieux publics sauf dans les lieux occupés par un autre organisme public (ex. : les organismes scolaires et gouvernementaux) et limiter l'usage du tabac dans les lieux publics non couverts par la loi.

P-38.01

Les municipalités peuvent intervenir dans d'autres champs à condition qu'elles respectent les lois.

Le soutien à la famille

Les municipalités ont le pouvoir de créer une commission d'orientation pour réfléchir sur les politiques favorables à la famille, de prendre les actions qui s'imposent dans leurs politiques de gestion, de loisirs et d'adopter des règlements d'urbanisme qui tiennent compte de la famille et de l'environnement qui lui est nécessaire pour s'épanouir.

Les services de garde à l'enfance

Elles peuvent établir et exploiter des services de garde à l'enfance, préparer des politiques favorisant de tels services.

C-19, art. 412, 46°

Œuvres charitables

Les municipalités peuvent établir et administrer des maisons de refuge pour les sans-abri. Elles peuvent aussi subventionner des organismes de charité ou de bienfaisance.

C-19, art. 28 et 464, 5° et 6°

Conformément à cet énoncé de principes, on pourrait tenter de définir ainsi la mission de la municipalité en matière d'intervention dans le secteur sociocommunautaire :

Optimiser le cadre de vie des citoyens en favorisant la prise en charge collective, en concertant et en soutenant l'action des institutions, des groupes et des organismes bénévoles du milieu qui visent à offrir aux citoyens l'accessibilité à des services sociocommunautaires correspondant aux besoins et ce, en fonction de la richesse de la communauté et des pouvoirs dévolus à la municipalité en la matière.

Les objectifs généraux qui découlent de cette mission générale de la municipalité en matière de services sociocommunautaires sont les suivants :

- consulter les citoyens et les groupes du milieu sur les choix et les priorités de développement ;
- favoriser la prise en charge et la responsabilisation des citoyens en matière de services sociocommunautaires ;
- susciter la concertation entre les divers partenaires du milieu ;
- assurer un soutien aux organismes locaux et aux initiatives du milieu.

Les rôles

Les consultations menées par l'Union des municipalités du Québec permettent de clarifier le rôle de la municipalité dans le secteur des services sociocommunautaires[14]. De façon générale, on peut distinguer trois rôles principaux assumés par les municipalités.

- Un rôle de soutien technique aux groupes communautaires qui s'exprime par les prêts ou la location d'équipements et de locaux, le soutien par des services professionnels et techniques.
- Un rôle de coordination et de concertation, c'est-à-dire aider à la mise en place de processus de participation, de prise en charge et de concertation entre les organismes du milieu.

- Un rôle de soutien financier aux organismes du milieu selon les priorités, les problématiques et les ressources de la municipalité.

L'intervention de la municipalité en matière de services sociocommunautaires soulève de nombreux défis qui viennent circonscrire davantage les rôles qu'elle peut jouer en la matière. Les principaux de ces défis sont les suivants[15] :

- Définir un projet collectif de société. Ce défi fait appel à l'implication des citoyens et des forces vives du milieu dans une démarche de réflexion collective et globale.

- Responsabiliser le citoyen. Responsabiliser les citoyens c'est les informer, les consulter et les faire participer aux décisions.

- Gérer des projets plutôt que des programmes et des services. Orienter l'action vers des projets nécessitant la participation conjointe et concertée des professionnels de divers services municipaux.

- Intégrer les interventions tout en respectant la diversification. Respecter les problématiques et les démarches propres à chacun des secteurs tout en les intégrant dans une vision, une démarche plus globale.

- Animer et coordonner plutôt que sanctionner. En matière de développement sociocommunautaire, il ne s'agit pas uniquement de sanctionner les démarches du milieu mais de coordonner les actions, en partenariat avec le milieu.

Le secteur du récréotourisme

La problématique générale

L'intervention de la municipalité dans le secteur du tourisme et, plus précisément, dans le secteur récréotouristique répond à plusieurs impératifs d'ordre social ou économique. Ainsi, le soutien apporté par la municipalité aux organismes du milieu faisant la promotion de fêtes et de festivals ou encore d'attractions touristiques basées sur la récréation et situées sur leur territoire vise autant à susciter un sentiment d'appartenance chez les citoyens et à permettre l'accessibilité à diverses formes de pratiques récréatives et culturelles qu'à développer l'économie du milieu.

Sur ce dernier chapitre, on constate que :

> Plusieurs municipalités du Québec ont vu leur structure économique se transformer au cours des deux dernières décennies. Des municipalités où, depuis la révolution industrielle, le développement économique était basé sur l'industrie manufacturière ont dû faire face, en l'espace de quelques années, à une réduction importante de l'activité ou à la fermeture pure et simple de ces entreprises sur lesquelles était basée la majeure partie de la richesse collective.
>
> Là où l'industrie manufacturière dominait jadis, on a vu apparaître de plus en plus d'industries de services[16].

Plusieurs municipalités comptent sur l'expansion de leur industrie touristique locale afin d'améliorer l'activité économique locale et la richesse collective de leur milieu. Les activités et les attractions récréotouristiques ne sont pas négligeables à cet égard. La Société des fêtes et festivals du Québec[17] dénombre plus de 400 événements sur le territoire québécois, dont les objectifs visés sont autant d'ordre social qu'économique.

C'est principalement grâce au soutien à l'organisation de fêtes populaires, festivals et autres événements récréotouristiques que le service municipal des loisirs et les autres services municipaux sont appelés à intervenir dans le secteur récréotouristique. Le caractère social et communautaire de ces activités justifie cette intervention. Cette intervention peut être, dans maintes situations, plus importante : certains services municipaux sont appelés à gérer directement certaines attractions récréotouristiques, tels des terrains de camping, des terrains de golf, des centres de ski, etc. L'absence d'entreprises privées intéressées ou la volonté municipale de rendre accessibles tels équipements à leurs citoyens justifie souvent ce type d'intervention.

L'intervention de la municipalité dans le secteur plus vaste du tourisme se fait également de plus en plus sentir dans les diverses régions du Québec. Les municipalités interviennent de plus en plus en matière de développement touristique sur leur territoire, de publicité et de promotion, d'accueil et d'information touristique, de commercialisation de prestations et de services touristiques ainsi qu'en matière de sollicitation et de soutien à l'organisation de congrès et d'événements. Il s'agit ici de la dimension plus économique de cette intervention municipale.

La structure privilégiée par les municipalités afin de favoriser le développement de l'industrie touristique sur leur territoire a été la mise sur pied d'offices ou de sociétés de développement touristique. On en dénombre plus d'une cinquantaine au Québec, à caractère municipal ou intermunicipal, intervenant sur le territoire de quelque 575 municipalités[18].

Les fondements juridiques

Que ce soit au moyen des fonctions d'urbanisme et de mise en valeur du territoire, lesquelles lui permettent de protéger et de mettre en valeur le milieu naturel ou encore de consolider et développer les activités économiques, communautaires et sociales, ou à l'aide des pouvoirs généraux dévolus à la municipalité, lesquels lui confèrent le pouvoir d'intervenir en matière de soutien aux initiatives de développement touristique, la *Loi sur les cités et villes* laisse beaucoup de liberté d'intervention aux municipalités dans le secteur du récréotourisme et du tourisme en général (voir l'encadré aux pages suivantes).

La mission et les objectifs généraux

Comme nous l'avons vu précédemment, l'intervention de la municipalité dans le secteur récréotouristique vise autant des impératifs sociaux qu'économiques. On pourrait tenter de définir ainsi la mission de la municipalité en matière d'intervention dans le secteur du récréotourisme :

> **Optimiser le cadre de vie des citoyens en leur offrant l'opportunité de vivre des expériences d'échanges culturels entre résidants et (ou) non-résidants et en participant au développement de l'industrie touristique sur son territoire et ce, en fonction des besoins, des priorités et des richesses de la communauté.**

LES FONDEMENTS JURIDIQUES
DE L'INTERVENTION DE LA MUNICIPALITÉ
EN MATIÈRE DE RÉCRÉOTOURISME[19]

**Par les fonctions d'urbanisme et
de mise en valeur du territoire**

L'urbanisme vise à planifier et à organiser le territoire municipal en le rendant conforme aux aspirations de la population. Pour favoriser une utilisation harmonieuse du territoire, l'urbanisme tient compte des aspects géographique, économique, social et communautaire de la vie collective.

Le conseil municipal, en exerçant ses responsabilités en matière d'urbanisme, peut dont contribuer à :

– créer un milieu de vie de qualité ;

– offrir des équipements et des services municipaux adéquats ;

– consolider et développer les activités économiques, communautaires et sociales ;

– entreprendre des actions concertées avec les milieux privés et publics ;

– protéger et mettre en valeur le milieu naturel ;

– assurer une saine gestion financière.

Concrètement, pour en arriver à ces objectifs, le conseil municipal doit préciser trois grands aspects de l'organisation physique du territoire qui détermineront le développement futur de la municipalité :

1) la localisation et la répartition des différentes utilisations du sol (zones résidentielles, zones commerciales, zones industrielles, etc.) ;

2) la localisation et la capacité des infrastructures et des équipements publics (les réseaux d'aqueduc et d'égouts, les équipements de loisir, les réseaux routiers, les pistes cyclables, etc.) ;

3) la qualité des milieux construits et naturels (l'apparence des bâtiments, la protection et la mise en valeur des berges des lacs et cours d'eau, l'affichage, etc.).

La municipalité a le pouvoir d'intervenir directement dans le développement de son territoire et d'encourager les propriétaires de terrains et bâtiments à construire, à rénover, à aménager. Il s'agit des pouvoirs suivants :

Les pouvoirs de fournir des services comprennent non seulement la fourniture d'un service à la population (ex. : loisir et culture), mais également la possession, l'entretien et la gérance de tout immeuble et de tout équipement (ex. : bibliothèque municipale).

Les pouvoirs d'intervention dans le secteur immobilier permettent à la municipalité d'intervenir dans le secteur immobilier à des fins d'aménagement du territoire ou de développement économique et social ; pensons, par exemple, aux pouvoirs de constituer une réserve foncière, de construire et de gérer des habitations pour des personnes à faible revenu, d'acquérir des terrains pour constituer un parc industriel. Avec les modifications apportées récemment à la *Loi sur l'aménagement et l'urbanisme*, une municipalité peut constituer un fonds ou une réserve de terrains pour créer ou améliorer des parcs, des terrains de jeux et pour préserver des espaces naturels. La municipalité peut, à cet égard, exiger le versement d'une somme ou la cession d'un terrain, non plus seulement par le biais de son règlement de lotissement mais aussi par le biais de son règlement de zonage.

A-19, art. 117.1 à 117.16

Les pouvoirs de fournir une assistance financière permettent à la municipalité d'offrir à titre incitatif une assistance financière à certains groupes de personnes ou même à des individus afin d'appuyer certaines interventions sur le territoire ; pensons, par exemple, aux pouvoirs de subventionner des sociétés d'initiative et de développement des artères commerciales (SIDAC).

Par les pouvoirs généraux dévolus à la municipalité[20]

Cette corporation peut aussi :

a) aider à la création et à la poursuite, dans la municipalité et ailleurs, d'œuvres de bienfaisance, d'éducation, de culture scientifique, artistique ou littéraire, de formation

C-19, art. 28.2

de la jeunesse et généralement de toute initiative de bien-être social de la population ;

b) aider à l'organisation de centres de loisirs et de lieux publics de sport et de récréation dans la municipalité ou ailleurs ;

b.1) fonder et maintenir, dans la municipalité, des organismes ayant pour but la protection de l'environnement et la conservation des ressources, aider à leur création et à leur maintien et leur confier l'organisation et la gestion d'activités relatives aux buts qu'ils poursuivent ;

c) fonder et maintenir des organismes d'initiative industrielle, commerciale ou touristique ou dont le but est d'organiser et de favoriser l'activité physique et culturelle par les résidants de la municipalité, ou aider à la fondation et au maintien de tels organismes ;

d) accorder des subventions à des institutions, sociétés ou corporations vouées à la poursuite de fins ci-dessus mentionnées ;

e) confier à des institutions, sociétés ou corporations sans but lucratif l'organisation et la gestion, pour le compte de la corporation municipale, d'activités ou organismes mentionnés aux paragraphes b) et c) du présent paragraphe et, à cette fin, passer avec elles des contrats et leur accorder les fonds nécessaires.

Les objectifs généraux qui découlent de cette mission générale de la municipalité en matière de récréotourisme sont les suivants :

• consulter les citoyens et les groupes du milieu sur les choix et les priorités de développement ;

• susciter un sentiment d'appartenance des citoyens à leur collectivité ;

• favoriser la concertation entre les divers organismes partenaires du milieu ;

• assurer un soutien aux organismes locaux et aux initiatives du milieu ;

- collaborer aux initiatives de développement touristique, de promotion de leur territoire comme destination touristique, et d'accueil et d'information des visiteurs.

Les rôles

Rappelons ici que la municipalité n'a pas un rôle exclusif de « maîtrise d'œuvre » du développement touristique ou récréotouristique sur son territoire. Elle est un des organismes partenaires de ce développement et, à ce titre, les rôles qu'elle est appelée à jouer peuvent varier grandement, selon le degré de prise en charge du milieu et l'importance de ce secteur d'activité pour le développement économique de la municipalité.

Le soutien aux initiatives et aux groupes du milieu en matière récréotouristique et touristique selon les priorités et les ressources dont elle dispose peut être le seul rôle qu'elle sera appelée à jouer, les autres pouvant être assumés par des organismes de concertation existant déjà dans le milieu : offices ou sociétés privées de développement touristique, qu'ils soient locaux ou régionaux.

Advenant l'absence d'intervention de tels organismes sur son territoire, la municipalité, par l'entremise d'un de ses services municipaux existants, comme le service des loisirs, ou encore par la création d'un office ou d'une société municipale de développement touristique, pourrait être appelée, si cela correspond aux besoins du milieu, à intervenir plus fortement en matière de consultation et de concertation.

4. La structuration et l'organisation du travail au sein de l'appareil municipal

Plusieurs options se présentent à la municipalité qui cherche à structurer et à organiser son travail afin de réaliser sa mission et ses objectifs généraux d'intervention. Selon le choix qu'elle fera d'intervenir ou non dans les secteurs d'activité du loisir, de la culture, du sociocommunautaire et du récréotourisme, elle devra confier à l'un ou l'autre de ses services au sein de l'appareil municipal, ou encore à un organisme externe, le mandat de coordonner et de réaliser les activités nécessaires à l'atteinte des objectifs qu'elle se sera fixés. Dans tous les cas, la souplesse, le travail d'équipe, la mise en réseau des divers services internes à la municipalité s'avéreront nécessaires et de plus en plus impératifs.

Ce sont les différents modèles d'organisation du travail qui se présentent à elle que nous examinerons dans les lignes suivantes. Voyons tout d'abord quel est le processus de structuration de l'intervention de la municipalité dans les différents secteurs d'activité.

Le processus de structuration

Comme l'illustre la figure 5.5, le processus de structuration comporte cinq étapes principales :

1. la délimitation des objets d'intervention ;
2. le choix d'un modèle d'intervention et de gestion ;
3. la définition de la mission et des rôles ;
4. la structuration proprement dite ;
5. la mise en place des mécanismes de coordination, de communication et de concertation.

Étape 1 : La délimitation des objets d'intervention

Nous sommes ici à l'étape des choix fondamentaux d'intervention. Une fois que la municipalité a décidé d'intervenir dans un ou plusieurs secteurs d'activité (loisir, culture, sociocommunautaire, récréotourisme), il lui importe de délimiter les objets sur lesquels portera son intervention dans l'un ou l'autre des différents secteurs. La délimitation de ces objets d'intervention ou la précision de « sur quoi » portera son intervention l'aidera à préciser par la suite son modèle de gestion, la mission et les rôles qu'elle confiera aux diverses unités administratives ainsi que la structuration des activités qui en découleront.

Sans vouloir dresser une liste exhaustive de l'ensemble des objets visés par l'intervention de la municipalité dans les secteurs d'activité du loisir, de la culture, du sociocommunautaire et du récréotourisme, permettons-nous, à titre d'exemple, d'en illustrer les plus courants :

- l'identification des besoins prioritaires des citoyens ;

- la concertation entre les divers organismes partenaires du milieu ;

- la planification, l'aménagement et l'entretien des espaces et des équipements ;

- la planification, la coordination et la gestion de programmes d'activités répondant aux besoins des citoyens ;

- les problématiques sociales et économiques du milieu qui requièrent une intervention particulière ;

- le soutien professionnel, technique, matériel et financier aux organismes du milieu ;

- l'information des citoyens ;

- etc.

FIGURE 5.5
**Processus de structuration de l'intervention
de la municipalité dans un secteur d'activité**

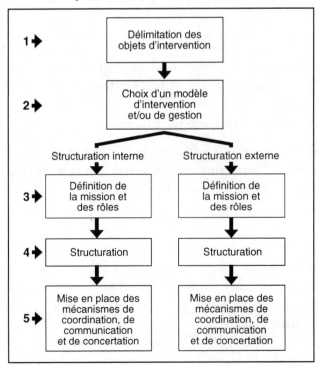

Étape 2 : Le choix d'un modèle d'intervention et de gestion

En deuxième lieu, la municipalité est confrontée au choix d'un modèle d'intervention et de gestion. Doit-elle confier à un service interne de l'appareil municipal ou encore à un organisme externe les responsabilités de gestion des opérations relatives aux objets sur lesquels elle désire intervenir dans les différents champs d'activité ? Pour un même objet d'intervention, quelles sont les responsabilités ou les tâches de gestion que la municipalité devrait assumer à l'interne et quelles sont celles qui pourraient être confiées à un organisme externe ?

Par exemple, la municipalité pourrait confier à un service interne, le service des loisirs, la responsabilité de coordonner et de gérer ses interventions dans le secteur du loisir ; elle pourrait confier la même responsabilité à une société paramunicipale ou privée, externe à l'appareil municipal, selon les pouvoirs que lui confère la législation. Elle pourrait également, sur un même objet d'intervention, partager les responsabilités de gestion entre l'interne et l'externe ; par exemple, confier la planification et l'aménagement des espaces récréatifs au service des loisirs (interne) et en confier les responsabilités d'entretien et de gestion des opérations à des organismes ou entreprises du milieu (externe).

Il existe donc une infinité de modèles d'intervention et de gestion permettant de concrétiser les objectifs et de structurer l'intervention de la municipalité dans quelque secteur d'activité que ce soit : **elle peut faire, faire avec ou encore faire faire**.

Nous aborderons plus spécifiquement cette problématique des choix de modèles d'intervention et de gestion dans le sixième chapitre de notre ouvrage, intitulé « Les modes d'intervention de la municipalité auprès des citoyens : une multitude d'approches adaptées au milieu ». Ce qu'il importe de retenir ici, c'est que ces choix sont déterminants dans le processus de structuration de l'intervention municipale en matière de loisir, de culture, de services sociocommunautaires et de récréotourisme et qu'ils modèleront, au sein de l'appareil municipal, la structuration ou l'organisation du travail à l'égard de ces mêmes objets.

Étape 3 : La définition de la mission et des rôles

Une fois les objets d'intervention délimités et les modalités d'intervention et de gestion arrêtées, il importe de préciser la mission et les objectifs généraux qui en découlent ainsi que les rôles pour chacune des unités de gestion (internes et externes) engagées dans l'intervention que souhaite réaliser la municipalité auprès de ses citoyens.

Étape 4 : La structuration proprement dite

La mise en place d'une structure organisationnelle (séparation des fonctions par service ou département, organigramme des ressources humaines, définition de tâches) afin de répondre, au sein de chaque unité de gestion, au mandat (mission, objectifs, rôles) qui lui est confié, constitue la quatrième étape du processus de structuration de l'intervention municipale dans les secteurs du loisir, de la culture, des services sociocommunautaires et du récréotourisme.

Étape 5 : La mise en place des mécanismes de coordination, de communication et de concertation

En dernier lieu, il importe pour la municipalité de définir et de mettre en place les mécanismes de coordination, de communication et de concertation nécessaires à l'harmonie et à l'unité de l'intervention souhaitée et réalisée par les diverses unités de gestion internes et externes de l'appareil municipal.

Dans les lignes suivantes, nous décrirons et analyserons les divers modèles d'organisation du travail au sein de l'appareil municipal qui se présentent le plus régulièrement dans les municipalités qui interviennent dans les secteurs du loisir, de la culture, du sociocommunautaire et du récréotourisme. Nous préciserons leur mandat général ainsi que les principales relations interchamps et collaborations interdivisions. Rappelons-le, les modèles d'organisation du travail extérieurs à l'appareil municipal seront décrits et analysés au sixième chapitre du présent ouvrage.

Les structures d'intervention spécialisées

Plusieurs municipalités ont opté, au Québec, pour la mise en place de structures d'intervention spécialisées dans chacun des secteurs d'activité du loisir, de la culture, du sociocommunautaire et du récréo-tourisme. Plusieurs facteurs expliquent ces choix : la taille et les ressources de la municipalité, l'historique de son intervention, le respect des problématiques, des objectifs et des modes d'intervention propres à chacun des secteurs d'activité (voir la section 2. du présent chapitre). La période où la municipalité a été appelée à intervenir dans ces différents secteurs explique en grande partie la préséance des divers services spécialisés mis en place au sein de l'appareil municipal. Voyons plus attentivement comment s'articulent ces structures d'intervention spécialisée par rapport au mandat général, aux relations interchamps et à la collaboration interdivisions.

Le mandat général

Ces services ont pour mandat de coordonner l'intervention de la municipalité dans le secteur d'activité spécifique (loisir, culture, services sociocommunautaires, tourisme). Tout dépendant du choix des objets sur lesquels la municipalité veut faire porter son intervention dans le secteur d'activité spécifique, un tel service a généralement pour fonctions :

- de consulter les citoyens et les groupes du milieu sur les choix et les priorités de développement ;

- de planifier et de gérer l'utilisation des ressources collectives qui y sont affectées ;

- de susciter la concertation entre les divers partenaires du milieu ;

- d'intervenir, soit comme coordonnateur ou comme partenaire, sur des problématiques sociales et économiques présentes dans le milieu ;

- d'assurer un soutien professionnel, matériel, technique et financier aux organismes locaux et aux initiatives du milieu dans le secteur d'activité ;

- de planifier, d'aménager, d'entretenir et de gérer les équipements et les espaces ;

- de planifier, de coordonner et de gérer des programmes d'activités pour répondre aux besoins de la population ;

- d'informer les citoyens ;
- d'effectuer des activités de recherches et de développement sur l'une ou l'autre des fonctions décrites ci-dessus.

Les relations interchamps et la collaboration interdivisions

Le service des loisirs doit se concerter avec le service de la culture, le service sociocommunautaire ou le service récréotouristique (tourisme) si de tels services existent au sein de l'appareil municipal. Il en est de même pour chacun des autres. Ces relations interchamps peuvent porter sur de nombreux objets où il importera de préciser quel service agira à titre de maître d'œuvre et quel sera l'apport exigé des autres. Sans être exhaustive, la liste suivante illustre les objets les plus courants sur lesquels portent les relations interchamps :

- l'élaboration et l'application de politiques municipales (politique de reconnaissance et de soutien des organismes, politique de tarification, autres politiques) ;
- la planification des espaces et des équipements ;
- la consultation des citoyens et des groupes du milieu sur les choix et les priorités de développement communs ;
- la concertation des organismes partenaires du milieu ;
- etc.

Plusieurs collaborations interdivisions, selon le cas, devront être mises en place avec les autres services municipaux (urbanisme et mise en valeur du territoire, sécurité publique, travaux publics, etc.) afin d'assurer, selon les compétences respectives de chacun, l'optimisation des ressources au service du citoyen. C'est ici que la mise en réseau de ces services, le travail d'équipe et la souplesse de gestion prennent tout leur sens. Les figures 5.6 à 5.9 illustrent la configuration de ces divers services spécialisés au sein de l'appareil municipal.

FIGURE 5.6
Structure de l'intervention municipale dans le secteur du loisir

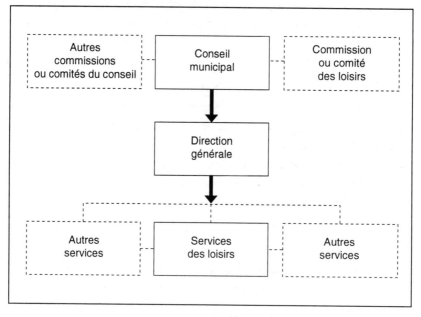

FIGURE 5.7
Structure de l'intervention municipale dans le secteur de la culture

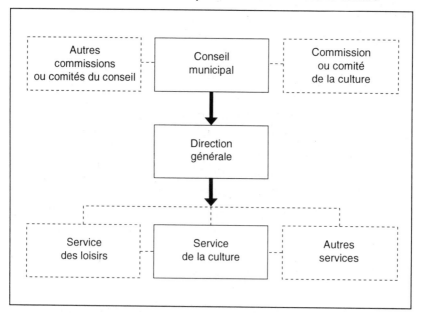

FIGURE 5.8
**Structure de l'intervention municipale
dans le secteur sociocommunautaire**

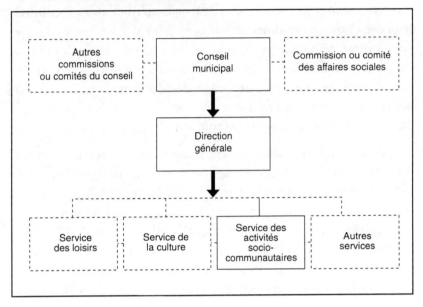

FIGURE 5.9
**Structure de l'intervention municipale
dans le secteur récréotouristique**

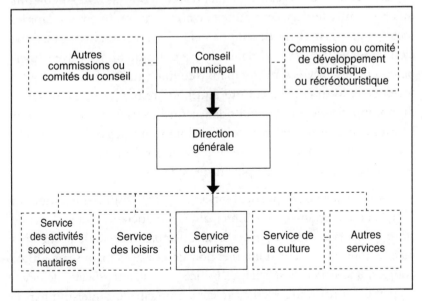

Les structures d'intervention intégrées

Plus souvent qu'autrement, la majorité des municipalités du Québec intervenant dans les secteurs du loisir, de la culture, du sociocommunautaire et du récréotourisme ont opté pour des structures d'intervention intégrées comme mode d'organisation du travail au sein de l'appareil municipal. C'est généralement au service des loisirs qu'on a confié graduellement, au rythme des décisions prises par la municipalité d'intervenir dans les autres secteurs d'activité, la responsabilité de coordonner les interventions municipales en la matière.

Ainsi, l'enquête réalisée en 1993 auprès de 163 services municipaux des loisirs du Québec[21] montre que les deux tiers d'entre eux (66,9 %) interviennent présentement dans les secteurs du loisir, de la culture et des services sociocommunautaires ; 22,1 % des services municipaux interviennent uniquement dans les secteurs du loisir et de la culture, tandis que 4,9 % d'entre eux interviennent uniquement dans les secteurs du loisir et du sociocommunautaire. Enfin, 6,1 % des services municipaux n'interviennent que dans le secteur du loisir.

Par ailleurs, le tableau 5.1 nous indique que c'est dans les municipalités de plus petite taille qu'on retrouve principalement les services municipaux œuvrant uniquement dans le secteur du loisir. C'est principalement dans les municipalités de 5 000 à 9 999 habitants qu'on retrouve les services municipaux œuvrant uniquement dans les secteurs du loisir et du développement communautaire, tandis que c'est dans celles de 24 999 habitants et moins qu'on retrouve principalement les services municipaux œuvrant uniquement dans les secteurs du loisir et de la culture. Enfin, on remarque une croissance du nombre de services œuvrant dans les trois secteurs d'activité pour les municipalités de moins de 5 000 habitants jusqu'à celles de 10 000 à 24 999 habitants pour observer une décroissance, par la suite, jusqu'aux municipalités de plus forte taille.

Nous ne disposons pas de données empiriques sur l'intégration ou non de l'intervention de la municipalité en matière de récréotourisme au sein du service municipal des loisirs. Il apparaît cependant que, jusqu'à ce jour, ce secteur d'intervention de la municipalité fait plutôt l'objet d'une structure spécialisée (office de tourisme, société de développement touristique, etc.) à caractère municipal ou intermunicipal.

TABLEAU 5.1

Secteurs d'intervention actuels du service municipal des loisirs selon la taille de la municipalité[22]

Secteurs d'intervention	Moins de 5 000		5 000 à 9 999		10 000 à 24 999		25 000 à 49 999		50 000 et plus		TOTAL	
	N	%	N	%	N	%	N	%	N	%	N	%
Loisir uniquement	2	20,0	2	20,0	4	40,0	1	10,0	1	10,0	10	6,1
Loisir et développement communautaire	0	0,0	6	75,0	1	12,5	0	0,0	1	12,5	8	4,9
Loisir et culture	8	22,2	7	19,4	13	36,1	5	13,9	3	8,3	36	22,1
Loisir, développement communautaire et culture	15	13,8	25	22,9	44	40,4	14	12,8	11	10,1	109	66,9
TOTAL	25	15,3	40	24,5	62	38,0	20	12,3	16	9,8	163	100,0

L'enquête faisait également ressortir une tendance générale de l'intégration des secteurs d'intervention du loisir, de la culture et du sociocommunautaire, là où ce n'était pas déjà fait. Cette tendance fléchit cependant dans le cas des municipalités de plus forte taille où, à cause principalement de la lourdeur administrative des gros services et de l'importance des ressources humaines à gérer, on semble privilégier l'approche de services spécialisés dans les divers secteurs d'intervention ; cependant, le mouvement de rationalisation des ressources humaines observé dernièrement dans les municipalités de forte taille fait aussi en sorte que ces municipalités procèdent de plus en plus à la fusion administrative des services dans les secteurs du loisir, de la culture, des services sociocommunautaires et du récréotourisme.

Les figures 5.10 à 5.13 illustrent les diverses formes de structures intégrées d'intervention municipale les plus courantes mises en place au Québec dans les secteurs du loisir, de la culture, du sociocommunautaire et du récréotourisme (ou tourisme). Le lecteur notera que le mandat général confié à ces services intégrés et les fonctions particulières exercées par chacun sont généralement un amalgame de ceux des mêmes structures spécialisées. En outre, il importe de souligner que l'intégration de divers secteurs d'activité au sein d'un même service entraîne une réduction des relations interchamps.

FIGURE 5.10
Structure intégrée d'intervention municipale dans les secteurs du loisir et de la culture

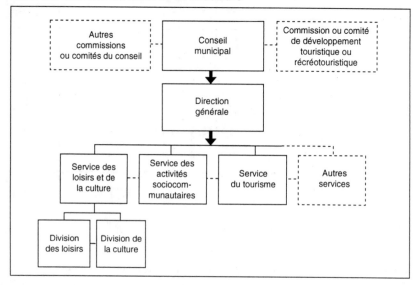

FIGURE 5.11
Structure intégrée d'intervention municipale dans les secteurs du loisir et du sociocommunautaire

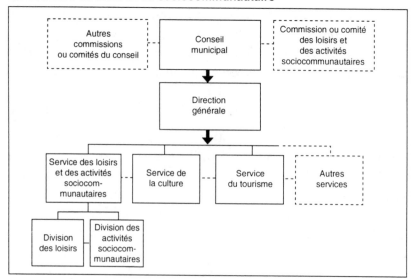

FIGURE 5.12

Structure intégrée d'intervention municipale dans les secteurs du loisir, de la culture et du sociocommunautaire

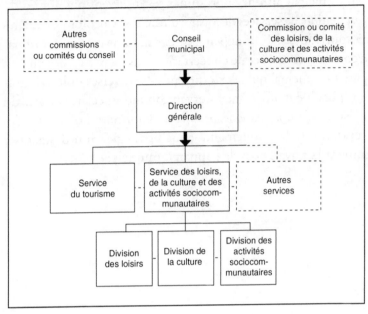

FIGURE 5.13

Structure intégrée d'intervention municipale dans les secteurs du loisir, de la culture, du sociocommunautaire et du récréotourisme

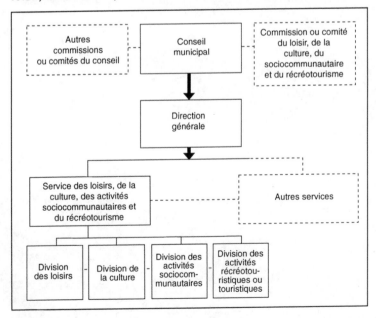

En guise de conclusion, soulignons à nouveau qu'il n'existe pas de modèle idéal de structuration et d'organisation du travail au sein de l'appareil municipal afin de coordonner ses interventions auprès du citoyen en matière de services de loisir, culturels, sociocommunautaires ou récréotouristiques. Tout dépendant des mécanismes de coordination, de communication et de concertation mis en place, tant au sein de l'appareil municipal qu'à l'externe entre les diverses unités de gestion, il est possible d'offrir une intervention moins éclatée auprès du citoyen. Nous verrons, dans le prochain chapitre, les divers modes d'intervention que la municipalité peut privilégier afin d'organiser différemment le travail hors de l'appareil municipal.

Notes

1. Ministère des Affaires municipales, *Manuel de normalisation de la comptabilité municipale au Québec*, Québec, Gouvernement du Québec, avril 1985.

2. Pierre Gagnon, *Intégration des secteurs d'activité de la culture et du développement communautaire au sein du service municipal des loisirs*, Trois-Rivières, Université du Québec à Trois-Rivières, Département des Sciences du loisir, Cahier d'études en loisir n° 5, 1993.

3. Ministère des Affaires municipales, *Une fois élu*, Québec, Gouvernement du Québec, 1994, p. 263.

4. *Ibid.*, p. 203-204.

5. Centre d'études en loisir, *Plan de développement des services municipaux en loisir à Trois-Rivières*, Trois-Rivières, Université du Québec à Trois-Rivières, juillet 1972, p. 19.

6. Haut-commissariat à la jeunesse, aux loisirs et aux sports, *On a un monde à récréer. Livre blanc sur le loisir au Québec*, Québec, Gouvernement du Québec, 1979, p. 36-38.

7. Regroupement québécois du loisir municipal, *L'intervention culturelle des municipalités québécoises*, Rapport d'une étude effectuée par la Chaire de gestion des arts de l'École des Hautes Études Commerciales de Montréal, Montréal, 1993, p. 129.

8. *Ibid.*, p. 136-137.

9. *Ibid.*, p. 74.

10. Union des municipalités du Québec, *Rapport du comité de travail sur le développement communautaire*, Montréal, UMQ, mars 1994, p. 9.

11. Pierre Gagnon, *op. cit.*

12. Ville de Charlesbourg, *Politique d'intervention communautaire*, Charlesbourg, 1991.

13. Ministère des Affaires municipales, *Une fois élu*, *op. cit.*, p. 209-210.

14. Union des municipalités du Québec, *op. cit.*, p. 26-27.

15. *Ibid.*

16. Fédération québécoise des offices du tourisme, *Les offices de tourisme au Québec : partenaires essentiels de l'industrie touristique*, Drummondville, FQOT, mai 1995, p. 5.

17. *Ibid.*, p. 10.

18. *Ibid.*, p. 6.

19. Ministère des Affaires municipales, *Une fois élu, op. cit.*, p. 191-195.

20. Gouvernement du Québec, *Loi sur les cités et villes*, L.R.Q., chapitre C-19, mise à jour au 11 juillet 1995.

21. Pierre Gagnon, *op. cit.*

22. *Ibid.*

Les modes d'intervention de la municipalité auprès des citoyens : une multitude d'approches adaptées au milieu

6

Comme il a été décrit au chapitre précédent, l'amélioration du cadre de vie par l'offre de services à ses citoyens constitue l'essentiel de la mission de la municipalité d'aujourd'hui. Le service municipal de loisir contribue à cette mission générale en coordonnant l'intervention de la municipalité dans les secteurs du loisir, de la culture, des services sociocommunautaires et du récréotourisme. Il est appelé à cibler son intervention sur des clientèles spécifiques et à contribuer à l'effort municipal consenti afin d'agir sur des problématiques sociales ou économiques du milieu.

Plusieurs avenues se présentent au service municipal de loisir afin d'intervenir auprès des citoyens en matière de dispensation de services. Son rôle essentiel consiste à s'assurer que les services que la municipalité a décidé d'offrir à ses citoyens, après consultation auprès de ces derniers et selon sa richesse collective, le seront effectivement et que ces services seront du niveau de qualité qu'elle détermine. Afin d'atteindre ses objectifs, la municipalité peut décider d'assumer elle-même directement l'ensemble des fonctions de gestion (planification, organisation, direction, contrôle) nécessaires à ces services, partager ces activités de gestion avec un ou des organismes partenaires ou encore en confier l'ensemble à un organisme. C'est ce qu'on appelle communément le « faire », le « faire avec » et le « faire-faire ». Une multitude d'approches, adaptées aux réalités du milieu, peuvent découler de ces façons de faire en matière de dispensation de services aux citoyens.

Comme il a été analysé dans la première partie de cet ouvrage, l'intervention de la municipalité au cours des trois dernières décennies a évolué, comme mode d'intervention, à partir de la prestation directe de services aux citoyens jusqu'à la prestation de services aux organismes du milieu ; on est donc passé du « faire » au « faire avec ». L'accroissement des responsabilités de la municipalité et la rareté des ressources disponibles laissent présager une tendance plus forte vers le « faire-faire » dans l'avenir.

L'essentiel de ce chapitre portera sur l'analyse de ces modes d'intervention. Nous tenterons d'en cerner les conditions de réalisation, les avantages et les inconvénients ainsi que les bénéfices qu'on espère retirer de chacun. Nous analyserons également les tendances observées en la matière au Québec en ce qui a trait à la dispensation de services dans les secteurs du loisir, de la culture, du sociocommunautaire et du récréotourisme. Voyons tout d'abord comment peuvent se définir ces modes d'intervention.

1. Les divers modes d'intervention de la municipalité

L'intervention directe (le faire), l'intervention mixte (le faire avec) et l'intervention indirecte (le faire-faire) constituent les trois principaux modes d'intervention qui s'offrent à la municipalité en matière de prestation de services. Ce qui les caractérise en tout premier lieu, c'est la relation qui s'établit entre la municipalité et le citoyen : avec l'intervention directe, le citoyen transige directement et uniquement avec l'appareil municipal pour l'obtention des services, tandis qu'en matière d'intervention mixte, le citoyen est appelé à transiger soit avec l'appareil municipal, soit avec un organisme partenaire de la municipalité, soit avec les deux. Avec l'intervention indirecte, le citoyen transige indirectement avec l'appareil municipal par l'entremise d'un organisme privé (voir la figure 6.1). Voyons comment se caractérise davantage chacun de ces modes d'intervention.

FIGURE 6.1
Les modes d'intervention de la municipalité
en matière de prestation de services en loisir aux citoyens

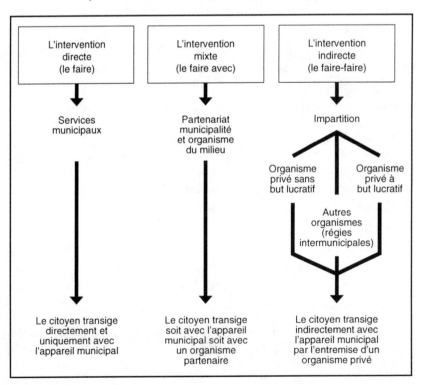

Les caractéristiques des divers modes d'intervention

L'intervention directe

L'intervention directe (le faire) est le modèle selon lequel la municipalité, de par les pouvoirs dont elle dispose, prend en charge les responsabilités de gestion (planification, organisation, direction, contrôle) inhérentes à l'offre de services aux citoyens sur son territoire. Cette prise en charge implique la mise en place, au sein de l'appareil municipal, d'une structure appropriée de production.

Un service municipal de loisir fonctionnant selon ce modèle sera appelé, par exemple, à gérer directement la planification, l'aménagement, les opérations et l'entretien des espaces et des équipements récréatifs, culturels ou récréotouristiques sur le territoire de la municipalité, la programmation d'activités offertes pour répondre aux besoins de la population, le soutien offert aux organismes du milieu, l'information du citoyen, etc. Toujours selon ce modèle, les diverses responsabilités de gestion peuvent être partagées entre le service municipal des loisirs et d'autres services au sein de l'appareil municipal. Par exemple, dans plusieurs municipalités, les responsabilités de planification et de gestion des opérations relatives aux espaces et équipements récréatifs, culturels ou récréotouristiques relèvent du service des loisirs, tandis que les responsabilités relatives à l'aménagement et à l'entretien sont confiées à un tiers service (travaux publics).

L'intervention mixte

L'intervention mixte (le faire avec) est le modèle selon lequel la municipalité, de par les pouvoirs dont elle dispose, partage les responsabilités de gestion (planification, organisation, direction, contrôle) inhérentes à l'offre de services aux citoyens avec un organisme externe à l'appareil municipal. Ce mode d'intervention implique une relation de « partenariat » où il existe une compatibilité d'objectifs entre le service municipal de loisir et un organisme quelconque du milieu, à but lucratif ou non.

Ce mode d'intervention a été fortement privilégié par les services municipaux de loisir au Québec jusqu'à maintenant, principalement dans l'offre de programmes d'activités à la population. Ainsi, la municipalité, par le truchement de son service municipal de loisir, prend en charge les responsabilités de gestion inhérentes à la planification, à l'aménagement et à l'entretien des espaces et équipements servant de support à l'activité récréative ou culturelle, et laisse les responsabilités inhérentes à l'organisation et à l'animation de l'activité à un organisme partenaire reconnu. Le partenariat ainsi établi est généralement viable grâce à une excellente coordination entre les deux partenaires et exige une structure et des processus permanents de consultation et de concertation.

L'intervention indirecte

L'intervention indirecte (le faire-faire) est le modèle selon lequel la municipalité, de par les pouvoirs dont elle dispose, délègue, par impartition, les responsabilités de gestion en matière de dispensation de certains services aux citoyens à un organisme externe à l'appareil municipal. Cet organisme peut être à but lucratif ou non, ou encore prendre une autre forme, par exemple une régie intermunicipale. Dans ce modèle, la municipalité ne se départit pas de toutes ses responsabilités à l'égard des services : elle doit maintenir son engagement à l'égard du service (elle décide d'y intervenir) tout en se libérant de son rôle de gestionnaire de production.

Il faut établir ici une distinction très nette entre la « privatisation » et le « faire-faire ». Une certaine confusion règne à ce sujet.

> [...] Privatiser un service jusque-là municipal, c'est pour la municipalité décider de dégager sa responsabilité à l'égard de ce service, et donc cesser d'en faire un service public. Le faire-faire c'est s'assurer par contrat qu'un service public sera fourni par une entreprise privée. Dans le cas de la privatisation, les forces du marché décideront si le service sera fourni ou pas, en quelle quantité il sera fourni. La possibilité de contrôler la qualité du service à partir, par exemple, de la réglementation municipale peut fort bien être illusoire, dans la mesure où le service pourrait se déplacer sur le territoire d'une municipalité voisine, plus accueillante ou moins tatillonne.
>
> Cela ne veut pas dire qu'une municipalité ne doive jamais vendre à des entreprises privées, des installations ou leur permettre d'occuper un champ d'activités municipales. La municipalité

peut bien, après tout, décider qu'elle n'aurait jamais dû être propriétaire de l'installation en question, ou qu'elle n'aurait jamais dû fournir tel ou tel service. [...]

Il n'en reste pas moins que si des gouvernements fédéral ou provincial peuvent contrôler la quantité ou la qualité d'un service fourni par une entreprise privée par le truchement de la réglementation (le téléphone, par exemple), une municipalité n'a ni les moyens ni les instruments effectifs de contrôle qui lui permettent une semblable surveillance.

Privatiser, dans ce sens, c'est pour la municipalité abandonner un champ d'activités. [...]

Contrairement à la privatisation, le faire-faire n'implique pas que la municipalité renonce à assumer la responsabilité d'une fonction. Au contraire, la municipalité définit les caractéristiques que devra avoir un contrat qui sera ensuite remis aux entreprises intéressées. Elle choisira normalement la plus basse soumission conforme[1].

Le faire-faire peut également se manifester sous forme de mandat confié à une organisation sans but lucratif ou encore à une organisation intermunicipale. Notons enfin que ces modes d'intervention ne sont pas mutuellement exclusifs. Une municipalité, par l'entremise de son service des loisirs, peut très bien décider, en matière de programmes d'activités par exemple, d'intervenir directement dans le cas de certaines activités ou de certains services (bain libre, natation, bibliothèque, etc.), d'intervenir en partenariat avec des organismes dans le cas d'autres d'activités (hockey, baseball, etc.) ou encore d'intervenir indirectement en confiant à un organisme la production d'une activité (tennis, spectacles culturels, etc.).

L'évaluation des divers modes d'intervention

Nous analyserons ici, tour à tour, chacun des modes d'intervention en faisant ressortir les principaux avantages et inconvénients qu'on leur reconnaît généralement.

L'intervention directe (le faire)

L'intervention directe (le faire) a caractérisé l'intervention de la municipalité dans le secteur d'activité du loisir lorsqu'elle fut appelée à intervenir au début des années 1960. Aujourd'hui, c'est davantage un amalgame de modes d'intervention qui la caractérise, tant dans le secteur du loisir que dans celui de la culture, du sociocommunautaire ou du récréotourisme.

On reconnaît les avantages suivants à ce mode d'intervention :

- il permet de maintenir un lien direct entre les citoyens et l'appareil municipal (élus et fonctionnaires) ;

- la municipalité, par l'entremise de son service municipal des loisirs ou d'autres services municipaux, exerce un contrôle complet sur la qualité et la quantité des services qu'elle décide d'offrir à ses citoyens, après consultation de ces derniers et selon les ressources dont elle dispose ;

- elle exerce un contrôle complet sur les ressources collectives affectées à la production des services ;

- elle peut mieux contrôler également l'atteinte des objectifs visés par la municipalité ;

- enfin, elle fait des économies d'effort sur le plan de l'élaboration et de la gestion de protocoles d'entente (faire avec) ou de contrats (faire-faire).

Ce mode d'intervention est cependant fortement remis en question dans le contexte d'aujourd'hui.

> La croissance généralisée des tâches publiques au cours des trois dernières décennies, d'une part, et la crise économique des années 80, d'autre part, ont posé partout le problème de la limite des ressources de l'État et par conséquent celui de ses coûts de production et, enfin, celui de ses modalités de production elles-mêmes.
>
> [...] de nombreuses études ont démontré que la production de biens et de services, dans un grand nombre de domaines et pour différents types d'activités, peut être assurée par l'entreprise privée à des coûts moindres que ceux des administrations publiques. Parallèlement, on a réfléchi à l'impact économique réel et à la rentabilité financière véritable des fonds que l'État engage dans les entreprises publiques ou mixtes. On a également examiné les avantages qu'il y aurait à faire appel à des groupes et à des associations bénévoles pour rendre des services jusqu'alors assumés

par les bureaucraties publiques. On a finalement, comme le montrent les expériences anglaise et américaine, scruté les effets sur les coûts et sur la qualité des services de plusieurs autres méthodes capables d'introduire, dans le fonctionnement des administrations, la dynamique du secteur privé et la discipline du marché[2].

On assiste donc aujourd'hui à une critique de l'intervention directe de l'État ou du secteur public, à quelque niveau que ce soit. Selon les tenants de l'intervention privée, le mode de production publique, qui n'obéit pas vraiment à une logique économique, pose un problème.

> [...] En réponse à ce diagnostic, les tenants de la privatisation proposent de confier le plus possible la réalisation des biens et des services d'intérêt public (décidés par l'État) à des producteurs privés ; à défaut de cela, ils suggèrent que les administrations réalisatrices (franches ou assimilées, comme les associations volontaires sous entente de services) utilisent des modalités de fonctionnement intégrant autant que possible les caractéristiques de la production privée (concurrence, liberté de choix, sensibilité à l'environnement socio-économique, contrôle de coûts, etc.). Comme leur mode de production habituel (le service public) soumet les administrateurs à toutes sortes de contraintes explicables et défendables mais néanmoins économiquement improductives – normes, processus, nombreux décideurs, politiques restrictives, etc. –, les promoteurs de la privatisation estiment que l'introduction des règles du marché dans le fonctionnement des services publics serait susceptible de le bonifier et de nous valoir des économies[3].

En bout de ligne, l'efficacité et l'efficience du secteur public à produire des services répondant aux besoins de la collectivité s'avèrent peu élevées par rapport à celles du secteur privé selon certains économistes :

> Selon Pirie (1985), la performance du secteur public, donc la satisfaction des besoins sociaux qui en justifie l'existence, ne peut être qu'inférieure à celle du secteur privé, étant donné que :
>
> - ses coûts de production sont plus élevés (+33 % en Grande-Bretagne et +40 % aux États-Unis) ;
>
> - l'efficience n'y est pas sanctionnée ;
>
> - le travail s'y effectue dans des conditions restrictives, lesquelles grèvent la productivité ;

- la sous-capitalisation y est habituelle ;

- les règles qui y président sont établies autant en fonction des producteurs que des consommateurs de la production ;

- l'innovation n'y est pas stimulée parce que non récompensée ;

- les décisions reposent sur des fondements politiques plutôt qu'économiques ;

- l'équipement y est moins productif parce que mal entretenu ;

- l'interruption de service (grève) y est plus probable, les conditions politiques de cet environnement étant favorables à l'exercice du pouvoir syndical ;

- la sensibilité au contrôle des coûts n'y est pas habituelle, quand elle existe[4].

Le contexte social, économique, politique et organisationnel d'aujourd'hui et de demain dans lequel le service municipal des loisirs est appelé à évoluer force ce dernier à s'interroger davantage sur le mode d'intervention directe. La rareté des ressources et le désengagement de l'État dans plusieurs secteurs d'activités, qui amènent l'accroissement et la diversification de l'intervention de la municipalité, ainsi que les pressions exercées par des groupes de citoyens pour de nouveaux services font en sorte que la municipalité et son service des loisirs doivent interroger leurs façons de faire. À qualité et quantité égales, y a-t-il une manière plus économique de dispenser les services aux citoyens ? Peut-on augmenter la qualité et la quantité des services offerts avec les mêmes ressources ?

L'intervention mixte (le faire avec)

L'intervention mixte est celle qui caractérise le plus la façon de faire d'aujourd'hui de la municipalité dans les secteurs du loisir, de la culture, des services sociocommunautaires et du récréotourisme. La production des services offerts aux citoyens en ces matières relève d'un partenariat qui s'est instauré, au fil des ans, entre l'appareil municipal et les organismes du milieu, généralement sans but lucratif. À titre d'exemple, le modèle le plus général qu'on retrouve est celui où la municipalité se réserve les fonctions de planification, d'aménagement et d'entretien des équipements et espaces servant de soutien à une activité et où les fonctions d'accueil des usagers, d'animation et de programmation de l'activité sont confiées à un organisme issu du milieu.

On reconnaît les avantages suivants à ce mode d'intervention :

- il permet, par l'entremise de l'organisme partenaire, de maintenir un certain lien entre les citoyens et l'appareil municipal (élus et fonctionnaires) ;

- il permet également, au moyen des protocoles d'entente établis entre les partenaires, un certain contrôle sur la qualité et la quantité de la prestation des services aux citoyens ;

- l'implication de citoyens directement intéressés par le service ou l'activité offert permet généralement de s'assurer d'une réponse plus directe aux besoins des participants ;

- enfin, l'implication de bénévoles en matière d'accueil des usagers, de programmation, d'animation, de sécurité et de surveillance permet généralement des économies de gestion à ce chapitre pour la municipalité.

Au fil des ans, ce modèle d'intervention (le faire avec) a laissé apparaître certaines dysfonctions sur lesquelles il importe toujours de s'interroger :

- l'élaboration et la gestion des protocoles d'entente entre la municipalité et des organismes partenaires peuvent s'avérer des mécanismes lourds à gérer, exigeant des efforts importants pour la municipalité, et par conséquent des coûts ;

- il n'est pas toujours apparu évident que la municipalité ait pu réaliser des économies de gestion en matière de prestation de services aux citoyens avec ce mode d'intervention. Les compensations financières directes ou indirectes octroyées aux organismes partenaires par la municipalité afin qu'ils assument les responsabilités (accueil, animation, programmation, sécurité, surveillance, etc.) qui leur sont dévolues représentent souvent un coût égal ou supérieur à ce qu'il pourrait en coûter à la municipalité pour gérer l'ensemble du service ;

- enfin, ce mode d'intervention n'apparaît pas toujours propice pour répondre aux besoins des citoyens. En effet, l'intérêt des organismes partenaires en matière de prestation de services est principalement orienté vers les besoins de leurs membres plutôt qu'en fonction des besoins de la population en général. On reproche ainsi à certains organismes de détourner quelquefois à leurs fins propres des ressources collectives.

L'intervention indirecte (le faire-faire)

Comme défini précédemment, le faire-faire est le modèle selon lequel la municipalité, de par les pouvoirs dont elle dispose, délègue, par impartition, l'ensemble des responsabilités de gestion en matière de dispensation de certains services aux citoyens à un organisme externe à l'appareil municipal. Ce modèle d'intervention indirecte tend à s'instaurer davantage dans les municipalités du Québec depuis quelques années, que ce soit par le truchement d'organismes sans but lucratif du milieu, de régies intermunicipales ou encore d'entreprises privées à but lucratif.

On reconnaît les avantages suivants à ce mode d'intervention :

- il permet de réduire la taille de l'appareil municipal et de comprimer ainsi les dépenses de la municipalité ;

- il permet de produire des services aux citoyens à moindres coûts, grâce aussi bien à une réduction des coûts de main-d'œuvre qu'à une meilleure capitalisation et à un meilleur contrôle des coûts ;

- le travail s'y effectue dans des conditions moins restrictives, lesquelles favorisent alors la productivité ;

- les lois du marché (offre et demande) s'y exercent plus librement, favorisant la réponse aux besoins réels manifestés ;

- enfin, ce modèle permet de favoriser les initiatives du milieu et leur prise en charge par ce dernier.

Par contre, on reproche à ce mode d'intervention :

- son absence de lien direct entre l'appareil municipal (élus et fonctionnaires) et le citoyen dans une prestation de services pour laquelle la municipalité se reconnaît un rôle et y investit (généralement elle a à payer un tiers pour offrir, par impartition, certains services aux citoyens) ;

- son absence de clairvoyance dans la gestion de la « chose » publique, l'impartiteur étant généralement soustrait aux règles et procédures habituellement en usage au sein de l'appareil municipal ;

- la perte d'une expertise qui peut s'avérer coûteuse à se réapproprier advenant que la municipalité décide de revenir à un mode d'intervention directe.

2. Le choix d'un modèle d'intervention

Il n'y a pas, *a priori*, un modèle d'intervention idéal de la municipalité auprès de ses citoyens en matière de dispensation de services : il existe plutôt une multitude d'approches adaptées à chaque milieu. Tout dépend de la réalité de ce dernier et des objectifs poursuivis. Une municipalité ne peut s'engager dans un type d'intervention mixte (faire avec) ou encore d'intervention indirecte (faire-faire) s'il n'y a pas de partenaire disponible et compétent dans son milieu. Si l'objectif poursuivi est l'abandon ou le retrait d'un champ de compétence (la privatisation), on ne peut plus parler ici de modes d'intervention de la municipalité.

Le choix d'un modèle d'intervention auprès des citoyens en matière de prestation de services, que ce soit dans le secteur du loisir, de la culture, des services sociocommunautaires ou dans celui du récréotourisme, repose sur un processus d'analyse. Ce processus, en six étapes, devrait permettre à la municipalité de faire des choix éclairés en la matière. Voyons quelles sont les étapes à franchir (elles sont illustrées à la figure 6.2).

Étape 1 : Les préalables

Deux conditions préalables doivent être réunies afin que puisse s'amorcer le choix d'un modèle d'intervention de la municipalité.

Tout d'abord, la municipalité doit décider d'intervenir dans un secteur d'activité (loisir, culture, services sociocommunautaires,

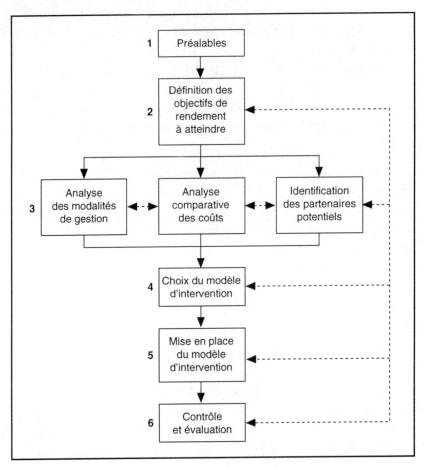

récréotourisme) et choisir les services à offrir aux citoyens dans le secteur. Il faut donc qu'elle se reconnaisse tout d'abord un rôle à jouer. Ensuite, elle détermine les services qu'elle désire offrir à ses citoyens dans le secteur d'activité. Ces services peuvent prendre diverses formes : mise en disponibilité d'espaces ou d'équipements permettant la pratique de loisirs ou d'activités culturelles pour les citoyens, mise en place de programmes d'activités, de mécanismes de soutien professionnel, technique, matériel ou financier à des organismes ou groupes du milieu, etc.

En deuxième lieu, la municipalité doit déterminer la qualité et la quantité de chacun des services qu'elle désire offrir à ses citoyens. Il s'agit principalement ici de décider des composantes du produit ou service à offrir et d'en fixer les limites. La composante qualitative du produit peut s'appuyer sur des critères tels que les conditions d'admissibilité ou d'accessibilité, la qualité de l'animation, la sécurité des usagers, la politique de prix ou la tarification exigée des usagers, etc. La composante quantitative, quant à elle, peut dépendre de critères tels que l'emplacement des services offerts, les périodes et heures de service, etc.

Ces deux conditions préalables sont essentielles à la poursuite du processus, qui consiste en fait à choisir le meilleur mode d'intervention afin d'offrir le plus efficacement et le plus économiquement possible certains services aux citoyens. Notons que ce processus s'applique autant lorsqu'il s'agit d'offrir un nouveau service aux citoyens que de réviser des façons d'intervenir existantes dans la municipalité.

Étape 2 : La détermination des objectifs de rendement à atteindre

Rappelons-le, la mission de la municipalité consiste à dispenser des services à ses citoyens conformément à leurs besoins et à leurs aspirations ainsi qu'aux ressources dont elle dispose. Lorsqu'elle doit choisir un modèle d'intervention (directe, mixte ou indirecte) pour dispenser les services qu'elle a décidé d'offrir, deux objectifs de rendement peuvent être visés ; les deux s'appuient sur le rapport qualité-coût :

- améliorer la qualité des services offerts au regard des ressources que lui consacre ou que peut lui consacrer la municipalité ;

  ou

- maintenir la qualité des services offerts, tout en cherchant à en réduire les coûts de production.

C'est sur l'atteinte de l'un ou l'autre de ces deux objectifs de rendement que doit reposer le choix d'un modèle d'intervention de la municipalité : quel est le meilleur modèle d'intervention permettant de respecter les critères de qualité et de coût que se fixe la municipalité en matière de dispensation de services ?

Étape 3 : L'analyse des modes d'intervention possibles

Pour atteindre l'objectif de rendement choisi par la municipalité pour la prestation d'un service quelconque à ses citoyens en matière de loisir, de culture, de services sociocommunautaires ou de récréotourisme, il faut analyser les divers modes d'intervention qui peuvent s'appliquer : l'intervention directe (le faire), l'intervention mixte (le faire avec) et l'intervention indirecte (le faire-faire). Cette analyse doit s'effectuer en fonction de trois grands éléments, soit les modalités de gestion, les coûts et les partenaires potentiels.

L'analyse des modalités de gestion

Il s'agit ici de relever les fonctions à réaliser et nécessaires à la dispensation du service analysé. Ces fonctions peuvent être diverses, selon la nature du service à dispenser : planification, aménagement ou entretien des espaces et équipements, gestion de l'équipement, programmation, animation, sécurité, promotion, information, contrôle et évaluation, etc.

Après avoir relevé et défini ces fonctions, il faut procéder à l'analyse de chacune d'entre elles afin de déterminer si elles doivent être assumées directement par l'appareil municipal ou encore si elles pourraient l'être par un tiers, et à quelles conditions, de manière à atteindre l'objectif de rendement visé.

L'analyse comparative des coûts

De l'analyse précédente des modalités de gestion, divers scénarios en matière de modèles d'intervention pour la dispensation du service devraient apparaître :

- un modèle d'intervention directe (le faire), où la municipalité assume la totalité des fonctions à réaliser ;
- un ou des modèles d'intervention mixte (faire avec), où la municipalité, via son service des loisirs ou ses autres services municipaux, et un organisme partenaire externe à la municipalité (association sans but lucratif, commission scolaire, entreprise privée, etc.) se partagent les fonctions à réaliser ;

ou

- un modèle d'intervention indirecte (faire-faire), où la municipalité pourrait confier à un organisme externe l'ensemble des
fonctions à réaliser pour la dispensation du service.

Il s'agit ici de procéder à l'analyse comparative des coûts
qu'engendrerait la mise en application de chacun de ces scénarios
d'intervention.

L'identification des partenaires potentiels

Dans les cas où des scénarios d'intervention mixte ou d'intervention
indirecte peuvent s'avérer possibles, il s'agit, en troisième analyse,
d'identifier et de caractériser les diverses institutions, organisations
ou entreprises du milieu qui pourraient éventuellement agir comme
partenaires de la municipalité pour le service à offrir à ses citoyens.
Une attention particulière doit être apportée ici aux intérêts et aux
compétences de ces éventuels partenaires, eu égard aux fonctions qu'on
voudrait leur confier.

Étape 4 : Le choix d'un modèle d'intervention

Le choix d'un modèle d'intervention de la municipalité pour la prestation d'un service découle de la démarche d'analyse précédente. Il
s'agit en fait d'analyser les avantages et inconvénients de chacun des
scénarios élaborés et possibles selon un certain nombre de critères.
Les principaux critères qui doivent présider au choix d'un scénario
d'intervention sont liés à l'efficacité (l'atteinte des objectifs visés), à
l'efficience (la qualité du service qui sera offert), au rendement (les
coûts de production) ainsi qu'à la qualité du partenariat qui pourra
être établi, le cas échéant.

Étape 5 : La mise en place du modèle d'intervention

La mise en place peut varier selon le modèle d'intervention choisi.
En matière d'intervention directe (le faire), il s'agira d'imputer à l'un
ou l'autre des divers services de l'appareil municipal les fonctions
qu'on décidera de lui confier et de procéder au processus de structuration interne nécessaire.

En matière d'intervention mixte (le faire avec), il s'agira de procéder de la même façon pour les fonctions à imputer à l'appareil municipal et d'établir un protocole d'entente avec le partenaire externe à la municipalité pour les autres fonctions. Les protocoles d'entente feront l'objet d'une partie du prochain chapitre qui porte sur le partenariat.

En matière d'intervention indirecte (le faire-faire), il s'agira soit d'établir un protocole d'entente (institution, organisme sans but lucratif), soit de procéder à un appel d'offres de service (entreprise privée), l'un ou l'autre de ces deux modes de délégation de gestion étant permis par la *Loi sur les cités et villes*. Le processus d'appel d'offres fera l'objet d'une partie du chapitre dix du présent ouvrage, chapitre portant sur la planification et la gestion des espaces et équipements.

Étape 6 : Le contrôle et l'évaluation

L'établissement de protocoles d'entente en matière d'intervention mixte (faire avec) ou d'intervention indirecte (faire-faire), ou encore les contrats d'impartition de gestion en matière d'intervention indirecte (faire-faire), doivent faire l'objet de mécanismes de contrôle visant à garantir la qualité et la quantité des services qu'on souhaite offrir aux citoyens. Ces modes d'intervention, tout autant que l'intervention directe (le faire), doivent périodiquement être évalués et remis en question afin de les améliorer ou de les modifier, s'il y a lieu. C'est souvent par « tâtonnements » que la municipalité en arrive à établir un mode d'intervention pour la dispensation de ses services qui réponde pleinement à ses objectifs. De plus, d'une année à l'autre, les conditions de la prestation d'un service peuvent changer, nécessitant la remise en question du modèle d'intervention préalablement choisi.

En guise de conclusion, rappelons que l'observation des pratiques actuelles des municipalités du Québec en matière de modes de prestation de services récréatifs, culturels, sociocommunautaires et récréotouristiques pour lesquels elles se reconnaissent une responsabilité et qu'elles offrent à leurs citoyens nous montre qu'il en existe une multitude. Au fil des ans, chaque municipalité a su trouver, compte tenu de ses objectifs, de ses ressources propres et de celles existants dans son milieu, la combinaison qui lui convenait le mieux pour dispenser les services aux citoyens.

Selon les secteurs d'activité, les modes d'intervention choisis par les municipalités ont évolué et continueront à le faire. La recherche d'une meilleure efficacité et d'un meilleur rendement dans la dispensation des services aux citoyens, compte tenu du contexte social, économique, culturel et politique en changement profond qui les oblige à faire des choix, s'impose encore davantage aujourd'hui.

D'après la tendance générale observée, l'intervention mixte (le faire avec) et l'intervention indirecte (le faire-faire) sont privilégiées lorsque les circonstances s'y prêtent. Bien qu'il n'existe pas *a priori* de modèle d'intervention idéal ou unique et que seule une analyse rigoureuse, cas par cas, peut permettre d'opter pour l'un ou l'autre des modes possibles d'intervention qui apparaîtra, par suite de l'analyse, le plus prometteur, cette tendance est observée pour tous les secteurs d'activité (loisir, culture, sociocommunautaire, récréotourisme), peu importe le type de service qu'on veut offrir aux citoyens.

C'est ici que la notion de partenariat prend toute son importance : le « faire avec » et le « faire-faire » impliquent la participation d'un organisme tiers, externe à l'appareil municipal. Le partenariat avec le milieu fait l'objet du prochain chapitre.

Notes

1. Union des municipalités du Québec, *Rapport de la commission d'étude sur les municipalités*, Montréal, UMQ, 1985, p. 240-241.

2. Lionel Ouellet, « La privatisation, instrument de management public », dans : Roland Parenteau (dir.), *Management public : comprendre et gérer les institutions de l'État*, Sainte-Foy, Presses de l'Université du Québec, 1992, p. 130-131.

3. *Ibid.*, p. 133.

4. *Ibid.*, p. 132.

Le partenariat
avec le milieu

Le partenariat avec les intervenants du milieu n'est pas un phénomène nouveau dans le domaine des loisirs municipaux. Comme nous l'avons vu dans la première partie de l'ouvrage, le développement et l'organisation du loisir sur le territoire municipal ont toujours reposé sur le partenariat entre les différents protagonistes du milieu, qu'il s'agisse de l'État, des fédérations, des commissions scolaires, des organismes régionaux ou des associations locales.

Toutefois, le contexte économique difficile, la crise des finances publiques, l'émergence de nouvelles problématiques sociales sont autant de facteurs qui forcent les municipalités à réviser leurs modes d'intervention dans le domaine du loisir pour optimiser les ressources qui y sont consacrées tout en améliorant la rentabilité sociale des ressources collectives. Dans cette perspective, le partenariat avec le milieu apparaît comme une avenue prometteuse, voire une nécessité pour faire face à ce défi.

C'est ainsi qu'on peut observer la multiplication des formes et des formules de partenariat au cours des dernières années, qu'il s'agisse de l'association des citoyens dans la prise de décision, du partenariat dans la résolution de problèmes, ou encore de la délégation de compétences ou de l'impartition, et ce, avec un éventail de partenaires de plus en plus large et sur des objets de plus en plus diversifiés. La gestion des partenariats est donc en mutation et de plus en plus complexe. En outre, le partenariat prend tout son sens dans un contexte où le « faire avec » et le « faire-faire » sont des modes de production de biens et de services en loisir de plus en plus courants dans les municipalités, car ils supposent que les intervenants du milieu agissent les uns avec les autres.

Dans ce chapitre, il sera tour à tour question des principaux acteurs qui évoluent dans le domaine du loisir, du concept de partenariat et des principaux mécanismes et moyens mis en place pour encadrer les partenariats, soit les politiques de reconnaissance et de soutien des organismes du milieu de même que les protocoles d'entente avec les différents partenaires. Enfin, le lecteur notera que les informations présentées sur ce dernier aspect tiennent compte des modifications apportées à la *Loi sur les cités et villes* en juin 1995 et au *Code municipal* en janvier 1994.

1. Les organismes du milieu : des partenaires privilégiés de l'intervention municipale en matière de loisir

L'évolution incessante et la complexité de l'environnement combinées à la raréfaction des ressources collectives forcent les intervenants des milieux public, parapublic et privé œuvrant dans différents secteurs à l'échelle nationale, régionale ou locale à accroître leurs interactions et à décloisonner leurs actions. Cette recherche d'une plus grande synergie entre les forces vives du milieu est un objectif de taille. Dans ce contexte, la municipalité est appelée à interagir avec de plus en plus d'acteurs qui interviennent directement ou indirectement dans le domaine du loisir. Nous avons regroupé ces derniers sous trois catégories :

- les organismes publics et parapublics ;
- le milieu associatif ;
- les entreprises privées.

Voyons sommairement ces différentes catégories d'intervenants.

Les organismes publics et parapublics

Les organismes publics et parapublics représentent toutes les organisations qui dépendent des pouvoirs publics. Ces organisations se caractérisent par le fait qu'elles visent l'amélioration du bien-être des citoyens, donc qu'elles agissent dans l'intérêt général. En outre, elles relèvent de l'organe politique, seule entité responsable des actes des différents agents et organismes.

> Le secteur public est la somme des organismes, de leurs agents ainsi que des activités et des opérations de ces derniers qui ont la société globale pour objet et finalité ultimes et qui, à cause de cela, dépendent du système politique, tant pour leur existence que pour leurs activités[1].

Sans en faire une énumération exhaustive, voici, à titre d'illustration, les principales organisations du secteur public qui interviennent directement ou indirectement dans les secteurs du loisir, de la culture, du sociocommunautaire et du récréotourisme :

- ministères, dont ceux des Affaires municipales, Santé et Services sociaux, Éducation, Culture et Communications, Tourisme (pouvoirs de réglementation, politiques, programmes d'aide financière, etc.) ;

- organismes ou agences gouvernementaux qui relèvent d'un ministère de tutelle, sont régis par des lois et règlements ou sont assujettis à des politiques et règles administratives (ex. : Régie de la sécurité dans les sports du Québec, Conseil des arts, ...) ;

- établissements publics, notamment les institutions d'enseignement (cégeps, universités, commissions scolaires) et les institutions de santé et des services sociaux (CLSC, DSC, centres d'accueil, etc.) ;

- au niveau régional, supra-municipal et local se retrouvent de nombreux acteurs, entre autres : municipalité régionale de comté, communauté urbaine, conseil régional de concertation et de développement (CRDC), régie régionale de la santé et des services sociaux, régie intermunicipale, directions générales de ministères, etc.

Le milieu associatif

Il s'agit d'associations qui se caractérisent comme suit :

- elles peuvent avoir été créées sur l'initiative d'un groupe de particuliers ou des pouvoirs publics (ex. : associations ou corporations paramunicipales ou municipales) ;

- elles ne visent aucun but lucratif ;

- elles sont le plus souvent constituées en société, donc dotées d'une personnalité juridique (personne morale) ;

- leur rayonnement peut se faire à l'échelle d'un quartier, d'une ville, d'une municipalité, d'une région, etc. ;

- elles peuvent œuvrer dans les secteurs des loisirs, de la culture, des services sociocommunautaires, du tourisme ou dans plusieurs de ces secteurs ;

- elles peuvent viser une ou plusieurs clientèles (familles, personnes âgées, population en général, communautés immédiates,
jeunes, etc.) ;

- elles reposent le plus souvent sur le bénévolat ; certaines fonctionnent avec du personnel rémunéré (ex. : CRC, CRL, ATR,
centres communautaires, etc.) ;

- elles visent des objectifs uniques ou multiples, tels que :

  - la production de services directs à une clientèle (aux membres
  ou à la collectivité) – (ex. : associations sportives locales,
  centres communautaires, maisons des jeunes, etc.) ;

  - l'offre de services techniques à d'autres associations (ex. :
  fédérations, centres d'action bénévole, etc.) ;

  - la levée de fonds pour aider la résolution de problèmes
  sociaux ou la réalisation des objectifs poursuivis par certaines
  associations (ex. : Société de développement du loisir et du
  sport au Québec, Centraide, Club Kiwanis, etc.) ;

  - la tenue d'un événement, d'une manifestation ponctuelle
  (ex. : carnaval, festival, etc.) ;

  - la défense d'intérêts ou d'acquis collectifs (ex. : société historique, associations de protection et de conservation
  d'espaces verts, associations de citoyens, etc.).

Enfin, il existe aussi de nombreux comités qui, sans être des associations proprement dites, sont mis sur pied le plus souvent par les
autorités publiques dans le but de faciliter la participation des citoyens
au processus de prise de décision (ex. : commission des loisirs, comité
consultatif, conseil de quartier, etc.).

Les entreprises privées

La principale caractéristique des entreprises privées est qu'elles poursuivent un but lucratif, c'est-à-dire qu'elles cherchent à tirer profit de
leurs productions. En outre, elles sont librement créées et agissent de
leur propre initiative. Leurs activités portent essentiellement sur des
productions destinées à être achetées par ceux qui en veulent. Leurs

contraintes sont inhérentes aux lois du marché (satisfaction du consommateur, rentabilité, concurrence).

En loisir, culture et tourisme, on retrouve de nombreuses entreprises qui produisent des biens ou des services au public (cinémas, théâtres, centres de conditionnement physique, agences de voyages, consultants, salles de quilles, pourvoiries, centres de ski alpin, etc.). En outre, au cours des dernières années, on a assisté à une sollicitation croissante de l'entreprise privée, notamment de la part du milieu associatif, pour qu'elle participe à la réalisation de manifestations d'envergure ou de levées de fonds pour aider des causes variées par une contribution financière ou sous forme de dons ou prêts de biens et de services. Plusieurs entreprises ou regroupements d'entreprises (ex. : chambres de commerce) sont également invités à s'associer à certaines prises de décision par l'apport de leur expertise (rôle consultatif). Enfin, le retrait progressif du secteur public de la production de biens et de services en loisir a donné lieu à de nouveaux partenariats entre les secteurs public et privé. Ces derniers prennent la forme d'une délégation de gestion ou d'alliances pour la production de biens et de services destinés à des usages publics.

Voilà autant de caractéristiques distinctives entre les acteurs institutionnels, associatifs et du secteur privé. En outre, d'autres éléments contribuent à différencier les acteurs d'une même catégorie ou de catégories différentes. Ainsi, les partenaires se différencient notamment sur les plans suivants :

- fonctionnement dans l'organisation du travail (degré de hiérarchisation, de spécialisation, de polyvalence, etc.) ;

- rapport avec les usagers (professionnalisme technocrate, convivialité, etc.) ;

- niveau d'intervention (échelle provinciale, régionale, municipale, de quartier, etc.) ;

- statut d'autorité (capacités juridiques et financières) ;

- salaires, conditions de travail des intervenants et statut d'emploi.

2. Le partenariat

Une définition

Le partenariat désigne essentiellement l'association ou l'alliance d'au moins deux entités dotées de leur identité propre, pour des fins variées, dont :

- la production de services publics destinés à la collectivité ;

- la résolution de problèmes sociaux, communautaires ou économiques ;

- la participation au processus de prise de décision ;

- la réalisation d'un projet commun ou collectif (ex. : politique d'intervention dans un secteur (loisir, culture, etc.) qui peut cibler un segment particulier de la population (jeunes, personnes âgées, etc.) ou l'ensemble de la population. Ultimement, le but recherché est l'affectation optimale de ressources limitées en vue de satisfaire les besoins des citoyens.

Cette association prend son caractère officiel le plus souvent par une entente établie entre les partenaires et détermine notamment :

- le partage des responsabilités ;

- le partage des ressources à investir ;

- les résultats attendus, voire le partage des bénéfices s'il y a lieu ;

- la durée de l'entente.

Le terme « partenariat » recoupe donc de nombreuses réalités, dont :

- l'échange ou la mise en commun des ressources disponibles dans le milieu (ex. : concertation scolaire municipale pour l'utilisation d'équipements, services intermunicipaux de loisir) ;

- la prestation ou la gestion de services par délégation ou impartition ;

- le financement d'infrastructures (financement de la mise en place de nouveaux équipements) ;

- l'élaboration de politiques, l'échange d'information et d'expertise ;

- la collaboration, la concertation pour la résolution des problématiques sociales les plus criantes (gestion de crises ...).

Par ailleurs, le partenariat découle le plus souvent d'un processus de concertation axé vers une volonté d'agir en collaboration pour réaliser une action commune ou un projet défini conjointement. Dans ce contexte, les relations entre partenaires se caractérisent par une association égalitaire. Toutefois, il arrive également que le partenariat soit vécu comme une relation de mandat dans laquelle le mandataire est perçu comme un exécutant par le mandant. Cette perception reflète bien l'ambiguïté qui existe autour des concepts de développement communautaire et de partenariat. En effet, toute intervention selon une approche de développement communautaire suppose une pratique de partenariat fondée principalement sur le respect mutuel, la connaissance et la reconnaissance réciproques, le partage d'objectifs communs, c'est-à-dire la réalisation d'un projet collectif de société, et la participation active des partenaires aux décisions de même qu'à la prise en charge des solutions. En ce sens, il apparaît que le développement communautaire sous-entend nécessairement un partenariat, alors que ce dernier n'implique pas toujours la notion de développement communautaire.

Les objectifs du partenariat

Essentiellement, au niveau local, le partenariat vise :

- l'amélioration de la qualité de vie des citoyens ;
- la qualité et la diversité des services offerts ;
- l'accès à ces services par tous ;
- l'efficacité des ressources consenties ;
- l'efficience des gestes posés ;
- une évaluation saine et constructive permettant la poursuite des orientations[2].

Le partenariat permet également :

- d'assurer la viabilité de services ;

- de faire des économies pouvant être consacrées à d'autres usages publics ;

- d'optimiser les ressources disponibles dans le milieu, qui proviennent le plus souvent des investissements des contribuables (ex. : utilisation plus large des installations ou, encore, des capacités d'action de chaque partenaire) ;

- de favoriser un rapprochement des positions, des perceptions et des façons de faire de chacun (ex. : abattre les barrières entre les systèmes administratifs et le milieu) ;

- une implication du milieu pour mieux définir les orientations qui président les interventions à privilégier ;

- de mobiliser les forces internes et externes vers l'atteinte d'un objectif, d'une cible, d'un changement souhaité dans la communauté ;

- de profiter de l'expertise des autres partenaires ;

- de responsabiliser les acteurs ;

- de trouver des solutions novatrices ;

- d'éviter les dédoublements et les chevauchements dans l'action ;

- d'atteindre une meilleure productivité sociale.

Le partage des rôles et des pouvoirs

Qu'il s'agisse d'un partenariat entre deux instances publiques ou entre le secteur public et le secteur privé, tout partenariat sous-entend un partage des rôles (concepteur, producteur, contrôleur, régulateur, évaluateur, bailleur de fonds, coordonnateur) et des pouvoirs (décisions, interventions, finances). Cela suppose donc une volonté réelle du partenaire en statut d'autorité de partager le pouvoir. En outre, il y aura partenariat s'il y a convergence des intérêts à collaborer et à mettre les ressources en commun, sinon il s'agira d'un rapport de pouvoir. Dans cette perspective, le respect intégral de l'essence, de la nature et des spécificités de chacun des partenaires représente une autre condition essentielle à la réussite d'un partenariat efficace (respect de la mission, des objectifs, de l'autonomie, de la culture et de l'expertise propres à chacun des partenaires ainsi que de leurs intérêts à s'associer). Il y aura donc nécessairement une adaptation sur les plans des attitudes et des approches pour favoriser l'harmonie des interventions et l'interdépendance des partenaires.

Il faut également assurer le respect du partenaire dans l'action, privilégier un processus de coopération plutôt que des processus normatifs centralisés qui s'inscrivent dans le prolongement des systèmes administratifs. À cette fin, il faut privilégier davantage un partenariat qui repose sur :

- l'établissement d'une relation de confiance basée sur l'échange des informations, le partage des connaissances, des préoccupations, des expertises, des lectures de l'environnement en mutation constante ;

- des mécanismes de consultation et de concertation favorisant l'échange, le consensus et la cohésion dans l'action ;

- une certaine liberté, une marge de manœuvre, de la latitude dans le choix des moyens d'action ;

- la reconnaissance de l'apport du partenaire.

Enfin, il faut investir dans le partenariat et assurer des conditions de partenariat viables :

- pour les citoyens, cela suppose qu'ils ont la possibilité de faire connaître leurs besoins et de jouer un rôle dans la prise de décision ;

- pour le secteur public, cela suppose des structures souples et adaptées, un décloisonnement réel, des orientations claires axées sur des résultats à atteindre, une volonté réelle de partager et de s'ouvrir à l'extérieur ;

- pour l'entreprise privée, cela signifie avoir une marge de manœuvre suffisante pour assurer la rentabilité des projets ;

- pour les associations, cela implique souvent un soutien de leurs actions par des pouvoirs publics.

Cela veut aussi dire, le plus souvent, la mise en place de mécanismes suscitant ou encadrant les occasions d'actions, de cohérence et de mise en commun. Il peut s'agir :

- de mécanismes de consultation, permettant aux acteurs du milieu, dont les citoyens, d'exprimer leur opinion, de faire connaître leur point de vue et leurs besoins tout en participant au processus de décision. Différents moyens peuvent être utilisés, comme l'organisation d'assemblées publiques, la tenue d'un colloque réunissant les principaux acteurs, la réalisation de sondages ou la mise sur pied de commissions ou de comités consultatifs ;

- de mécanismes de concertation permettant aux différents intervenants de s'informer sur leurs actions respectives, d'harmoniser leurs interventions vers la recherche de l'intérêt commun, de voir à l'utilisation optimale des ressources communautaires disponibles ou de réfléchir sur les actions à préconiser pour réaliser un projet commun. Il peut s'agir, entre autres, de tables de concertation, de comités de planification ou de concertation.

Voilà autant de mécanismes pouvant être mis en place pour favoriser l'émergence et le maintien d'un partenariat. D'autres mécanismes de coordination et de communication peuvent également être mis de l'avant pour encadrer les relations entre partenaires. Dans les prochaines pages, nous traiterons de deux des mécanismes utilisés le plus couramment pour gérer les partenariats au niveau municipal, soit la politique municipale de reconnaissance et de soutien des organismes du milieu associatif et les protocoles d'ententes régissant le partenariat entre la municipalité et différents protagonistes des secteurs associatif, institutionnel et privé.

3. Les politiques de reconnaissance et de soutien des organismes du milieu

L'émergence d'un nouveau modèle d'intervention municipale en loisir, orienté vers le partenariat et favorisant la prise en charge par les groupes du milieu des initiatives en loisir, culture, récréotourisme et socio-communautaire, a amené les municipalités à se doter d'une politique de reconnaissance et de soutien aux organismes du milieu qui constitue un moyen de reconnaître les efforts déployés par les citoyens regroupés en organismes de bénévoles œuvrant à l'amélioration de la qualité de vie de la collectivité et de soutenir leurs actions. Plus précisément, cette politique :

- vise à accréditer des organismes du milieu associatif en les reconnaissant officiellement auprès de la collectivité comme partenaires de la municipalité ;

- expose clairement le cadre des relations que la municipalité souhaite établir, maintenir ou entretenir avec les différents intervenants du milieu associatif œuvrant auprès de la population locale ;

- précise le partage des responsabilités entre la municipalité et les différents organismes partenaires ;

- établit les formes de soutien accessibles aux différents organismes volontaires reconnus comme partenaires selon les limites des ressources municipales disponibles ;

- énonce les moyens qu'elle entend mettre en œuvre pour actualiser les partenariats avec les organismes du milieu.

Bref, par l'adoption d'une politique de reconnaissance et de soutien des organismes du milieu, la municipalité reconnaît le rôle essentiel du milieu associatif dans le développement de la collectivité et consolide son partenariat avec ce milieu au regard de certains objectifs municipaux. En outre, par cette politique, la municipalité précise le cadre d'intervention (mission, rôle, objectifs) qu'elle privilégie et fait connaître à la collectivité les formes de partenariat possible et les règles du jeu qui y sont associées.

Les prémisses et les conditions

Le rôle de la municipalité

La municipalité est reconnue comme le gouvernement le plus proche des citoyens et de l'expression de leurs besoins. Dans cette perspective, les multiples facettes de la qualité de vie des citoyens (conditions de vie, phénomènes sociaux affectant certains segments de la population, etc.) font partie des préoccupations des autorités municipales. Toutefois, faute de ressources, la municipalité ne peut tout faire seule pour trouver des réponses conformes à l'expression des besoins et des attentes des citoyens.

Par ailleurs, la municipalité a l'obligation de fournir les infrastructures minimales requises pour permettre à l'individu de s'épanouir et lui laisser le loisir de s'organiser. Elle doit également veiller à ce que les ressources provenant des contribuables soient équitablement réparties pour assurer une meilleure qualité de vie dans la collectivité. Elle est aussi bien placée pour inviter le milieu à faire ses propres choix et pour inviter les partenariats nécessaires à l'utilisation des forces vives de la communauté à participer au développement du milieu et à la promotion de la qualité de vie.

Dans ce contexte, la promotion et le soutien à l'initiative et à l'implication directes des citoyens qui se regroupent et s'organisent pour prendre en charge le développement de leur milieu et la promotion de la qualité de vie constituent une façon de reconnaître aux citoyens la capacité de définir ce qui correspond à leurs besoins ainsi que de créer et de maintenir une qualité de vie pour tous. C'est ainsi que les rôles de la municipalité tendent de plus en plus à être les suivants :

- agent de coordination et de concertation, catalyseur en vue de favoriser et de rendre plus efficaces les efforts, les initiatives et les actions des organismes du milieu associatif œuvrant à l'amélioration de la qualité de vie des citoyens ;
- agent de développement local visant la pleine participation des citoyens à la prise en charge ;

- agent de soutien et facilitateur de la prise en charge par les citoyens, dans le respect de ses capacités financières, techniques et humaines ;

- complément de l'action et des ressources des autres acteurs interagissant avec les organismes du milieu (rôle complémentaire dans les fonctions) ;

- agent de promotion de l'apport des associations au mieux-être de la population auprès d'autres instances publiques.

Le rôle du milieu

Le développement d'un cadre de vie de qualité n'est pas l'apanage des municipalités, car il relève de tous les acteurs du milieu. À cet égard, les autorités municipales ne peuvent faire abstraction de la contribution très significative des organismes du milieu associatif dans la réponse adaptée aux besoins et aux attentes des citoyens et, conséquemment, de leur apport à une meilleure qualité de vie pour tous à l'échelle de leur territoire. En outre, puisqu'elles regroupent les citoyens, les associations locales constituent en quelque sorte le reflet des aspirations des citoyens. Elles ont également su développer des aptitudes, des capacités et des expertises à répondre aux besoins anciens et nouveaux des citoyens (se divertir, se loger, se nourrir, rencontrer des gens, etc.). C'est dans cette perspective que s'inscrivent pour elles les rôles suivants :

- concepteur et producteur de ressources communautaires (produits, services) dans des secteurs diversifiés (culture, loisir, sociocommunautaire, récréotourisme) auprès de multiples clientèles ;

- promoteur du maintien et de l'élargissement de droits et d'acquis sociaux.

Politique d'ensemble ou politiques sectorielles

Est-il souhaitable et possible que la municipalité se dote d'une politique générale de reconnaissance et de soutien aux organismes du milieu, ou doit-elle élaborer des politiques distinctes pour les organismes œuvrant dans le secteur d'activité du loisir, de la culture, du sociocommunautaire et du récréotourisme ? Tout comme dans le cas des choix entre l'intégration et la spécialisation de la structure d'intervention municipale dans ces secteurs (voir la section 2. du chapitre cinq à ce sujet), il n'y a pas de réponses uniques ou idéales à cette question. Toutefois, plusieurs paramètres peuvent jouer dans la décision d'élaborer une ou plusieurs politiques de reconnaissance et de soutien, entre autres :

- les capacités financières, techniques et humaines de la munici-palité, qui vont de pair avec sa taille ;

- les priorités conjoncturelles que peut se fixer la municipalité ;

- la conception que se font les autorités locales des rôles que la municipalité entend jouer dans la reconnaissance et le soutien des organismes bénévoles œuvrant dans les différents secteurs d'activité où elle a choisi d'intervenir ;

- les problématiques, les objectifs et les modes d'intervention propres à chaque secteur d'activité ;

- les réalités locales, notamment le nombre et la diversité des organismes du milieu.

Le processus d'élaboration de la politique

À partir du moment où il est décidé d'élaborer une politique de reconnaissance et de soutien aux organismes du milieu jusqu'à son évaluation, il y a toute une démarche à parcourir. Pour mieux la saisir, nous proposons, à la figure 7.1, un modèle illustrant le processus d'élaboration d'une politique de reconnaissance et de soutien aux organismes du milieu. Il comporte un enchaînement d'étapes reliées les unes aux autres d'une manière systématique et cohérente. Des informations sont présentées pour chacune de ces étapes.

Étape 1 : La détermination d'un cadre général de travail

Cette première étape consiste à établir les grandes lignes du cadre général dans lequel s'inscrit l'élaboration de la politique. En premier lieu, il importe de préciser l'origine, le contexte et les motifs entourant

FIGURE 7.1
**Processus d'élaboration d'une politique municipale de
reconnaissance et de soutien des organismes du milieu**

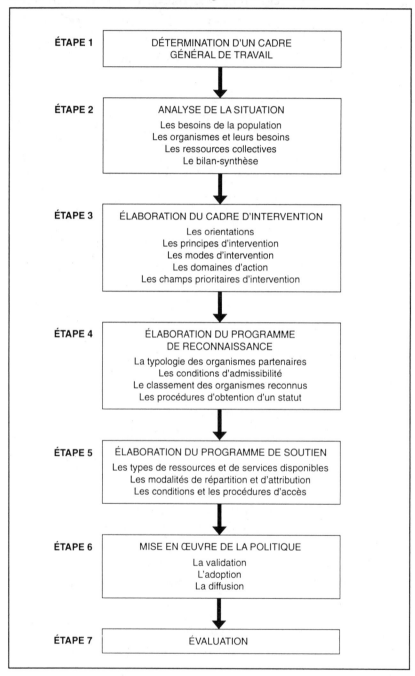

ÉTAPE 1 — DÉTERMINATION D'UN CADRE
GÉNÉRAL DE TRAVAIL

ÉTAPE 2 — ANALYSE DE LA SITUATION

Les besoins de la population
Les organismes et leurs besoins
Les ressources collectives
Le bilan-synthèse

ÉTAPE 3 — ÉLABORATION DU CADRE D'INTERVENTION

Les orientations
Les principes d'intervention
Les modes d'intervention
Les domaines d'action
Les champs prioritaires d'intervention

ÉTAPE 4 — ÉLABORATION DU PROGRAMME
DE RECONNAISSANCE

La typologie des organismes partenaires
Les conditions d'admissibilité
Le classement des organismes reconnus
Les procédures d'obtention d'un statut

ÉTAPE 5 — ÉLABORATION DU PROGRAMME DE SOUTIEN

Les types de ressources et de services disponibles
Les modalités de répartition et d'attribution
Les conditions et les procédures d'accès

ÉTAPE 6 — MISE EN ŒUVRE DE LA POLITIQUE

La validation
L'adoption
La diffusion

ÉTAPE 7 — ÉVALUATION

la décision des autorités municipales de se doter d'une politique de reconnaissance et d'assistance des organismes du milieu et de considérer toute autre information pertinente permettant de circonscrire provisoirement l'étendue et la portée de la politique.

- Est-ce que la politique représente un moyen retenu pour actualiser un plan stratégique d'intervention municipale dans un secteur d'activité ?

- Vise-t-on à expliciter une politique déjà mise en œuvre, mais non écrite ?

- Est-ce que la municipalité est déjà intervenue auprès des organismes œuvrant dans ce secteur d'activité ?

- S'agit-il d'un rajustement de la politique existante aux nouvelles réalités, pratiques d'intervention et politiques sectorielles qui se sont ajoutées depuis son adoption ?

En deuxième lieu, il importe de préciser les conditions dans lesquelles s'effectuera l'élaboration de la politique :

- identifier l'entité à qui sera confié le mandat d'élaborer la politique (équipe de travail constituée de gestionnaires et de professionnels (régie interne), consultants externes, etc.) ;

- préciser les ressources consenties à l'élaboration de la politique ;

- déterminer l'échéancier de travail (délai de réalisation) ;

- identifier les collaborateurs (interlocuteurs internes et externes, partenaires à consulter, etc.) qui seront associés à la démarche ;

- spécifier les éléments de la méthodologie qui sera utilisée (formation de sous-comités, rencontres de travail avec le personnel du service de loisir, consultation des organismes, etc.).

Étape 2 : L'analyse de la situation

Le choix des différents éléments d'une politique auprès des organismes du milieu repose sur des observations et des analyses. C'est à partir de ces informations que les décideurs exercent leur jugement et que sont déduites les propositions constituant l'essence même de la politique.

Il importe donc, d'abord, de recueillir des données permettant de cerner les besoins de la population et ceux des organismes du milieu ainsi que les ressources disponibles dans le milieu pour mettre en relief les points importants des problématiques du milieu, puis de poser un diagnostic sur la situation qui prévaut.

L'identification des besoins de la population

Toute politique municipale trouve sa justification dans la réponse qu'elle apporte aux besoins de la collectivité. Il importe donc de recueillir des informations permettant d'établir un diagnostic juste des besoins de la population dans les secteurs d'activité sur lesquels porte la politique. Une bonne connaissance des aspirations et des besoins de la population permettra d'identifier les organismes auprès desquels une priorité d'intervention doit être envisagée. Ces données peuvent être recueillies à partir d'informations disponibles, d'informateurs ou de sondages et d'entrevues auprès de groupes-cibles de la population.

L'identification des organismes et l'évaluation de leurs besoins

Il s'agit tout d'abord de répertorier toutes les associations intervenant directement et indirectement sur le territoire municipal dans les secteurs d'activité du loisir, de la culture, du sociocommunautaire et du récréotourisme. Idéalement, cet inventaire devrait permettre de connaître, pour chaque association, sa nature exacte, ses buts et objectifs, sa mission, ses produits et services, sa clientèle, ses ressources, son organisation, ses relations avec d'autres intervenants du milieu, etc.

En outre, il importe de relever les problèmes et les difficultés internes et externes auxquels font face les organismes du milieu. Cet inventaire peut porter sur la mise en marché des services et l'analyse des clientèles, le fonctionnement interne des groupes (vie démocratique, statut juridique, etc.), les ressources financières (sources extérieures, diversité, etc.), les ressources humaines (bénévolat ou non), les ressources physiques et matérielles (locaux, matériel de bureau, etc.). Autant de données qui peuvent être recueillies par des consultations menées auprès des représentants des organismes du milieu (consultation par questionnaire, rencontres, etc.).

Il peut également s'avérer opportun et souhaitable de dresser un portrait d'ensemble des interventions directes et indirectes des différents acteurs du milieu œuvrant dans les secteurs d'activité faisant l'objet de la politique. Cette vue d'ensemble permettra de mieux comprendre la spécificité de chaque secteur d'activité et de cerner la dynamique qui caractérise les relations entre les différents acteurs du milieu.

Le relevé des ressources municipales disponibles

La municipalité doit déterminer les ressources financières, techniques et humaines qu'elle peut investir dans la mise en application annuelle de la politique. Elle doit également estimer sa capacité d'investir ces ressources à long terme pour soutenir les organismes actuels et les nouveaux qui pourraient s'ajouter.

Le bilan-synthèse

Lorsque toutes les données sont recueillies, il s'agit d'en effectuer une synthèse, d'en faire ressortir les éléments les plus significatifs et de dégager sur cette base quelques pistes d'orientation.

Étape 3 : L'élaboration du cadre d'intervention

Cette étape du processus est cruciale puisqu'elle établit les assises et les lignes directrices de la politique de reconnaissance et de soutien s'adressant aux groupes et organismes du milieu. Essentiellement, elle vise à élaborer pour chaque secteur d'activité un cadre de référence rappelant la mission et les fondements qui guident l'intervention municipale, précisant les possibilités et les limites de l'intervention municipale ainsi que les domaines d'action jugés prioritaires par suite de l'analyse de la situation, et, enfin établissant les stratégies de partenariat privilégiées par la municipalité. Il s'agit donc de formuler pour chacun des secteurs d'activité :

- l'orientation de la municipalité reflétant le sens de son action ;

- les principes qui fondent, justifient et régissent l'intervention municipale ;

- les modes d'intervention, c'est-à-dire les moyens privilégiés par la municipalité pour actualiser les partenariats avec les groupes et organismes du milieu ;

- les domaines d'action dans lesquels la municipalité compte intervenir et les champs prioritaires d'intervention. Dans ce dernier cas, il peut s'agir de clientèles, de niveaux de pratique, de domaines d'action et même de certaines disciplines ou activités.

Il n'existe pas de cadre d'intervention universel pouvant s'appliquer à toutes les réalités municipales ni de façon unique de le formuler. À titre d'illustration, nous présentons à la figure 7.2 les cadres d'intervention que pourrait formuler une municipalité dans les différents secteurs d'activité. Pour une meilleure compréhension des éléments qui y sont présentés, voici quelques précisions sur les orientations, principes et modes d'intervention.

Orientations

Maître d'œuvre : La municipalité entend assurer la maîtrise d'œuvre de l'organisation et le développement de ce secteur d'activité. À cette fin, elle possède d'importants moyens (équipements et autres ressources). Tout en restant maître d'œuvre, la municipalité partage cette responsabilité avec plusieurs partenaires. La municipalité devient en quelque sorte la structure d'accueil des initiatives du milieu en vue de canaliser les efforts de chacun pour garantir une utilisation optimale de toutes les ressources disponibles dans la réponse aux besoins des citoyens.

Facilitateur : La municipalité, en tant qu'intervenant majeur au niveau local, se reconnaît des responsabilités de partenaire dans ce secteur d'activité, en complémentarité aux rôles et aux responsabilités assumés par les autres acteurs du secteur public et de leurs mandataires. Elle n'entend pas se substituer à ces interventions mais faciliter les interventions des groupes et associations qui contribuent à la résolution des problèmes sociaux vécus par les citoyens.

Partenaire : La municipalité est disposée à jouer un rôle ponctuel dans ce secteur d'activité.

Principes d'intervention

Participation : Favoriser et privilégier la prise en charge des besoins par le milieu.

Autonomie : Respecter l'autonomie des groupes volontaires dans leur fonctionnement et leur action.

Égalité et accessibilité :
- Permettre à tous les citoyens d'accéder à des activités et des services ;
- Permettre aux citoyens regroupés d'avoir accès à des programmes et des services.

Concertation : Privilégier la concertation avec tous les acteurs du milieu pour assurer des interventions, des efforts et des actions ainsi que pour favoriser l'émergence de projets communs dans le milieu.

Coordination : Assurer la coordination des efforts des organismes reconnus et soutenus par la municipalité.

Planification et gestion : Assurer la planification et la gestion des ressources collectives en fonction des intérêts de la population.

Suppléance : Suppléer aux carences dans l'offre de services du milieu.

Association : Rechercher le développement de partenariats avec les acteurs du secteur public ou du secteur privé.

Modes d'intervention

Consultation : Assurer la mise en place de mécanismes de consultation auprès de la population et des organismes du milieu sur les choix et les priorités de développement.

Information : Fournir aux citoyens toutes les informations pertinentes sur les produits et services mis à leur disposition.

Concertation : Encourager, soutenir et faciliter la concertation et la collaboration avec et entre les organismes par la mise en place de mécanismes de concertation permanents.

Promotion : Susciter, accroître et dynamiser les initiatives de prise en charge du milieu.

Soutien : Assurer un soutien aux organismes de bénévoles du milieu.

FIGURE 7.2

Cadre d'intervention à la reconnaissance et au soutien des organismes

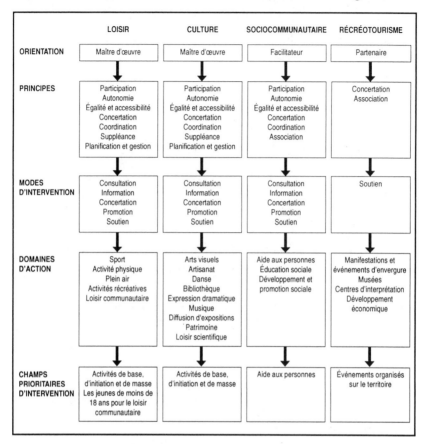

Étape 4 : L'élaboration du programme de reconnaissance des organismes

Cette étape vise à définir un guide souple et efficace qui facilite le processus de reconnaissance des organismes du milieu et garantit le respect des principes de transparence, d'équité et d'accessibilité qui régissent la répartition des ressources collectives provenant des fonds publics. Dans son application, la reconnaissance permet à la municipalité de définir et de distinguer clairement l'importance du rôle joué par chaque groupe ou organisme du milieu dans la réponse aux besoins et aux attentes des citoyens et établit les règles entourant le processus de reconnaissance. C'est ainsi que les organismes officiellement reconnus par la municipalité sont dotés d'un statut traduisant le degré d'association avec la municipalité.

Cette reconnaissance est essentielle pour qu'un organisme puisse accéder à quelque forme que ce soit de soutien municipal. Quant au statut accordé à l'organisme reconnu, il déterminera la nature et l'ampleur de l'aide que la municipalité accordera pour appuyer les activités de cet organisme. Toutefois, des mesures exceptionnelles peuvent être prévues dans le programme de reconnaissance pour permettre à des regroupements de citoyens respectant certaines conditions et visant des objectifs compatibles avec ceux établis au niveau municipal de recevoir une certaine aide de la part de la municipalité. Enfin, il importe de s'assurer que le programme de reconnaissance ne contrevient à aucune législation, notamment qu'il respecte les droits fondamentaux des citoyens garantis dans les chartes canadienne et québécoise des droits et des libertés.

Essentiellement, cette étape consiste à :

- relever et distinguer différents types d'organismes avec lesquels la municipalité compte s'associer ;

- définir les conditions d'admissibilité auxquelles doivent satisfaire les groupes et les organismes du milieu pour bénéficier d'une reconnaissance municipale ;

- concevoir une grille pondérée de critères de reconnaissance pour la classification des organismes ;

- élaborer les procédures relatives au statut de groupe ou d'organisme reconnu par la municipalité.

Les types d'organismes

Il s'agit ici d'identifier et de distinguer, *a priori*, les groupes et organismes visés par l'accréditation. Pour ce faire, plusieurs paramètres peuvent être considérés, notamment :

- les spécificités de l'organisation du secteur d'activité dans le milieu ou la structure organisationnelle d'intervention mise en place par la municipalité dans le secteur d'activité ;

- les partenariats existants et souhaités avec les organismes du milieu ;

- les caractéristiques générales que doivent présenter les groupes et les organismes pour être reconnus comme intervenants dans un secteur d'activité.

Là encore, il n'existe pas de typologie commune des organismes. À titre d'illustration, les types d'organismes pouvant être reconnus comme partenaires de la Ville de Beauport dans les secteurs du loisir, de la culture et du sociocommunautaire sont les suivants[3] :

A) *Les organismes municipaux*

Ce sont des organismes dont le but est l'offre de services à l'ensemble de la population beauportoise pour une discipline, une clientèle ou un champ spécifique, dans un domaine d'intervention du Service.

B) *Les organismes gestionnaires*

Ce sont des organismes dont le but est l'opération sur une base permanente, d'un ou de plusieurs équipements de propriété municipale, tant en termes de gestion des bâtiments qu'en matière de programmation ou d'animation de ceux-ci.

C) *Les organismes sociocommunautaires*

Ce sont des organismes dont le but est de contribuer à la solution de problèmes sociaux ou communautaires, en aidant les personnes et les groupes concernés.

D) *Les organismes de loisir récréatif*

Ce sont des organismes de loisirs non disciplinaires, œuvrant à l'échelle d'une partie du territoire municipal pour une clientèle spécifique.

E) *Les organismes de loisir de vie communautaire*

Ce sont des organismes dont le but est d'offrir à la population un ensemble de manifestations visant à favoriser la vie communautaire à l'échelle de leur territoire d'appartenance.

F) *Les organismes de regroupement*

Chaque regroupement est constitué d'organismes reconnus par la municipalité dans un des domaines d'intervention du Service, dans un but de collaboration et d'harmonisation de leurs actions, et de mise en commun de services.

G) *Les organismes de financement*

> Ce sont des organismes reconnus par la municipalité, ayant comme but la constitution et la redistribution de fonds dans les domaines d'intervention du Service.

Les conditions d'admissibilité

L'établissement des conditions d'admissibilité auxquelles doivent satisfaire les groupes et les organismes du milieu pour bénéficier de l'accréditation municipale constitue un autre élément indispensable du programme de reconnaissance. Essentiellement, il s'agit de déterminer les exigences de base que devra remplir un organisme pour agir officiellement auprès des citoyens comme organisme reconnu de la municipalité. Le choix de ces exigences peut reposer sur des considérations juridiques, opérationnelles et administratives permettant aux autorités municipales de s'assurer de la compatibilité des activités d'un groupe ou d'un organisme avec les objectifs et les politiques de la municipalité, de la viabilité du partenariat ainsi que du respect des principes et des règles d'une bonne gestion des fonds publics. En bout de ligne, une formule de demande de reconnaissance et un guide présentant les informations pertinentes sur les procédures de reconnaissance, notamment les documents requis pour toute demande, devraient être mis à la disposition de tout groupe et organisme du milieu.

Les conditions de base de la reconnaissance d'un organisme à titre de partenaire peuvent varier selon les réalités propres à chaque milieu ; il n'y a donc pas de règles préétablies. À titre d'illustration, nous présentons en encadré les conditions d'admissibilité formulées par la Ville de Longueuil en 1989. Le lecteur notera l'inclusion d'une mesure visant les groupes et les organismes qui ne souhaitent pas demander la reconnaissance.

Classement des organismes reconnus

Une fois que les conditions d'admissibilité à la reconnaissance municipale sont établies, il s'agit de déterminer l'ordre de priorité et la façon dont on compte traiter les différents organismes reconnus dans l'application de la politique municipale de reconnaissance et de

CONDITIONS D'ADMISSIBILITÉ FORMULÉES
PAR LA VILLE DE LONGUEUIL EN 1989

Pour être admissible au statut d'organisme reconnu accordé par la Ville de Longueuil dans le cadre de sa politique de loisir et de développement communautaire, un groupe ou un organisme doit obligatoirement remplir trois sortes de conditions :

- des conditions reliées à la nature de l'intervenant ;
- des conditions reliées au cadre d'intervention des groupes ou des organismes ;
- des conditions reliées au territoire d'intervenant.

Sont admissibles au statut les intervenants suivants :

- les organismes de loisir et de développement communautaire privés, à but non lucratif, légalement constitués ;
- les groupes de citoyens qui ne sont pas légalement constitués mais qui partagent le même loisir ou qui poursuivent des fins communautaires, sans objectif pécuniaire ;
- les groupes ponctuels en loisir.

Les organismes légalement constitués doivent être régis par un conseil d'administration ou un comité responsable possédant ses propres règlements généraux.

Les groupes qui ne sont pas légalement constitués doivent être en instance de constitution ou expliquer la non-nécessité de cette procédure.

Sont admissibles au statut les groupes ou les organismes précédemment cités qui :

- offrent des activités ou des services dans les domaines du loisir ou du développement communautaire ;
- préconisent des objectifs en accord avec la législation municipale et conformes à la mission de la Ville de Longueuil dans les domaines du loisir et du développement communautaire.

Ces groupes ou organismes doivent également :

- œuvrer sur le territoire de Longueuil et desservir des résidents et des résidentes de Longueuil ;
- avoir leur siège social à Longueuil ;
- avoir des membres responsables ou des représentants siégeant au conseil d'administration qui sont domiciliés à Longueuil.

Les regroupements de citoyens intervenant en loisir, tant pour la réalisation d'activités régulières que ponctuelles, respectant l'ensemble des conditions citées à la page précédente mais non désireux de s'inscrire dans un processus formel de reconnaissance peuvent quand même bénéficier de certains services de la part de la municipalité.

Il s'agit exclusivement des services de prêt ou de location de locaux, de plateaux et d'équipement[4].

soutien. Pour ce faire, il est approprié d'utiliser une méthode qui permet de distinguer, parmi l'éventail d'organismes reconnus dans un secteur d'activité, des catégories d'organismes reflétant le degré de contribution aux objectifs poursuivis par la municipalité. Rappelons que l'accès à un statut d'organisme reconnu plutôt qu'à un autre déterminera la nature et l'ampleur de l'aide que la municipalité accordera à l'organisme.

Une grille de critères pondérés peut être élaborée pour faciliter le classement de chaque organisme reconnu en fonction des catégories retenues par les autorités municipales. Essentiellement, cette méthode consiste à :

- établir un classement des organismes reconnus qui reflète le degré d'association avec la municipalité ;
- définir des critères permettant d'évaluer le type et la valeur des interventions menées par les groupes et les organismes reconnus par rapport aux effets recherchés par la municipalité ;
- attribuer un poids à chacun des critères qui reflète l'incidence des activités des groupes et des organismes reconnus dans la collectivité ;
- attribuer un statut à chaque groupe ou organisme reconnu en fonction d'une pondération.

Les informations présentées dans l'encadré qui suit décrivent un exemple de grille de critères pondérés et du classement des organismes reconnus.

Critère 1 : La nature de l'intervenant (maximum 15 points)

- Organisme ou groupe multidisciplinaire dont le mandat est reconnu comme étant exclusif par la municipalité ... 15 points
- Organisme ou groupe unidisciplinaire dont le mandat est reconnu comme étant exclusif par la municipalité ... 10 points
- Organisme ou groupe dont le mandat n'est pas reconnu comme étant exclusif par la municipalité .... 5 points

Critère 2 : La provenance des membres et participants actifs (maximum 15 points)

- Résidants (90 % et plus) .... 15 points
- Résidants (75 % à 89 %) .... 9 points
- Résidants (50 % à 74 %) .... 3 points
- Résidants (49 % et moins) .... 0 point

Critère 3 : Les groupes d'âge touchés (maximum 30 points)

- Enfants (moins de 12 ans) .... 25 points
- Adolescents (13 à 17 ans) .... 30 points
- Adultes (18 à 54 ans) .... 5 points
- Aînés (55 ans et plus) .... 10 points
- Mixte[1] .... 20 points

Critère 4 : Les programmes (activités et services) (maximum 40 points)

- Les programmes continus[2] (25 points)
  - présences/participants/annuelles[4] .... 12 points*
  - heures/programmes/année[5] .... 8 points*
  - nombre d'activités/annuelles[6] .... 5 points*

- Les programmes occasionnels[3] (15 points)
  - présences/participants/annuelles[4] .... 7 points*
  - heures/programmes/année[5] .... 5 points*
  - nombre d'activités/annuelles[6] .... 3 points*

Selon les pointages obtenus à l'application des critères d'attribution d'un statut, les organismes reconnus sont répartis dans les trois catégories suivantes :

Catégorie A : 76 à 100 points
Catégorie B : 51 à 75 points
Catégorie C : 1 à 50 points

* Ce pointage représente le maximum possible par élément. L'attribution d'une cote est faite par suite de l'établissement, par champ d'intervention pris en compte dans le secteur d'activité, de classes déterminées à partir d'une analyse rigoureuse des données obtenues par élément pour chacun des champs d'intervention considérés.

---

1. Il peut s'agir d'une clientèle composée dans une proportion égale d'adultes, d'adolescents et d'enfants.
2. Il s'agit des activités et des services offerts sur une base régulière et répétitive.
3. Il s'agit des activités et des services offerts sur une base ponctuelle et sporadique.
4. Il s'agit du nombre total annuel de personnes ayant participé aux activités ou bénéficié des services produits par l'organisme.
5. Il s'agit de la durée totale annuelle de toutes les activités produites par l'organisme.
6. Il s'agit du nombre total annuel d'activités ou de services produits par l'organisme.

Les procédures relatives à l'obtention d'un statut

Il s'agit d'élaborer les procédures relatives aux objets suivants :

- la demande d'un statut par les organismes reconnus (formule à remplir, documents requis, directives à respecter, etc.) ;

- l'étude de chaque demande (qui étudiera la demande, délai de traitement de la demande, manière dont l'organisme sera informé de la décision : (téléphone, poste, etc.) ;

- la forme que prendra l'officialisation de la reconnaissance d'un statut (résolution du conseil de ville, certificat de reconnaissance, protocole d'entente, etc.).

En outre, puisque le statut accordé n'est valable en général que pour une période d'un an, une procédure de renouvellement de statut de reconnaissance devra être établie. Enfin, la reconnaissance et le maintien d'un statut peuvent s'accompagner d'exigences auxquelles devront satisfaire les organismes reconnus, notamment :

- être dûment constitué à titre d'organisme sans but lucratif ;

- offrir ses services prioritairement à l'ensemble des citoyens ou des organismes de la municipalité ;

- fournir une liste des coordonnées des membres du conseil exécutif ou du comité exécutif ;

- satisfaire aux exigences légales applicables aux activités de l'organisme ;

- fournir au besoin et sur demande tous les documents permettant de connaître la situation financière de l'organisme ;

- dans l'établissement de ses coûts d'activités, appliquer la politique de tarification en vigueur dans la municipalité ;

- inclure, dans les règlements généraux, une clause prévoyant qu'en cas de cessation des activités, les biens meubles et immeubles de même que tous les avoirs financiers de l'organisme retourneront à la municipalité ;

- fournir tous les documents permettant une information pertinente sur les activités et les services offerts.

Étape 5 : L'élaboration du programme de soutien

L'élaboration de ce programme s'inscrit en continuité et en harmonie avec celui de la reconnaissance des organismes. Il définit les modalités de répartition de l'ensemble des ressources et des services mis à la disposition des groupes et des organismes reconnus par la municipalité pour leur permettre d'optimiser leurs actions dans le milieu. Il vise notamment à établir une priorité d'accès à ces ressources et services selon le statut des groupes et organismes ainsi qu'à adapter cette assistance en fonction de la nature et des besoins de ces intervenants de même que des types de programmes d'activités et de services qu'ils produisent. Essentiellement, l'élaboration du programme de soutien consiste à :

- relever les ressources et les services à la disposition des groupes et organismes reconnus ;

- déterminer les modes de répartition et d'attribution des ressources et des services mis à la disposition des groupes et organismes reconnus ;

- élaborer les conditions et les procédures relatives à l'obtention et à l'utilisation des ressources et des services.

Relevé des ressources et des services disponibles

Les ressources et les services que peuvent mettre les municipalités à la disposition des groupes et des organismes reconnus peuvent être regroupés en quatre catégories :

- Les ressources physiques, qui incluent les locaux et les plateaux nécessaires à la production d'activités, les salles et les locaux utilisés à des fins administratives, les espaces pour le rangement et l'entreposage d'équipement, le service de prêt d'équipement et de matériel (éclairage, sonorisation, matériel audiovisuel, chaises, gradins, barricades anti-émeutes, etc.), ainsi que certains services de transport. Il peut s'agir dans certains cas de ressources scolaires ou supra-municipales faisant l'objet d'ententes en permettant l'utilisation à des fins communautaires ;

- Les ressources professionnelles destinées à favoriser l'encadrement et la formation des bénévoles, la vie des organismes et le soutien à la production de programmes d'activités. Il peut s'agir de ressources professionnelles de la municipalité ou de programmes externes assurant entre autres la formation technique en arbitrage ou en entraînement ;

- Les ressources techniques et de soutien, qui comprennent, entre autres, les services de dactylographie, de reprographie, d'envois postaux de même que les outils de promotion et de diffusion ;

- Les ressources financières, qui peuvent prendre différentes formes comme des programmes d'aide financière d'appoint pour la mise en place de services aux citoyens dans des champs jugés prioritaires ou le démarrage de certains projets spéciaux, des enveloppes de base pour assurer le fonctionnement des organismes, des programmes spécifiques de soutien financier destinés à appuyer certains éléments essentiels du développement d'un secteur d'activité ou, encore, des tarifs préférentiels pour l'utilisation des locaux et des plateaux.

Les modalités de répartition et d'attribution

Dans un premier temps, il importe d'établir la répartition des ressources et des services mis à la disposition des groupes et organismes reconnus. Essentiellement, cela consiste à indiquer les services auxquels peuvent avoir accès les différents partenaires. Cette répartition doit tenir compte du statut et des besoins des organismes. D'autres modalités peuvent aussi être considérées, notamment le genre d'activités réalisées par l'organisme (activité régulière, ponctuelle ou de financement, etc.) ou encore les disponibilités, soit la capacité d'accueil inhérente à chaque service municipal disponible.

Il faut également déterminer les modalités d'attribution ou d'accessibilité qui précisent la portée ou les limites d'accès à un service ainsi que les dispositions qui s'y rattachent. Il peut s'agir notamment des modalités suivantes :

- l'établissement d'un ordre de priorité d'accès au service (ex. : les organismes reconnus de statuts A et B auront droit prioritairement à des locaux administratifs) ;

- les principes de gratuité ou de tarification s'appliquant à chacun des services et spécifiant le cadre de leur application (ex. : gratuité pour utiliser un équipement dans le cadre des activités régulières, tarification préférentielle s'appliquant dans le cas d'activités de financement, etc.) ;

- les règles permettant d'établir le montant de la subvention ou de toute autre aide financière ;

- les quotas et toute autre spécification limitant l'accès à un service (ex. : types de documents admissibles pour le service d'envoi postal, nombre d'envois autorisé dans une année, heures d'utilisation habituelles, etc.).

Les conditions et les procédures d'accès

Pour chacun des services, il importe d'élaborer les conditions et les procédures permettant aux groupes et aux organismes qualifiés d'y accéder, notamment les suivantes :

- les procédures et les délais de réservation, de confirmation, de modification ou d'annulation ;

- les documents officialisant l'accès aux services (permis d'utilisation, bail de location, facture, etc.) ;

- les modalités de paiement reliées à la tarification ;

- les modalités du versement de la subvention ;

- les obligations de l'utilisateur et la réglementation qui s'applique (ex. : dépôt, règlements municipaux en vigueur, conditions d'utilisation reliées au lieu, au service, etc.) ;

- les procédures en cas d'urgence ou d'imprévus (ex. : plaintes, accidents, etc.) ;

- les formulaires à remplir (ex. : demande de réservation, documents à joindre à la demande, etc.).

Étape 6 : La mise en œuvre

Cette étape consiste tout d'abord à valider la version préliminaire de la politique municipale de reconnaissance et de soutien des organismes. Pour ce faire, l'idéal est de procéder à une consultation auprès de tous les acteurs concernés par la politique, entre autres, les membres de la commission des loisirs, les représentants des groupes et des organismes du milieu et le personnel professionnel du service municipal chargé de sa mise en œuvre. Advenant le cas où il ne serait pas possible de consacrer tout le temps requis à la consultation, une période d'expérimentation de la politique pourrait être prévue pour permettre des rajustements par la suite.

Pour que la consultation soit fructueuse, il importe que les groupes et organismes visés par la politique puissent s'exprimer dans un cadre bien défini qui fait en sorte qu'il n'y ait pas de confusion ni d'attentes créées inutilement. Une fois les informations recueillies, leur analyse devra faire ressortir les consensus et les divergences d'opinions sur les différents éléments de la politique. Des décisions devront être prises pour préciser les corrections et les modifications à apporter au document de politique en fonction des commentaires formulés. Enfin, selon l'importance des changements apportés, il peut s'avérer pertinent de procéder à une autre consultation avant de procéder au dépôt de la politique au conseil de ville pour la sanction officielle.

Lorsque la politique a été sanctionnée par le conseil de ville, il importe de la diffuser auprès de la population, des groupes et des organismes du milieu ainsi que de tous les acteurs œuvrant sur le territoire municipal dans les secteurs d'activité concernés. À cette fin, il est opportun de préciser :

- l'effet recherché par la diffusion de la politique, par exemple veiller à ce que les groupes et organismes locaux aient accès, sans discrimination, aux services mis à leur disposition dans la politique ;

- les auditoires visés, soit l'ensemble des personnes et des organisations à qui l'on souhaite faire connaître la politique (ex. : la population locale, les organisations publiques intervenant sur le territoire municipal, les membres du personnel des différents services municipaux susceptibles d'avoir à se reporter à la politique, etc.) ;

- les informations relatives à la politique qui feront l'objet de la diffusion, ces dernières pouvant varier en fonction des auditoires et des moyens de diffusion retenus et du budget disponible ;

- les moyens de diffusion qui seront utilisés (ex. : assemblée publique, bulletin d'information municipal, document de présentation de la politique, etc.).

Étape 7 : L'évaluation

Il est indispensable de procéder de façon continue et périodique à l'évaluation de la politique mise en application pour générer une rétroaction, c'est-à-dire de participer à la correction de la version en vigueur et à l'amélioration des décisions futures. Pour ce faire, il faut s'assurer d'avoir la collaboration de tous les acteurs, principalement le personnel professionnel chargé de son application et les responsables des groupes et des organismes partenaires. En outre, il est indispensable qu'un système d'information ainsi que des mécanismes de suivi et de contrôle soient mis en place, notamment pour permettre :

- de déterminer l'importance des ressources financières, matérielles et humaines qui ont été investies directement et indirectement ;

- de s'assurer que les ressources octroyées ont bien été employées aux fins pour lesquelles elles ont été accordées ;

- de vérifier la qualité et la quantité des services et des programmes d'activités produits par les groupes et les organismes reconnus ainsi que leur caractère suffisant d'après les besoins et les attentes de la population ;

- d'établir le degré d'adhésion des groupes et des organismes du milieu ;

- d'évaluer si les résultats escomptés par la politique sont effectivement atteints ;

- de vérifier la pertinence des différents éléments de la politique (modalités de répartition et d'attribution, procédures, etc.) par rapport aux besoins du milieu et aux changements survenus dans l'environnement.

L'évaluation de la politique peut donc permettre de juger de l'efficience des efforts consentis, de sa contribution à l'atteinte des objectifs des principes d'intervention d'ensemble de la municipalité ou de sa capacité de répondre aux besoins et aux attentes des citoyens, ou encore, de la pertinence des moyens et des outils retenus pour en assurer l'application. Elle peut aussi permettre d'apporter des modifications et des rajustements visant une plus grande optimisation des ressources investies, une amélioration de ses retombées dans le milieu ou bien de contrer certains effets négatifs pouvant être attribuables à l'insuffisance des mesures de contrôle.

4. Les protocoles d'entente avec les organismes du milieu

Une entente entre la municipalité et un ou plusieurs autres organismes du milieu peut prendre diverses formes selon les modalités prévues dans la législation, les règlements ainsi que les politiques et pratiques administratives des municipalités. En outre, une entente peut être plus ou moins formelle. Ainsi, un accord oral ou de bonne foi est la forme d'entente la plus informelle. Pour sa part, la lettre d'entente qui confirme les termes d'une entente a un caractère plus officiel, mais n'a pas, elle non plus, de valeur juridique advenant une difficulté ou un litige. Aujourd'hui, en raison de l'importance des responsabilités civiles et financières en jeu, les municipalités favorisent les contrats en bonne et due forme comme le « protocole d'entente » pour rendre exécutoires les ententes conclues avec les différentes organisations du milieu.

Essentiellement, un protocole d'entente traduit un accord de volontés sous la forme d'un contrat par lequel une ou plusieurs parties s'engagent envers une ou plusieurs autres à donner, à faire ou à exécuter une prestation, ou encore à mettre en commun, à échanger ou à organiser conjointement des services (biens, travaux, activités). Il définit les règles, les conditions et les engagements mutuels acceptés par tous les partenaires pour établir leur contribution, assurer leur protection et faciliter le bon fonctionnement de l'entente. En ce sens, il est le plus souvent le résultat d'une concertation entre plusieurs organismes. Son élaboration s'effectue en plusieurs étapes dont nous traiterons sommairement. Nous aborderons par la suite certaines particularités des ententes qui sont conclues entre, d'une part, la municipalité et, d'autre part, le milieu associatif, les entreprises, le milieu scolaire ou une autre municipalité.

L'élaboration d'un protocole d'entente

En raison de la diversité infinie des situations et des possibilités d'entente, il n'y a pas de processus universel qui s'adapte à tous les protocoles d'entente possibles entre la municipalité et les organismes du milieu. La démarche proposée à la figure 7.3 fournit des points de

FIGURE 7.3

Processus d'élaboration d'un protocole d'entente

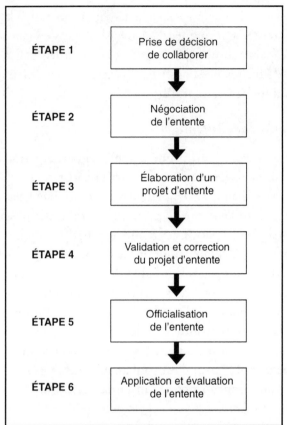

repère et précise des étapes de base indispensables. Il faut la considérer comme un cadre de référence établissant les principales balises et permettant de mieux saisir les dimensions en jeu. Voyons brièvement chacune de ces étapes.

Étape 1 : La prise de décision

Toute entente tire son origine d'une initiative prise par un ou plusieurs organismes du milieu, incluant la municipalité, pour répondre à un besoin communautaire ou apporter une solution à une situation jugée insatisfaisante dans la collectivité. Cela suppose au départ que les partenaires ont un intérêt réel à partager une action commune en réponse au besoin à l'origine de l'entente envisagée, ou à collaborer à la résolution de la situation insatisfaisante. À cette fin, la tenue de réunions exploratoires regroupant ces partenaires éventuels peut s'avérer pertinente afin de les inciter à s'associer à la démarche menant à la conception d'une entente. Ultimement, la décision de s'engager suppose que chaque partenaire a déterminé ses positions face à l'éventuelle entente, défini ses besoins et établi les capacités financières et juridiques qui lui permettent d'agir.

Étape 2 : La négociation de l'entente

Une fois prise la décision de concevoir une entente, la participation des divers paliers décisionnels de chacune des parties apparaît essentielle pour la discussion des avenues possibles de collaboration et l'élaboration d'une proposition d'entente. À cette fin, la mise sur pied d'un groupe de travail formé de personnes mandatées par chacun des organismes partenaires est souhaitable pour que la négociation donne des résultats concrets dans un délai raisonnable. Il peut s'agir d'élus, de fonctionnaires désignés, de membres des conseils d'administration des organismes concernés ou de cadres de ces organisations. Cependant, pour faciliter les discussions et aider le processus de prise de décision, il importe d'assurer un certain équilibre dans la composition de ce groupe de travail. Ainsi, il est souhaitable que le groupe compte des personnes qui sont proches de l'instance décisionnelle et de chaque organisme partenaire. Il y a lieu également qu'il soit formé de personnes qui remplissent des responsabilités équivalentes dans leur organisation respective. Enfin, le mandat des représentants de chacun des organismes doit être clair et leur laisser la latitude nécessaire pour exécuter leurs fonctions au sein du groupe.

La préparation d'une proposition d'entente suppose des discussions visant l'atteinte d'un consensus sur les buts et les différents éléments de l'entente. En fait, tous les aspects d'une entente peuvent être discutés et négociés, qu'il s'agisse de son objet, du mode de fonctionnement à privilégier ou de sa durée. Les nombreuses démarches de négociation nécessaires seront facilitées si chacun des partenaires a préalablement déterminé les éléments de l'entente auxquels il souhaiterait parvenir. Il importe également que soit maintenu un climat positif tout au long de cette étape préparatoire pour renforcer la volonté commune des partenaires de s'entendre.

Étape 3 : L'élaboration d'un projet d'entente

Lorsque les négociations sont terminées, on procède à la rédaction d'une première version du protocole d'entente qui traduit toutes les réflexions et les décisions découlant de l'étape précédente. Essentiellement, cette version comprend les principaux éléments suivants :

a) L'identification des parties

b) Les principes généraux

c) La description de l'objet visé par l'entente

d) Les clauses de l'entente

e) La signature de l'entente

a) L'identification des parties

Une entente peut être bipartite, tripartite ou multipartite. Il importe d'identifier dûment chaque entité partenaire dans le protocole :

- Nom légal ;
- Adresse du siège social ;
- Nom, titre ou fonction des répondants autorisés à signer l'entente ;
- Appellations utilisées pour nommer les parties dans le document pour fins d'interprétation du protocole.

b) Les principes généraux

Souvent facultative, cette partie du protocole rappelle les fondements, le contexte et la portée de l'entente. Aussi appelée « préambule », « préliminaires » ou « considérants », elle sert de cadre de référence à l'entente. Les partenaires y inscrivent les intentions et les principes qui régissent leur collaboration. Ils peuvent également y rappeler leurs rôles et leurs mandats en rapport avec l'entente.

c) La description de l'objet de l'entente

Cette partie du protocole décrit explicitement sur quoi porte l'entente conclue par les partenaires. La description détaillée de cet objet est un élément essentiel à inclure dans toute entente. Généralement, lorsque l'entente ne vise qu'une partie des activités d'un service, il importe de les définir et de les détailler. Voici, en guise d'illustration, quelques exemples courants d'objets d'entente dans le domaine du loisir :

- L'utilisation d'un équipement ou de locaux (ex. : achat d'heures de glace, prêt d'une salle dans un centre communautaire, utilisation conjointe d'une bibliothèque scolaire, etc.).

- L'exécution de travaux d'aménagement ou de construction (ex. : aménagement d'un parc-école avec la contribution financière de la municipalité, amélioration d'un terrain sportif municipal avec la participation financière d'une autre municipalité, etc.).

- L'acquisition et l'utilisation d'un terrain, d'un immeuble ou d'un bien (ex. : achat conjoint d'ordinateurs, aréna intermunicipal, piste cyclable intermunicipale, etc.).

- La réalisation d'études (ex. : plan stratégique de développement d'équipements communautaires, étude de faisabilité, etc.).

- L'utilisation d'une ressource humaine (ex. : expertise particulière d'un professionnel de la municipalité pour l'organisation d'événements d'envergure, etc.).

- L'organisation et la mise en œuvre d'activités (ex. : programmes conjoints d'activités de loisirs, organisation et développement du hockey mineur, etc.).

- La participation à quelques activités de loisir (ex. : activités de glace, activités aquatiques, etc.).

- La gestion et l'exploitation d'un équipement ou d'un endroit (ex. : centre communautaire, salle de spectacles, etc.).

- La pratique de l'ensemble des activités de loisir municipal.

d) Les clauses de l'entente

Les clauses de l'entente regroupent toutes les dispositions de l'entente décidées par les partenaires. Généralement, elles spécifient :

- les engagements, les obligations et les responsabilités des parties comme propriétaire, utilisateur, mandataire ou réalisateur ;

- la répartition des coûts entre les parties (obligatoire dans les ententes intermunicipales) ;

- les modalités qui s'appliquent dans les cas fortuits et de force majeure ;

- le mécanisme de gestion privilégié pour assurer l'application, le suivi et le contrôle de l'entente (obligatoire dans les ententes intermunicipales) ;

- les modalités de partage de l'actif et du passif découlant de l'application de l'entente, lorsque celle-ci prend fin (obligatoire dans les ententes intermunicipales) ;

- la durée de l'entente, les modalités de renouvellement et la procédure pour y mettre fin (obligatoire dans les ententes intermunicipales).

D'autres clauses peuvent également préciser des conditions, des règles et des dispositions particulières qui régissent l'entente. Selon le type d'entente et les situations, il peut s'avérer pertinent de prévoir des clauses sur les éléments suivants :

- Horaires d'utilisation de l'équipement régi par l'entente

- Système comptable et états financiers

- Modalités de paiement des contributions financières

- Tarification (mode de détermination des coûts, mécanismes de révision des tarifs, politique à respecter, etc.)

- Modalités de facturation et de paiement

- Règlement des différends

- Modalités de résiliation de l'entente

- Défaut d'exécution et pénalité
- Assurances contre les dommages
- Politique d'achat
- Personnel (recrutement, autorité sur le personnel, etc.)
- Période d'adaptation à l'entente
- Modalités de suivi et d'évaluation
- Adhésion d'une autre partie

Chaque entente s'inscrivant dans un contexte bien précis, il n'y a pas de règles qui permettent de déterminer le nombre et la nature des clauses à inclure dans le protocole. L'absence ou l'imprécision de dispositions peut entraîner des problèmes d'application de l'entente. Par contre, des clauses trop rigides risquent d'empêcher certains arrangements occasionnels permettant des rajustements nécessaires tels la prolongation de la période d'utilisation d'un équipement.

e) La signature de l'entente

Le protocole d'entente doit prévoir un espace pour les signatures des représentants autorisés des parties, le lieu et la date de la signature. Des témoins peuvent également être invités à signer à la suite des mandataires.

Étape 4 : La validation et la correction du projet d'entente

La présentation du projet d'entente à chaque instance décisionnelle des parties constitue une autre étape essentielle de la démarche. Il importe de bien renseigner les instances décisionnelles partenaires sur toutes les retombées de l'entente. En outre, il peut s'avérer pertinent de recourir à l'expertise des services du contentieux de chacun des organismes pour vérifier la conformité aux dispositions de la loi.

À la fin de cette étape, les membres du groupe de travail recueilleront les commentaires émis par leur instance respective puis rédigeront le projet final du protocole d'entente. Cela peut parfois exiger d'autres étapes de négociation, de rédaction et de consultation des instances décisionnelles jusqu'à ce que chacune des parties approuve officiellement le protocole.

Étape 5 : L'officialisation de l'entente

Lorsque le texte final du protocole d'entente convient à toutes les parties, il est soumis à l'approbation des instances décisionnelles de chacun des organismes partenaires. Cette approbation s'obtient généralement par l'adoption d'une résolution du conseil municipal dans le cas des municipalités, du conseil des commissaires dans le cas des commissions scolaires et du conseil d'administration dans le cas des organismes sans but lucratif. Il est à noter que dans le cas d'une entente intermunicipale, une procédure est prévue dans la loi pour officialiser l'entente. Il en est de même dans le cas de l'adjudication de contrats à des entrepreneurs ou fournisseurs privés. À cet effet, des précisions seront apportées plus loin.

Une fois que chaque partie a adopté une résolution autorisant la conclusion de l'entente, elle en fait parvenir copie à chacun des partenaires. Le protocole d'entente devient officiel avec la signature des représentants autorisés et entre en vigueur à partir de la date prévue au protocole.

Étape 6 : L'application et l'évaluation de l'entente

Le succès de l'application de l'entente dépend de sa gestion, mais également de l'esprit des partenaires. Sa gestion sera d'autant facilitée si l'entente a été préparée et rédigée avec soin, à la satisfaction de toutes les parties. Toutefois, la bonne marche de l'entente sera aussi assurée par la présence de mécanismes, formels ou non, qui permettent un flux continu d'informations entre les personnes représentant les parties en présence et qui favorisent un contexte propice aux négociations. Les relations entre les organismes partenaires sont d'ailleurs essentiellement déterminées par les personnes mandatées pour assurer le bon fonctionnement de l'entente. En ce sens, ces dernières en constituent la pierre angulaire.

Par ailleurs, l'évaluation de l'entente ne se fait pas qu'au moment de son renouvellement. En effet, plus souvent qu'autrement, c'est à l'usage que les parties acquièrent une meilleure connaissance du contenu et du fonctionnement de l'entente ainsi que des problèmes qui s'y rattachent. Dans cette perspective, son évaluation doit être conçue comme un processus continu assuré, entre autres, par des mesures de suivi et de contrôle.

Il importe également de prévoir des mécanismes d'évaluation permettant de vérifier l'efficacité de l'entente par rapport à ses retombées dans la collectivité, à sa raison d'être et à sa rentabilité économique. Sa pertinence à la lumière de l'évolution des besoins de la population doit aussi faire l'objet d'un examen. Enfin, les possibilités d'élargissement de l'entente doivent aussi être vérifiées dans le cadre de sa révision.

Quelques considérations sur les ententes

Les ententes entre, d'une part, la municipalité et, d'autre part, les organismes sans but lucratif, les entreprises privées, le milieu scolaire ou une autre municipalité, comportent certaines particularités qui méritent des précisions. Notre but n'est pas d'en faire une énumération exhaustive ni une analyse détaillée, mais bien de dégager les principaux aspects qui les caractérisent.

Les protocoles d'entente avec les organismes sans but lucratif

La lettre d'entente est une forme d'accord assez habituelle dans les cas où l'entente ne porte que sur un seul objet, comme l'utilisation d'un équipement municipal par une association locale. Toutefois, le protocole d'entente constitue la forme la plus courante d'accord entre la municipalité et un organisme sans but lucratif. Il formalise le plus souvent le partenariat de la municipalité avec un organisme reconnu. En ce sens, il officialise la concertation de la municipalité et d'une association de bénévoles dans le cadre de la politique municipale de reconnaissance et de soutien des organismes du milieu. À ce propos, nous renvoyons le lecteur à la troisième partie de ce chapitre, qui traite ce sujet plus en profondeur.

Les ententes entre la municipalité et les organismes sans but lucratif peuvent porter sur des objets très diversifiés, dont les principaux sont :

- La production d'activités ou de services dans une discipline, un domaine ou un champ d'activité pour une clientèle, un niveau de pratique ou un territoire donné.

- L'exploitation sur une base permanente d'un ou de plusieurs équipements ou espaces de propriété municipale, tant au chapitre de la gestion qu'en matière de programmation ou d'animation.

- L'organisation et la gestion, pour le compte de la municipalité, d'organismes dans un domaine, un champ d'activité ou un territoire donné.

- La constitution et la redistribution de fonds à des fins de loisir, de culture, de récréotourisme et de développement sociocommunautaire.

Toute entente résultant de la concertation avec les organismes sans but lucratif du milieu relève ultimement de la responsabilité des élus. Toutefois, la gestion de ce type d'entente est le plus souvent confiée à la direction du Service municipal des loisirs. Enfin, il arrive fréquemment que le personnel professionnel du Service agisse comme agent de liaison auprès des instances des organismes reconnus et joue un rôle prépondérant dans l'application quotidienne de l'entente.

Les ententes avec les entreprises privées

L'impartition, à l'entreprise privée, de la production de programmes d'activités de loisir destinées à la population ainsi que de la gestion et de l'exploitation d'équipements municipaux prend le plus souvent la forme d'un contrat. En effet, la fourniture de services publics par l'entreprise privée pour le compte de la municipalité est régie par le *Code civil* et les lois qui s'appliquent au niveau municipal. Les principales dispositions relatives à l'adjudication de contrats concernant la fourniture de services autres que des services professionnels sont précisées dans l'encadré qui suit[5]. Comme on peut l'observer, une procédure d'appel d'offres publiques entre en jeu lorsque les montants sont supérieurs à 50 000 $ dans le cas d'une municipalité de moins de 50 000 habitants ou à 100 000 $ dans le cas d'une municipalité de 50 000 habitants et plus. L'approbation du ministère des Affaires municipales peut également être nécessaire dans certains cas.

MUNICIPALITÉ DE MOINS DE 50 000 HABITANTS

Dépenses de 50 000 $ et plus

- Demande de soumissions publiques diffusée dans les journaux.
- Le contrat est accordé au plus bas soumissionnaire conforme, à moins d'obtenir l'autorisation préalable nécessaire du ministre des Affaires municipales.

Dépenses de plus de 10 000 $ mais inférieures à 50 000 $

- Demande de soumissions par voie d'invitation écrite auprès d'au moins deux entrepreneurs ou fournisseurs.
- Le contrat est accordé au plus bas soumissionnaire conforme, à moins d'obtenir l'autorisation préalable nécessaire du ministre des Affaires municipales.

Dépenses de 10 000 $ et moins

- Aucune règle précise.

MUNICIPALITÉ DE 50 000 HABITANTS ET PLUS

Dépenses de 100 000 $ et plus

- Demande de soumissions publiques diffusée dans les journaux.
- Le contrat est accordé au plus bas soumissionnaire conforme, à moins d'obtenir l'autorisation préalable nécessaire du ministre des Affaires municipales.

Dépenses de plus de 20 000 $ mais inférieures à 100 000 $

- Demande de soumissions par voie d'invitation écrite auprès d'au moins deux entrepreneurs ou fournisseurs.
- Le contrat est accordé au plus bas soumissionnaire conforme, à moins d'obtenir l'autorisation préalable nécessaire du ministre des Affaires municipales.

Dépenses de 20 000 $ et moins

- Aucune règle précise.

La procédure d'appel d'offres publiques doit respecter les dispositions prévues dans la législation. Elle nécessite habituellement que l'administration municipale prépare un document qui précise les procédures et les conditions générales de l'appel d'offres. Le non-respect de ces règles par le soumissionnaire entraîne le rejet de son offre. La plupart du temps, le document d'appel d'offres précise les points suivants :

- l'objet de la soumission ;

- la durée du contrat ;

- les règles relatives à la préparation des soumissions ;

- les règles faisant en sorte que le soumissionnaire connaisse l'étendue des obligations qui lui incombent ;

- les compétences que doit avoir le soumissionnaire ;

- les renseignements permettant d'identifier le soumissionnaire et sa signature ;

- les cautionnements de soumission et d'exécution ;

- les procédures et les règles relatives au dépôt de la soumission ;

- les règles relatives aux prix fermes et aux taxes ;

- les procédures et les règles relatives à l'envoi, à la réception et à l'ouverture des soumissions ;

- les règles relatives à l'acceptation des soumissions ;

- les règles relatives à l'adjudication du contrat.

Le cahier d'appel d'offres comprend également le cahier des charges qui définit les droits et les obligations de chacune des parties. Généralement, c'est la partie municipale qui en détermine le contenu et, conséquemment, les obligations du contractant. En outre, c'est l'autorité contractante qui a la compétence de diriger et de contrôler l'exécution du contrat. Pour sa part, l'entreprise soumissionnaire a la responsabilité de respecter le cahier des charges.

Les protocoles d'entente avec le milieu scolaire

La municipalité peut conclure des ententes avec le milieu scolaire dans le but d'offrir une gamme complète de services aux personnes résidant sur son territoire. À cette fin, les différentes parties peuvent s'échanger des équipements ou des services, louer à l'autre partie un service ou un équipement ou encore mettre en commun leurs ressources pour une réalisation conjointe. En bout de ligne, c'est l'utilisation optimale des ressources d'un territoire qui motive et cimente les ententes scolaires municipales. En matière de loisir et de culture, ces ententes portent habituellement sur un ou plusieurs des objets suivants :

- l'utilisation d'un équipement, de locaux ou d'un espace ;
- l'utilisation d'une ressource humaine ;
- l'organisation d'une ou de plusieurs activités ;
- la construction, la rénovation ou le réaménagement d'un équipement ou d'un espace ;
- l'établissement d'un plan conjoint de développement des équipements ;
- l'achat conjoint de matériel et de matériaux.

Voilà autant d'objets sur lesquels la municipalité peut conclure, par résolution, des ententes avec les instances décisionnelles de la commission scolaire et toute autre institution d'enseignement. À l'exception des ententes qui comportent un engagement de crédit excédant une période de cinq ans, les ententes ne requièrent pas l'approbation du ministre des Affaires municipales. En outre, lorsque la concertation scolaire municipale porte sur un projet de construction d'un équipement scolaire destiné à une utilisation communautaire, il est question le plus souvent d'un financement à trois, à savoir la commission scolaire, la municipalité et le ministère de l'Éducation.

Le protocole d'entente est la forme la plus répandue pour définir la convention intervenue entre les personnes morales de droit public que sont la municipalité et la commission scolaire. Toutefois, l'entente-cadre peut s'avérer une forme d'entente plus appropriée lorsque plusieurs espaces et équipements sont visés. Il s'agit d'un contrat fixant les règles et les principes généraux auxquels sont subordonnés un ensemble de protocoles. Elle définit également toutes les dispositions d'application commune aux protocoles qui lui sont assujettis, qu'il s'agisse des responsabilités des parties, du mécanisme de gestion de l'entente, de la répartition des coûts ou encore de la durée et du renouvellement de l'entente. Cette forme d'entente se rencontre le plus fréquemment dans les milieux fortement urbanisés qui comptent d'importants réseaux d'équipements.

Par ailleurs, plusieurs études ont montré qu'une des préoccupations majeures des partenaires a trait à la tarification des services. À cet égard, rappelons sommairement que les formules possibles sont la gratuité, la méthode des coûts excédentaires et celle des coûts réels. La gratuité suppose que l'utilisation de l'équipement ou du service n'entraîne aucune facturation, soit parce que cette utilisation est gratuite, soit parce qu'il y a troc contre des services de valeur équivalente. Pour sa part, la méthode des coûts excédentaires implique que seuls sont facturés les coûts additionnels encourus par l'utilisation accrue d'un équipement ou d'un service. Enfin, le calcul des coûts réels d'utilisation prend en considération les coûts excédentaires et tous les coûts fixes, incluant la dépréciation de l'équipement et du matériel. En matière de calcul et de partage des coûts liés à l'utilisation d'équipements et de services, c'est la formule des coûts excédentaires qui est la plus utilisée dans les protocoles d'entente scolaire municipale.

Le mécanisme de gestion de l'entente scolaire municipale constitue aussi un aspect important du protocole. Plusieurs formules peuvent être utilisées : ainsi, la gestion peut être confiée à un responsable désigné par les parties (gestion sans structure formelle), ou encore à un organisme (gestion par un tiers) ; elle peut être également assumée en totalité par une des parties ou par un comité conjoint permanent dont la composition est fixée dans le protocole. Ce dernier mécanisme est utile lors de divergences et de conflits, mais il peut aussi s'avérer très exigeant si les rencontres sont trop fréquentes. En définitive, il est préférable que le mécanisme de gestion demeure simple, pratique et adapté à la complexité de l'entente intervenue.

Les protocoles d'entente intermunicipale

Les ententes intermunicipales sont régies par le *Code municipal* et la *Loi sur les cités et villes*. Ces lois exigent que toute entente intermunicipale décrive minimalement les cinq éléments suivants :

- l'objet de l'entente ;

- son mode de fonctionnement ;

- la formule de répartition des contributions financières entre les municipalités parties à l'entente (dépenses en immobilisations et coûts d'exploitation ou de fonctionnement de ce qui fait l'objet de l'entente) ;

- sa durée et, le cas échéant, les modalités de renouvellement ;

- les modalités de partage de l'actif et du passif découlant de l'application de l'entente lorsque celle-ci prend fin.

Par ailleurs, ces lois prévoient trois modes de fonctionnement, soit : la fourniture de services, la délégation de compétence et la régie intermunicipale. L'encadré présenté ci-après expose les principales caractéristiques de chacun en ce qui concerne le partage des pouvoirs entre les municipalités parties à l'entente. La fourniture des services est la plus utilisée dans les ententes intermunicipales et se révèle particulièrement appropriée lorsqu'une des municipalités participantes est en mesure de fournir le service de façon adéquate, ou encore lorsque l'entente implique des équipements municipaux de loisir dont la gestion est confiée à une entreprise sans but lucratif. Pour sa part, la délégation de compétence s'impose lorsque l'entente prévoit que la municipalité qui offrira le service devra intervenir sur le territoire d'une municipalité bénéficiaire, notamment pour acquérir un immeuble ou un terrain, effectuer des travaux ou exploiter un équipement. Elle est aussi indiquée lorsque la gestion d'un service est confiée à une municipalité régionale de comté.

Enfin, la régie intermunicipale s'avère appropriée lorsque le service mis en commun implique des immobilisations importantes ou est de nature régionale. La création d'une régie permet en effet d'assurer la participation de toutes les municipalités à la gestion d'un service, d'un équipement ou de travaux, ce qui n'est pas le cas dans la fourniture de services ou la délégation de compétence. Dans ces cas, l'entente peut prévoir la formation d'un comité intermunicipal constitué de membres des conseils des municipalités parties à l'entente. Ce comité à vocation consultative permet généralement d'assurer la transparence des décisions de la municipalité mandataire et offre l'occasion aux municipalités bénéficiaires d'influer sur la gestion et le développement du service faisant l'objet de l'entente.

PRINCIPALES CONSIDÉRATIONS
SUR LES MODES DE FONCTIONNEMENT
DES ENTENTES INTERMUNICIPALES

Fourniture de services	Délégation de compétence	Régie intermunicipale
Une des municipalités partie à l'entente reçoit le mandat de fournir un ou des services à une ou plusieurs autres municipalités et d'assumer la responsabilité de l'organisation et du fonctionnement de ce service. La municipalité recevant le service a un droit de regard sur la gestion du service reçu. Chaque municipalité conserve ses pouvoirs sur son territoire relativement à l'objet de l'entente et peut réaliser de façon autonome toutes les activités qu'elle souhaite, sans toutefois se soustraire aux obligations contenues dans l'entente.	Permet à une ou plusieurs municipalités de transférer tous les pouvoirs nécessaires à l'objet de l'entente à une autre municipalité. La municipalité recevant le service a un droit de regard sur la gestion du service reçu. La municipalité qui délègue sa compétence n'a plus le pouvoir d'intervenir sur son territoire relativement à l'objet de l'entente. Toutefois, elle conserve ses pouvoirs de rendre des règlements et de prélever des taxes.	La gestion commune du service faisant l'objet de l'entente est confiée à une régie formée de délégués issus des conseils de chaque municipalité et créée à cette fin. Les municipalités remettent à la régie les pouvoirs nécessaires à la réalisation de l'objet de l'entente (achat, expropriation, transaction, budget, emprunt, embauche du personnel). La régie a compétence sur le territoire des municipalités qu'elle représente. Elle permet aux municipalités de participer conjointement à la gestion de l'entente par l'intermédiaire de leurs représentants au conseil d'administration de la régie. En outre, les municipalités contrôlent les dépenses de la régie : le budget de celle-ci doit être adopté par au moins les deux tiers des municipalités parties à l'entente et les règlements d'emprunt doivent être approuvés par toutes les municipalités parties à l'entente et par le ministre des Affaires municipales. C'est le ministre des Affaires municipales qui décrète la constitution de la régie ainsi que sa dissolution.

En ce qui a trait à la répartition des coûts, à l'exception des ententes en matière d'alimentation en eau potable et de gestion des eaux usées, où les critères de partage des coûts sont établis par la loi, les municipalités ont toute latitude pour fixer entre elles les modalités à cet égard. Deux grandes formules sont habituellement utilisées à cette fin. La première se fonde sur la capacité de payer. Dans ce cas, les coûts sont le plus souvent répartis entre les municipalités selon leur richesse foncière uniformisée. La seconde formule est celle de la répartition selon le bénéfice reçu, où les municipalités font payer les coûts par leurs contribuables en fonction de leur consommation du service au moyen de tarifs aux usagers, ou encore à partir d'un prorata de la population respective de chaque municipalité.

Enfin, l'officialisation d'une entente intermunicipale doit suivre un certain cheminement. La figure 7.4 présente la démarche qui s'applique à toute nouvelle entente intermunicipale et au renouvellement d'une entente conclue avant le 21 décembre 1979 dont le contenu s'avère non conforme aux dispositions régissant les ententes intermunicipales depuis cette date. Le lecteur notera qu'en matière d'activités de loisir, de bibliothèques publiques et de parcs, il existe certaines conditions où la démarche proposée ne s'applique pas[7]. Ainsi,

FIGURE 7.4
L'officialisation d'une entente intermunicipale[8]

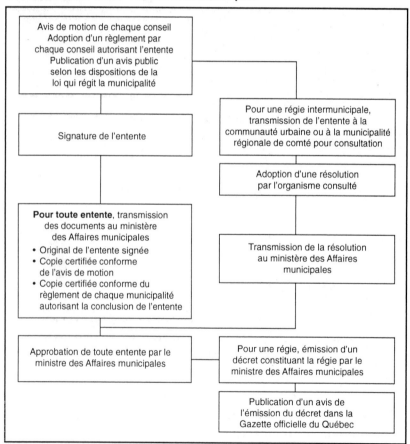

dans le cas où une entente en matière de parcs ne prévoit pas la création d'une régie municipale, la conclusion de cette entente peut être autorisée par résolution et l'entente n'a pas à être approuvée par le ministre des Affaires municipales. Il en est de même d'une entente en matière d'activités de loisir ou de bibliothèques publiques qui remplit les conditions qui suivent :

- lorsque l'entente porte sur des biens ou des services et non sur des travaux ;

- lorsque l'entente prévoit la fourniture de services ou la délégation de compétences ;

- lorsque l'entente n'entraîne pas de dépenses en immobilisations à l'égard d'immeubles (terrains ou bâtisses) et ne comprend pas une contribution financière à de telles dépenses.

Notes

1. Lionel Ouellet, « Le secteur public et sa gestion », dans : Roland Parenteau (dir.), *Management public : comprendre et gérer les institutions de l'État*, Sainte-Foy, Presses de l'Université du Québec, 1992, p. 26.

2. Alexis Rampin, *Le partenariat avec les organismes du milieu*, Texte de conférence, Colloque international sur le loisir, Trois-Rivières, Université du Québec à Trois-Rivières, 3 et 4 novembre 1994, p. 7.

3. Ville de Beauport, *Orientations du Service des loisirs et de la vie communautaire*, Beauport, mai 1995, p. 16-17.

4. Ville de Longueuil, *Guide de l'intervenant : organismes de loisirs et de développement communautaire*, Longueuil, décembre 1989, D-2, p. 1-2.

5. Ministère des Affaires municipales, *Une fois élu*, Québec, Gouvernement du Québec, 1994, p. 109-110.

6. Ministère des Affaires municipales, *Guide pour l'élaboration des ententes intermunicipales*, Québec, Gouvernement du Québec, avril 1994, p. 15-19.

7. *Ibid.*, p. 40.

8. *Ibid.*, p. 39.

Troisième partie

Les actions directes de la municipalité en matière de loisir

La première partie de cet ouvrage a exposé comment l'intervention municipale en matière de loisir a évolué et s'est adaptée au cours des quelque trente-cinq dernières années en fonction du contexte social, économique et politique. La deuxième partie, quant à elle, a illustré les nouveaux défis et les nouveaux enjeux qui influeront sur l'intervention de la municipalité en matière de loisir au seuil de l'an 2000. La mission et les rôles de la municipalité dans le domaine du loisir, la structuration dont celui-ci fait l'objet au sein de l'appareil municipal, les modes d'intervention de la municipalité auprès des citoyens et le partenariat avec le milieu ont été également discutés.

La troisième partie, quant à elle, traitera plus particulièrement des actions directes que la municipalité peut entreprendre en matière de loisir.

La description du processus général d'élaboration, de gestion et d'évaluation des politiques municipales en matière de loisir fera l'objet du huitième chapitre. Énoncés d'orientation et guides pour l'action, les politiques constituent un instrument privilégié de la municipalité dans ses choix d'intervention. Nous illustrerons dans ce chapitre le contenu de diverses politiques dont peut se doter la municipalité dans différents champs d'intervention (loisir, culture, sociocommunautaire, récréotourisme) ou auprès de certaines clientèles spécifiques (les jeunes, les personnes âgées, la famille, etc.).

Le neuvième chapitre abordera la mise en marché des services en matière de loisir, de culture, de services sociocommunautaires et de récréotourisme offerts directement par la municipalité à ses citoyens, ou indirectement par l'intermédiaire d'organismes partenaires. Nous chercherons particulièrement dans ce chapitre à cerner les caractéristiques des services offerts et leurs conditions de mise en marché dans le contexte municipal. En tant que producteur ou producteur-associé des services aux citoyens, la municipalité doit, dans le domaine du loisir comme dans tout autre secteur d'intervention auquel elle participe, s'assurer que ses services répondent aux besoins des citoyens et les satisfont véritablement. La rentabilité sociale et économique de son intervention dans le domaine du loisir et ses différents secteurs d'activité résideront au cœur des préoccupations de ce chapitre.

La planification et la gestion des espaces et des équipements feront l'objet du dixième chapitre. Les rôles, les pouvoirs et les limites de l'intervention municipale en matière de planification et de gestion des espaces et des équipements à caractère récréatif, culturel, communautaire et récréotouristique seront décrits et analysés en fonction d'une rationalisation des choix collectifs et d'une meilleure réponse aux besoins des citoyens. Les formes de partenariat que peut établir la municipalité dans le contexte actuel avec d'autres intervenants pour la mise en place et la gestion d'espaces et d'équipements au service de la communauté y seront discutées.

L'intégration de l'intervention de la municipalité en matière d'offre de services aux citoyens ainsi qu'en matière de partenariat avec ces derniers et les organismes du milieu sera traitée au onzième chapitre. Nous examinerons l'importance de la gestion des choix collectifs visant l'amélioration du cadre de vie que les citoyens veulent ou peuvent s'offrir afin de redistribuer et de rationaliser les ressources collectives, de même que les processus décisionnels à mettre en place pour y arriver.

Le douzième et dernier chapitre portera sur l'intervention professionnelle municipale dans le domaine du loisir. Nous y tracerons l'historique et le portrait de l'intervention professionnelle municipale dont le loisir est l'objet. Nous définirons les rôles que ces professionnels jouent et seront appelés à jouer dans l'appareil municipal, auprès des citoyens et avec eux. Nous y établirons le profil des connaissances, des compétences et des attitudes que ces professionnels devront posséder pour relever les défis auxquels fera face la municipalité de demain.

Les politiques de la municipalité

L'élaboration de politiques d'action constitue un des moyens privilégiés par la municipalité afin d'encadrer et d'orienter son intervention auprès des citoyens. En raison de la multiplicité des services qu'elle est appelée à rendre aux citoyens, que ces services fassent suite à des demandes provenant du milieu, d'une décentralisation des gouvernements supérieurs ou encore de problématiques sociales ou économiques sur lesquelles elle doit agir, la municipalité est obligée, vu la rareté des ressources, à faire des choix. L'élaboration de politiques dans les divers secteurs d'activité où elle est appelée à intervenir (loisir, culture, services sociocommunautaires, récréotourisme) ou encore auprès de certaines clientèles (les jeunes, la famille, les personnes âgées, etc.) représente donc pour la municipalité d'aujourd'hui un instrument important de planification.

Nous décrirons dans le présent chapitre le processus général d'élaboration et de gestion d'une politique d'action municipale. Dans un deuxième temps, nous analyserons les spécificités des diverses politiques d'action que les municipalités québécoises mettent généralement de l'avant dans les secteurs du loisir, de la culture, des services sociocommunautaires et du récréotourisme.

Les actions directes de la municipalité en matière de loisir

1. Le processus d'élaboration et de gestion des politiques d'action

Ce qu'est une politique d'action municipale

Une politique d'action municipale est principalement un énoncé d'orientation et un guide d'action pour la municipalité dans un secteur où elle a fait le choix d'intervenir.

Un énoncé d'orientation

Toute politique énonce les principes qui fondent, justifient et régissent l'intervention municipale dans un secteur quelconque d'activité. Ces principes, qui reposent sur une analyse de la situation et un choix délibéré d'intervenir, sont les assises mêmes de toute action de la municipalité dans quelque secteur que ce soit. Se reconnaissant le rôle de répondre à des besoins ou à des problématiques que vivent ses citoyens dans son milieu, la municipalité, en énonçant une politique d'action, précise le sens qu'elle veut donner à cette action.

Un guide d'action

Les orientations que se donne la municipalité dans un secteur d'intervention peuvent demeurer lettre morte si elles ne s'accompagnent pas de mesures d'application. Les mécanismes et les ressources que la municipalité entend mettre de l'avant pour appuyer ses orientations font partie intégrante d'une politique d'action. Ces mécanismes et ces ressources doivent prendre en compte les ressources dont dispose le milieu, y compris celles de la municipalité.

Voyons plus précisément le processus d'élaboration et de gestion d'une politique d'action municipale.

Le processus d'élaboration et de gestion d'une politique d'action municipale

Ce processus comprend quatre grandes étapes illustrées à la figure 8.1, soit : la définition des prémisses et des conditions, l'élaboration du cadre d'intervention, l'élaboration du programme d'action et la gestion de la politique d'action. Chacune de ces étapes exige la mise en place d'un processus de consultation et de concertation avec le milieu afin que la politique d'action corresponde à la réalité vécue. Voyons chacune de ces étapes.

FIGURE 8.1
Le processus d'élaboration et de gestion
d'une politique d'action municipale

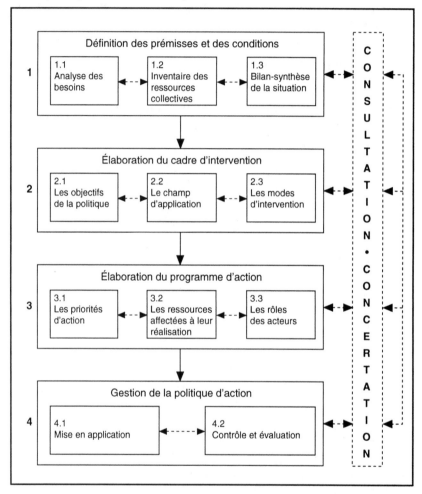

Étape 1 : La définition des prémisses et des conditions

Le besoin éprouvé par la municipalité d'établir une politique d'action par rapport à un secteur d'intervention spécifique peut provenir de différentes sources : les pressions du milieu, citoyens ou organismes qui demandent à la municipalité de prendre en charge ou de participer

Les actions directes de la municipalité en matière de loisir

activement à la mise en place de nouveaux services ; l'identification d'une problématique sociale ou économique (ex. : les jeunes, la famille, l'intégration des communautés culturelles, etc.) démontrant l'urgence d'agir, la nécessité de réorienter ou de rationaliser l'intervention de la municipalité dans un secteur d'activité donné, etc. Quoi qu'il en soit, le processus d'élaboration d'une politique d'action débute toujours par la prise de conscience d'une nécessité d'agir et la reconnaissance d'un rôle à jouer pour la municipalité.

Afin de mieux cerner les principes qui guideront son choix d'intervention, la municipalité doit suivre une démarche rigoureuse reposant sur l'observation et l'analyse. C'est à partir de ces informations que les décideurs exercent leur jugement et que sont déduites les propositions constituant l'essence même de la politique d'action qu'ils veulent mettre de l'avant. Il importe donc de recueillir des données permettant de déterminer les besoins de la population ou ceux des organismes du milieu, ainsi que les ressources disponibles pour y répondre, afin de mettre en relief les points importants des problématiques qu'on cherche à résoudre et poser ainsi un diagnostic sur la situation.

L'analyse des besoins

Toute politique d'action de la municipalité trouve sa justification dans la réponse qu'elle apporte aux besoins de la collectivité. Il importe donc, en premier lieu, de recueillir des informations permettant d'établir un diagnostic juste des besoins des citoyens dans les secteurs d'activité visés. Il en est de même des besoins des organismes du milieu qui peuvent s'avérer des acteurs importants dans la mise en application de la politique d'action. Ces données peuvent être recueillies à partir d'informations déjà disponibles ou d'informateurs, ou encore par des sondages ou des entrevues auprès de groupes-cibles de la population ou d'organismes du milieu.

L'inventaire des ressources collectives

La municipalité doit faire l'inventaire des ressources dont elle dispose ou pourra disposer pour répondre aux besoins déterminés précédemment. Ces ressources peuvent provenir de diverses sources, internes ou externes. La mise en œuvre d'une politique d'action municipale repose rarement sur les ressources d'un seul service municipal ou sur les seules ressources du milieu ; cette mise en œuvre s'inspire souvent, sinon généralement, d'un partenariat inter-services ou mettant en jeu la municipalité et des organismes du milieu. L'ensemble des ressources professionnelles, organisationnelles, humaines, techniques, matérielles et financières, tant au sein de l'appareil municipal qu'au sein des institutions et des organismes du milieu, doivent donc être répertoriées.

Le bilan-synthèse de la situation

Ce bilan-synthèse devrait faire ressortir la problématique générale qu'on cherche à résoudre en mettant de l'avant une politique d'action. Il devrait faire ressortir les grandes orientations que se fixe la municipalité pour donner un sens à son action et cerner les principes qui fondent, justifient et régissent son intervention dans le champ d'application de la politique.

Ce bilan-synthèse devrait faire l'objet d'une consultation et d'une concertation à tous les niveaux. Il est important que l'ensemble des acteurs qui seront éventuellement mis à contribution pour la mise en application de la politique, les élus, les professionnels des divers services municipaux, les représentants des institutions et des organismes du milieu, etc., partagent les orientations et les principes mis en lumière par la future politique d'action municipale.

Étape 2 : L'élaboration du cadre d'intervention

Cette étape du processus est cruciale, puisqu'on y établit les lignes directrices de toute politique d'action municipale. Il s'agit ici d'en définir les objectifs, les champs d'application et les modes d'intervention.

Les objectifs de la politique

Les objectifs de la politique d'action municipale représentent les résultats escomptés de l'intervention de la municipalité dans le champ d'action. Ils doivent donc identifier les bénéficiaires éventuels de cette action (groupes-cibles de la population, organismes du milieu, etc.)

ainsi que les effets attendus de cette action sur ces derniers (amélioration ou réduction d'une situation). Ils doivent également faire état d'un ordre de priorités et d'une durée, le cas échéant.

Le champ d'application de la politique

Il s'agit ici de fixer les limites du champ d'application de la politique ou plus précisément d'en déterminer les objets. Ces objets désignent généralement les différents domaines d'action possibles et les choix d'intervention. Une politique culturelle, par exemple, peut préciser que la municipalité entend intervenir par sa politique dans les domaines de l'initiation et de la formation culturelle, de la diffusion culturelle, du soutien aux artistes créateurs, etc. Une politique de services sociocommunautaires pourrait préciser que la municipalité entend intervenir afin de soutenir les organismes œuvrant dans les domaines de l'aide aux personnes, de l'éducation sociale, etc. Le choix de ces objets d'intervention découle habituellement d'un bilan-synthèse de la situation et d'objectifs clairement définis. Les différents objets ou domaines d'action de la politique peuvent également être visés par des priorités d'intervention, le cas échéant.

Les modes d'intervention de la politique

Il s'agit principalement ici du choix d'un modèle d'intervention que la municipalité privilégie dans le champ d'application de la politique. Selon les objets, la municipalité peut être, tour à tour, maître-d'œuvre, facilitateur ou partenaire dans l'atteinte des objectifs et la mise en œuvre de la politique d'action. À ces différents titres, elle doit préciser les mécanismes de consultation, d'information, de concertation, de promotion ou de soutien qu'elle entend mettre en place afin de jouer le rôle qui lui sera dévolu dans la mise en action.

Encore une fois, il importe d'insister sur la consultation et la concertation qui doivent s'effectuer tant à l'interne qu'à l'externe, afin que tous les acteurs potentiels concernés par l'application de la politique d'action en partagent les orientations.

Étape 3 : L'élaboration du programme d'action

Pour ne pas rester lettre morte, les orientations d'une politique d'action municipale doivent se concrétiser. Les priorités des actions, les ressources affectées à leur réalisation et les rôles de chacun des acteurs dans l'application de la politique doivent y être clairement définis.

Les priorités

Les actions qu'entend réaliser la municipalité, eu égard aux objectifs, au champ d'application et aux modes d'intervention qu'elle entend privilégier dans sa politique, doivent être définies et priorisées. Elle doit concrètement définir les stratégies qu'elle veut utiliser en matière de consultation, d'information, de concertation, de promotion ou de soutien afin d'atteindre les objectifs visés.

Les ressources affectées à leur réalisation

La municipalité doit déterminer les ressources qu'elle affectera à la mise en application de sa politique d'action. Ces ressources peuvent être humaines, techniques, matérielles ou financières. Elles peuvent s'échelonner dans le temps.

Les rôles des acteurs

Tel que mentionné précédemment, la mise en application d'une politique d'action municipale requiert souvent, sinon généralement, la participation de plusieurs services internes de l'appareil municipal ainsi que d'institutions et d'organismes du milieu. Les ressources propres à chaque service municipal, institution ou organisme du milieu sont généralement mises également à profit. Les rôles de chacun ainsi que les mécanismes de coordination et de concertation qui devront être mis en place doivent donc être également clairement définis et faire l'approbation de chacun.

Étape 4 : La gestion de la politique d'action

Deux sous-étapes viennent compléter le processus d'élaboration et de gestion d'une politique d'action municipale : sa mise en application de même que l'établissement d'un processus de contrôle et d'évaluation.

La mise en application de la politique

Après s'être assurée, par consultation, que l'ensemble des orientations, du cadre d'intervention et du programme d'action de la politique correspond aux intérêts et à la volonté des citoyens et des différents acteurs impliqués dans sa réalisation, la municipalité entame sa mise en application.

Pour être solide, la politique d'action devrait idéalement être approuvée par le conseil municipal. Elle devrait par la suite faire l'objet d'une diffusion auprès de la population, des groupes, des institutions et des organismes du milieu touchés par son application. Enfin, un mandataire chargé de la coordination de sa mise en œuvre devrait être nommé, qui est généralement un porte-parole d'un service ou d'un comité de la municipalité. En l'occurrence, il s'agit d'un porte-parole du service des loisirs ou d'un comité du conseil créé à cet effet.

Le contrôle et l'évaluation de la politique

Il est indispensable de procéder de façon continue et périodique à l'évaluation de la politique d'action municipale mise en application afin de générer une certaine rétroaction, c'est-à-dire de permettre d'y effectuer les corrections et les ajustements nécessaires. Pour ce faire, il faut s'assurer de la collaboration de tous les acteurs, principalement du mandataire chargé de son application et des représentants des divers partenaires. En outre, il est essentiel qu'un système d'information ainsi que des mécanismes de suivi et de contrôle soient mis en place, notamment pour permettre :

- de déterminer l'importance des ressources financières, matérielles et humaines qui ont été investies directement et indirectement ;

- de s'assurer que les ressources octroyées ont bien été employées aux fins pour lesquelles elles ont été accordées ;

- de vérifier la qualité et la quantité des services produits et leur caractère suffisant à la lumière des besoins et des attentes de la population ;

- d'établir le degré d'adhésion des institutions, groupes et organismes du milieu, partenaires de la politique ;

- d'évaluer si les résultats escomptés par la politique sont effectivement atteints ;

- de vérifier la pertinence des différents éléments de la politique par rapport aux besoins du milieu et aux changements survenus dans l'environnement.

L'évaluation de la politique peut donc permettre de juger de l'efficacité et de l'efficience des efforts consentis, de sa contribution à la réalisation des objectifs d'intervention d'ensemble de la municipalité, de sa capacité de répondre aux besoins et aux attentes des citoyens, ou encore de la pertinence des moyens et des outils retenus pour en assurer l'application. Elle peut aussi permettre d'apporter des modifications et des ajustements visant l'optimisation des ressources investies, l'amélioration de ses retombées dans le milieu ou l'atténuation de certains effets négatifs ayant pour origine l'insuffisance des mesures de contrôle.

2. Les diverses politiques d'action municipale

La principale politique d'action mise de l'avant par les municipalités du Québec dans les secteurs du loisir, de la culture, des services sociocommunautaires et du récréotourisme demeure la « politique de reconnaissance et de soutien des organismes du milieu ». C'est d'ailleurs souvent la seule politique qu'on retrouve dans plusieurs municipalités. La raison principale en est que cette politique, qui se veut englobante, tient compte du mode privilégié d'intervention de la municipalité, fortement axé sur le partenariat avec le milieu. La politique municipale de reconnaissance et de soutien des organismes du milieu ayant été traitée en profondeur au chapitre précédent qui, portait sur le partenariat, nous n'en ferons pas état ici.

Une enquête réalisée en 1993[1] révélait l'importance que les municipalités du Québec accordaient à l'élaboration de certaines politiques d'action spécifiques. Ainsi, en 1993, 79,8 % des municipalités interrogées (130 sur 163) affirmaient disposer d'une politique de reconnaissance et de soutien des organismes ainsi que d'une politique de tarification des usagers. Les autres prévoyaient en élaborer au cours des trois prochaines années. Les autres politiques dont disposent ou prévoient disposer les mêmes municipalités au cours des prochaines années sont, par ordre d'importance (voir le tableau 8.1), les politiques à l'égard des jeunes, de la culture, de la famille, des aînés, des personnes handicapées, des services sociocommunautaires et des communautés culturelles.

Nous traiterons ici, tour à tour, de chacune de ces politiques d'action municipale en faisant ressortir les principales caractéristiques de chacune.

TABLEAU 8.1
Politiques d'action municipales actuelles et projetées
des municipalités du Québec en 1993[2]

Types de politiques	Municipalités qui disposent actuellement de politiques spécifiques		Municipalités ayant l'intention de se doter de politiques spécifiques au cours des trois prochaines années	
	Nombre de répondants (N = 163)	Pourcentage (100,0)	Nombre de répondants (N = 163)	Pourcentage (100,0)
Politique de reconnaissance et de soutien des organismes du milieu	130	79,8	33	20,2
Politique de tarification des usagers	130	79,8	33	20,2
Politique de développement communautaire (services sociocommunautaires)	20	12,3	48	29,4
Politique culturelle	41	25,2	56	34,3
Politique à l'égard des jeunes	42	25,8	31	19,0
Politique à l'égard des aînés	34	20,9	34	20,9
Politique à l'égard de la famille	41	25,2	51	31,3
Politique à l'égard des personnes handicapées	26	16,0	19	11,7
Politique à l'égard des communautés culturelles	9	5,5	8	4,9

La politique de tarification des usagers

La problématique générale

L'application d'une politique de tarification des usagers est la deuxième en importance dans les services municipaux de loisir au Québec. Elle se fonde sur le principe central de l'utilisateur-payeur.

Traditionnellement, le financement des services à la population en milieu municipal s'est toujours effectué à partir de trois sources principales : la taxation générale, les subventions gouvernementales (paiements de transfert) et la tarification des usagers. Ce fut le cas, dès leur intégration au sein de l'appareil municipal, des secteurs d'intervention du loisir, de la culture, des services sociocommunautaires et du récréotourisme.

L'accroissement des champs de responsabilités de la municipalité – causé principalement par la décentralisation des responsabilités des gouvernements supérieurs vers la municipalité et les pressions du milieu visant à obtenir davantage de services –, le désengagement de l'État dans maints secteurs d'activité, la rareté des ressources et les limites de la capacité de taxer des municipalités font que ces dernières sont appelées à recourir encore plus aujourd'hui au principe de l'utilisateur-payeur afin de maintenir la prestation de services aux citoyens, là où le principe peut s'appliquer.

Dès 1986, la Commission d'étude sur les municipalités[3], bien qu'elle n'ait pas souhaité préconiser un cadre rigide à l'égard de ce que devraient ou ne devraient pas faire les municipalités en matière de tarification des usagers, la décision relevant d'elles, n'en recommandait pas moins dans son rapport :

1. Que les municipalités assurent, par le truchement de la taxation, la qualité et la gamme des services qui doivent être accessibles à l'ensemble des citoyens, ou en tout cas, à un très grand nombre d'entre eux.

2. Que l'excédent de ces qualités et quantités minima, qui peut donner lieu à des demandes différentes de la part des citoyens, puisse être l'objet d'une tarification.

3. Que, dans le cas spécifique des loisirs, les municipalités financent par la taxation la mise en place des installations et des équipements. Que la tarification porte sur les dépenses courantes, à moins que, dans le cas de certains services, on ne considère que c'est la recommandation 1 qui s'applique.

4. Que l'on fasse davantage usage du ticket modérateur pour contrôler une expansion de la demande qui provoque un engorgement dans la fourniture des services considérés en eux-mêmes comme essentiels, mais dont une partie ne correspond pas ou ne correspond que faiblement aux objectifs poursuivis[4].

De plus en plus, donc, le principe selon lequel l'usager d'un service public doit payer directement, par l'imposition d'une tarification, pour la quantité et la qualité des services reçus, là où la chose est applicable, est devenu monnaie courante dans les secteurs du loisir et de la culture. L'application de ce principe varie énormément toutefois d'une municipalité à l'autre, selon les services jugés essentiels qu'elles ont décidé de financer à partir de la taxe générale et de leur richesse collective propre.

Le problème principal posé par l'application de politiques de tarification des usagers n'est pas de nature technique : plusieurs méthodes et procédés existent afin de relever et d'estimer les coûts relatifs à la dispensation des services aux citoyens et leur imputation à l'usager. Le problème principal en est un d'accessibilité. On reconnaît généralement que la tarification des usagers dans les secteurs des loisirs et de la culture :

a) peut rendre certaines formes de loisir inaccessibles à plusieurs personnes ;

b) peut, à la longue, conduire à des inégalités sociales pour plusieurs personnes ;

c) peut égaliser les chances en prévenant les monopolisations par un petit groupe, de certains équipements ou services communautaires ;

d) ne permet pas d'atteindre toutes les couches sociales et cause des discriminations[5].

Le phénomène de la pauvreté qui touche de plus en plus de citoyens et les inégalités sociales et économiques observées, qui continuent de s'agrandir entre certains groupes sociaux, deux problèmes dont nous avons largement fait état au chapitre quatre du présent ouvrage, posent ici un défi important aux municipalités en matière d'accessibilité et d'équité sociale dans la prestation de services aux citoyens.

C'est l'objet même d'une politique de tarification des usagers que de tenter de répondre équitablement à ce défi :

> En effet, l'enjeu fondamental que soulève la tarification en loisir est d'une part, la répartition efficace et équitable des coûts entre les usagers, et d'autre part, une allocation efficace et équitable des ressources publiques de loisir qui tient compte des particularités et des caractéristiques de chaque milieu. La municipalité doit donc trouver un compromis entre l'efficacité et l'équité en définissant explicitement ce qu'elle entend par service de loisir à distribuer équitablement et à rendre accessible à tous. Cette position deviendra le guide indispensable permettant d'établir les limites et les orientations de la tarification en loisir et ainsi, de satisfaire aux objectifs d'efficacité et d'équité[6].

Le champ d'application de la politique

La politique de tarification des usagers des services publics, peu importe le type de bénéficiaires (citoyens ou organismes du milieu), peut techniquement s'appliquer dans tous les secteurs d'activités (loisir, culture, services sociocommunautaires, récréotourisme) ou la nature du service rendu (utilisation d'espaces et d'équipements servant de soutien à la pratique d'une activité, programme d'activités, soutien professionnel, technique, matériel, etc.). Tout dépend des choix d'orientation effectués par la municipalité à cet égard.

Une politique de tarification des usagers, indépendamment du secteur d'intervention dans lequel la municipalité a décidé d'agir, comprend en général les éléments suivants : un énoncé de principes, la détermination des coûts qui seront imputés à l'usager et l'élaboration d'une grille de tarification établie d'après des objectifs spécifiques.

L'énoncé de principes

Étant donné qu'établir une politique de tarification, c'est chercher à définir les modalités de partage des coûts de production en fonction des services reçus, il importe en premier lieu de définir les principes qui vont guider l'articulation d'une telle politique.

Cette dernière exige en tout premier lieu l'adoption d'un principe quelconque « d'équité » qui suppose que les usagers doivent contribuer financièrement aux activités selon la quantité et la qualité des services reçus, là où la tarification s'applique. Un tel principe d'équité n'implique pas nécessairement l'autofinancement à 100 % des coûts d'un service par la tarification. Cependant, si la municipalité décrète par exemple que les diverses activités ou les services offerts devraient s'autofinancer à 50 % par la tarification des usagers, l'autre moitié étant financée par la taxe générale, ce même barème devrait viser toutes les activités ou tous les services, le plus équitablement possible, d'après la quantité et la qualité des services reçus. Selon quel principe une municipalité peut-elle imputer un tarif représentant 100 % du coût pour une activité ou un service donné et 30 % du coût pour un autre, si le bénéfice retiré est avant tout individuel ? La nécessité de devoir optimiser l'utilisation d'un équipement coûteux existant peut cependant venir nuancer l'application de ce principe.

Du point de vue des principes, une telle politique exige qu'on définisse également les services que la municipalité juge devoir offrir normalement à ses citoyens. Elle doit s'interroger, en fonction de sa richesse collective, sur la notion de services « essentiels ». On peut supposer qu'un service jugé essentiel devrait être financé par l'ensemble des citoyens, au moyen de la taxation générale, et qu'un service jugé non essentiel devrait l'être en tout ou en partie par la tarification directe des usagers. Il en est de même pour les types de dépenses entrant dans le calcul du coût d'un service offert, comme nous le verrons ci-après.

Les choix que fera la municipalité à ce niveau sont déterminants pour la politique de tarification des usagers dans les secteurs du loisir, de la culture, des services sociocommunautaires et du récréotourisme. Quels sont les services que nous pouvons ou que nous devons juger essentiels ? À chacun de répondre !

La détermination des coûts qui seront imputés à l'usager

Le calcul du coût d'un service à l'usager

En se basant sur les pratiques comptables et budgétaires des municipalités, nous pouvons considérer trois catégories de dépenses pouvant entrer dans le calcul du coût d'un service à l'usager.

a) **Les dépenses d'exploitation** : soit normalement les dépenses en personnel professionnel, technique ou administratif, les dépenses en matériel, achat, entretien et location, les frais liés à l'entretien et à la surveillance des locaux et des plateaux ainsi que les autres dépenses tels les frais de transport et d'affiliation. Toutes sont habituellement directement imputées au service concerné (activité ou plateau) au budget.

b) **Les dépenses d'administration** : soit normalement la rémunération du personnel de direction et de secrétariat, les dépenses de communication, de publicité et d'information, etc.

c) **Les dépenses en immobilisation** : dépenses en équipements figurant généralement au fonds de roulement ou au service de la dette de la municipalité.

La question principale consiste ici à savoir si ces deux dernières catégories de dépenses doivent être incluses dans le calcul du coût d'un service offert et ainsi être facturées à l'usager. Il est possible de considérer ces deux catégories de dépenses (ou l'une d'entre elles) comme faisant partie des « services essentiels » qui doivent être financés par la taxation générale. Il est également possible de les considérer comme une partie du coût du service offert, au même titre que l'entreprise privée fixe le prix de revient de ses services ou produits. C'est une question de choix en fonction des objectifs que se donne la municipalité.

Advenant cette deuxième éventualité, il est techniquement possible d'imputer la part de ces dépenses qui doit être incluse dans le coût du service à partir du « nombre d'heures-activité/participant ».

Tout autre critère pourrait être choisi (ex. : le nombre de participants ou d'usagers) afin de partager ces deux catégories de dépenses, mais le critère « nombre d'heures-activité/participant » nous semble être le plus équitable, c'est-à-dire qu'il représente le mieux la quantité et la qualité des services reçus.

Le calcul du tarif de base

Le coût total de l'activité ou du service qu'on désire imputer directement à l'usager par la tarification étant connu, le calcul du tarif moyen de base peut se faire au moyen du « nombre de participants » ou du « nombre d'usagers ».

Dans la pratique, il est très rare que seul un tarif moyen de base soit utilisé, car on tient compte des objectifs sociaux que poursuit la municipalité et de sa politique de tarification.

Des tarifs différents peuvent être appliqués d'après les niveaux d'apprentissage ou d'habileté des participants : initiation, participation, perfectionnement ou élite ; les niveaux supérieurs exigeant normalement plus de ressources, selon le principe de tarification à quantité et à qualité égales, un tarif moyen de base ne saurait s'appliquer. De par ses objectifs d'intervention, un service municipal de loisir peut appliquer des tarifs différents pour les enfants et les adultes, une tarification régressive dans le cas de la participation familiale, des aînés ou des personnes handicapées, etc. Le calcul de la tarification des services aux usagers n'échappe pas aux choix que la municipalité doit faire en matière d'imputation des coûts.

L'élaboration d'une grille de tarification en fonction d'objectifs spécifiques

Une politique de tarification des usagers en matière de loisir, de culture, de services sociocommunautaires ou de récréotourisme comporte toujours ses propres objectifs. Ceux-ci découlent généralement de choix d'intervention effectués par la municipalité au regard de problématiques liées à des clientèles cibles, soit des groupes de citoyens ou des catégories d'organismes du milieu. Ainsi, une municipalité peut choisir, par suite d'une analyse, de favoriser l'accessibilité aux services pour divers types d'usagers (ex. : les jeunes, les aînés, etc.) et ainsi appliquer une tarification moins lourde à ces groupes d'usagers. Ce choix correspond à des objectifs sociaux et peut être légitime. Ce qui est important, c'est que les choix soient clairement identifiés et connus de tous.

Les principes généraux, le partage des coûts entre la taxation générale et la tarification, les objectifs de la politique de tarification des usagers et le calcul du coût des services étant établis, l'élaboration d'une grille de tarification des usagers devient une question purement technique.

La nature du service ou de l'activité et les objectifs de la politique expliquent la diversification des tarifs :

a) Enfant, adulte

b) Débutant, intermédiaire, avancé

c) Initiation, participation, élite

d) Tarifs familiaux

e) Tarifs spéciaux pour les non-résidants

f) Tarifs spéciaux pour les clientèles spéciales : âge d'or, handicapés, etc.

g) Autres

La politique à l'égard des jeunes

La problématique générale

L'élaboration d'une politique d'action à l'égard des jeunes vivant sur leur territoire constitue, pour maintes municipalités du Québec, une façon de souligner la priorité d'intervention qu'elles entendent accorder à ce groupe-cible de la population. Une telle politique découle généralement d'une prise de conscience collective de plusieurs problématiques sociales et économiques vécues par les jeunes et de la nécessité d'intervenir collectivement afin d'améliorer le cadre de vie de ce groupe de citoyens.

Le groupe-cible généralement visé par ces politiques d'action est celui des 12-17 ans, car l'offre d'activités récréatives et culturelles, ou encore de services sociocommunautaires, ne correspond pas toujours à leurs besoins et à leur réalité. On vise donc, par l'élaboration d'une politique d'action à l'égard des jeunes, à les intégrer et à les responsabiliser davantage dans la vie communautaire. On vise plus particulièrement l'adaptation des services qui peuvent leur être offerts par la municipalité, les institutions ou les organismes du milieu, en invitant ces derniers à penser aux « jeunes » en vue de favoriser leur intégration. La concertation entre les divers intervenants de l'appareil municipal et de l'extérieur réside donc au cœur de l'élaboration d'une telle politique.

La politique d'action à l'égard des jeunes repose généralement sur les principes directeurs suivants :

• la participation active des jeunes à l'expression de leurs besoins (consultation) ;

- la participation active des jeunes dans la planification, l'organisation et la réalisation des activités récréatives et culturelles répondant à leurs besoins (prise en charge) ;

- la concertation entre les divers intervenants du milieu afin qu'ils adaptent leurs programmes et leurs services de façon à accorder une place plus grande aux jeunes (intégration).

Le champ d'application de la politique

Le champ d'application de la politique peut être plus ou moins étendu, selon les secteurs où la municipalité offre des services, le degré de concertation qu'elle aura su établir avec les institutions et les organismes du milieu ainsi que les ressources qu'elle entend consacrer à la mise en application de sa politique.

Le champ d'application couvre généralement les services dispensés en matière de loisir et de culture ; il peut également couvrir les services offerts en matière de sécurité publique et de transport. À la lumière de la concertation établie avec le milieu, le champ d'application de la politique peut s'étendre aux activités et aux services offerts par les institutions (milieu scolaire, réseau de la santé et des services sociaux) et divers organismes à caractère récréatif, culturel ou socio-communautaire s'adressant ou pouvant s'adresser aux jeunes de 12 à 17 ans.

Les actions envisagées pour concrétiser la politique dans les divers champs peuvent être variées. On y parle généralement :

- d'élaboration d'une politique de tarification facilitant l'accès des jeunes aux programmes et aux services offerts ;

- de mise en place de structures et de mécanismes de consultation des jeunes ;

- de soutien professionnel, matériel et technique aux groupes de jeunes dans la réalisation de leurs projets ;

- de facilitation de l'accès à des ressources professionnelles pouvant répondre aux jeunes dans le besoin ou en situation de détresse ;

Les actions directes de la municipalité en matière de loisir

- d'aménagement et d'animation de lieux de rencontre et de services à leur intention (maison de jeunes) ;

- de services de transport adapté, etc.

La politique culturelle

La problématique générale

En 1993, l'un des constats qui ressortait d'une étude réalisée sur l'intervention culturelle des municipalités québécoises se lisait comme suit :

> Depuis quelques années, certaines municipalités se sont dotées, soit d'une politique globale en matière d'intervention culturelle, soit de politiques sectorielles spécifiquement destinées au développement des arts et de la culture. Ces politiques énoncent la mission culturelle de la municipalité, les objectifs poursuivis et les principes directeurs de l'intervention culturelle municipale, ainsi que les orientations spécifiques et les secteurs culturels privilégiés (archéologie, archives, arts d'interprétation, arts visuels, lettres et littérature, patrimoine, tourisme culturel, etc.)[7].

Certaines municipalités du Québec n'ayant pas de politiques culturelles spécifiques ont plutôt choisi d'intégrer leurs interventions en cette matière à leur politique de loisir, de reconnaissance et de soutien des organismes du milieu, ou encore à leur politique de tarification. Cependant, la politique culturelle[8] du gouvernement du Québec, publiée en 1992, mettait l'accent sur le partenariat avec les municipalités et faisait de l'élaboration d'une politique culturelle municipale l'une des conditions de ce partenariat. Cette dernière a donc commencé à susciter davantage l'intérêt des municipalités.

> En misant sur le partenariat au niveau local, le gouvernement souhaite collaborer avec les municipalités pour leur permettre de jouer pleinement leur rôle et de poursuivre le développement culturel de leur milieu. D'abord axées sur les services à leurs citoyens, les municipalités sont les mieux placées pour déterminer les types de services publics nécessaires et choisir les lieux où les offrir. Elles sont également les plus à même de déterminer quels types d'interventions seront les plus profitables et quels sont les coûts qui y seront rattachés. En matière d'accessibilité à la culture et d'aménagement physique, elles sont donc des intervenantes de première ligne[9].

Ces politiques culturelles visent plusieurs objectifs, tels que :

- favoriser le développement de la « vie culturelle » sous tous ses aspects ;

- promouvoir, par une aide financière, l'élaboration, la révision et les modifications des normes techniques et des dispositions réglementaires applicables aux établissements et aux lieux culturels ;

- préciser les champs de l'intervention culturelle qui feront l'objet d'une attention soutenue de la municipalité ;

- améliorer les relations avec les organismes culturels et avec les autres services municipaux ;

- assurer la protection et l'animation du patrimoine, par des actions de formation et de développement de la vie associative[10].

Le champ d'application

Encore ici, selon les secteurs de services dans lesquels la municipalité a choisi d'intervenir, les ressources dont elle dispose et le degré de concertation qu'elle aura su réaliser avec les institutions et les organismes du milieu, le champ d'application des politiques culturelles municipales peut être plus ou moins étendu. Les aspects qui suivent y sont généralement couverts :

- la précision des champs de l'intervention culturelle qui fera l'objet d'une attention soutenue de la municipalité et, le cas échéant, de ses partenaires dans la mise en application de la politique : l'animation culturelle du milieu, la diffusion (bibliothèque, salles de spectacles, lieux d'exposition, etc.), l'appui aux artistes créateurs, le soutien accordé aux organismes culturels du milieu, la protection et l'interprétation du patrimoine, etc. ;

- le développement d'un réseau d'équipements culturels (bibliothèques, salles de spectacles, centres culturels, centres d'art et d'exposition, musées et centres d'interprétation, espaces publics et sites historiques, etc.) afin d'accroître l'accessibilité aux produits culturels ;

Les actions directes de la municipalité en matière de loisir

- la mise en place de programmes et d'activités culturelles dans diverses disciplines artistiques (danse, musique, arts plastiques, lettres, théâtre, etc.) ;
- la reconnaissance et le soutien (professionnel, technique, matériel et financier) aux organismes culturels du milieu ;
- des mesures d'accessibilité aux programmes et aux services culturels, principalement par l'adaptation des politiques de tarification existantes ;
- la mise en place de structures et de mécanismes de concertation afin de maximiser la prise en charge et de favoriser l'expression culturelle du milieu.

La politique à l'égard de la famille

La problématique générale

La famille est reconnue comme le premier agent de socialisation des personnes et, conséquemment, se trouve à la base de toute cohésion sociale.

> La famille, entité qui dépasse la somme des membres qui la composent, est le lieu de jonction entre l'individuel et le social, terrain privilégié d'expérimentation où se conçoivent et se développent toutes les attitudes qui conditionnent notre comportement social. Une action à l'égard des familles provoque donc des conséquences sur toute la société et vice-versa[11].

Dans cette perspective, tous les acteurs sociaux doivent manifester une grande solidarité à l'égard des familles et leur apporter le soutien dont elles ont besoin.

> La famille est la plus polyvalente des institutions, celle qui a la vie la plus tenace, celle aussi qu'on utilise pour la satisfaction des besoins fondamentaux. Un des premiers buts d'une politique familiale, c'est d'aider les familles à bien remplir les fonctions pour lesquelles elles sont les mieux habilitées et d'améliorer leur fonctionnement.
>
> Une politique municipale à caractère familial devient donc l'instrument indispensable permettant à toute intervention municipale, et quel qu'en soit le champ d'application, de tenir compte

des familles, de leurs préoccupations et besoins, et de prévoir et d'ajuster constamment les services offerts afin que ces derniers soient toujours à l'avantage des familles. Un des fondements de la politique familiale, c'est que le bien-être de la société est lié à celui des familles[12].

Par l'adoption d'une politique d'action à l'égard de la famille, la municipalité peut viser plusieurs objectifs liés à l'amélioration du bien-être de la collectivité. À titre d'illustration, voici les objectifs de la politique municipale d'action à l'égard de la famille de la Ville de Charlesbourg :

1) créer un milieu de vie qui soit favorable au développement de la famille ;

2) permettre l'interrelation entre la famille, le niveau municipal et les services offerts ;

3) faire en sorte de stimuler le partenariat entre les familles, les associations du milieu et la municipalité en développant un cadre d'action communautaire favorable aux familles ;

4) prévoir, encourager et soutenir le développement de la famille en lui offrant un cadre d'épanouissement adapté à ses besoins ;

5) accepter la diversité des modèles familiaux et des dynamiques familiales actuelles ;

6) respecter l'autonomie propre des familles actuelles ;

7) soutenir les familles, dans un souci de complémentarité et non de remplacement ou de substitution[13].

Le champ d'application de la politique

Une politique d'action municipale à l'égard de la famille amène l'ensemble des services de la municipalité à penser et à agir « famille ». Les applications sont généralement les suivantes :

- en matière de sécurité :

  - procurer aux familles un environnement sécuritaire et empreint de quiétude ;

  - protéger les droits de la famille par des modes d'éducation et d'intervention favorables à sa sécurité et à son épanouissement ;

- en matière de transport :

  - favoriser la mise en place d'infrastructures et de services permettant aux familles d'avoir accès à des modes de déplacement divers, sécuritaires et convenant à leurs besoins ;

- en matière de logement et d'urbanisme :

  - favoriser l'accès à des habitations qui répondent à la diversité des structures familiales et aux nouveaux modes de vie ;

  - exiger le respect de normes minimales de qualité pour la construction des immeubles sur son territoire, en réduisant les disparités existantes face aux besoins des familles ;

  - établir avec les partenaires gouvernementaux des programmes d'accessibilité à la propriété pour les familles ;

- en matière d'aménagement du territoire :

  - redonner aux familles un milieu de vie fonctionnel, sécuritaire et accueillant ;

  - promouvoir la qualité de la vie par un environnement sain ;

  - reconnaître le quartier comme élément structurant du développement communautaire des familles pour permettre la mise en place d'un dynamisme social axé sur le quartier ;

- en matière de loisir et culture :

  - offrir des programmes récréatifs et culturels de façon à permettre l'épanouissement de chacun des membres de la famille et pour permettre également à la famille, comme entité, de s'engager dans des activités communes ;

  - établir des politiques de tarification favorisant la participation des familles les plus vulnérables ;

- en matière de services sociocommunautaires :

  - appuyer et établir avec les organismes sociocommunautaires du milieu un modèle de partenariat favorisant la prise en charge et l'offre de services de soutien aux familles ;

– évaluer les besoins et l'opportunité de mettre sur pied des garderies ; offrir des solutions aux garderies en période de congés scolaires.

La politique à l'égard des aînés

La problématique générale

Élaborer une politique d'action municipale à l'égard des aînés, c'est avant tout chercher à améliorer leur cadre et leur qualité de vie. C'est viser également à leur permettre d'évoluer dans le milieu de façon enrichissante, autonome et sécuritaire.

Dans un contexte où la longévité des individus et le vieillissement général des populations se sont accrus rapidement, la municipalité est de plus en plus tenue d'agir à l'égard de ce groupe-cible de la population. Les inégalités sociales vécues par les aînés, que ce soit sur le plan économique, au chapitre de la santé ou de l'isolement, en font des demandeurs de services de plus en plus importants. C'est dans un tel contexte que la municipalité tente, par l'élaboration d'une politique d'action à l'égard des aînés, de mieux canaliser son intervention.

Une politique municipale d'action à l'égard des aînés vise généralement les objectifs suivants :

- créer un milieu de vie sécuritaire permettant l'épanouissement des aînés et favorisant leur autonomie ;

- favoriser, par la concertation, l'adaptation des services municipaux en fonction des besoins et des contraintes vécues par les aînés ;

- favoriser l'intégration des aînés à la vie communautaire et réduire leur isolement.

Le champ d'application de la politique

Encore ici, selon les secteurs de services dans lesquels la municipalité a choisi d'intervenir, les ressources dont elle dispose et le degré de concertation qu'elle aura su réaliser avec les institutions et les organismes du milieu, le champ d'application des politiques d'action municipales à l'égard des aînés peut être plus ou moins étendu. Une telle politique couvre généralement les aspects suivants :

- en matière de sécurité publique :
  - procurer aux aînés un environnement sécuritaire et empreint de quiétude ;

- en matière de transport :
  - favoriser la mise en place d'infrastructures et de services permettant aux aînés d'avoir accès à des modes de déplacement divers, sécuritaires et répondant à leurs besoins ;

- en matière de logement et d'urbanisme :
  - favoriser l'accès à des habitations adaptées aux besoins des personnes âgées et respectant les divers cycles de vie de ces personnes ;
  - exiger le respect de normes minimales de qualité (accessibilité, salubrité, sécurité, ascenseurs, etc.) pour la construction d'immeubles à l'intention des aînés ;

- en matière d'aménagement du territoire :
  - planifier l'aménagement urbain en tenant compte de la mobilité et de la sécurité des aînés ;
  - aménager et meubler les parcs et les espaces verts en fonction des besoins et des contraintes des aînés ;

- en matière de loisir et de culture :
  - offrir des programmes et des services récréatifs et culturels répondant aux besoins des aînés ;
  - adapter les politiques de tarification des services et des activités à leur réalité financière ;

- en matière de services sociocommunautaires :
  - appuyer et établir avec les organismes sociocommunautaires du milieu un modèle de partenariat favorisant la prise en charge et l'offre de services aux personnes âgées.

Autres politiques d'action municipale

Certains autres groupes-cibles ou secteurs d'activité font, à l'occasion, l'objet de politiques d'action spécialisées par les municipalités.

C'est le cas des **personnes handicapées** : certaines municipalités ont choisi de souligner de façon particulière, par une politique d'action, les interventions visant à améliorer l'accès physique de ce groupe de citoyens aux lieux et espaces publics tout en favorisant leur intégration aux programmes, aux services et aux activités offerts à l'ensemble de la population.

C'est le cas également des **communautés culturelles** : plusieurs municipalités, principalement dans la région montréalaise où l'on retrouve les plus forts contingents de nouvelles communautés culturelles à cause du phénomène de concentration des nouveaux arrivants, ressentent un besoin d'intégration harmonieuse. Tout en cherchant à tirer le meilleur parti, sur le plan du développement culturel, de l'apport et de la diversité de ces nouvelles communautés, les objectifs des politiques municipales d'action à l'égard des communautés culturelles visent généralement l'intégration et le développement de ces nouvelles communautés dans la collectivité.

Dans plusieurs municipalités, le secteur des **services sociocommunautaires**, tout comme ceux du loisir et de la culture, peut également faire l'objet d'une politique d'action de la municipalité. Cependant, certaines municipalités hésitent encore à se reconnaître un rôle d'intervenant dans ce secteur, l'attribuant principalement à l'État et à son réseau d'institutions dans le secteur de la santé et des services sociaux. Quoi qu'il en soit, les politiques d'action municipales élaborées par les municipalités dans le secteur des services sociocommunautaires visent généralement à reconnaître et à soutenir les organismes du milieu œuvrant dans ce domaine. Une majorité de municipalités ont plutôt choisi d'intégrer à leur politique existante de reconnaissance et de soutien aux organismes du milieu la reconnaissance et le type de soutien à accorder à ces organismes.

En guise de conclusion, soulignons tout d'abord que l'élaboration de politiques municipales d'action à l'égard de certains secteurs d'activités ou de certains groupes-cibles de la population constitue un moyen privilégié pour la municipalité de faire des choix pour mieux cadrer et orienter son intervention auprès des citoyens.

Il importe également de souligner que les politiques d'action de la municipalité trouvent généralement leur diversité et leur force d'action dans le partenariat et la concertation que la municipalité aura su établir, tant à l'intérieur de l'appareil municipal (collaboration inter-services) qu'à l'extérieur, c'est-à-dire avec les institutions et les organismes du milieu. En outre, plus souvent qu'autrement, c'est le service des loisirs qui est mandaté pour coordonner la mise en application des diverses politiques d'action dont nous avons parlé dans le présent chapitre. L'expertise particulière que ce dernier a su acquérir au cours des années sur le plan de l'intervention auprès des citoyens, des groupes, des organismes et des institutions du milieu ainsi qu'en matière de développement communautaire, en fait naturellement un chef de file dans ce domaine.

Enfin, face au problème de cohésion et d'intégration soulevé par la multiplication des politiques d'intervention au sein des divers services ou d'une même municipalité, on commence à parler de « charte des citoyens » : cette dernière permettrait d'intégrer l'ensemble des principes, des objectifs et des choix des modes d'intervention de la municipalité en matière de prestation de services aux citoyens et aux groupes, et de faire du « citoyen d'abord », le centre de préoccupation de l'ensemble de l'intervention municipale.

Notes

1. Pierre Gagnon, *Intégration des secteurs d'activités de la culture et du développement communautaire au sein du service municipal des loisirs*, Études du loisir – Cahier 5, Trois-Rivières, Département des Sciences du loisir, Université du Québec à Trois-Rivières, 1993.

2. *Ibid.*

3. Union des municipalités du Québec, *Rapport de la commission d'étude sur les municipalités*, Montréal, U.M.Q., 1986.

4. *Ibid.*, p. 240.

5. Conseil des loisirs – Région de Québec, *La tarification municipale en loisir : des choix à établir*, Sainte-Foy, CL-RQ, 1986, p. 6.

6. *Ibid.*

7. Regroupement québécois du loisir municipal, *L'intervention culturelle des municipalités québécoises*, Rapport d'une étude effectuée par la Chaire de gestion des Arts de l'École des Hautes Études commerciales de Montréal, Montréal, 1993, p. 76.

8. Ministère des Affaires municipales, *La politique culturelle du Québec*, Québec, Gouvernement du Québec, 1992.

9. *Ibid.*, p. 130-131.

10. Regroupement québécois du loisir municipal, *op. cit.*, p. 79.

11. Conseil de la famille, *Penser et agir famille : guide à l'intention des intervenants publics et privés*, Avis du Conseil de la famille à la ministre déléguée à la condition féminine et responsable de la famille, Québec, Gouvernement du Québec, 1989, p. 29.

12. Ville de Charlesbourg, *Énoncé de politique familiale : plan d'action 1993-1994*, Charlesbourg, 1993, p. 25.

13. *Ibid.*, p. 29-37.

La mise en marché des services récréatifs, culturels, sociocommunautaires et récréotouristiques

L'intervention directe (le faire) et l'intervention mixte (le faire avec) caractérisent encore aujourd'hui les modes d'intervention choisis par les municipalités du Québec en matière de dispensation de services aux citoyens (voir le chapitre six du présent ouvrage). Dans un tel contexte, les services municipaux de loisir, peu importe les secteurs d'activité dans lesquels ils interviennent, doivent s'assurer que les services offerts correspondent aux besoins des usagers et que les ressources consenties par l'appareil municipal pour leur réalisation le sont utilement.

Même si elle vise une rentabilité sociale (la meilleure réponse possible aux besoins exprimés par les citoyens compte tenu des ressources collectives) plutôt qu'une rentabilité économique (recherche du profit), la municipalité doit exercer avec ses organismes partenaires la plus grande vigilance dans la mise en marché des services récréatifs, culturels, sociocommunautaires et récréotouristiques offerts en réponse aux besoins des citoyens.

La notion de mise en marché repose sur la perspective d'une approche documentée stratégique à l'offre d'un service. Elle introduit un ensemble d'éléments dans une perspective spécifique, soit l'action par le truchement d'une connaissance préalable approfondie du service, des clientèles visées par ce dernier, de l'environnement et des contextes qui modèlent les comportements des usagers, la favorisation de stratégies découlant de la connaissance d'un ensemble de facteurs importants.

Le présent chapitre met d'abord en relief certaines notions de base nécessaires à une intervention réfléchie et adaptée en matière de dispensation de services aux citoyens, notions qui permettent la connaissance du contexte dans lequel l'action est posée, soit les composantes du processus de mise en marché, la définition du marché lui-même, les facteurs environnementaux qui entrent en jeu et l'information qui renforce la mise en marché des services aux citoyens. De même, cette démarche de mise en marché permet de reconnaître certaines stratégies, adaptées au produit, au prix, à la distribution et à la promotion, stratégies mises en œuvre afin de rejoindre efficacement le citoyen.

1. L'intervention directe de la municipalité dans l'offre de produits

Bien que l'intervention municipale dans les champs du loisir, de la culture, des services sociocommunautaires et du récréotouristique ne soit pas une préoccupation commerciale, il importe de se pencher sur les possibilités, outils et perspectives que permettent d'aborder des notions d'une mise en marché efficace des services publics. En effet, l'offre de services aux citoyens peut être favorablement renforcée par une approche de mise en marché. On devra ici circonscrire le domaine de la mise en marché en jetant quelques pistes indicatrices et quelques notions, brèves et concises.

La notion de mise en marché renvoie depuis longtemps aux actions engagées par les entreprises commerciales, soutenues dans leur démarche par des stratégies longuement analysées et largement évaluées. On note depuis les années 70 une forte tendance à appliquer ces notions aux secteurs des organismes ou institutions à but non lucratif de même qu'au secteur public, et pour cause : comme elle constitue un ensemble d'outils permettant l'efficacité de l'action, une fois qu'ils sont bien adaptés au milieu concerné, la mise en marché permet un rapprochement entre l'organisme-fournisseur de services et le citoyen-consommateur et usager de services.

Le chapitre six traitait des modes d'intervention favorisés par la municipalité en vue de rejoindre le citoyen. Renforcées par une stratégie de mise en marché bien définie et adaptée aux disparités du milieu, les opérations de gestion privilégiées, que l'intervention soit directe (faire) ou mixte (faire avec), permettront d'assurer de façon réfléchie des services adaptés aux différents contextes et aux ressources disponibles.

La justification de l'intervention

Rappelons d'abord que l'intervention directe (faire) de la municipalité dans les champs du loisir, de la culture, des services sociocommunautaires et du récréotourisme permet de dispenser des services directement au citoyen de façon immédiate (voir figure 6.1). Dans ce cas, les responsabilités de gestion reliées à l'offre de services reviennent au service municipal. Les stratégies de mise en marché rejoignent donc directement l'usager consommateur actuel ou éventuel.

L'intervention mixte (faire avec), pour sa part, fait appel à la fois au service municipal et à l'organisme partenaire, dont les responsabilités de gestion se voient partagées. Ce mode d'intervention rend généralement la municipalité responsable de la planification, de l'aménagement et de l'entretien des équipements servant à l'activité ou au service concerné et l'organisme partenaire responsable de l'organisation et de l'animation de l'activité ou du service offert.

Le choix d'un mode d'intervention se justifie essentiellement par une adaptation au contexte global du moment. Il importe donc d'analyser ce choix, qui nécessitera une approche de mise en marché adaptée à la situation et fonction des critères suivants :

- la reconnaissance du milieu et les besoins exprimés par les citoyens ;
- la viabilité du service et la réponse à un besoin marqué ;
- les ressources nécessaires et disponibles à la mise en place du service à offrir ;
- la capacité de l'organisme partenaire de gérer, d'animer le projet, de le piloter, d'en assumer l'évaluation et le renouvellement ;
- la capacité de la municipalité d'offrir le soutien à l'organisme partenaire selon le cas : gestion des ressources logistiques, techniques, financières, humaines, la formation et le perfectionnement, les outils de gestion, de mise en marché, de publicité et de promotion, etc.

Peu importe le choix du mode d'intervention effectué par la municipalité en matière de dispensation de services aux citoyens, cette dernière, devra seule (le faire) ou en collaboration avec ses partenaires (le faire avec), franchir les différentes étapes nécessaires à une mise en marché efficace.

Généralement, la municipalité et ses organismes partenaires décident d'intervenir en matière de dispensation de services en réponse aux demandes effectuées par des groupes de citoyens. C'est le cas pour la construction et l'aménagement d'un centre communautaire ou d'une bibliothèque, pour l'aménagement de parcs, pour la mise sur pied de programmes d'activités dans telle ou telle discipline sportive ou culturelle, etc. Cette raison ne peut seule justifier la décision d'intervenir. Encore faut-il vérifier si le service à offrir répond à un réel besoin de l'ensemble de la population, déterminer quelle devrait être la nature (qualité et quantité) du service à offrir, ce qu'il en coûtera pour l'offrir, comment on le rendra accessible aux usagers, comment on informera les citoyens de sa disponibilité, etc. La réponse à ces questions constitue l'essence même du processus de mise en marché.

La nature des produits (services) offerts par la municipalité

La nature des produits ou services que la municipalité peut être appelée à mettre en marché dans les secteurs du loisir, de la culture, des services sociocommunautaires et du récréotourisme varie énormément d'une municipalité à l'autre. Cette variation s'explique par le choix de la municipalité d'intervenir ou non dans les différents secteurs d'activités, les besoins exprimés par le milieu et les ressources dont dispose la municipalité pour y répondre. Le tableau 9.1 illustre l'éventail des services qu'une municipalité peut être appelée à mettre en marché seule ou en collaboration avec un organisme partenaire, selon le mode d'intervention choisi. Ces services peuvent s'adresser, selon les cas, directement aux citoyens ou encore à des groupes ou organismes du milieu.

La coordination et la complémentarité
avec les autres intervenants du milieu

La mise en marché des services s'engage soit directement par le service municipal, soit conjointement avec l'organisme partenaire du milieu. Dans le second cas, des expressions significatives définissent et englobent souvent l'importance de ce mode d'intervention ; coordination, collaboration, partenariat, dualité, soutien, concertation, communication ; ce sont des concepts d'action changeant selon l'évolution des milieux et de la société, qui permettront le renforcement de l'intervention et la satisfaction des usagers, l'efficacité de l'action

TABLEAU 9.1

L'éventail des services dispensés par les municipalités et les organismes du milieu dans les secteurs du loisir, de la culture, des services sociocommunautaires et du récréotourisme

Type de service	Secteur du loisir	Secteur de la culture	Secteur des services socio-communautaires	Secteur du récréotourisme
La mise en disponibilité d'espaces et d'équipements servant de support à la pratique d'activités	Centres de loisir, arénas, piscines, pistes cyclables, patinoires, terrains de sport et de jeu, gymnases, réseaux de parcs de voisinage, de quartier, urbains, jardins communautaires, etc.	Bibliothèques, centres culturels, salles de spectacles, centres d'exposition, musées, centres d'interprétation, sites historiques, etc.	Centres communautaires, salles de réunion, etc.	Kiosques d'accueil touristique, attractions touristiques aménagées (zoo, parc d'attractions), etc.
La mise sur pied de programmes d'activités animés et encadrés	Programmes sportifs (hockey, baseball, ringuette, patinage artistique, etc.) Programmes socioculturels, socio-éducatifs, de loisir scientifique, etc.	Programmes d'animation culturelle et patrimoniale, diffusion de spectacles, montage d'expositions, etc.	Rencontres et services d'aide à la personne, d'éducation sociale et populaire, de défense des droits et des intérêts des personnes, de développement socio-économique ou communautaire, etc.	Fêtes et festivals populaires, événements, parcs historiques et naturels, etc.
Le soutien (professionnel, technique, matériel, financier) aux initiatives des groupes et des organismes du milieu	Prêts de locaux et de plateaux nécessaires à la production d'activités, les locaux et les salles utilisés à des fins administratives, des espaces pour le rangement et l'entreposage d'équipement, le service de prêt d'équipement et de matériel (éclairage, sonorisation, chaises, gradins, etc.). Les ressources professionnelles destinées à favoriser l'encadrement et la formation de bénévoles, la vie des organismes, le soutien à la production d'activités, etc. Les ressources techniques : service de secrétariat, de reprographie, de communication, les outils d'information et de promotion, etc. Les ressources financières : programme de soutien financier, subventions directes, etc.			

et une rétroaction positive favorable. Ils permettront, par exemple, de faire en sorte que le patrimoine local soit redécouvert, qu'on prête assistance aux victimes d'actes criminels ou aux citoyens qui font face à la maladie ou encore que les familles puissent s'adonner aux activités récréatives et culturelles offertes par la municipalité.

La nature de cette coordination et de cette complémentarité de la municipalité et de ses partenaires dans la prestation de services aux citoyens peut se faire, comme décrit au chapitre sept, au moyen d'un encadrement, par protocole ou par la mise en place de mécanismes de soutien : technique, logistique, expertise-conseil, professionnel, financier. De même, cette complémentarité peut amener des ententes sur la gestion d'équipements, la formation et le perfectionnement, l'échange de services, le prêt d'équipements, le soutien technique ou administratif, etc.

Les organismes partenaires de la municipalité dans la dispensation de services à la population peuvent être de n'importe quel ordre : organismes du milieu, régies régionales de la santé et des services sociaux, associations touristiques régionales, conseils régionaux de la culture, conseils régionaux de loisir, commissions scolaires et établissements d'enseignement locaux et régionaux, organismes sociaux, autres villes de la région, sociétés de développement économique, social ou touristique locales et régionales, entreprises commerciales et industrielles, associations provinciales ou nationales spécifiques aux champs d'intervention et autres.

Le processus de mise en marché et ses principales composantes

Le processus de mise en marché des services à la population comporte quatre principales composantes et quatre principales étapes de réalisation. La figure 9.1 illustre l'enchaînement des composantes et des étapes de ce processus.

Les composantes du processus de mise en marché

Ces composantes sont :

L'existence d'un organisme producteur de services

En ce qui concerne ici notre propos, cet organisme producteur est le service municipal des loisirs s'il s'agit d'un mode d'intervention directe (le faire) ou le service municipal des loisirs en partenariat avec une ou des institutions ou un ou des organismes du milieu s'il s'agit d'un mode d'intervention mixte (le faire avec).

FIGURE 9.1

**Le processus de mise en marché des services
à la population et ses principales composantes**

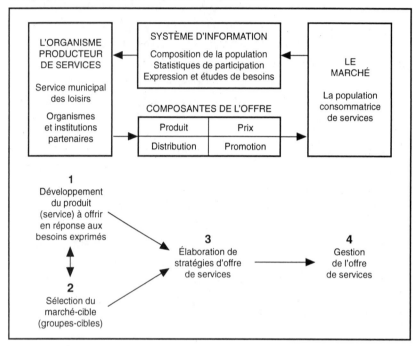

La présence d'un marché

Ce marché est composé généralement de la partie de la population qui est susceptible de consommer ou d'utiliser les services offerts par l'organisme producteur.

Les liens qui unissent ces deux premières composantes du processus de mise en marché, l'organisme producteur et le marché, sont de deux ordres :

- Le système d'information :

  Ce lien a pour fonction principale de relever les besoins en matière de services. Ces besoins, généralement exprimés par des demandes provenant de groupes de citoyens et adressées à la municipalité, doivent être confrontés à la réalité du marché. Le système d'information a donc également pour fonction d'alimenter la base de connaissances générales de l'organisme-fournisseur de services sur ses usagers éventuels : caractéristiques de la population, statistiques de participation antérieure, études des besoins, etc.

- Les composantes de l'offre :

Les composantes de l'offre proprement dite sont la réponse de l'organisme producteur à la demande du marché. Cette réponse se traduit par l'offre d'un service (produit) à un coût déterminé pour les usagers (prix) à des points de service déterminés (distribution) et pour lesquels les citoyens sont informés (promotion).

Les étapes du processus de mise en marché

Étape 1 : Le développement du produit (service) à offrir en réponse aux besoins exprimés

Il appartient à l'organisme producteur de définir quelles seront les composantes du service qui sera rendu en réponse aux besoins exprimés, tant sur le plan qualitatif que quantitatif. La nature de chaque service devrait faire l'objet d'une validation auprès des demandeurs.

Étape 2 : La sélection du marché-cible

L'organisme producteur doit également identifier clairement les groupes-cibles à qui s'adressera le service offert. Des variantes du service de base pourraient être éventuellement offertes pour répondre aux besoins spécifiques de chacun.

Étape 3 : L'élaboration de stratégies d'offre de services

Ces stratégies sont de quatre ordres différents :

- les stratégies relatives au produit (gamme de produits différenciés à offrir, caractéristiques de chaque produit, etc.) ;
- les stratégies relatives au prix (politique de tarification, gratuité, etc.) ;
- les stratégies relatives à la distribution (accessibilité du produit pour les usagers : détermination des points (endroits) de service) ;

- les stratégies relatives à la promotion (information des citoyens sur l'existence du service offert, incitation à participer, le cas échéant).

Étape 4 : La gestion de l'offre de service

La gestion de l'offre de service suppose la planification opérationnelle, l'organisation, la mise en action, le contrôle et l'évaluation du service à dispenser.

Chacune des principales composantes et étapes du processus de mise en marché fera l'objet d'une analyse dans les pages suivantes.

2. Le marché

Toute mise en marché de services à la population demande une analyse préalable de la demande actuelle et éventuelle. La réponse aux besoins des citoyens demeure la préoccupation première de la municipalité et de ses organismes partenaires dans l'offre. On doit donc connaître les caractéristiques inhérentes à ces derniers.

Kotler définit ce qu'est un marché en ces termes : « l'ensemble de tous les acheteurs réels et potentiels d'un produit »[1]. Aux fins de notre propos, le terme « produit » englobe tout service offert au citoyen consommateur et usager par la municipalité, de façon directe ou conjointement avec un organisme partenaire. Le terme « acheteur » quant à lui, désigne « toute personne physique ou morale susceptible d'utiliser un service donné parce qu'elle est intéressée par ce produit et qu'elle a la capacité de l'utiliser ». Entendons ici que le terme « intéressée » peut sous-entendre des « besoins » et que la « capacité » peut aussi signifier la « nécessité d'utiliser », en considérant toute intervention dans le champ des services sociocommunautaires.

Voyons maintenant les différents éléments liés à toute analyse du marché.

Les types de marchés

Colbert[2], dans une approche de mise en marché des produits ou des services visant le domaine des arts et de la culture, définit quatre types de marchés : celui de la consommation qui, dans notre cas,

Les actions directes de la municipalité en matière de loisir

désigne les citoyens et leurs préférences, besoins ou intérêts exprimés ; le marché des intermédiaires de distribution, soit le réseau intermédiaire d'organismes pouvant rejoindre le consommateur ; le marché de l'État, constitué de l'ensemble des paliers gouvernementaux qui, par un soutien financier, aident à la mise en place du service, généralement par l'octroi de subventions ; enfin, le marché des commanditaires provenant de l'entreprise privée, de fondations d'entreprises ou de généreux donateurs dont les contributions permettent généralement de réduire le coût des services rendus.

Cette distinction des marchés, qui peut aussi bien s'appliquer aux autres secteurs d'intervention de la municipalité, oblige l'organisme producteur de services à penser et à élaborer une stratégie de mise en marché en fonction de ces particularités. Nul besoin, sans doute, de préciser que, compte tenu des restrictions budgétaires qui touchent l'ensemble des organismes producteurs de services, une grande concurrence existe dans la recherche de commanditaires.

La demande pour un produit ou un service

La demande du marché pour un service s'entend du nombre total d'usagers pouvant être desservis dans une zone géographique définie, dans une période définie, dans un environnement défini et selon une stratégie de mise en marché définie.

Le marché pour un produit ou un service

Lorsque les stratégies sont mises en œuvre afin de rejoindre un marché précis et que le service alors offert peut répondre à une partie de la demande potentielle, on dit que cette partie représente la « part du marché », ce qui signifie que le fournisseur du service offert se taille une place significative sur le marché et peut répondre à une demande réelle.

L'évolution des marchés

Les secteurs d'activité du loisir, de la culture, des services sociocommunautaires et du récréotourisme connaissent, comme tout autre secteur d'activité, certains changements, parfois temporaires, parfois profonds, qui exigent que soient modifiées les stratégies de mise en marché des organismes producteurs de services à la population. Plusieurs facteurs influent sur la demande à tous les chapitres : changements démographiques, économiques, culturels, sociaux ou encore technologiques. Toutes ces transformations forcent les organismes producteurs de services destinés à la population à évaluer constamment l'état de la demande pour tel ou tel service. Savoir reconnaître et même prévoir certains changements permet de redéfinir ou de modifier les stratégies de mise en marché.

La concurrence

Certains intervenants municipaux concluent trop facilement à l'absence de concurrence en ce qui a trait aux services assurés aux citoyens dans les secteurs du loisir, de la culture, des services sociocommunautaires ou du récréotourisme. C'est généralement une erreur : l'offre de services publics dans ces secteurs d'activité peut être soumise à une vive concurrence qui réduira d'autant la part de marché que pensent desservir les fournisseurs de services publics et leurs partenaires, le cas échéant. Le principe de l'utilisateur-payeur, qui s'applique de plus en plus aux utilisateurs de services publics, de même que la disparition de la gratuité font que l'usager est de plus en plus appelé à choisir d'utiliser ou non les services publics. De plus, la tarification selon les coûts réels de production suscite souvent la création d'entreprises privées pouvant concurrencer les services publics sur leur propre terrain.

La segmentation du marché

Le marché des usagers des services dispensés par la municipalité et ses organismes partenaires est composé de citoyens qui se distinguent sur un ou plusieurs aspects comme leurs besoins spécifiques, leurs ressources financières, le temps libre dont ils disposent, leur situation géographique, leurs caractéristiques sociodémographiques ou familiales, etc. Chacune de ces variables peut être utilisée pour segmenter le marché des usagers des services publics afin de mieux orienter et préciser l'offre qui leur sera faite.

Il n'y a pas à proprement parler d'usager « moyen » ou « type » à qui l'on peut offrir un service « moyen » ou « type ». Il y a plutôt

Les actions directes de la municipalité en matière de loisir

différents types d'usagers requérant différents types de services. On entend donc généralement par « segmentation » de marché ou de population le processus de regroupement des individus ou usagers dont les besoins, les intérêts et les comportements en matière de demande pour un service seront similaires durant une période donnée[3].

Plusieurs modèles peuvent être utilisés pour segmenter le marché. Il n'y a pas, *a priori*, un seul bon modèle de segmentation de la population pour la prestation de services de loisir, culturels, sociocommunautaires ou récréotouristiques. Il appartient à chaque organisme producteur, à la suite d'une analyse de son milieu spécifique, de définir les segments d'usagers qui lui permettront le mieux d'adapter son offre de service. Le modèle de segmentation de la population selon les modes de vie illustré au chapitre quatre du présent ouvrage en est un exemple[4].

L'information sur les marchés

Posséder un bon système d'information sur les marchés ou sur la population en général est essentiel à tout organisme, public ou privé, producteur de services. Le service municipal des loisirs et ses organismes partenaires dans la dispensation de services aux citoyens n'échappent pas à cette règle. Afin de prendre la décision d'offrir un service quelconque ou non, de modeler le service à offrir en fonction des besoins exprimés par ses futurs usagers, d'en préciser la demande, il est nécessaire de procéder à une analyse du marché.

Cette analyse de marché se fait généralement à partir d'informations existantes ou, au besoin, à partir de nouvelles informations qu'il faudra générer (une étude de besoins par exemple). Ces informations portent habituellement sur la taille du marché à desservir, sur les caractéristiques sociodémographiques des usagers éventuels afin d'identifier les clientèles-cibles (segments d'usagers) et sur les besoins, les intérêts ainsi que les comportements des éventuels usagers.

Générer de nouvelles informations est une opération coûteuse. Réaliser une étude de besoins de la population, peu importe la méthode d'enquête ou de sondage utilisée, peut s'avérer aussi coûteux en temps et en argent. C'est là qu'un système d'information sur les marchés conçu à partir des données existantes peut se révéler avantageux pour les organismes publics producteurs de services aux citoyens. Et ce n'est pas l'information qui manque ! Les données disponibles peuvent provenir de deux sources : les données internes, émanant de l'organisation, et les données externes.

Les données internes désignent toute information que le service des loisirs et ses organismes partenaires peuvent posséder : statistiques sur la participation, études précédentes réalisées, plans de développement, etc. On peut souvent actualiser ces données et les rendre utiles pour l'étude relative à un nouveau service ou encore pour évaluer s'il est pertinent de maintenir ou non un service existant ; les données sur les inscriptions des participants peuvent s'avérer très révélatrices à ce propos. Il existe aujourd'hui de nombreux logiciels permettant de traiter de telles données. L'absence d'un système d'information à cet égard dans maintes municipalités du Québec explique souvent des erreurs de jugement qui sont faites sur la décision de maintenir ou d'offrir tel ou tel service à la population. La mise sur pied d'un système d'information requiert généralement une collaboration entre organismes partenaires qu'on n'a pas toujours su établir.

Les données externes sont nombreuses ; des informations existent sur les marchés de presque tous les types de services qu'on veut offrir. Ce sont principalement des études de comportement des consommateurs, des participants ou des usagers de services récréatifs, culturels, sociocommunautaires et récréotouristiques réalisées par les ministères provinciaux, les associations sectorielles ou par d'autres municipalités. Ce sont autant de sources secondaires d'information où l'on peut puiser pour éclairer la démarche d'analyse de marché à effectuer sans avoir recours à la génération coûteuse de nouvelles informations.

Quant aux informations relatives à la taille des marchés et aux caractéristiques sociales, démographiques et économiques de la population, les services municipaux de loisirs et leurs organismes partenaires dans la production de services aux citoyens n'ont aucune excuse pour expliquer leur ignorance à ce sujet. Les profils des divisions et subdivisions de recensement du Québec produits par Statistique Canada[5] à tous les cinq ans fournissent de l'information sur des centaines de variables pour chaque municipalité.

Chaque profil est divisé en deux parties : la partie A fournit des données fondamentales sur les caractéristiques relatives à la démographie, à la langue maternelle, au logement, au ménage et à la famille, recueillies auprès de l'ensemble des ménages d'une municipalité donnée. La partie B présente des données recueillies auprès d'un échantillon formé de 20 % des ménages sur des caractéristiques comme la langue parlée à la maison, l'origine ethnique, le lieu de naissance, l'éducation, la religion, l'activité, les coûts du logement et le revenu. À titre d'exemple, on trouvera en annexe le profil de la population de la Ville de Sherbrooke pour l'ensemble des variables disponibles.

Le choix d'une méthode de positionnement permettra de définir une stratégie à utiliser conséquemment.

3. Le marché et les facteurs environnementaux déterminants

Assurer la gestion efficace d'un service public offert à la population implique une connaissance actualisée et renouvelée d'un nombre significatif de facteurs de l'environnement qui influent, directement ou indirectement, sur le comportement des usagers en matière de consommation de services et d'activités de loisir, de culture, sociocommunautaires ou de récréotourisme. Les organismes producteurs de services publics doivent donc constamment évaluer et réévaluer le cadre dans lequel ils fonctionnent. Les défis que pose aujourd'hui l'environnement des services municipaux de loisirs ont été longuement approfondis et analysés au chapitre quatre du présent ouvrage. Le tableau 9.2 illustre les principaux facteurs environnementaux et les indicateurs à partir desquels on peut en mesurer les changements qui peuvent toucher la mise en marché des services publics de loisir, de culture, sociocommunautaires ou récréotouristiques. Une telle analyse de l'environnement est nécessaire pour toute évaluation de l'offre de services aux citoyens.

TABLEAU 9.2
Les facteurs environnementaux déterminants
sur la mise en marché des services publics[6]

	INDICATEURS DE CHANGEMENT
FACTEURS DÉMOGRAPHIQUES	**Croissance ou décroissance de la population** •taux de natalité •nombre de nouveaux logements •immigration • taux de logements inoccupés **Vieillissement de la population** •groupes d'âges de la population **Changements au sein de la famille** •taux de mariages •taux de divorces • taux de familles monoparentales • taux de familles reconstituées
FACTEURS ÉCONOMIQUES	**Revenu réel** •revenu brut des familles •revenu net des familles **L'emploi** •taux de chômage •taux de nouveaux emplois créés •autres facteurs économiques •taux d'inflation •taux d'intérêt •taux d'épargne •pourcentage du budget des familles consacré au loisir
FACTEURS TECHNOLOGIQUES	**Accessibilité aux nouvelles technologies** •taux de familles disposant d'appareils électroniques de loisir •pourcentage de foyers avec câblodistribution •pourcentage de foyers avec télématique (Internet)
FACTEURS POLITIQUES	**Politiques et programmes fédéraux, provinciaux et municipaux pouvant affecter les modes de vie de la population** **Politiques et programmes pouvant affecter le développement dans l'offre d'activités de loisir, culturelles, sociocommunautaires, récréotouristiques et de services adaptés**
FACTEURS CULTURELS	**Valeurs culturelles persévérantes** •retour au libéralisme économique •mouvement écologique **Présence de sous-cultures** •présence de groupes ethniques **Valeurs changeantes** •activités de loisir nouvelles
FACTEURS CONCURRENTIELS	**Développement de l'entreprise privée en matière de loisir** •entreprises privées à but non lucratif offrant des services similaires •organismes privés sans but lucratif offrant des services similaires (organismes non-partenaires)
FACTEURS ORGANISATIONNELS	**Distribution de la population sur le territoire** •concentration de la population •concentration de certains segments de population **Transport en commun** •existence de transport en commun **Répartition des équipements récréatifs sur le territoire** •répartition des équipements récréatifs par secteur géographique

Les actions directes de la municipalité en matière de loisir

4. Les stratégies de mise en marché des services publics

Après s'être assuré que le service à dispenser faisant l'objet d'une demande des citoyens répond bien à des besoins réels, et après avoir vérifié la taille du marché, relevé les segments de population à desservir (clientèle-cible) puis dressé le profil-type du service (produit) à offrir, l'organisme producteur du service, qu'il s'agisse du service municipal de loisir seul ou de ce dernier en partenariat avec un ou des organismes du milieu, doit définir ses stratégies de mise en marché. Ces stratégies portent sur le produit à offrir (le service), le prix, la distribution et la promotion.

Les stratégies relatives au produit (service)

Nul n'est besoin de rappeler que, dans un contexte de perpétuel changement, les organismes producteurs de services publics doivent demeurer à l'affût des nouveautés, des tendances, des besoins des diverses clientèles et des usagers afin de leur offrir un service répondant à leurs besoins et à leurs attentes. Voyons les principaux concepts qui permettent à l'organisme producteur de services de définir ses stratégies par rapport au produit (service) à offrir.

La notion de produit

Dans le processus général de mise en marché on définit ainsi la notion de produit :

> Toute chose pouvant être offerte sur le marché pour y être remarquée, acquise, utilisée ou consommée et pouvant satisfaire un besoin. Cela inclut les objets physiques, les services, les personnes, les endroits, les organisations et les idées[7].

À cette définition, on rattache trois types de produits qui nous permettront de dégager la portée éventuelle du produit ou service à offrir :

- un achat ou un usage que le consommateur répète régulièrement, qu'il peut décider de substituer à un autre produit, appelé un achat ou un usage « courant » (par exemple la syntonisation d'un poste de radio FM) ;

- un achat ou un usage qui est privilégié après que le consommateur ait étudié toutes les possibilités, appelé un achat ou un usage « réfléchi » (par exemple un cours de formation sur un logiciel spécialisé) ;

- un achat ou un usage pour lequel le consommateur consentira une démarche nécessaire afin de pouvoir se prévaloir du produit ou service, soit un achat ou un usage « spécialisé » (par exemple le spectacle d'ouverture du festival le plus couru de l'été) ;

Enfin, précisons que le produit ou service peut se décomposer en trois éléments importants :

- le produit central, soit l'élément de base du concept (ex. : un cours d'initiation à l'escrime ou le service de soutien aux femmes victimes de violence) ;

- le produit connexe (ex. : le plateau et l'équipement disponibles à la pratique de l'escrime ou le réseau de personnes utilisatrices du service de soutien aux femmes victimes de violence) ;

- la valeur rattachée au produit (ex. : la satisfaction retirée de l'apprentissage des techniques de l'escrime ou le sentiment de sécurité découlant du service de soutien aux femmes victimes de violence).

Il importe de relever l'ensemble des composantes dans l'offre d'un service afin de comprendre les mécanismes de participation ou d'utilisation qui influencent le consommateur dans son choix de service. Ce faisant, l'organisme producteur de services sera en mesure de définir les stratégies de mise en marché les plus efficaces et les plus pertinentes.

Les cycles de vie du produit

Des études dans le domaine ont permis d'observer et de cerner des cycles de vie pour tout service offert. En connaissant ces différents cycles, l'organisme producteur de services pourra définir des stratégies adaptées de mise en marché selon chacun de ces cycles, c'est-à-dire :

- **La phase d'introduction**, période cruciale au cours de laquelle l'organisme producteur de services devra établir une stratégie de présentation du produit, soutenue par une solide campagne de promotion.

- **La phase de croissance**, au cours de laquelle on étudiera attentivement la réaction des usagers par rapport au produit ou au service et où l'on adaptera ce dernier de façon à maintenir l'intérêt des usagers.

- **La phase de maturité**, difficile à circonscrire, caractérisée par un plafonnement de la participation ou de la consommation, au cours de laquelle on étudiera les possibilités de modifier le marché-cible ou certaines composantes.

- **La phase de déclin**, durant laquelle une action réfléchie doit être engagée, soit la modification des stratégies de mise en marché (prix, promotion, distribution), soit le retrait éventuel de l'offre.

L'évolution des goûts, des modes de vie, des besoins et des intérêts des consommateurs ainsi que des nouvelles technologies influe fortement sur les cycles de vie d'un produit ou service ; à l'intervenant de les prévoir, de les relever et de définir les stratégies en fonction des diverses situations.

L'élaboration de nouveaux produits

Dans une période où l'allocation des ressources en matière de dispensation de services de loisir, culturels, sociocommunautaires ou récréotouristiques, comme dans tout autre champ d'intervention auprès des citoyens, appelle à la prudence, à la parcimonie, de même qu'aux restrictions globales et sévères, les organismes publics subissent des pressions en vue de répondre à une foule de nouveaux besoins. De fait, l'offre éventuelle de nouveaux produits ou services exige la prudence car, compte tenu de la nature des services à offrir dans ces champs d'intervention, le risque d'erreur peut parfois s'avérer coûteux.

Le succès de cette démarche sera souvent tributaire d'une étude en profondeur préalable de la nature du service à offrir, comprenant des étapes telles la recherche d'idées, l'évaluation de ces dernières, l'élaboration de stratégies de mise en marché et la réalisation d'études de faisabilité.

Plus souvent qu'autrement, en matière de prestation de services publics, il est impossible de réaliser des tests de marché : le coup d'envoi du service doit être le bon.

Les stratégies relatives au prix

La fixation d'un prix pour l'usager constitue une étape importante du processus de mise en marché des services publics dans un contexte général où l'on applique de plus en plus le principe de « l'utilisateur-payeur ». Facteur déterminant la décision finale de l'éventuel usager, le prix du service sert d'élément motivateur à l'adoption du service offert. Il importe donc d'agir avec attention à ce niveau. Deux méthodes peuvent s'appliquer ici : l'élaboration de politiques de tarification ou la loi de l'offre et de la demande.

La politique de tarification

Le chapitre sept du présent ouvrage faisait état de la politique de tarification, de sa définition, des champs d'application et de l'élaboration de cette méthode. Nous verrons plutôt ici dans quel contexte cette pratique s'insère et à quel niveau elle touche les principaux acteurs concernés par cette pratique, soit le service municipal de loisir, le citoyen, usager ou non du service, le commanditaire potentiel de l'activité et les concurrents.

Des objectifs financiers sous-tendent l'intervention municipale en matière de dispensation de services aux citoyens : la nécessité de trouver une tarification qui reflétera des objectifs de nature économique et sociale définis, de même qu'une préoccupation certaine du recouvrement des coûts réels que l'offre de service entraîne, soit par la taxation générale, soit par la tarification directe des usagers. Il s'agira donc pour le service municipal de fixer des objectifs et de prendre les mesures conséquentes ; objectifs économiques qui peuvent refléter le coût du service (dépenses de fonctionnement, d'administration et d'immobilisation) ou objectifs sociaux qui mettent l'accent sur la qualité et l'accessibilité du service offert à tous par la municipalité ou encore à certains groupes-cibles de la population qu'on veut privilégier (ex. : les jeunes).

On élabore donc la politique de tarification en fonction de trois facteurs : le client et le prix qu'il est disposé à payer, la concurrence parfois très active et la part des coûts réels du service offert qu'on décide de faire payer à l'usager.

Les politiques de tarification sont donc au centre de cette préoccupation. En considérant que l'intervention municipale en matière de loisir, de culture, de services sociocommunautaires ou de récréotourisme fait appel au droit légitime du citoyen au loisir et à l'accessibilité des services offerts, compte tenu de la richesse collective de la municipalité, on doit considérer la capacité de payer de l'usager et les fondements sociaux qui reflètent l'intervention souhaitée. De toute évidence, le calcul de la tarification des services publics constitue un facteur touchant la rentabilité financière d'une part (coûts fixes et variables du service) et la rentabilité sociale d'autre part (ex. : favoriser la participation familiale ou permettre l'implication bénévole).

Les trois sources financières de revenus permettent de fixer la charge éventuelle pour l'usager :

- la municipalité, par une contribution reflétant les objectifs institutionnels définis ;

- le citoyen, dans sa capacité de payer ;

- l'organisme public ou privé commanditaire, selon sa capacité de soutien financier et technique et selon les objectifs qui lui sont propres.

La loi de l'offre et de la demande

Il incombe à l'intervenant de considérer, en plus des éléments précédents, la loi de l'offre et de la demande et selon laquelle un produit ou service à bas prix largement disponible peut générer une plus grande réponse qu'un produit ou service à prix élevé, disponible en plus petite quantité. La réponse réside alors peut-être dans la capacité de présenter un produit de qualité au moyen d'une promotion efficace auprès des citoyens et futurs usagers.

Deux solutions s'offrent généralement à l'organisme producteur de services publics en matière de tarification répondant aux lois de l'offre et de la demande : introduire le service à un tarif élevé, s'adressant à une clientèle-cible réduite (stratégie d'écrémage), ou adopter une solution appelée « stratégie de pénétration », qui réfère à un tarif plus bas, mais qui peut provoquer une forte réponse de l'ensemble de la population. Les deux stratégies peuvent permettre à l'organisme producteur d'égaler ses revenus et ses dépenses à l'égard du service offert.

L'organisme producteur de services aura aussi à considérer, dans sa politique, un écart éventuel permettant une baisse du prix du service selon la nécessité qu'appellent le contexte de forte concurrence, l'incitation à la consommation, les tarifs saisonniers ou les réductions consenties aux étudiants et aux personnes âgées, parmi de nombreux autres.

Les stratégies relatives à la distribution

Ces stratégies touchent la manière dont on rendra le service offert aux usagers en définissant principalement les points de service ou encore l'endroit où sera installé un équipement. Par exemple, un service peut être offert à un point central de service ou encore l'être dans les différents quartiers de la municipalités. La segmentation du marché (identification des groupes-cibles) pour le service facilite généralement les réponses aux questions que peut se poser l'organisme producteur de services aux citoyens en matière d'accessibilité ou de distribution des services à offrir.

Les stratégies relatives à la promotion

La promotion constitue une étape significative pour le service municipal de loisir et l'organisme partenaire dans la dispensation de services aux citoyens. C'est le moment où l'on met « à l'épreuve » l'ensemble des stratégies définies précédemment. Quels services ou produits feront l'objet d'une campagne d'information ? Qui en seront les publics-cibles ? Quels seront les outils favorisés pour ce faire ? Quel

Les actions directes de la municipalité en matière de loisir

moment se veut le plus propice ? De combien disposons-nous pour ce faire ?

La fonction de promotion

À cette étape de la mise en marché, l'organisme producteur de services a méticuleusement étudié les facteurs environnementaux influents, les marchés actuels et potentiels, par segments, défini et poli le produit présenté, adjoint une politique de prix réfléchie, mûrie et conséquente des objectifs sociaux et économiques définis.

La communication de ces décisions s'emploie donc à transmettre toute information pertinente à diffuser en vue de faire connaître le produit ou le service, la nature de ce dernier et ses bénéfices au public à qui il s'adresse. Pour ce faire, le message doit être bien transmis et reçu. Voilà toute la portée de la fonction de promotion.

Par ailleurs, des choix importants s'imposent : le message qu'on veut diffuser doit être clair, ne laisser place à aucune interprétation défavorable, être bien perçu et compris et entraîner une action favorable chez l'usager potentiel. On doit pour cela déterminer la teneur du message (codes, graphiques, mots, images), déterminer le médium idéal de diffusion du message (publicité, vente personnelle, relations publiques) et surtout être attentif aux réactions provoquées par ce message et savoir renforcer ou modifier ces réactions.

Les outils de promotion

Le choix stratégique des outils de promotion vise à déterminer celui qui porte le mieux le message par sa clarté et sa représentativité, les objectifs à atteindre, le budget alloué et le public ciblé. Ces outils sont de trois ordres :

- **La publicité ou la campagne d'information**

  Choisies surtout en fonction du budget disponible, car on paie généralement, et des segments de clientèle qu'on aura ciblés. Cette forme de publicité comprend des outils efficaces à forte portée : le bottin loisir, médias électroniques ou écrits (radio, télévision, journaux, affiches, etc.).

- **Les relations publiques**

  Elles représentent un moyen rapide et peu onéreux de diffuser une information (discours, conférences de presse, communiqués de presse, etc.). Elles peuvent, si elles sont bien structurées, bénéficier autant à la municipalité qu'aux médias impliqués, mais laissent généralement l'organisme producteur de service à la merci des médias rejoints qui décideront de diffuser l'information ou non et à leur façon.

- **La promotion personnelle**

  Une communication par contact direct avec l'usager actuel et potentiel. Moins coûteuse, elle permet un contact personnel et familier avec le public tout en permettant de convaincre immédiatement, de réagir aux doutes et de renforcer le message selon la réaction qu'elle suscite. Elle est peu coûteuse et permet une approche personnalisée. Les participants ou les usagers satisfaits d'un service, par le bouche-à-oreille, peuvent être les meilleurs promoteurs d'un service public.

Bien que le facteur financier constitue un élément important dans le choix des outils de promotion à privilégier, le coût n'est pas nécessairement garant du rendement de l'outil de promotion utilisé. Un message bien structuré et distinctif avec l'utilisation d'un soutien promotionnel bien choisi peut entraîner des résultats positifs pour l'organisme producteur de services.

5. L'évaluation de la mise en marché des services publics

La phase d'évaluation demeure sans doute l'étape déterminante de l'ensemble du processus de mise en marché. Elle est réalisée à des fins de renseignement, de vérification, de précision des actions entreprises ou à entreprendre en matière de dispensation de services aux citoyens.

L'évaluation permet de vérifier l'atteinte des objectifs que se sont fixés les organismes producteurs de services à l'étape de la planification ou au cours d'étapes ultérieures de la gestion du service relatives au produit, à son prix, à sa distribution ou à sa promotion.

La définition d'objectifs d'ordre quantitatif ou qualitatif constitue le point de départ de l'évaluation. Cette dernière étape du processus consiste succinctement en une comparaison, entre deux périodes distinctes, des objectifs de départ et les résultats obtenus. Pour ce faire, les objectifs doivent donc comporter deux caractéristiques, soit être mesurables et vérifiables. De même, la démarche doit assurer la neutralité et s'assortir de critères garantissant une validité et une fidélité aux résultats ainsi obtenus.

Dans le but ultime d'améliorer l'efficacité du service, on respectera certaines étapes chronologiques, soit la définition d'objectifs, la définition de critères d'évaluation, une évaluation objective de l'écart entre les objectifs et les résultats réels et, enfin, l'élaboration de mesures pour décider de poursuivre, de modifier ou même de retirer le service.

En guise de conclusion, il importe de souligner que lorsque la municipalité décide d'intervenir directement (le faire) dans la dispensation de services aux citoyens ou encore de façon mixte (le faire avec), en collaboration avec une institution ou un organisme du milieu, elle agit alors à titre de producteur de services. Afin d'éviter des erreurs qui peuvent s'avérer coûteuses en regard de l'utilisation des ressources collectives qu'elle affectera à la production des services qu'elle décidera d'offrir en réponse aux besoins exprimés par les citoyens, la municipalité devra être des plus rigoureuse et exigeante dans son processus de mise en marché.

L'offre d'un service public quelconque dans les secteurs du loisir, de la culture, des services sociocommunautaires et du récréotourisme est avant tout une question de choix d'intervention, où le relevé des besoins réels exprimés constitue le principal critère décisionnel avec les ressources dont la municipalité dispose. Une analyse de marché s'avère donc essentielle à toute décision d'investir dans la prestation d'un service quelconque aux citoyens. Ce n'est pas parce qu'un besoin quelconque est exprimé par un groupe de citoyens que toute intervention est nécessairement justifiée ; encore faut-il le vérifier, le quantifier et le qualifier adéquatement.

La mise en marché des services publics, qu'ils soient existants ou à créer, doit faire l'objet d'une constante évaluation, et ce, à chacune des étapes du processus : définition du produit à offrir, détermination des groupes-cibles, choix des stratégies de mise en marché à privilégier. Seule une évaluation rigoureuse permettra, s'il y a lieu, de maintenir, d'améliorer ou de cesser d'offrir un service, permettant par là de viser la meilleure utilisation des fonds publics.

Notes

1. Philip Kotler *et al.*, *Principes de marketing*, Chicoutimi, Gaëtan Morin Éditeur, 1985, p. 227.

2. François Colbert, *Le marketing des arts et de la culture*, Boucherville, Gaëtan Morin Éditeur, 1993, p. 60.

3. Pierre Gagnon, *Programmes municipaux de loisir : orientation et évaluation*, Montréal, Intrinsèque, 1980, p. 105.

4. Pierre Gagnon, *La mise en marché des services récréatifs : analyse à partir des modes de vie de la population*, Québec, Conseil régional du loisir – Québec et Chaudière-Appalaches, 1990.

5. Statistique Canada, *Profil des divisions et subdivisions de recensement du Québec*, Parties A et B, 1991, Volumes I et II.

6. Pierre Gagnon, *La mise en marché des services récréatifs, op. cit.*, Grille d'analyse n° 1 : l'évolution des facteurs environnementaux.

7. Philip Kotler *et al.*, *op. cit.*, p. 365.

La planification et la gestion des espaces et des équipements

Les interventions de la municipalité en matière de planification, d'aménagement et de gestion des espaces et des équipements récréatifs, culturels, sociocommunautaires et récréotouristiques façonnent le cadre de vie qu'est la municipalité et peuvent avoir des répercussions importantes sur la qualité de vie de la population. Prévoir et aménager des espaces verts, une bibliothèque, un centre communautaire, un réseau de pistes cyclables, un amphithéâtre, une maison des jeunes, bref, planifier, aménager et gérer adéquatement des espaces et des équipements communautaires de toute sorte, sont des gestes qui témoignent d'une préoccupation de créer un milieu de vie agréable.

Au cours des dernières années, les tendances en matière de planification et de gestion d'espaces et d'équipements récréatifs vont vers la recherche d'une plus grande polyvalence et d'une meilleure économie dans l'aménagement et la gestion des espaces et des équipements. La concertation entre la municipalité, d'une part, les institutions et organismes du milieu, d'autre part, en vue de mettre en commun leurs ressources et l'utilisation des espaces et des équipements existants ou à implanter est de mise. Les ententes intermunicipales visant l'implantation et la gestion des opérations en commun d'espaces et d'équipements collectifs sont également en forte croissance.

Nous analyserons principalement dans ce chapitre les rôles, les pouvoirs et les limites de l'intervention municipale en matière de planification et de gestion des espaces et des équipements à caractère récréatif, culturel, communautaire et récréotouristique en fonction d'une rationalisation des choix collectifs et d'une meilleure réponse aux besoins des citoyens. Les formes de partenariat que peut établir la municipalité dans le contexte actuel avec d'autres intervenants pour la mise en place et la gestion d'espaces et d'équipements au service de la communauté y seront abordées et discutées.

Voyons tout d'abord quels sont les fondements de l'intervention de la municipalité en matière de planification, d'aménagement et de gestion des espaces et des équipements.

1. L'intervention de la municipalité en matière de planification, d'aménagement et de gestion des espaces et des équipements

Les fondements juridiques

Adoptée en 1979, la *Loi sur l'aménagement et l'urbanisme* a joué un rôle important dans l'aménagement du territoire au Québec. Toutefois, il ne faut pas prétendre qu'avant 1979 l'aménagement du territoire tenait du hasard. Dans les faits, dès 1930, quelques municipalités réglementaient la nature et l'emplacement de certains usages. Puis, au début des années 1960, la plan d'urbanisme s'est davantage imposé comme outil de planification, et les municipalités sont devenues responsables tant de sa préparation que de son application[1].

Par l'adoption de la *Loi sur l'aménagement et l'urbanisme*, le gouvernement du Québec a apporté des modifications à la structure régionale existante en matière d'aménagement du territoire (conseil de comté) en créant les municipalités régionales de comté (MRC), qui regroupent l'ensemble des municipalités d'une région d'appartenance. En vertu de cette loi, les MRC assument désormais d'importantes responsabilités en matière d'aménagement du territoire : elles doivent principalement adopter un schéma d'aménagement et le réviser à tous les 5 ans. De plus, les MRC conservent les responsabilités antérieurement exercées par les conseils de comté, notamment en matière d'entretien de chemins ruraux, de ponts et cours d'eau, d'évaluation foncière et d'administration de territoires non organisés[2].

Dans le domaine du loisir, la *Loi sur l'aménagement et l'urbanisme* n'attribue pas aux MRC de responsabilités en matière de gestion des équipements à vocation régionale. Ainsi, une municipalité qui possède des équipements récréatifs ou culturels qui desservent une clientèle supra-municipale est seule à en assumer le financement. Par contre, la législation portant sur les ententes intermunicipales permet aux municipalités de « conclure des ententes entre elles relativement à des biens, à des services ou à des travaux ». Ainsi, les municipalités peuvent conclure des ententes soit pour fournir des services en commun, soit pour déléguer à une tierce partie ou encore pour instaurer une régie intermunicipale. Cette possibilité vient donc combler en partie l'absence d'une autorité supra-municipale en matière de loisir[3].

Malgré tout, la *Loi sur l'aménagement et l'urbanisme* en obligeant les MRC d'élaborer des schémas d'aménagement a permis d'élargir les concepts d'aménagements et les a incité à prendre en considération et à harmoniser la planification et le développement des espaces récréatifs, culturels, communautaires et récréotouristiques sur son territoire. La *Loi sur l'aménagement et l'urbanisme* précise également les règles présidant à l'élaboration et à l'adoption des plans d'urbanisme municipaux.

La *Loi sur les cités et villes* (L.R.Q., chapitre C-19) reconnaît plusieurs pouvoirs à la municipalité en matière de planification, d'aménagement et de gestion des espaces et des équipements communautaires. On retrouvera au chapitre cinq du présent ouvrage, chapitre qui porte sur les fondements juridiques de l'intervention municipale dans les secteurs du loisir, de la culture, des services sociocommunautaires et du tourisme, les éléments les plus significatifs à cet égard. Rappelons seulement ici qu'il n'existe aucune limite aux types d'espaces et d'équipements communautaires qu'une municipalité peut décider d'implanter et de gérer en réponse aux besoins des citoyens.

Précisons enfin qu'il existe trois communautés régionales et urbaines au Québec : la Communauté régionale de l'Outaouais, la Communauté urbaine de Montréal et la Communauté urbaine de Québec. Ces communautés regroupent une cinquantaine de municipalités régies par la *Loi sur les cités et villes* et le *Code municipal*. Leurs objectifs sont de coordonner le développement, l'aménagement et la gestion des services à caractère régional en concertation avec les municipalités membres. Chacune des communautés est régie par une loi particulière et les trois n'ont pas exactement les mêmes champs de compétences.

La réponse aux besoins des citoyens

Il est généralement reconnu que les espaces et les équipements communautaires jouent un rôle important dans l'amélioration du cadre et de la qualité de vie des citoyens d'une municipalité. Ainsi,

Les actions directes de la municipalité en matière de loisir

un des rôles du service municipal de loisir est d'offrir aux citoyens l'accès à des équipements et à des espaces adéquats qui répondent aux besoins exprimés par la population.

Dans un contexte où l'on assiste à des changements sociodémographiques alliés à la fluctuation des besoins collectifs et à une raréfaction des ressources publiques, il devient essentiel de bien connaître les besoins en loisir de la population. À ce titre, un mécanisme de consultation de la population permet, d'une part, de relever les besoins de la population et, d'autre part, de préciser les tendances des diverses pratiques et, conséquemment, les besoins en espaces et en équipements. Il importe de ne pas oublier que les besoins collectifs diffèrent d'une municipalité à une autre. Il n'existe pas de normes pré-établis permettant de cerner les besoins réels des citoyens. On doit donc consulter pour mieux répondre aux besoins exprimés par la population.

Les acquis et le développement futur

Au cours de la période des années 1960-1975, les municipalités du Québec se sont dotées d'un réseau d'espaces et d'équipements communautaires. À l'aube de l'an 2000, ces équipements vieillissent et, dans certains cas, sont désuets. Les municipalités doivent donc penser à leur renouvellement dans un contexte de restrictions budgétaires.

Par ailleurs, les municipalités sont également confrontées à l'émergence de nouveaux besoins, ce qui amène un questionnement sur les acquis. En effet, devant la manifestation de nouveaux besoins, plusieurs municipalités remettent en question la légitimité de certains équipements qui ne répondent plus nécessairement aux besoins actuels et ce, toujours dans un contexte de raréfaction des ressources. En somme, on peut conclure que, dans une perspective de développement futur, les municipalités seront souvent appelées à remettre en question les acquis en matière d'espaces et d'équipements communautaires.

La rationalisation des choix collectifs

Malgré l'émergence de nouveaux besoins et le désir de répondre aux besoins exprimés par la population et compte tenu de la diminution des ressources, les municipalités n'ont pas d'autre option que de rationaliser les choix collectifs. L'enjeu des prochaines années est donc d'apprendre à utiliser plus efficacement les ressources physiques, financières et humaines. En matière de planification des espaces et des équipements, cette situation force les municipalités à se tourner vers l'aménagement et l'emploi polyvalents et multifonctionnels d'équipements communautaires qui engendreront des coûts minimaux d'exploitation. Au plan de la gestion des espaces et des équipements, un plus grand souci de consultation, de concertation et de partenariat semble être une avenue prometteuse.

2. La planification des espaces et des équipements

L'évaluation de la demande

Soubrier, dans son ouvrage sur la planification et l'aménagement en loisir[4], nous expose cinq méthodes d'évaluation de la demande qui sont utilisées dans le domaine de la planification des équipements de loisir. Ces méthodes peuvent aussi bien s'appliquer dans les autres secteurs d'intervention de la municipalité : la culture, les services sociocommunautaires et le récréotourisme. Les approches sont :

- l'approche participative ;
- l'approche normative ;
- l'approche instrumentale ;
- l'approche fondée sur l'utilisation de modèles ;
- l'approche éclectique ou combinée.

Avant de présenter sommairement ces méthodes, il importe de souligner toute l'importance que revêt l'évaluation de la demande dans le processus de planification des espaces et des équipements collectifs en loisir. En effet, aucun espace ou équipement n'a de raison d'être à moins que les besoins de la population ne le justifient. Connaître les besoins, les désirs et les intérêts des citoyens doit donc être une préoccupation constante pour le service municipal des loisirs.

L'approche participative

Cette approche implique la consultation directe des utilisateurs d'un service ou d'un équipement. Par cette consultation, le planificateur tente d'obtenir des données servant à l'évaluation de la demande directement auprès des individus concernés. Le recours à une telle approche exige du planificateur une vigilance particulière puisque les demandes et aspirations formulées lors de ces consultations reflètent le sentiment des personnes présentes et non celui de l'ensemble de la population. Cette approche peut donc s'avérer subjective et parfois imprécise.

Tel que mentionné par l'auteur, les personnes présentes lors des consultations sont souvent les mêmes, soit les gens actifs socialement au sein du milieu ou directement concernés par le projet. Pour éviter le parti pris qui en découle, il peut être judicieux de mettre sur pied un comité consultatif local qui représentera l'ensemble de la population.

C'est avant la prise de décision et au moment des études préliminaires que la participation du citoyen est la plus souhaitable et souhaitée. La consultation devient alors une forme de participation intégrée à l'intérieur du processus de décision. Selon Soubrier, les diverses techniques utilisées par l'approche participative sont : le forum, la table ronde, le remue-méninges, la consultation éclair, la technique synergique, le jeu de rôles, la simulation, l'opinion d'experts et le sommet.

Les principaux avantages de cette approche sont les suivants :

- Elle permet aux citoyens de trouver une tribune traitant de leurs revendications ;

- C'est une bonne méthode pour s'entendre sur des orientations et pour faire des choix collectifs ;

- Elle est excellente pour générer un changement et pour mobiliser la population sur une question donnée.

Les principaux inconvénients sont :

- Il est parfois difficile de mobiliser l'ensemble de la population sur de telles questions ;

- Il existe des limites à la généralisation et à la portée des résultats obtenus lors de la consultation ;

- Cela nécessite beaucoup de préparation si l'on veut avoir un fort impact de participation.

Il demeure que cette approche favorise une grande implication et prise de conscience de la population dans les activités de son milieu. Enfin, la consultation favorise la prise en charge des individus et entraîne une gestion plus humaine en rapprochant les décideurs et les professionnels municipaux de la population.

L'approche normative

L'approche normative est un procédé où l'on met en application des normes préalablement établies afin de déterminer les espaces et les équipements à implanter dans un milieu. Les normes sont fixées selon deux postulats : le premier concerne le niveau d'aspiration de la population et le second se rapporte aux variations interrégionales. Les techniques utilisées par l'approche normative sont le taux de population, le pourcentage de l'espace et la capacité de charge d'un équipement.

La capacité de charge ou d'accueil d'un équipement permet de calculer l'offre maximale tout en protégeant le milieu naturel et en maximisant la satisfaction des usagers, des gestionnaires et des animateurs. Il semble évident que cette technique est à la mode à notre époque puisqu'on cherche de plus en plus à préserver la ressource naturelle qui permet l'expérience récréative. Le respect de la capacité d'accueil est à la base du développement durable en milieu naturel.

L'utilisation des normes est parfois utile, parfois gênante. Chaque situation nécessite une modulation au-delà des ratios ou des références que constituent ces exigences. Par conséquent, il y a nécessité de nuancer l'application des normes.

Un des points forts de l'approche normative est qu'elle est la seule à pouvoir offrir un modèle de localisation spatiale des espaces et des équipements collectifs. Cependant, l'application de cette approche peut conduire à une surestimation de la demande et à une sous-utilisation des équipements.

L'approche instrumentale

L'approche instrumentale consiste en une série de démarches qui, par l'intermédiaire d'instruments, visent à aller recueillir des données les plus scientifiques possibles sur un phénomène donné de façon directe et organisée. Les instruments généralement utilisés sont le sondage, le questionnaire, l'entrevue ou l'observation. C'est donc dire que cette approche suppose qu'il est possible de déterminer les aspirations, de généraliser les résultats à l'ensemble de la population, de transférer ces aspirations en demande d'activités et cette dernière, en demande d'équipement pour ainsi satisfaire les aspirations et désirs de la population concernée. Dans cette perspective, elle peut être utilisée pour évaluer les services rendus à la population, connaître la préférence des usagers, quantifier la demande d'équipements et déterminer le sens et l'intensité des changements souhaités.

L'enquête directe auprès des personnes et des organismes, l'observation directe, l'estimation qualitative de l'activité et l'estimation du niveau de satisfaction de l'usager sont les techniques utilisées. Ces techniques comportent des problèmes de validité et de fidélité pouvant introduire des partis pris dans les résultats. L'approche instrumentale est donc une méthode permettant d'aller chercher des données de façon efficace et représentative si l'instrument et l'échantillonnage sont bien faits. Cependant, l'élaboration d'un instrument valide et fidèle nécessite l'intervention d'une personne compétente et augmente, par le fait même, les coûts de l'opération.

L'approche fondée sur l'utilisation de modèles

Cette approche se fonde sur le principe selon lequel il est possible de cerner la réalité et de prévoir le futur par l'intermédiaire d'une ou de plusieurs variables qui semblent avoir une relation causale avec le phénomène étudié. Dans les divers secteurs d'intervention qui nous concernent, cette approche peut servir à estimer le rythme et l'importance de la croissance des diverses pratiques, à évaluer la faisabilité d'implanter de nouveaux équipements, à estimer la capacité d'accueil d'un site et à établir les priorités de développement. Elle permet notamment aux intervenants d'établir des priorités de développement en leur proposant des modes très rationnels d'allocation de ressources. Ce processus est innovateur par rapport à la démarche intuitive utilisée jusqu'à présent.

Soubrier dénombre cinq techniques qui ont été utilisées en loisir à ce jour. La première est la technique de projection. On l'utilise pour la projection des tendances passées, des facteurs causaux et des variables socio-économiques. Idéalement, la technique de projection serait utilisée à court terme dans des milieux stables au niveau politique et économique et où les changements s'effectuent lentement et progressivement. Cet ensemble de critères semblent cependant difficile à atteindre.

La deuxième est la technique fondée sur les modèles de gravité qui a été surtout utilisée pour la détermination de la demande d'activités dans les parcs nationaux ou provinciaux, les réservoirs et l'aménagement de rivières. Elle a pour fonction l'étude de la distribution spatiale selon l'origine et la destination des usagers, la détermination du nombre de visiteurs potentiels pour un équipement, l'analyse d'impact de l'aménagement prévu sur les équipements existants, le choix des emplacements à privilégier, la détermination des nouveaux équipements et l'analyse de la rentabilité de ces équipements. L'étude approfondie de cette technique démontre qu'elle est fonctionnelle seulement dans le cas d'équipements uniques, ce qui constitue une limite à son utilisation.

La troisième technique est fondée sur le modèle systémique qui suppose l'existence d'une interaction entre chaque élément formant la réalité. Un des avantages de cette technique repose sur le fait que les modèles systémiques tiennent compte du lieu d'origine des clientèles, de leur destination, de la relation temps-distance reliée à l'accessibilité des équipements, de certaines caractéristiques de la population et finalement de la capacité de charge des équipements. Ces atouts sont considérables. Néanmoins, elle présente quelques limites quant à la précision des données et à la complexité des modèles. La quatrième technique est appelée analogique. Elle repose sur l'hypothèse selon laquelle, s'il existe une demande pour un équipement dans un milieu X ayant des caractéristiques sociodémographiques similaires à celles du milieu Y où le projet doit être implanté, cette demande existe également dans le milieu Y. Cette technique est peu coûteuse et rapide. Elle s'applique principalement aux équipements unifonctionnels. Cependant, elle peut être très imprécise puisqu'on observe une demande sans en connaître les causes. Même si la technique analogique s'articule autour de recherches documentaires, elle apparaît peu scientifique et peu fiable.

La dernière technique est la technique d'allocation des ressources. On y présente huit modèles visant un ou des objectifs différents.

Chacun de ces modèles a ses points forts et ses faiblesses. Pour n'en nommer que quelques-uns :

- Le modèle du quotient présente des problèmes financiers et théoriques ;

- Le modèle qui permet de déterminer la demande en fonction d'un niveau de responsabilité particulier est statique ;

- Le modèle fondé sur le niveau de service est le plus approprié et le plus facile à adopter pour répondre aux besoins des municipalités et des MRC.

Ces huit modèles offrent aux services municipaux de loisir des moyens leur permettant de rationaliser l'allocation annuelle de leurs ressources. Il s'agit d'utiliser le plus approprié selon ses moyens et ses ressources. L'approche fondée sur l'utilisation de modèles est très complexe et, de ce fait, elle n'est pas accessible à tous.

L'approche éclectique ou combinée

Cette démarche est un mélange de deux des approches présentées précédemment. Elle permet d'effectuer un passage logique entre les observations des comportements des personnes à une série de recommandations. Concrètement, elle se traduit par le choix de différents instruments pour en arriver à faire l'inventaire et l'analyse des conditions existantes dans un milieu donné. Au Québec, plusieurs plans de développement en loisir ont été élaborés à partir de l'approche combinée.

Les principaux inconvénients qu'on peut reprocher à cette approche sont qu'elle demande beaucoup d'énergie et de temps à ceux qui y sont impliqués puisqu'elle entraîne des séances de consultation de la population, un questionnaire et une analyse des résultats obtenus à des fins de recommandations.

Certaines techniques d'évaluation de la demande sont complexes tandis que d'autres s'appliquent à un domaine spécifique, mais la diversité des approches permet au planificateur d'utiliser celle qui répond à ses objectifs et qui permet le plus adéquatement possible l'évaluation de la demande d'une population donnée.

Les cadres de référence

La *Loi sur l'aménagement et l'urbanisme*, en plus d'obliger les MRC à adopter un schéma d'aménagement, impose aux municipalités l'adoption d'un plan d'urbanisme, d'un règlement de zonage et d'un règlement de lotissement conformes aux objectifs du schéma d'aménagement de la MRC d'appartenance.

Le schéma d'aménagement de la municipalité régionale de comté et de la communauté urbaine

En vertu de la *Loi sur l'aménagement et l'urbanisme* les MRC ont l'obligation d'élaborer et d'adopter un schéma d'aménagement du territoire et de le réviser à tous les 5 ans. Le schéma d'aménagement d'une MRC est un instrument de planification important, car il contient les lignes directrices de l'organisation physique du territoire régional qui permettent de coordonner l'ensemble des choix et des décisions touchant l'ensemble des municipalités. Pour plusieurs, le schéma d'aménagement est considéré « comme un instrument qui permet de déterminer les potentiels régionaux afin de favoriser le développement social, culturel et économique des communautés locales et régionales[5] ».

Le schéma d'aménagement doit obligatoirement contenir[6] :

1. Les grandes orientations de l'aménagement du territoire de la MRC. Les grandes orientations présentent les intentions d'aménagement préconisées et les différents éléments qui seront privilégiés lors de l'élaboration du schéma de la MRC.

2. Les grandes affectations du territoire.

3. La délimitation de périmètres d'urbanisation.

4. L'identification des zones telles les zones d'inondation, d'érosion, de glissements de terrain et autres cataclysmes où l'occupation du sol est soumise à des contraintes particulières pour des raisons de sécurité publique .

5. La détermination des territoires présentant pour la municipalité régionale de comté un intérêt d'ordre historique, culturel, esthétique ou écologique (important pour le développement et la mise en valeur de sites récréotouristiques, historiques ou culturels).

6. La détermination, la localisation approximative et, s'il y a lieu, les échéanciers de réalisation des équipements et infrastructures que la municipalité régionale de comté considère de caractère intermunicipal. Cette étape est importante puisqu'elle permet de définir la vocation (municipale ou régionale) de certains équipements récréatifs, culturels, communautaires ou touristiques.

7. La détermination et la localisation approximative des équipements et des infrastructures qui doivent être mis en place par le gouvernement, ses ministères et ses mandataires ainsi que par les organismes publics et les corporations scolaires.

8. La détermination et la localisation approximative des réseaux majeurs d'électricité, de gaz, de télécommunications et de câblodistribution.

En plus du contenu obligatoire, l'article 6 de la *Loi sur l'aménagement et l'urbanisme* (L.R.Q., chapitre A-19.1) prévoit des éléments facultatifs que peut contenir un schéma d'aménagement.

1. La densité approximative d'occupation qui est admise dans les diverses parties du territoire de la municipalité régionale de comté, y compris dans les périmètres d'urbanisation.

2. Les affectations du sol à l'intérieur d'un périmètre d'urbanisation qui présentent un intérêt pour la MRC.

3. Le tracé approximatif et le type des principales voies de circulation.

4. Les propositions intermunicipales d'aménagement émanant d'un groupe de municipalités.

5. La description des parties du territoire de la MRC soustraites au jalonnement au sens de la *Loi sur les mines*.

Les processus de planification, d'adoption et de révision d'un schéma d'aménagement sont composés de plusieurs étapes que précise la *Loi sur l'aménagement et l'urbanisme*.

Le plan d'urbanisme municipal

Bien que les plans d'urbanisme municipaux existent dans certaines municipalités depuis les années 1960, la *Loi sur l'aménagement et l'urbanisme* a obligé l'ensemble des municipalités du Québec à se doter d'un plan d'urbanisme. En effet, toutes les municipalités du Québec sont tenues d'adopter un plan et des règlements d'urbanisme conformes aux orientations du schéma d'aménagement en vigueur au niveau régional et ce, dans les deux ans qui suivent l'entrée en vigueur du schéma d'aménagement.

Le plan d'urbanisme est un instrument de planification qui précise les orientations de la municipalité en matière d'aménagement du territoire et qui détermine les affectations du sol et les densités d'occupation. C'est donc à l'intérieur du plan d'urbanisme qu'on prévoit les espaces récréatifs, les zones industrielles, résidentielles et commerciales.

Outre les grandes orientations d'aménagement du territoire de la municipalité et les grandes affectations du sol et les densités de son occupation, qui constituent le contenu obligatoire, le plan d'urbanisme peut également contenir[7] :

Les actions directes de la municipalité en matière de loisir

1. Les zones à rénover, à restaurer ou à protéger ;

2. Le tracé projeté et le type de voies de circulation et de réseaux de transport ;

3. La nature, l'emplacement et le type des équipements et infrastructures destinés à l'usage de la vie communautaire ;

4. Les coûts approximatifs afférents à la réalisation des éléments du plan ;

5. La nature et l'emplacement projeté des principaux réseaux et terminaux d'aqueduc, d'égouts, d'électricité, de gaz, de télécommunications et de câblodistribution ;

6. La délimitation à l'intérieur du territoire municipal d'aires d'aménagement pouvant faire l'objet de programmes particuliers d'urbanisme.

Le plan d'urbanisme est donc un instrument de planification permettant d'assurer un développement harmonieux de la municipalité. Ainsi, « le plan d'urbanisme représente l'instrument par excellence pour prévoir les espaces verts et les équipements récréatifs, culturels, communautaires ou récréotouristiques qu'il faut réserver et localiser dans la structure urbaine pour répondre aux divers besoins des communautés locales[8] ».

Le processus d'adoption d'un plan d'urbanisme comprend trois phases[9] :

1. L'élaboration du plan d'urbanisme ;

2. L'adoption du plan d'urbanisme ;

3. L'adoption et l'entrée en vigueur des règlements d'urbanisme.

Il est à remarquer que le processus d'adoption comprend deux assemblées publiques de consultation permettant aux citoyens de formuler leurs commentaires.

Le plan de développement en loisir

Contrairement au schéma d'aménagement et au plan d'urbanisme, le plan de développement en loisir n'a aucune valeur juridique, mais il constitue tout de même un instrument qui permet de planifier et d'harmoniser le développement du loisir sur le territoire d'une municipalité. De façon générale, l'élaboration d'un plan de développement en loisir permet d'analyser la situation du loisir dans une municipalité, de fixer des objectifs de développement, de retenir des moyens qui permettront de satisfaire les besoins de la population et de préciser les orientations d'intervention de la municipalité en matière de loisir, dont l'aménagement des espaces et des équipements récréatifs. De tels plans peuvent exister pour toute autre intervention de la municipalité dans les secteurs de la culture, des services sociocommunautaires et du récréotourisme. Soubrier[10] suggère une démarche d'élaboration du plan de développement comprenant neuf étapes :

Étape 1 : La philosophie, les principes et les modèles d'intervention qu'il met de l'avant

En plus de préciser la philosophie, les principes et les modèles d'intervention, cette étape doit également identifier :

- les objectifs généraux de l'intervention de la municipalité ;

- les domaines d'intervention qui seront privilégiés par le service municipal des loisirs ;

- les clientèles visées ;

- les divers aspects de l'offre – biens ou services – que le service municipal des loisirs entend prendre en charge ;

- les relations que le service municipal des loisirs désire entretenir avec ses différents partenaires du domaine public ;

- les relations que le service municipal des loisirs souhaite établir ou maintenir avec ses partenaires du domaine privé.

Étape 2 : L'inventaire des services, des programmes et des équipements

Le plan de développement doit contenir un inventaire complet des services, des programmes et des équipements sur le territoire, qu'ils soient de nature privée ou publique.

Étape 3 : L'évaluation de l'offre

L'évaluation de l'offre de services et de programmes offerts sur le territoire de la municipalité doit principalement porter sur :

- la satisfaction des utilisateurs ;

- les contraintes associées aux diverses pratiques ;

- les comportements observés de la population concernant ces diverses pratiques.

Étape 4 : L'évaluation de la demande

Cette étape a pour but de déterminer les intérêts, les aspirations et les désirs de la population en matière de loisir. Les méthodes d'évaluation sont nombreuses (voir plus haut).

Étape 5 : L'inventaire des organismes du milieu et la détermination des besoins de ceux qui ont droit à un soutien de la part de la municipalité.

À cette étape, le plan doit non seulement inventorier les organismes œuvrant sur le territoire de la municipalité, mais également évaluer les besoins de soutien actuels et futurs de ces organismes.

Étape 6 : Les prévisions

Le plan doit également être prospectif, car il doit tenter d'établir des prévisions quant à l'éventuelle demande de services, de programmes et d'équipements compte tenu de l'évolution démographique.

Étape 7 : Les études spécialisées

Dans le but de résoudre ou de prévoir certains problèmes inhérents à la mise en marché et la production de biens, de services, de programmes et d'équipements, le plan peut servir d'occasion au service municipal des loisirs pour réaliser des études visant à :

- élaborer un dossier à des fins politiques,

- susciter l'engagement et la participation de la population,

- aider à prendre des décisions de façon consciente,

- inclure ces études dans un processus de planification plus large,

- remplir un mandat qu'on lui a confié.

Étape 8 : Le bilan et l'interprétation

Cette étape est celle où le planificateur effectue un bilan synthèse et interprète les données recueillies afin d'en dégager des constats.

Étape 9 : Le résumé des propositions et le calendrier de réalisation

C'est lors de cette dernière étape que les propositions doivent être résumées et réparties dans un échéancier détaillé et, surtout, réaliste.

Le plan de développement en loisir est donc un instrument qui permet d'avoir une vision élargie de la situation du loisir d'une municipalité et de prévoir un développement rationnel, harmonieux et répondant aux aspirations de la population.

Les outils d'intervention

En vertu de la *Loi sur l'aménagement et l'urbanisme*, la municipalité doit, dans une période de 90 jours après l'entrée en vigueur du plan d'urbanisme, adopter des règlements de zonage et de lotissement[11].

Le zonage

Le règlement de zonage est un instrument juridique qui permet de classifier par zone l'usage des terrains permis par la municipalité. Il permet, entre autres, de regrouper les usages compatibles et de préciser les usages prohibés, de réglementer l'architecture des constructions, l'affichage et l'aménagement paysager, de spécifier les densités d'occupation du sol (unifamilial, multifamilial, etc.).

Au Québec, c'est en 1941, qu'on accorde aux municipalités régies par la *Loi sur les cités et villes* le pouvoir de réglementer l'usage de l'utilisation du sol et, en 1945, pour les municipalités rurales et les municipalités de village régies par le *Code municipal*. Depuis, le zonage est devenu l'instrument de contrôle de l'utilisation du sol dans les municipalités[12].

Dans le domaine du loisir, les parcs et les terrains de jeux font l'objet de zones définies dans le règlement de zonage.

Le lotissement

Le règlement de lotissement permet de contrôler la division des terrains en lots, d'établir des normes concernant les rues, de réserver du terrain pour en faire des parcs, etc.

À cet effet, le règlement de lotissement peut contenir (L.R.Q., c. A-19.1, a. 115) différentes dispositions dont :

> exiger, comme condition préalable à l'approbation d'un plan relatif à une opération cadastrale, autre qu'une annulation, une correction ou un remplacement de numéros de lots, que des rues y soient prévues ou non, que le propriétaire cède à la municipalité, à des fins de parcs ou de terrains de jeux, une superficie de terrain n'excédant pas dix pour cent du terrain compris dans le plan et situé dans un endroit qui, de l'avis du conseil, convient pour l'établissement de parcs ou de terrains de jeux, ou exiger du propriétaire, au lieu de cette superficie de terrain, le paiement d'une somme n'excédant pas dix pour cent de la valeur inscrite au rôle d'évaluation pour le terrain compris dans le plan, malgré l'application de l'article 214 ou 217 de la *Loi sur la fiscalité municipale* (L.R.Q., chapitre F-2.1), multipliée par le facteur établi pour le rôle par le ministre en vertu de cette loi, ou encore, exiger du propriétaire une partie en terrain et une partie en argent ; le produit de ce paiement doit être versé dans un fonds spécial qui ne peut servir qu'à l'achat ou à l'aménagement de terrains à des fins de parcs ou de terrains de jeux et les terrains cédés à la municipalité en vertu du présent paragraphe ne peuvent être utilisés que pour des parcs ou des terrains de jeux ; la municipalité peut toutefois disposer, de la manière prévue par la loi qui la régit, des terrains qu'elle a acquis en vertu du présent paragraphe s'ils ne sont plus requis à des fins d'établissement de parcs ou de terrains de jeux, et le produit doit en être versé dans ce fonds spécial[13].

Toutefois, comme le mentionne Soubrier, « les municipalités ne sont pas tenues d'exiger le respect de cette clause ». Elle peuvent l'appliquer en tout ou en partie ou encore ne pas l'appliquer du tout. Le règlement de lotissement est donc un instrument qui assure un aménagement et une distribution harmonieuse des espaces.

Le remembrement

Le remembrement consiste à annuler les divisions ou subdivisions établies lors d'un lotissement pour les remplacer par un autre plan de lotissement qui répond davantage aux exigences d'un nouveau développement. Il s'agit donc de reconstituer des lots de terrain en vue d'une nouvelle opération de lotissement[14].

L'expropriation

L'expropriation est une opération par laquelle un corps public ou parapublic oblige le propriétaire d'un bien à le lui céder moyennant une indemnité. L'expropriation est un droit dont disposent les municipalités et les commissions scolaires pour acquérir des biens afin d'assurer le bien-être collectif, notamment l'implantation de parcs et la construction d'écoles[15].

La réserve de terrain

La réserve de terrain est l'acte par lequel un organisme doté par la loi d'un pouvoir d'expropriation peut réserver du terrain pour une expropriation ultérieure[16]. Dans une telle situation, le propriétaire du terrain peut profiter d'une indemnité pour les préjudices que lui cause une telle mesure. Ce droit permet aux municipalités et aux commissions scolaires de s'assurer qu'elles disposent des espaces nécessaires pour répondre aux besoins communautaires dans les quartiers appelés à se développer. Une réserve de terrain est valide pour une période de deux ans, puis elle est renouvelable pour une seconde période de deux ans[17].

3. La gestion des espaces et des équipements

Plusieurs modalités de gestion peuvent s'appliquer pour les espaces et les équipements communautaires que la municipalité décide d'implanter sur son territoire. La gestion de ces espaces et équipements peut comprendre diverses fonctions : l'entretien courant et préventif, la surveillance et la sécurité, l'accueil des usagers, la programmation et l'animation des services et activités s'y déroulant.

Le choix d'un modèle de gestion

Tel qu'il a été analysé et discuté au chapitre six du présent ouvrage, chapitre portant sur les modes d'intervention de la municipalité en matière de dispensation de services aux citoyens, la municipalité peut décider de gérer elle-même l'ensemble des fonctions précitées (l'intervention directe : le faire), d'en partager les fonctions avec un organisme partenaire du milieu (l'intervention mixte : le faire avec) ou encore d'en confier l'ensemble des fonctions de gestion à un tiers (l'intervention indirecte : le faire-faire).

Lorsqu'elle choisit de gérer directement l'ensemble des fonctions de gestion relatives aux espaces et équipements communautaires implantés sur son territoire, la municipalité doit de plus décider à quels services internes de l'appareil municipal elle confiera ces diverses fonctions. Il peut s'agir d'un seul service, généralement le service municipal des loisirs, ou encore de divers services. Il est courant, dans plusieurs municipalités du Québec, par exemple, que les fonctions liées à l'accueil des usagers des espaces et équipements récréatifs et culturels, à la programmation et à l'animation des services et des activités s'y déroulant soient confiées au service municipal des loisirs, tandis que les fonctions liées à l'entretien courant et préventif de ces mêmes espaces et équipements soient confiées au service des travaux publics. Ce partage des fonctions entre le service des travaux publics (service-fournisseur) et le service des loisirs (service-client) est souvent objet d'insatisfaction pour ce dernier qui est ultimement, le seul service responsable devant le citoyen-usager. La rationalité administrative au plan de l'efficacité et de la rentabilité prime alors dans les choix de partage de responsabilités qui sont effectués.

La municipalité peut également décider de partager les fonctions de gestion liées aux espaces et équipements communautaires avec un organisme partenaire issu du milieu. La municipalité peut par exemple conserver les fonctions liées à l'entretien courant et préventif, à la surveillance et à l'entretien de ses espaces et équipements communautaires et confier les fonctions liées à l'accueil des usagers, à la programmation et à l'animation des services et activités s'y déroulant à un organisme partenaire, et vice-versa. Toutes les formules sont ici possibles, selon l'exercice de rationalisation qu'aura effectué la municipalité.

Les partenaires de la municipalité peuvent être de toutes sortes : les commissions scolaires locales et régionales, les autres institutions d'enseignement (collèges et universités) ou les organismes sans but lucratif issus du milieu. Normalement, un protocole d'entente est conclu entre la municipalité et l'organisme ou l'institution partenaire, tel qu'il a été analysé et discuté dans la dernière partie du chapitre sept du présent ouvrage, chapitre portant sur les protocoles d'entente. Les partenaires déterminent alors les responsabilités de gestion dévolues à chacun.

La municipalité peut enfin déléguer l'ensemble des fonctions liées à la gestion de tel ou tel espace et équipement communautaire à un organisme tiers. C'est ce qu'on appelle communément l'impartition. Plusieurs formules se présentent ici à la municipalité. Elle peut procéder à la création d'une société paramunicipale afin de gérer un espace ou un équipement communautaire quelconque. En faisant cela, elle vise généralement deux objectifs :

- se donner une souplesse de gestion permettant de réaliser des économies, la société paramunicipale n'étant pas soumise à toutes les règles administratives de l'appareil municipal ;

- impliquer des intervenants du milieu afin d'optimiser l'utilisation et l'animation de l'espace ou de l'équipement communautaire, le conseil d'administration de telle société étant généralement formé d'élus municipaux et de personnes ressources intéressées du milieu et nommées par le conseil municipal.

La municipalité peut également déléguer l'ensemble des fonctions de gestion liées à tel ou tel espace et équipement communautaire à une institution du milieu (commission scolaire ou autre institution d'enseignement) ou encore à une autre municipalité (délégation de compétence). C'est généralement par protocole d'entente entre la municipalité et l'institution qu'on procède à cette impartition. La

Les actions directes de la municipalité en matière de loisir

création d'une régie intermunicipale visant la gestion commune d'un espace ou d'un équipement communautaire est une autre formule possible d'impartition. Les règles relatives à ces façons de faire sont définies au chapitre sept du présent ouvrage.

La délégation de gestion à un organisme sans but lucratif issu du milieu, une association paroissiale ou de quartier, un organisme de loisir disciplinaire, par exemple, représente une autre formule d'impartition. Encore ici, le protocole d'entente est généralement la formule utilisée. Bien qu'on reconnaisse la principale vertu de ce mode d'impartition qui permet la prise en charge par les citoyens et le milieu des services à dispenser, il n'apparaît pas toujours évident que ce modèle soit efficace et économique pour la municipalité ; il peut arriver que l'espace ou l'équipement dont la gestion a été déléguée serve davantage les intérêts des membres de l'organisme ou de l'association, au détriment de ceux de l'ensemble de la collectivité. L'organisme n'ayant généralement pas de responsabilités précises quant aux déficits d'exploitation de l'espace ou de l'équipement géré, la municipalité se retrouve quelquefois avec des dépenses imprévues. Il faut dire qu'on exige beaucoup parfois des bénévoles, les contraignant à assumer des responsabilités de type professionnel pour lesquelles ils n'ont pas nécessairement la formation ni l'intérêt.

Enfin, la municipalité peut, comme dernière formule d'impartition, faire appel à l'entreprise privée à but lucratif. On procède alors à l'adjudication d'un contrat qui est généralement précédé d'un appel d'offres publiques. La *Loi sur les cités et villes* et le *Code municipal* établissent les modalités à cet égard. Ces dispositions sont expliquées au chapitre sept du présent ouvrage. Lorsque l'impartition auprès de l'entreprise privée n'implique pas de dépenses de la part de la municipalité mais plutôt des revenus éventuels, la procédure d'appel d'offres publiques n'est pas obligatoire, bien que fortement recommandée. On parle alors de contrôle de concession ou de location (ex. : l'exploitation d'un restaurant ou d'un casse-croûte, d'un « pro-shop », d'un service de location d'équipements, etc.).

Les contrats d'impartition de gestion des espaces et des équipements communautaires peuvent porter sur cinq ans ; pour une durée plus longue du contrat de service, l'approbation de la Commission des affaires municipales du Québec est requise. Comme de tels contrats contiennent des clauses de « prix fermes », et ce, pour chacune des années d'entente du contrat, la municipalité sait à l'avance ce qui lui en coûtera pour obtenir le service demandé et peut ainsi juger des économies éventuelles qu'elle pourra réaliser. Des garanties financières d'exécution du contrat sont également exigées de l'entrepreneur-gestionnaire, évitant ainsi, en cas de non-respect du contrat, que la municipalité ait à engager des dépenses supplémentaires. Notons enfin que cette formule d'impartition repose beaucoup sur le sérieux et les compétences de l'entrepreneur-gestionnaire. La règle voulant que de tels contrats soient accordés au plus bas soumissionnaire conforme ne permet pas toujours de s'en assurer.

Le partenariat municipalité-entreprise privée pour la mise en place d'équipements communautaires

Le partenariat municipalité-entreprise privée en matière de gestion des espaces et équipements communautaires peut aller beaucoup plus loin que le fait de déléguer à l'entreprise privée la gestion de l'espace ou de l'équipement communautaire appartenant à la municipalité au moyen d'un contrat de service. La municipalité, dans le contexte budgétaire d'aujourd'hui, ne possède pas toujours la marge de manœuvre financière nécessaire pour rénover ces espaces ou équipements communautaires ou encore pour en construire de nouveaux, en réponse aux besoins urgents manifestés par les citoyens. Le partenariat municipalité-entreprise privée peut s'avérer utile dans ces situations.

La municipalité peut d'ores et déjà faire appel à l'entreprise privée afin de planifier, construire, aménager, financer et gérer un espace ou un équipement communautaire dont elle entend doter sa collectivité. C'est ce qu'on appelle généralement un contrat « clés en main ». Dans de tels cas, on procède généralement par appel de propositions d'intéressement dans un premier temps et par appel d'offres publiques de soumissions pour un contrat de location de services dans un deuxième temps.

Cette formule permet généralement à la municipalité de se doter d'espaces et d'équipements à un coût moindre et éventuellement de les exploiter également à un coût moindre que ce qu'il lui en coûterait elle-même. L'entente se conclut généralement par un contrat de location de services entre la municipalité et l'entreprise privée. Ces contrats de location de service doivent généralement s'échelonner sur une longue période (20, 25 ou 30 ans), selon la durée d'amortissement prévue, et requièrent donc l'approbation de la Commission des affaires municipales du Québec. Cette dernière acquiesce à de tels contrats de location de services s'il est démontré qu'ils sont plus avantageux pour la municipalité et ses citoyens. Elle peut également exiger que la municipalité consulte ses citoyens par voie de référendum sur la question.

Une autre avenue pourra se présenter aux municipalités du Québec en matière de partenariat avec l'entreprise privée en ce qui concerne l'implantation et la gestion d'espaces et d'équipements communautaires ou toute autre forme de services à dispenser aux citoyens : les sociétés d'économie mixte dans le secteur municipal.

L'avant-projet de loi sur les sociétés d'économie mixte dans le secteur municipal, déposé par le ministre des Affaires municipales à l'Assemblée nationale du Québec en 1995 et faisant actuellement l'objet de consultations et de débats, vise à permettre aux municipalités locales, aux municipalités régionales de comté et aux communautés urbaines de constituer des sociétés d'économie mixte. Les activités de ces sociétés seront définies dans une convention qui sera conclue par la municipalité ou la communauté qui l'a constituée et son ou ses éventuels partenaires privés. Toutefois, la société d'économie mixte ne pourra exercer des activités reliées à la sécurité publique ou à la protection contre les incendies. Ce sont les deux seuls secteurs d'activités exclus de la portée de cette loi.

> L'avant-projet de loi prévoit que la société d'économie mixte est constituée conformément à la partie IA de la *Loi sur les compagnies*. Les fondateurs de cette société doivent comprendre, en plus des municipalités ou des communautés, des entreprises à caractère commercial ou industriel ou une compagnie à fonds social mandataire du gouvernement. En ce qui concerne les règles de fonctionnement de la société, l'avant-projet de loi prescrit notamment que le fondateur municipal doit détenir la majorité des actions votantes de la compagnie et plus de la moitié

de son capital-actions. De plus, le conseil d'administration d'une société d'économie mixte doit être majoritairement formé d'élus municipaux[18].

Cet avant-projet de loi, s'il est adopté, ouvre de nouvelles portes au partenariat qui pourra s'établir entre la municipalité et l'entreprise privée relativement à l'implantation et à la gestion d'espaces, d'équipements et de services récréatifs, culturels, communautaires et récréotouristiques. Cette formule permettra à la municipalité de choisir ses partenaires, sans obligation relative aux dispositions prévues dans la *Loi sur les cités et villes* et le *Code municipal* en matière de processus d'appel d'offres, ce dont se réjouit particulièrement l'entreprise privée et une majorité des élus municipaux, mais moins fortement certains regroupements de fonctionnaires et de professionnels publics qui voient là un risque de manque de transparence des affaires publiques. Un débat à suivre.

Notes

1. Jacques Demers, *Le développement touristique : notions et principes*, Québec, Les publications du Québec, 1987, p. 34-35.

2. Robert Soubrier, *Planification, aménagement et loisir*, Sillery, Presses de l'Universisté du Québec, 1988, p. 241.

3. *Ibid.*, p. 243-245.

4. *Ibid.*, p. 115-205.

5. *Ibid.*, p. 256.

6. *Ibid.*, p. 257-260.

7. *Ibid.*, p. 265-266.

8. *Ibid.*, p. 266-267.

9. *Ibid.*, p. 268.

10. *Ibid.*, p. 271-281.

11. *Ibid.*, p. 266.

12. *Ibid.*, p. 285.

13. *Ibid.*, p. 309.

14. *Ibid.*, p. 319.

15. *Ibid.*, p. 322.

16. *Ibid.*, p. 324.

17. *Ibid.*

18. Assemblée nationale du Québec, *Avant-projet de loi sur les sociétés d'économie mixte dans le secteur municipal*, déposé par M. Guy Chevrette, ministre des Affaires municipales, Québec, Éditeur officiel du Québec, 1995, p. 2.

La gestion des choix collectifs

11

La nécessité de faire des choix collectifs en ce qui concerne le cadre et la qualité de vie auxquels aspirent les citoyens s'impose d'ores et déjà dans le contexte municipal d'aujourd'hui. Les défis que pose l'environnement social, économique et politique dans lequel œuvre la municipalité d'aujourd'hui, les diverses problématiques auxquelles elle est confrontée et sur lesquelles il y a urgence d'agir l'obligent à s'engager dans un processus de gestion des choix collectifs.

Compte tenu des ressources dont elle dispose, la municipalité ne peut tout faire ; il existe des limites aux services qu'elle peut dispenser en réponse aux besoins des citoyens et des diverses problématiques sociales et économiques du milieu qui requièrent son intervention.

De plus, la municipalité, comme entité juridique, politique et organisationnelle, ne peut plus agir seule. L'implication directe des citoyens, la mise en commun des ressources collectives du milieu, la concertation avec les divers intervenants publics ou privés à tous les niveaux, bref, le partenariat dans son ensemble, s'avèrent la seule façon de maximiser le cadre et la qualité de vie auxquels aspire une collectivité.

C'est ici que la gestion des choix collectifs prend tout son sens, les choix de société devant être faits collectivement. La municipalité d'aujourd'hui et de demain doit et devra créer les conditions propices à l'exercice des choix collectifs à faire.

1. Le développement communautaire

C'est dans la gestion des choix collectifs que prend tout son sens également le concept de « développement communautaire » ou encore ce qu'on appelle communément « le virage communautaire » que doit prendre la municipalité en matière d'intervention auprès des citoyens.

Elizabeth A. Ferguson définissait ainsi le concept de développement communautaire :

> Le développement communautaire traite des moyens de faciliter, diriger et supporter les mécanismes de changements sociaux orientés vers le mieux-être des individus et des collectivités, qu'il s'agisse d'un quartier, d'une ville, d'une communauté rurale, d'une nation ou d'un groupe que lie l'ensemble des intérêts communs. En d'autres mots, c'est l'ensemble des procédés par lesquels les habitants d'une localité unissent leurs efforts à ceux des pouvoirs publics en vue d'améliorer la situation économique, sociale, environnementale et culturelle de la collectivité[1].

Cette approche lance de nombreux défis organisationnels et décisionnels aux municipalités : définir un projet collectif de société, responsabiliser le citoyen, gérer des projets plutôt que des programmes et services, intégrer les interventions en respectant la diversification et, enfin, animer et coordonner plutôt que sanctionner (voir l'encadré).

La nécessité d'effectuer des choix collectifs relativement au cadre et à la qualité de vie que désire et que peut s'offrir une collectivité exige à son tour une vision intégrée de l'intervention municipale auprès du citoyen, ce que d'aucuns appellent le développement urbain[2]. Analysons cet aspect.

L'APPROCHE COMMUNAUTAIRE[3]

L'approche communautaire au développement local implique une vision globale des choses plutôt qu'une vision sectorielle. L'approche communautaire soulève de nombreux défis organisationnels aux municipalités. Les principaux sont les suivants :

Définir un projet collectif de société

Cette démarche nécessite un bilan des besoins et des ressources du milieu, la définition d'objectifs clairs, et l'identification des moyens pour les atteindre. Elle fait appel à l'implication des citoyens et des forces vives du milieu dans une démarche de réflexion collective et globale, dépassant les intérêts réciproques de chacun. Le défi principal, à ce stade-ci, est d'amener chacun des partenaires à s'inscrire dans une démarche collective.

Relever ce défi est la première condition pour réussir un réel développement communautaire.

Responsabiliser le citoyen

Responsabiliser le citoyen veut dire lui faire comprendre l'ensemble et les limites des ressources dont on dispose collectivement pour y faire face. C'est lui faire comprendre que son implication peut être un « plus », qu'elle peut permettre d'atteindre encore plus les objectifs visés. Responsabiliser les citoyens, c'est non seulement les informer et les consulter, mais les faire participer aux décisions.

Gérer des projets plutôt que des programmes et des services

L'intervention de la municipalité se caractérise traditionnellement par la gestion de programmes et (ou) de services. L'ensemble de l'appareil municipal est structuré de telle sorte que les interventions sont spécialisées dans tel ou tel secteur d'activité. La réponse aux besoins du milieu selon une approche de développement communautaire exige de plus en plus des interfaces dans l'action entre les professionnels des divers services. Il deviendra nécessaire d'orienter l'action de ces derniers vers des projets impliquant la participation conjointe et concertée de plus d'un service, donc de changer un état de chose dans l'appareil municipal.

Intégrer les interventions tout en respectant la diversification

Il s'agit ici de relever le défi de la cohérence dans l'ensemble des interventions de la municipalité. Chaque problématique d'intervention est particulière, que ce soit dans les sphères de la sécurité publique, des loisirs, de la culture, des services sociaux, de l'éducation ou du développement économique. Il faut réussir à respecter les problématiques et les démarches propres à chacun des secteurs tout en les ingérant dans une vision, une démarche plus globale.

Animer et coordonner plutôt que sanctionner

L'approche par le développement communautaire exige la présence d'un « leadership ». Les élus devraient être appelés à jouer ce rôle plus que tout autre intervenant dans la collectivité. Il ne s'agit plus, en matière de développement communautaire, de se placer uniquement en réponse aux besoins du milieu mais d'agir également sur le milieu. Il ne s'agit plus uniquement de sanctionner les démarches du milieu mais de coordonner les actions, en partenariat avec le milieu, afin de réaliser un projet de société.

2. Une vision intégrée de l'intervention municipale auprès du citoyen

L'amélioration du cadre de vie par l'offre de services à ses citoyens constitue l'essentiel de la mission de la municipalité. C'est collectivement, en faisant participer le plus activement possible les citoyens et les groupes du milieu, que les choix devront s'effectuer en matière de services. La gestion des choix collectifs, pour être efficace, exige une vision intégrée de l'ensemble de l'intervention municipale auprès du citoyen. Seule une telle vision d'ensemble permettra de relativiser les besoins exprimés et, de là, de dégager des priorités d'intervention respectant les ressources disponibles.

Les principes de gestion des choix collectifs

Une vision intégrée de l'intervention municipale auprès du citoyen et pouvant permettre la gestion des choix collectifs repose sur les quatre principes de base qui suivent.

Développer une bonne connaissance
de l'ensemble des besoins des citoyens

L'actualisation de ce principe est primordiale pour toute planification stratégique de l'action communautaire, laquelle exige de faire des choix. Il faut avouer, d'entrée de jeu, que de développer la connaissance de l'ensemble des besoins d'une collectivité n'est pas chose aisée. Les besoins exprimés sont nombreux, changeants dans le temps, ils couvrent des secteurs d'intervention très variés et les moyens pour les recenser sont exigeants en temps et en ressources. Ce qui est important, c'est que la municipalité, de concert avec les citoyens et les organismes du milieu, se dote d'un cadre de référence permettant, à tout moment, de dégager un tableau d'ensemble de la situation et d'éclairer ainsi les décisions à prendre.

Ce cadre de référence devrait permettre de couvrir plusieurs dimensions d'analyse : les divers secteurs d'intervention de la municipalité (ex. : loisir, culture, services sociocommunautaires, récréotourisme, sécurité publique, aménagement du territoire, etc.) ; les clientèles visées (jeunes, familles, aînés, etc.) ; les secteurs géographiques de la municipalité (unités de voisinage, quartiers, arrondissements, etc.) ; les diverses problématiques sociales et économiques, etc. Le portrait sociodémographique de la population devrait compléter ce cadre de référence

Trop souvent, les choix collectifs s'effectuent à la pièce, sans référence à une situation d'ensemble. On canalise alors les ressources et l'effort collectif dans des actions qui peuvent s'avérer secondaires, voire inutiles à moyen ou long terme, et qui ne répondent pas nécessairement aux besoins prioritaires à satisfaire compte tenu des ressources disponibles.

Ce qui importe également, c'est que le tableau de la situation soit connu et partagé le plus collectivement possible avec les citoyens et les intervenants du milieu. S'entendre sur un diagnostic commun de l'état de la situation permet plus facilement l'établissement de priorités et le choix collectif des actions nécessitant un partenariat.

Savoir relativiser les besoins du citoyen et dégager des priorités d'intervention

Une vision intégrée de l'intervention municipale auprès des citoyens demande de savoir relativiser les besoins exprimés par ces derniers. La municipalité et les autres intervenants du milieu agissent dans un secteur d'activité sur une problématique sociale ou économique ou encore en matière de prestation de services en réponse aux demandes ou aux besoins exprimés par des citoyens ou des groupes du milieu. Les demandes respectives de ces derniers sont toujours justifiées ; on démontre aisément aux autorités municipales les besoins exprimés et l'urgence d'agir sur tel ou tel dossier.

Il importe d'analyser et de critiquer ces demandes à la lumière de la situation d'ensemble, donc de les relativiser. Il arrive souvent que l'on porte une attention aux besoins des groupes organisés, pour qui il est plus facile de s'exprimer, au détriment de ceux qui ne le sont pas. La municipalité ne peut plus se permettre de dire toujours oui sous le seul prétexte qu'un besoin a été manifesté par des citoyens ; des priorités d'intervention doivent être dégagées parmi l'ensemble des attentes manifestées par le milieu.

L'établissement de priorités d'intervention de la municipalité auprès des citoyens doit faire également l'objet d'un choix collectif. L'action seule de la municipalité ne pouvant plus répondre aux attentes manifestées par le milieu, une implication grandissante des citoyens et un partenariat avec le milieu s'imposent. Il est nécessaire de faire participer le plus possible la population au choix des priorités d'intervention et de la conscientiser à cet égard.

Une bonne connaissance des ressources du milieu et l'établissement des bases d'un partenariat

La meilleure façon de maximiser les réponses aux besoins exprimés par les citoyens passe inévitablement par l'utilisation optimale des ressources du milieu : celles propres à l'appareil municipal, celles des autres intervenants du milieu, publics ou privés, et l'ensemble des citoyens eux-mêmes. Les ressources qu'on peut mettre à profit dans un projet collectif sont de tous ordres (ressources humaines, matérielles, techniques et financières), bien que jamais suffisantes *a priori*.

Gérer les choix collectifs suppose également qu'il faut gérer les ressources qui les réaliseront. Dresser l'inventaire de ces ressources et développer de nouveaux mécanismes afin d'en rationaliser et d'en tirer le meilleur parti s'inscrivent dans les défis à relever afin d'adopter une vision intégrée de l'intervention auprès du citoyen. L'établissement de bases de partenariat permanentes entre la municipalité et les autres intervenants du milieu s'avère donc une condition essentielle.

Savoir remettre constamment en question les acquis en matière de prestation de services aux citoyens

Il y a lieu de remettre constamment en question l'intervention de la municipalité dans quelque secteur que ce soit de la prestation de services aux citoyens ; c'est le cas dans les secteurs d'intervention du loisir, de la culture, des services sociocommunautaires et du récréotourisme. Cette remise en question fait partie intégrante du processus de gestion des choix collectifs.

Tel ou tel service offert depuis des années ne répond plus nécessairement à un besoin aussi criant aujourd'hui. Maintenir ou rénover tel ou tel espace ou équipement communautaire existant peut ne plus représenter une priorité d'intervention. Il faut apprendre, en matière de gestion des choix collectifs, à ne rien tenir pour acquis et à tout mettre en doute, le cas échéant. Une telle démarche peut permettre de réorienter l'intervention et de dégager des marges de manœuvre intéressantes en réaffectant des ressources existantes à la satisfaction de nouveaux besoins collectifs.

3. Des choix collectifs qui s'imposent

Dans un contexte de rareté des ressources et compte tenu de la capacité de payer des citoyens, ces derniers, en partenariat avec les pouvoirs publics, devront effectuer les choix collectifs qui s'imposent à la lumière du cadre et de la qualité de vie qu'ils désirent s'offrir dans leur communauté. C'est principalement le cas dans les secteurs d'intervention du loisir, de la culture, des services communautaires et du récréotourisme. Ces secteurs d'intervention de la municipalité sont souvent considérés comme étant moins essentiels que d'autres, mais ce sont ceux qui permettent généralement d'améliorer le plus le cadre et la qualité de vie des citoyens d'une communauté. Des choix collectifs s'imposent.

Les choix collectifs à effectuer sont de tous ordres : les défis sociaux et économiques à relever pour améliorer le cadre et la qualité de vie de la collectivité, les secteurs d'intervention à privilégier, l'ordre de priorité des services à mettre en place et à dispenser, l'établissement de modèles de partenariat.

• **Des défis à relever**

De nombreuses problématiques sociales et économiques affectent les citoyens et exigent l'intervention de la municipalité : la pauvreté, le chômage, la sécurité des citoyens, certaines problématiques liées à la situation des jeunes, de la famille, des aînés, des personnes handicapées ou encore aux communautés culturelles. Chaque municipalité a son lot de situations qui lui sont particulières et qui caractérisent l'environnement social et économique dans lequel elle évolue.

Ces problématiques exigent une réflexion collective et globale dépassant les intérêts de chacun afin qu'on puisse définir des priorités d'intervention et des objectifs clairs et puis de trouver les moyens pour les atteindre. Prendre conscience des réalités qu'on veut changer, amener tous les intervenants et les citoyens à se définir et à agir sur un ou des projets collectifs de société est la démarche première à réaliser.

• **Des secteurs d'intervention à privilégier**

La décentralisation et l'abandon de champs de compétence par les gouvernements supérieurs font que les municipalités voient s'élargir les secteurs d'activités dans lesquels elles doivent intervenir. Étant le palier d'intervention publique le plus près des citoyens, c'est vers leur municipalité que ces derniers se tournent pour demander de nouveaux services et ce, dans un contexte où les ressources pour y répondre ne sont pas plus nombreuses. Des choix collectifs devront donc être faits.

La municipalité fut appelée à intervenir graduellement dans les secteurs d'intervention qui concernent la mission du service municipal des loisirs d'aujourd'hui. Traditionnellement orienté vers l'intervention dans le secteur des services en loisir, son mandat s'est élargi par la suite dans le secteur des services culturels et, plus récemment, dans les secteurs des services sociocommunautaires et récréotouristiques dans certains cas.

Tout élargissement du champ d'intervention exige des ressources que, bien souvent, la municipalité ne possède plus dans bien des cas. Des choix doivent être faits et posent le problème de la redistribution ou de la réaffectation des ressources collectives, selon les secteurs d'activités ou d'interventions qu'on décidera de privilégier et qui répondront le mieux au cadre et à la qualité de vie que les citoyens désirent et peuvent se payer.

- **Des services à favoriser**

Peu importe les secteurs d'activités dans lesquels la municipalité, en réponse aux besoins manifestés par les citoyens, aura décidé d'intervenir, elle devra déterminer l'ordre de priorité des services à dispenser.

Ces services peuvent être de tous ordres : aménagement d'espaces et d'équipements communautaires, programmation et animation d'activités, soutien aux groupes et aux organismes du milieu, etc. Encore ici des choix collectifs s'imposent. Quels sont les services de base qu'on juge essentiels et qui mobiliseront une partie de la richesse collective ? Quels sont ceux qu'on choisira de dispenser mais pour lesquels l'utilisateur devra payer ?

Les services dispensés en matière de loisir, de culture, de services sociocommunautaires ou de récréotourisme sont parmi ceux où les bénéfices personnels pour l'usager sont les plus évidents et peuvent faire le plus facilement l'objet d'une tarification. Les choix collectifs à faire à ce chapitre doivent prendre en compte les principes d'équité et d'accessibilité qui justifient toute intervention municipale. Les services et les activités jouissant d'une plus grande faveur populaire (de masse) devraient être rendus plus accessibles.

- **Des modèles de partenariat à mettre en place**

Les modes d'intervention de la municipalité en matière de prestation de services aux citoyens doivent également faire l'objet de choix collectifs. Rappelons-le, la seule façon pour la municipalité de maximiser les services à dispenser passe par l'optimisation des ressources collectives, tant celles de la municipalité que celles des autres organismes publics ou privés du milieu et des municipalités environnantes ainsi que celles que constituenr les citoyens eux-mêmes.

Il faudra concevoir des modèles de partenariat où l'on privilégiera les interfaces entre les divers services au sein de l'appareil municipal, le partage des responsabilités de gestion entre la municipalité et les institutions et autres organismes du milieu ainsi que la prise en charge de certaines responsabilités par les citoyens eux-mêmes. C'est par la concertation et les choix collectifs de partenariat qu'on aura su établir qu'il sera possible de maximiser le cadre et la qualité de vie de l'ensemble de la collectivité.

4. La gestion des choix

Gérer les choix collectifs, c'est aussi mettre en place les mécanismes permettant de les effectuer. Les choix collectifs seront d'autant plus forts, réalistes, objets de consensus et faciles à réaliser qu'ils auront impliqué un plus grand ensemble de citoyens et d'intervenants potentiels.

Une plus grande démocratisation des processus décisionnels

La municipalité, comme entité juridique et comme organisation, possède ses propres centres décisionnels : le conseil municipal, le comité exécutif, dans certains cas, certains services ou chefs de services à qui l'on impute certaines responsabilités, etc. Le défi qui se pose en matière de gestion des choix collectifs consiste à faire éclater cette structure de prise de décision, à démocratiser le processus décisionnel et à y faire participer le plus possible les individus, les groupes et les organismes du milieu concernés par la décision.

Plusieurs formules sont possibles et beaucoup de municipalités se sont déjà engagées dans une plus grande démocratisation décisionnelle. La création, au sein de l'appareil municipal, de comités interservices où l'on apprend à travailler en réseau, de concert, sur tel ou tel objet d'intervention, la création de comités ou de commissions du conseil impliquant la participation de représentants du milieu afin de coordonner l'intervention municipale dans un secteur quelconque d'activités, la mise en place de conseils de quartier, de comités de concertation, etc. en sont quelques exemples. Il n'y a pas de formule miracle ; ce qui importe, c'est de se doter de structures de participation décisionnelle qui permettent l'apport du citoyen, des groupes et des organismes du milieu, bref de tous les intervenants potentiels dans l'action qu'on veut engager dans la collectivité.

Les mécanismes de démocratisation des processus décisionnels

Trois mécanismes doivent être privilégiés dans toute gestion des choix collectifs : l'information, la consultation et la concertation.

L'information

L'information du citoyen est une condition préalable à la démocratisation des processus décisionnels. Le citoyen et les groupes du milieu doivent être informés sur les débats qui auront lieu, les changements qui s'annoncent en matière de dispensation de services, les projets à venir, bref sur l'ensemble des sujets qui modifieront éventuellement leur cadre et leur milieu de vie.

L'information du citoyen ne peut que développer sa confiance à l'endroit des actions qui seront entreprises éventuellement par les décideurs et favoriser son implication. Sans information préalable, on ne peut parler de consultation et de concertation.

La consultation

Consulter, c'est impliquer la population et tous les intervenants potentiels dans un processus qui mène à une décision. Il est bien évident qu'on ne peut prétendre consulter si la décision est déjà prise.

La consultation comporte des avantages certains en matière de gestion des choix collectifs puisqu'elle permet de donner l'image d'une gestion confiante et efficace de la chose publique. Ces avantages sont généralement les suivants :

1. développer la confiance des citoyens à l'endroit des actions entreprises par les décideurs ;

2. accroître le sentiment d'appartenance des citoyens ;

3. permettre un diagnostic juste des besoins et des problèmes ;

4. trouver des solutions plus concrètes et réalisables ; et

5. créer des consensus entre les intéressés[4].

Les sujets sur lesquels on doit procéder à une consultation sont ceux qui touchent généralement le plus la population. On peut consulter sur les orientations de base de l'intervention, sur les priorités et les moyens d'action, sur l'affectation et l'aménagement des ressources, des programmes et des services offerts ou à offrir, sur les modalités d'organisation et de partenariat, etc.

Le processus de consultation, peu importe le sujet discuté, comprend généralement cinq étapes : la vérification des conditions préalables, la planification de la consultation, sa tenue, l'analyse des résultats et la décision et l'information sur la décision. La figure 11.1 illustre ce cheminement.

La concertation

Se concerter signifie décider d'agir en commun, ensemble. Cela implique qu'au moins deux intervenants décident de mettre !eurs ressources en commun afin de réaliser un objectif qu'ils partagent. La concertation s'avère donc un des mécanismes à privilégier en matière de gestion des choix collectifs. C'est ici que l'« approche communautaire » en matière d'intervention sur le cadre et la qualité de vie des citoyens prend tout son sens.

La concertation oblige au partage et à la participation directe des intéressés à la prise de décision. La concertation entre les intervenants peut porter sur une multitude d'objets : l'aménagement et la gestion d'espaces et d'équipements communautaires, la réalisation

FIGURE 11.1
Les étapes du processus de consultation[5]

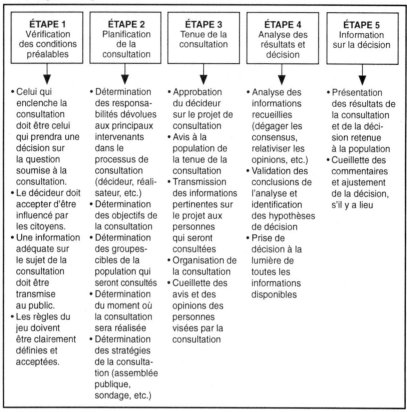

ÉTAPE 1 Vérification des conditions préalables	**ÉTAPE 2** Planification de la consultation	**ÉTAPE 3** Tenue de la consultation	**ÉTAPE 4** Analyse des résultats et décision	**ÉTAPE 5** Information sur la décision
• Celui qui enclenche la consultation doit être celui qui prendra une décision sur la question soumise à la consultation. • Le décideur doit accepter d'être influencé par les citoyens. • Une information adéquate sur le sujet de la consultation doit être transmise au public. • Les règles du jeu doivent être clairement définies et acceptées.	• Détermination des responsabilités dévolues aux principaux intervenants dans le processus de consultation (décideur, réalisateur, etc.) • Détermination des objectifs de la consultation • Détermination des groupes-cibles de la population qui seront consultés • Détermination du moment où la consultation sera réalisée • Détermination des stratégies de la consultation (assemblée publique, sondage, etc.)	• Approbation du décideur sur le projet de consultation • Avis à la population de la tenue de la consultation • Transmission des informations pertinentes sur le projet aux personnes qui seront consultées • Organisation de la consultation • Cueillette des avis et des opinions des personnes visées par la consultation	• Analyse des informations recueillies (dégager les consensus, relativiser les opinions, etc.) • Validation des conclusions de l'analyse et identification des hypothèses de décision • Prise de décision à la lumière de toutes les informations disponibles	• Présentation des résultats de la consultation et de la décision retenue à la population • Cueillette des commentaires et ajustement de la décision, s'il y a lieu

de programmes, d'activités et de services aux citoyens, le soutien à fournir aux groupes ou aux organismes du milieu ou encore la réalisation de programmes d'action visant à intervenir sur telle ou telle problématique sociale ou économique du milieu, etc.

Le processus de concertation comprend généralement quatre étapes : la vérification des conditions préalables, la planification de la concertation, l'organisation de la concertation et sa réalisation. La figure 11.2 illustre les étapes de ce processus.

　　　　Les actions directes de la municipalité en matière de loisir

FIGURE 11.2

Les étapes du processus de concertation

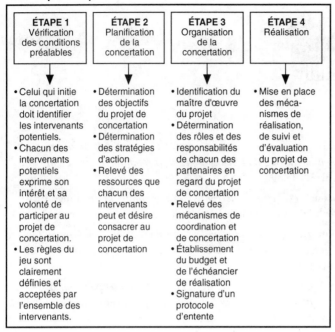

En guise de conclusion, il apparaît que la gestion des choix collectifs s'impose d'ores et déjà et s'imposera encore davantage dans l'avenir en regard du cadre et de la qualité de vie auxquels les citoyens d'une municipalité aspirent. La municipalité doit prendre un virage communautaire afin de réaliser une gestion efficace des choix collectifs, seul moyen d'optimiser les ressources collectives, tant humaines, matérielles, techniques que financières, et permettre la maximisation du cadre et de la qualité de vie de la collectivité. La municipalité devra faire preuve d'imagination et de leadership dans la mise en place de mécanismes démocratiques de consultation et de concertation favorisant la participation la plus large possible en matière de choix collectifs à effectuer. Seule la gestion des choix collectifs permettra de justifier l'intervention de la municipalité dans les secteurs du loisir, de la culture, des services sociocommunautaires et du récréotourisme.

La gestion des choix collectifs 385

Notes

1. Elizabeth A. Ferguson, dans : Claude Belzil, *Conception des dynamismes des processus en interaction dans le développement communautaire*, Montréal, Ville de Montréal, 1989.

2. Ville de Pincourt, *Politique d'intervention sociocommunautaire*, Pincourt, Direction des services communautaires et du développement urbain, 1994.

3. Pierre Gagnon, *La problématique du développement communautaire au Québec*, Texte de conférence, 73ᵉ congrès de l'Union des municipalités du Québec, Québec, 6 mai 1994, p. 26-27.

4. Ministère du Loisir, de la Chasse et de la Pêche, *Consulter pour mieux décider : guide de consultation municipale en loisir*, Québec, Gouvernement du Québec, 1984, p. 7.

5. *Ibid.*, p. 12.

12

L'intervention professionnelle municipale en matière de loisir

L'intervention de la municipalité dans les secteurs du loisir, de la culture, des services sociocommunautaires et du récréotourisme repose fortement sur l'implication des citoyens à titre de bénévoles. Elle repose également sur du personnel professionnel, engagé par la municipalité et les organismes du milieu, sans lesquels la coordination de l'action et le soutien aux bénévoles et autres groupes du milieu ne seraient pas possibles.

Comme il a été analysé et discuté tout au long du présent ouvrage, la nature et les modes d'intervention de la municipalité dans les divers secteurs de prestation de services aux citoyens ont fortement évolué au cours des dernières années et seront encore appelés à le faire dans l'avenir. L'environnement, tant social, économique, politique qu'organisationnel, dans lequel seront appelées à évoluer les municipalités de demain exigera de leurs professionnels une capacité d'adaptation sans précédent.

Dans ce dernier chapitre, nous tracerons le portrait de l'intervention professionnelle dont le loisir en général est l'objet. Nous y définirons les rôles que ces professionnels jouent et seront appelés à jouer dans l'appareil municipal auprès des citoyens et avec eux. Nous y établirons enfin le profil des connaissances, des compétences et des attitudes que les professionnels de l'intervention municipale dans le domaine du loisir devront posséder ou adopter pour relever les défis.

Les actions directes de la municipalité en matière de loisir

1. L'historique et le portrait de l'intervention professionnelle municipale en matière de loisir

C'est principalement dans les années 1960, lors de la prise en charge directe du secteur du loisir par les municipalités, qu'on voit naître une intervention professionnelle dans ce secteur ; entendons par là des ressources humaines rémunérées et engagées à cette fin par les organes publics. L'engagement d'un professionnel à titre de directeur du service des loisirs dans plusieurs municipalités du Québec, mouvement qui a connu son apogée vers la fin des années 1970, a entraîné, selon la taille des municipalités et l'importance de l'intervention de la municipalité dans le secteur des loisirs, l'instauration d'une fonction publique municipale à cet égard.

Ensuite, l'appareil professionnel municipal en matière de loisirs s'est rapidement développé : engagement de responsables de la programmation des activités et services offerts (sport, socioculturel, plein air, etc.), de responsables des espaces et des équipements (gestionnaire d'aréna, bibliothécaire, etc.). Cette structure administrative professionnelle de coordination et de gestion des programmes, des services et des équipements s'est à son tour doublée rapidement par l'engagement d'animateurs, de moniteurs d'activités, etc.

Dès 1965, les directeurs de loisirs municipaux sentaient le besoin de se regrouper afin de donner plus de « corps » à leur intervention. Fondée en 1965, « L'Association des directeurs de loisirs municipaux », devenue aujourd'hui « L'Association québécoise des directeurs et directrices du loisir municipal », regroupait les membres du personnel de direction dans les services municipaux de loisir et se donnait les buts suivants :

1. Grouper le personnel qui occupe une fonction de direction dans les services municipaux de loisirs et maintenir entre eux un lien de collaboration et d'information ;

2. Promouvoir la formation professionnelle de ses membres par tous les moyens possibles (cours, conférences, publications, etc.) ;

3. Susciter l'intérêt et diffuser l'information auprès des citoyens, des organismes privés et publics, concernant l'organisation municipale des loisirs ;

4. Représenter auprès de la population en général, des organismes privés et publics, les intérêts et la pensée de ses
membres ;

5. Promouvoir l'étude et la recherche concernant l'organisation
communautaire des loisirs, afin d'assurer les meilleurs services
possibles à la population ;

6. Mettre sur pied tous les services nécessaires pour atteindre
ses fins[1].

Ces buts et ces objectifs ont quelque peu évolué, comme l'illustre
l'édition 1994 des buts et des objectifs de l'Association québécoise
des directeurs et directrices du loisir municipal présentée dans l'encadré
qui suit.

ASSOCIATION QUÉBÉCOISE DES DIRECTEURS ET DIRECTRICES DU LOISIR MUNICIPAL[2]

Buts et objectifs

- Regrouper les directeurs, directrices et gestionnaires du loisir municipal du Québec.
- Favoriser l'accès à l'information et promouvoir la collaboration entre ses membres.
- Promouvoir la formation professionnelle de ses membres par tous les moyens possibles (cours, conférences, échanges, études spécialisées, etc.), le tout conformément aux dispositions de la *Loi sur l'enseignement privé* et des règlements édictés sous son empire.
- Assurer la reconnaissance de l'association auprès des institutions et des organismes publics et privés.
- Promouvoir l'étude et la recherche dans le domaine du loisir municipal.
- Favoriser la collaboration de l'association avec toute autre association ou tout autre organisme relié au domaine municipal ou à tout autre domaine.
- Promouvoir le statut professionnel et les intérêts de ses membres.

Les actions directes de la municipalité en matière de loisir

L'Association des directeurs de loisirs municipaux publiait, en 1968, un manifeste intitulé *Le loisir : défi d'aujourd'hui*[3] visant à définir le concept même de « loisir » devant faire l'objet de son intervention professionnelle. Elle effectua des pressions pour la mise en place de programmes québécois de formation professionnelle qui entraînèrent, dès 1969, la mise sur pied du programme de baccalauréat en récréologie de l'Université du Québec à Trois-Rivières et d'un programme collégial en cette matière diffusé aujourd'hui par quatre cégeps. Enfin, elle publiait en 1970 un premier guide d'intervention à l'intention des directeurs municipaux du loisir intitulé *Le loisir et la municipalité*[4]. Le présent ouvrage, quelque vingt-cinq années plus tard, se veut une remise à jour de ce premier guide d'intervention.

L'Association québécoise des directeurs et directrices du loisir municipal n'est pas la seule association professionnelle ou le seul regroupement d'intérêts réunissant les professionnels de l'intervention municipale en matière de loisir, de culture et de services sociocommunautaires et récréotouristiques. Au fil des années, et découlant de l'évolution de la profession en ces matières, plusieurs associations ou mouvements professionnels ont vu le jour. À titre d'illustration, citons le Regroupement du loisir municipal et ses tables sectorielles de travail (administration, sport, culture, développement communautaire), l'Association des arénas du Québec, l'Association des directeurs de bibliothèques publiques du Québec, le mouvement « Les arts et la ville » et la Fédération québécoise des offices de tourisme. Tous ont pour objet le développement et l'amélioration de la qualité des services dans leur domaine particulier.

L'intervention municipale professionnelle dans ces divers secteurs d'activité, ainsi que la formation professionnelle dont elle est l'objet par les diverses institutions d'enseignement, a évolué au cours des dernières décennies en s'adaptant au contexte social, économique, politique et organisationnel du moment. Les trois premiers chapitres du présent ouvrage font état de cette évolution et de cette adaptation.

Cette intervention professionnelle subit encore aujourd'hui des transformations importantes. L'environnement social, économique et politique dans lequel évolue la municipalité d'aujourd'hui entraîne à son tour des changements organisationnels au sein de l'appareil municipal. La diversification des secteurs d'intervention et la rareté des ressources, laquelle oblige la municipalité à faire des choix sur ses modes d'intervention et la nature des services à dispenser, bouleversent les traditions établies. Les professionnels du loisir municipal dans son ensemble doivent amorcer une mutation. Nous parlerons de cet aspect plus en profondeur dans la dernière partie de ce chapitre.

2. Le directeur du loisir municipal

Comme principal animateur et coordonnateur de l'intervention municipale en matière de loisir, de culture, de services sociocommunautaires et de récréotourisme, le directeur du loisir municipal est appelé à remplir diverses fonctions et à assumer certaines responsabilités envers la population, les bénévoles, les élus municipaux et envers ses collègues de travail des autres services municipaux.

Les fonctions du directeur du loisir municipal

Ses principales fonctions, selon les secteurs d'activités qu'il peut être appelé à couvrir (loisir, culture, services sociocommunautaires, récréotourisme), sont les suivantes :

- Planifier, organiser, coordonner et contrôler les activités d'un service au sein de l'appareil municipal dont le rôle est la dispensation de services aux citoyens.

- Gérer les ressources humaines, matérielles et financières affectées à son service.

- Appliquer les politiques générales établies et approuvées par le conseil municipal.

- Établir les contacts nécessaires avec les personnes et les organismes susceptibles d'aider et de collaborer à l'atteinte des objectifs visés.

- Évaluer l'efficacité et l'efficience des activités de son service.

- Étudier et se tenir informé de l'évolution des transformations en cours dans les secteurs d'activité dont il est responsable.

- Informer le public sur les orientations de son service.

Les responsabilités du directeur
du loisir municipal : un code d'éthique

Dans l'exercice de ses fonctions, le directeur du loisir municipal est assujetti à certaines responsabilités à l'égard de la population, des bénévoles, des élus municipaux et de ses collègues de travail des autres services. En 1988, l'Association québécoise des directeurs et directrices du loisir municipal se dotait d'un code d'éthique à cette fin[5]. Voyons quels en sont les éléments.

RESPONSABILITÉS À L'ÉGARD DE LA POPULATION

Le directeur ou la directrice de loisir :

1.1 S'efforce d'être à l'écoute des besoins de la population afin de mieux être en mesure de répondre à ses attentes et de lui offrir des services de qualité au meilleur coût possible.

1.2 Veille à favoriser une animation adéquate auprès de la population afin de lui faciliter l'accès aux activités de loisir et de lui offrir des services professionnels de qualité.

1.3 Fait appel, quand c'est nécessaire, à d'autres professionnels pour le ou la conseiller ou l'informer sur les aspects de son travail qui exigent une expertise particulière.

1.4 S'assure que chaque groupe d'âge et de catégorie de la population puisse avoir accès sans discrimination et dans la mesure du possible aux activités et aux équipements de loisir.

1.5 Veille à ce que la population soit bien informée des services offerts.

RESPONSABILITÉS À L'ÉGARD DES BÉNÉVOLES

Le directeur ou la directrice de loisir :

2.1 S'associe avec les bénévoles qu'il ou qu'elle considère comme des collaborateurs essentiels dans la formulation et la réalisation des services offerts à la population.

2.2 Veille à leur apporter assistance et soutien dans leurs tâches.

2.3 Manifeste à l'égard des bénévoles son appréciation et sa reconnaissance pour leur collaboration.

2.4 Entretient avec eux des relations de franchise et de confiance et leur achemine toute l'information qui leur est nécessaire.

2.5 Veille à leur assurer la formation nécessaire et sait les conseiller au besoin.

RESPONSABILITÉS À L'ÉGARD DES ÉLUS MUNICIPAUX

Le directeur ou la directrice de loisir :

3.1 Reconnaît le pouvoir de décision des élus municipaux en matière de politique de loisir.

3.2 Apporte aux élus municipaux sa collaboration et son soutien efficace en leur transmettant toute l'information dont ils ont besoin pour prendre les meilleures décisions.

3.3 Respecte ses engagements à leur égard et agit envers eux avec franchise, loyauté et honnêteté.

3.4 Assume ses fonctions dans le respect des directives des élus municipaux et veille à assurer le meilleur suivi possible des dossiers qui lui sont confiés.

3.5 Assure une gestion efficace de son service.

3.6 Fait preuve de neutralité politique dans le cadre de ses fonctions.

RESPONSABILITÉS À L'ÉGARD DE SES COLLÈGUES DE TRAVAIL

Le directeur ou la directrice de loisir :

4.1 Respecte ses collaborateurs ; il ou elle reconnaît leur valeur et leur apporte aide et soutien.

4.2 Respecte les décisions de son supérieur et lui apporte sa collaboration franche et soutenue.

4.3 Adopte un comportement favorisant la bonne entente, le dialogue et la concertation.

4.4 Fournit à ses collègues l'information nécessaire à l'élaboration et à la réalisation de tout projet mis de l'avant par son service.

3. Une prospective de l'intervention professionnelle

Quelles sont les connaissances, les compétences et les attitudes que devra posséder ou adopter l'intervenant professionnel du loisir municipal pour faire face aux changements que vivra la municipalité de demain ? C'est une mutation sur le plan des rôles et des responsabilités qu'il sera appelé à endosser que devra subir l'intervenant professionnel en loisir, principalement celui qui aura à assumer la fonction de directeur du loisir municipal. Il devra avoir les qualités qui suivent.

- **Une vision stratégique et proactive**
  de l'intervention municipale

Avoir une vision stratégique, c'est avoir une vision des choix qui devront être faits. Avoir une vision proactive, c'est exercer un leadership dans la recherche de solutions concrètes permettant de passer à l'action, d'agir. L'exercice de la planification stratégique, soit l'élaboration de stratégies d'action à la lumière des possibilités et des contraintes de l'environnement ainsi que des forces et des faiblesses de l'organisation, doit devenir la principale fonction du directeur du loisir municipal.

Bien qu'on ait confié au directeur du loisir municipal la responsabilité première de gérer les opérations de son service (planification opérationnelle), c'est vers la planification stratégique de l'intervention municipale en matière de prestation de services aux citoyens dans les secteurs d'activités sous sa responsabilité qu'il devra s'orienter.

Dans le chapitre précédent, nous avons parlé longuement de la nécessité de faire des choix en matière d'intervention de la municipalité auprès des citoyens. Le directeur du loisir municipal devra être celui qui soutient et oriente la collectivité et les élus dans l'exercice de ces choix. Il devra se donner une vision d'ensemble de l'intervention de la municipalité en réponse aux besoins exprimés par les citoyens et les groupes du milieu ainsi que des principales problématiques sociales et économiques qui demandent d'agir. Il devra être celui qui permettra aux décideurs de relativiser les demandes, de dégager des priorités d'action, bref de dégager les enjeux et les défis à relever.

- **Une vision ouverte et imaginative**

Compte tenu des enjeux, des défis à relever et des choix collectifs à faire, plus que jamais le directeur du loisir municipal devra faire preuve d'ouverture d'esprit et d'imagination. Remettre en question les acquis en matière de prestation de services aux citoyens, être à l'écoute des nouveaux besoins, interroger à nouveau les façons de faire seront au cœur de l'exercice de sa profession. Trouver de nouvelles façons d'intervenir, créer des voies de partenariat et suggérer des pistes de solutions nouvelles aux problématiques vécues par le milieu feront appel à toute sa créativité et à son imagination. La remise en question continuelle de l'intervention caractérisera une des attitudes principales à acquérir.

- **Une vision d'analyste**

Afin de soutenir et d'orienter adéquatement la collectivité et les élus municipaux dans les choix de société qu'ils auront à faire, le directeur du loisir municipal devra être un solide analyste. La connaissance des caractéristiques sociodémographiques de la population, de l'ensemble des besoins, des ressources et des organismes du milieu, ainsi que des problématiques sociales et économiques sera essentielle pour baser son analyse. C'est à lui qu'appartiendra le rôle principal d'analyser, soit de dégager l'ensemble des éléments à tenir compte relativement aux décisions qu'on s'apprête à prendre en matière de choix collectifs. Il devra apprendre à se doter de méthodes et de techniques rigoureuses d'analyse pour ce faire, car c'est à lui principalement que reviendra le rôle d'éclairer la prise de décision.

- **Le service à la clientèle**

Le directeur du loisir municipal devra acquérir un sixième sens : celui du service à la clientèle. Plus que jamais le citoyen doit être au centre des préoccupations de l'intervention municipale. Le citoyen, compte tenu de ce qu'il lui en coûte et de l'implication qu'on lui demande, a droit à tous les égards : c'est par lui et pour lui que l'appareil municipal existe. Penser « service à la clientèle », c'est respecter l'usager dans son intégrité et chercher à tout faire, dans la mesure de nos capacités, pour le satisfaire. Il incombera au directeur du loisir municipal, dans les secteurs de prestation de services aux citoyens sous sa compétence,

Les actions directes de la municipalité en matière de loisir

d'adopter cette attitude et de l'inculquer à son personnel et à ses collaborateurs, tant internes qu'externes à l'appareil municipal.

- **La qualité et la productivité**

La qualité des services dispensés aux citoyens afin de les satisfaire ainsi que la productivité dans les moyens choisis et les mécanismes mis en place pour les réaliser seront au cœur des préoccupations du gestionnaire en loisir municipal de demain. Faire plus et mieux avec moins de ressources représentera un défi sans précédent, mais qu'il faudra relever. Réévaluer les façons de faire, réorienter l'usage des ressources et établir des partenariats avec le milieu sont quelques-unes des habiletés à acquérir en ce sens.

- **Le leadership de compétence et de communication**

Le leadership, c'est-à-dire la capacité d'influencer les autres, marquera le rôle que sera appelé à jouer le directeur du loisir municipal. Ce dernier devra être un animateur et non un simple exécutant. C'est à lui que reviendra le rôle d'éclairer et de soutenir les décideurs, les citoyens et les élus face à la nécessité des choix collectifs à faire dans le processus décisionnel. Il doit devenir un acteur important dans la prise de décision. C'est par ses compétences de planificateur straté-gique et d'analyste ainsi que par sa capacité de communiquer, c'est-à-dire de savoir écouter et se faire comprendre, que le directeur du loisir municipal exercera un réel leadership.

- **Un sens de l'éthique**

Une éthique professionnelle basée sur le respect des citoyens, des bénévoles, des élus municipaux et de ses collègues de travail, tant à l'interne qu'à l'extérieur de l'appareil municipal, devra continuer de caractériser l'intervention du directeur du loisir municipal. Plus que jamais la confiance que les autres manifesteront à son égard sera importante dans l'exercice de ses fonctions qui seront fortement orientées vers le partenariat.

- **Une culture générale soutenue par la formation continue**

Plus qu'un spécialiste, le directeur du loisir municipal doit être et devenir un généraliste. Compte tenu de la diversité des secteurs d'activités et des problématiques sociales et économiques sur lesquels il sera appelé à intervenir, le champ des connaissances et des habiletés qu'il devra posséder ira toujours en s'élargissant. Bien qu'une certaine connaissance spécifique de la nature de l'intervention professionnelle dans les divers secteurs d'activités sous sa responsabilité soit nécessaire, il devra posséder avant tout la capacité d'établir des interrelations entre ces divers champs afin de donner une cohérence à l'action.

Une telle culture générale s'acquiert par l'expérience, bien sûr, mais aussi par la formation continue, peu importe la forme qu'elle prend : programme de lecture, séance de formation, participation à des échanges professionnels, obtention de diplômes d'études supérieures, etc. Ce qui deviendra important pour le directeur du loisir municipal, compte tenu des défis qu'il est appelé à relever, c'est éviter le piège de « rester en vase clos ». Il devra se confronter aux nouvelles connaissances, aux nouvelles technologies, à ce qui se passe ailleurs pour s'alimenter et développer sa capacité d'innover.

En guise de conclusion, ce sont des défis professionnels intéressants qui attendent le directeur du loisir municipal à l'aube des années 2000. Comme « ingénieur social » du développement local et comme animateur du développement communautaire de sa collectivité, le directeur du loisir municipal sera appelé à être au centre de l'action où s'amélioreront le cadre et la qualité de vie des citoyens.

Notes

1. Association des directeurs de loisirs municipaux du Québec, *Le loisir et la municipalité : guide d'intervention*, ADLM, 1970.

2. Association québécoise des directeurs et directrices du loisir municipal, *Code d'éthique*, version révisée en octobre 1994.

3. Association des directeurs municipaux de loisir, *Le loisir : défi d'aujourd'hui*, Montmorency, ADLM, 1968.

4. Association des directeurs de loisirs municipaux du Québec, *Le loisir et la municipalité, op. cit.*

5. Association québécoise des directeurs et directrices du loisir municipal, *Code d'éthique, op. cit.*

Conclusion

L'adaptation continuelle au changement, la mobilité dans les objets, les modes et les structures d'intervention, un plus grand partenariat avec le milieu, la nécessité de la planification stratégique et la gestion des choix caractérisent l'intervention municipale en matière de loisir à l'aube de l'an 2000.

Au cours des trente dernières années, l'intervention municipale a su s'adapter aux changements sociaux, économiques, politiques et organisationnels dans lesquels elle a été appelée à évoluer. Les défis et les enjeux, tant sur le plan de l'équité sociale que de l'amélioration du cadre et de la qualité de vie auxquels aspirent les citoyens, exigeront encore une plus forte adaptation de cette intervention.

Les objets d'intervention sont en mouvance : loisir, culture, services sociocommunautaires, récréotourisme, autant de secteurs d'activités dont il faudra relativiser les demandes de services et qui exigeront une réaffectation et une réorganisation des ressources collectives. Les modes et les structures d'intervention sont aussi en mouvement perpétuel : la collaboration, la concertation et le partenariat, tant à l'interne qu'à l'extérieur de l'appareil municipal, s'avèrent plus que jamais nécessaires afin d'assurer l'utilisation optimale des ressources collectives et de maximiser la prestation de services, en réponse aux besoins de plus en plus nombreux manifestés par les citoyens et compte tenu des problématiques sociales et économiques qui exigent des mesures.

Plus que jamais la planification stratégique et la gestion des choix collectifs s'avéreront des façons de faire prioritaires. Élaborer des stratégies d'action qui tiennent compte des possibilités et des contraintes de l'environnement dans lequel la municipalité évolue ainsi que des forces et des faiblesses du milieu sur le plan des ressources humaines, techniques, matérielles, financières et organisationnelles deviendra l'avenue par laquelle il sera possible d'orienter la gestion des choix collectifs à faire.

À la lumière des attentes et des ressources disponibles, la nécessité de faire des choix collectifs au regard du cadre et de la qualité de vie que désire s'offrir une communauté constitue une condition *sine qua non*. C'est collectivement, en faisant participer le plus activement possible les citoyens et les autres intervenants du milieu au processus de gestion des choix collectifs, que le développement communautaire prendra tout son sens.

L'information, la consultation et la concertation entre la municipalité et ses citoyens, la municipalité et les organismes du milieu, tant publics que privés, et entre les divers services internes de l'appareil municipal même sont la barre qu'il faut franchir afin de permettre une plus grande démocratisation des processus décisionnels. Le partenariat, seule façon d'optimiser les ressources collectives afin de maximiser la prestation de services aux citoyens, se fera à ce prix.

Bibliographie

Assemblée nationale du Québec, *Avant-projet de loi sur les sociétés d'économie mixte dans le secteur municipal*, déposé par M. Guy Chevrette, ministère des Affaires municipales, Québec, Éditeur officiel du Québec, 1995.

Association des directeurs de loisirs municipaux du Québec, *Le loisir : défi d'aujourd'hui*, Montmorency, ADLM, 1968.

Association des directeurs de loisirs municipaux du Québec, *Le loisir et la municipalité : guide d'intervention*, ADLM, 1970.

Association québécoise des directeurs et directrices du loisir municipal, *Code d'éthique*, Version révisée en octobre 1994.

Association québécoise des directeurs et directrices du loisir municipal en collaboration avec le Groupe I.D.E., *La municipalité québécoise en mutation : défis et enjeux*, Montréal, AQDLM, 1994.

Association québécoise des travailleurs en loisir, *La municipalité maître d'œuvre en loisir*, Les dossiers Beaux-jeux 4, Montréal, Bellarmin-Desport, 1980.

Association québécoise des travailleurs en loisir, *Document de réflexion : Colloque sur les politiques financières municipales en matière de loisir*, Trois-Rivières, Université du Québec à Trois-Rivières, 28 et 29 mai 1982.

Beaudry, Gérald, *Émergence d'un pouvoir régional : au stade des premiers pas*, Texte de conférence, Colloque international sur le loisir, Trois-Rivières, Université du Québec à Trois-Rivières, 3 et 4 novembre 1994.

Beauregard, Michel, *La nouvelle mission pour le monde fédéré du loisir au Québec*, Texte de conférence, Colloque international sur le loisir, Trois-Rivières, Université du Québec à Trois-Rivières, 3 et 4 novembre 1994.

Beauregard, Myriam, *L'utilisation des activités parascolaires comme moyen de réduire la prédisposition au décrochage scolaire*, Texte de communication scientifique, Colloque international sur le loisir, Trois-Rivières, Université du Québec à Trois-Rivières, 3 et 4 novembre 1994.

Bellefleur, Michel, Levasseur, Roger, *Loisir Québec 1976*, Les dossiers Beaux-jeux 1, Montréal, Bellarmin-Desport, 1976.

Bergeron, Clément, « Enfin ... le loisir à la même enseigne que les affaires municipales et le développement des régions », AQDLM, *Forum Loisir Express*, novembre 1994, p. 1.

Bergeron, Clément, « Défi et enjeu : la gestion des choix », *Forum Loisir Express*, novembre 1994, p.5-6.

Blackburn, Elaine, *Analyse de contenu des politiques de tarification dans les villes québécoises*, Mémoire de maîtrise en sciences du loisir, Université du Québec à Trois-Rivières, 1984.

Bonneau, Raymond, *L'expérience du partenariat ... le vécu des centres communautaires de loisir et de la F.Q.C.C.L.*, Texte de conférence, Colloque international sur le loisir, Trois-Rivières, Université du Québec à Trois-Rivières, 3 et 4 novembre 1994.

Bouchard, Gisèle, *Une nouvelle mission pour le monde fédéré du loisir au Québec*, Texte de conférence, Colloque international sur le loisir, Trois-Rivières, Université du Québec à Trois-Rivières, 3 et 4 novembre 1994.

Centre d'études en loisir, *Plan de développement des loisirs à Trois-Rivières*, Trois-Rivières, Université du Québec à Trois-Rivières, 1972.

Colbert, François, *Le marketing des arts et de la culture*, Boucherville, Gaëtan Morin, 1993.

Comité Sherbrooke Ville en santé, *Rapport du Colloque habitat des aînés : un milieu de vie à repenser*, Sherbrooke, novembre 1989.

Conférence des maires de la banlieue de Montréal, *Rapport de la table sectorielle sur le développement communautaire*, Montréal, 1992.

Conseil de la famille, *Penser et agir famille : guide à l'intention des intervenants publics et privés*, Avis du Conseil de la famille à la ministre déléguée à la Condition féminine et responsable de la famille, Québec, Gouvernement du Québec, 1989.

Conseil de la famille, *Reconnaître la dynamique familiale : des actions communautaires et professionnelles inspirées par le guide penser et agir famille*, Québec, Gouvernement du Québec, 1996.

Conseil des affaires sociales, *Deux Québec dans un : rapport sur le développement social et démographique*, Gouvernement du Québec, Boucherville, Gaëtan Morin, 1989.

Conseil des affaires sociales, *Agir ensemble : rapport sur le développement*, Gouvernement du Québec, Boucherville, Gaëtan Morin, 1990.

Conseil des loisirs–Région de Québec, *La politique municipale de reconnaissance et de soutien des organismes de loisir : des liens à préciser*, Sainte-Foy, CL–RQ, 1986.

Conseil des loisirs–Région de Québec, *La tarification municipale en loisir : des choix à établir*, Sainte-Foy, CL–RQ, 1986.

Conseil national du bien-être social, *Profil de la pauvreté : 1980 à 1990*, automne 1992.

Conseil québécois de la jeunesse, des loisirs, des sports et du plein air, *Rapport annuel 1974-1975*, Québec, Bibliothèque nationale du Québec, 1975.

Conseil régional du loisir – Québec et Chaudière-Appalaches, *L'intervention municipale auprès des organisations sociocommunautaires : une politique à définir*, Sainte-Foy, CRL – Québec et Chaudière-Appalaches, 1992.

Cornelier, Manon, « Le Québec est le champion de la pauvreté : Le taux de pauvreté y est le plus élevé au Canada, selon le Conseil du bien-être social », *La Presse*, Montréal, le 6 avril 1995, p. B-1.

D'Amours, Max C., *Municipalisation des loisirs au Québec : bilan et perspectives*, Cahiers des sciences du loisir, Trois-Rivières, Département des Sciences du loisir, Université du Québec à Trois-Rivières, 1981.

D'Amours, Max, *Politiques financières municipales et tarification des loisirs*, Texte de conférence, Colloque sur les politiques financières municipales en matière de loisir, Trois-Rivières, Université du Québec à Trois-Rivières, 28 et 29 mai 1982.

D'Amours, Max, « La gestion déléguée de services récréatifs et culturels », *Loisir et Société*, 12, 1, printemps 1989, p. 87-105.

D'Amours, Max, Foy, Harold, *Rapport sur la privatisation et le faire-faire municipal dans le domaine des services récréatifs et culturels*, Trois-Rivières, Département des Sciences du loisir, Université du Québec à Trois-Rivières, 1987.

D'Amours, Max, Pronovost, Gilles, *Étude en vue de la définition d'une politique d'intervention en matière de services récréatifs et communautaires : Ville de Drummondville*, Laboratoire de recherche sur les pratiques et politiques de loisir, Département des Sciences du loisir, Université du Québec à Trois-Rivières, septembre 1989.

Delisle, Marc-André, *Loisir et vieillissement de la population : Quelques éléments de réflexion sur la dynamique des rapports entre ces deux phénomènes*, Texte de conférence, Colloque international sur le loisir, Trois-Rivières, Université du Québec à Trois-Rivières, 3 et 4 novembre 1994.

Demers, Jacques, *Le développement touristique : notions et principes*, Québec, Les publications du Québec, 1987.

Demers, Michel, *La performance économique et l'évolution démographique du Québec*, Texte préparé pour le Congrès annuel de l'A.S.D.E.Q., 1989.

Dumont, Fernand, Langlois, Simon, Martin, Yves, *Traité des problèmes sociaux*, Québec, Institut québécois de recherche sur la culture, 1994.

Fédération des parcs et des loisirs de l'Ontario, *Catalogue des avantages des parcs et des loisirs*, Document traduit, Montréal, Association québécoise des directeurs du loisir municipal, 1992.

Fédération québécoise des offices du tourisme, *Les offices de tourisme au Québec : partenaires essentiels de l'industrie touristique*, Drummondville, FQOT, mai 1995.

Ferguson, Elizabeth A., dans : Claude Belzil, *Conception des dynamismes des processus en interaction dans le développement communautaire*, Montréal, Ville de Montréal, 1989.

Filion, Pierre, *Nouvelle mission pour le monde fédéré du loisir au Québec*, Texte de conférence, Colloque international sur le loisir, Trois-Rivières, Université du Québec à Trois-Rivières, 3 et 4 novembre 1994.

Gagnon, Damien, « La pauvreté augmentera au cours de la prochaine décennie », *Le Soleil*, Québec, 8 octobre 1995, p. B-1.

Gagnon, Pierre, *Programmes municipaux de loisir : orientation et évaluation*, Montréal, Intrinsèque, 1980.

Gagnon, Pierre, *La tarification en loisir au niveau municipal*, Document de travail en vue des débats de l'atelier municipal sur la tarification en loisir à Saint-Hyacinthe, 27 et 28 mars 1980.

Gagnon, Pierre, *La mise en marché des services récréatifs : analyse à partir des modes de vie de la population*, Québec, Conseil régional du loisir – Québec et Chaudière -Appalaches, 1990.

Gagnon, Pierre, *Intégration des secteurs d'activités de la culture et du développement communautaire au sein du service municipal des loisirs*, Études du loisir – Cahier 5, Trois-Rivières, Département des Sciences du loisir, Université du Québec à Trois-Rivières, 1993.

Gagnon, Pierre, *La problématique du développement communautaire au Québec*, Texte de conférence, 73e congrès de l'Union des municipalités du Québec, Québec, 6 mai 1994.

Gagnon, Pierre, Blackburn, Elaine, *Le loisir ...un défi de société ...une réponse aux défis collectifs*, Sainte-Foy, Presses de l'Université du Québec et Sodem Recherche et Développement, 1995.

Gareau, Serge, *La municipalité maître d'œuvre du développement communautaire*, Texte de conférence, Colloque international sur le loisir, Trois-Rivières, Université du Québec à Trois-Rivières, 3 et 4 novembre 1994.

Gauthier, Guy, *Les personnes âgées et le loisir*, Texte de conférence, Colloque international sur le loisir, Trois-Rivières, Université du Québec à Trois-Rivières, 3 et 4 novembre 1994.

Germain, Annick, Le Bourdais, Céline, *Le défi municipal et la famille comme stratégie d'action*, Texte de conférence, Colloque des municipalités sur l'action municipale et les familles, Sherbrooke, 6 avril 1990.

Gouvernement du Québec, *Loi sur les cités et villes*, L.R.Q., chapitre C-19, à jour au 11 juillet 1995.

Gouvernement du Québec, *Loi sur l'aménagement et l'urbanisme*, L.R.Q., chapitre A-19.1, à jour au 11 juillet 1995.

Gouvernement du Québec, *Code municipal du Québec*, L.R.Q., chapitre C-27.1, à jour au 19 avril 1994.

Grandmont, Gérald, *Le rôle de l'État*, Texte de conférence, Colloque international sur le loisir, Trois-Rivières, Université du Québec à Trois-Rivières, 3 et 4 novembre 1994.

Gravel, Robert J., *L'affermage ou la privatisation des services municipaux*, Texte de conférence, Colloque international sur le loisir, Trois-Rivières, Université du Québec à Trois-Rivières, 3 et 4 novembre 1994.

Grindstaff, Carl F., « La fécondité au Canada de 1951 à 1993 », *Tendances sociales canadiennes*, Statistique Canada, n° 39, Hiver 1995, p. 13-17.

Guy, Stella, *Une nouvelle concertation, une longue tradition ...*, Texte de conférence, Colloque international sur le loisir, Trois-Rivières, Université du Québec à Trois-Rivières, 3 et 4 novembre 1994.

Haut-Commissariat à la jeunesse, aux loisirs et aux sports, *Prendre notre temps. Livre vert sur le loisir au Québec*, Québec, Gouvernement du Québec, 1977.

Haut-commissariat à la jeunesse, aux loisirs et aux sports, *On a un monde à récréer. Livre blanc sur le loisir au Québec*, Québec, Gouvernement du Québec, 1979.

Hubert, Jean-Jacques, « Laval : priorité à la personne handicapée », *Municipalité*, février 1994, p. 10-11.

Institut québécois d'opinion publique (IQOP), *La concertation scolaire-municipale au Québec : étude qualitative*, Québec, Gouvernement du Québec, mars 1985.

Julien, Pierre-André, Lamonde, Pierre, Latouche, Daniel, *Québec 2001. Une société refroidie*, Montréal, Boréal Express, 1976.

Kotler, Philip, McDougall, Gordon H.G., Picard, Jacques L., *Principes de marketing*, Chicoutimi, Gaëtan Morin, 1980.

Lacerte, Pierre, « Pour en finir avec les dettes », *Affaires Plus*, 17, 10, Décembre 1994 – Janvier 1995, p. 14-18.

Lafortune, Benoît, « Les arts et la culture : une action soutenue des municipalités québécoises ? », *Loisir et société*, 16, 1, printemps 1993, p. 221-234.

Langlois, Simon, Baillargeon, Jean-Paul, Caldwell, Gary, Fréchet, Guy, Gauthier, Madeleine, Simard, Jean-Pierre, *La société québécoise en tendances 1960-1990*, Québec, Institut québécois de recherche sur la culture, 1990.

Légaré, Judith, Demers, Andrée, *L'évaluation sociale : savoirs, éthiques, méthodes*, Méridien, 1993.

Lehoux, Marc-André, *Une nouvelle concertation scolaire-municipale*, Texte de conférence, Colloque international sur le loisir, Trois-Rivières, Université du Québec à Trois-Rivières, 3 et 4 novembre 1994.

Letartre, Pierre A., « Responsabilisation du citoyen et tarification des services », *Municipalité*, décembre 1993 - janvier 1994, p. 18-24.

Levasseur, Roger, *Loisir et culture au Québec*, Montréal, Boréal Express, 1982.

Michaud, Henri, « L'Est du Québec se vide : Des prévisions pessimistes au moins jusqu'en 2016 », *Le Soleil*, Québec, 1er avril 1995, p. A-3.

Ministère de la Jeunesse, *Rapport sur le comité d'étude sur les loisirs, l'éducation physique et les sports*, Québec, Gouvernement du Québec, 1964.

Ministère de la Santé et des services sociaux, *Une réforme axée sur le citoyen*, Québec, Gouvernement du Québec, 1990.

Ministère des Affaires municipales, *Une fois élu*, Québec, Gouvernement du Québec, 1994.

Ministère des Affaires municipales, *La revalorisation du pouvoir municipale – Réforme fiscale*, Québec, Gouvernement du Québec, 1978, Fascicule 1 : fondements et principes.

Ministère des Affaires municipales, *Manuel de normalisation de la comptabilité municipale au Québec*, Québec, Gouvernement du Québec, avril 1985.

Ministère des Affaires municipales, *La politique culturelle du Québec*, Québec, Gouvernement du Québec, 1992.

Ministère des Affaires municipales, *Modifications territoriales des municipalités : Ici et ailleurs*, Québec, Gouvernement du Québec, 1993.

Ministère des Affaires municipales, *Guide pour l'élaboration des ententes intermunicipales*, Québec, Gouvernement du Québec, avril 1994.

Ministère des Affaires municipales et Conseil régional des loisirs du Saguenay – Lac-Saint-Jean, *La concertation scolaire municipale : guide pratique sur l'élaboration et la gestion des ententes scolaires municipales en loisir*, Québec, Gouvernement du Québec, 1993.

Ministère du Loisir, de la Chasse et de la Pêche, *Consulter pour mieux décider : guide de consultation municipale en loisir*, Québec, Gouvernement du Québec, 1984.

Ministère du Loisir, de la Chasse et de la Pêche, *Conférence thématique sur l'organisation du loisir municipal. Document de réflexion*, Québec, Gouvernement du Québec, 1985.

Ministère du Loisir, de la Chasse et de la Pêche, *Le portrait du loisir en milieu municipal*, Québec, Gouvernement du Québec, Service de l'analyse et de la recherche économique, 1985.

Ministère du Loisir, de la Chasse et de la Pêche, *L'État de la concertation scolaire-municipale au Québec*, Québec, Gouvernement du Québec, 1986.

Ministère du Loisir, de la Chasse et de la Pêche, *Ma famille, ma ville, nos loisirs*, Québec, Gouvernement du Québec, 1989.

Ministère du Loisir, de la Chasse et de la Pêche, *Politique sur le bénévolat en loisir*, Québec, Gouvernement du Québec, 1989.

Ministère du Loisir, de la Chasse et de la Pêche, *Guide des relations entre les municipalités et les associations locales de loisir*, Québec, Gouvernement du Québec, 1ᵉʳ trimestre 1991.

Morrissette, Pierre, *Le processus d'insertion sociale des immigrants et des communautés culturelles et le rôle des centres communautaires de loisir au Québec*, Texte de conférence, Colloque international sur le loisir, Trois-Rivières, Université du Québec à Trois-Rivières, 3 et 4 novembre 1994.

Parenteau, Roland (dir.), *Management public : comprendre et gérer les institutions de l'État*, Sainte-Foy, Presses de l'Université du Québec, 1992.

Pépin, André, « 808 000 assistés sociaux au Québec », *La Presse*, Montréal, 27 avril 1995, p. A-1 et A-2.

Pichette, Claude, *L'intervention en loisir : réinventer les structures*, Texte de conférence, Colloque international sur le loisir, Trois-Rivières, Université du Québec à Trois-Rivières, 3 et 4 novembre 1994.

Plourde, Serge, *Les valeurs éducatives du loisir, une force sous-utilisée*, Texte de conférence, Colloque international sur le loisir, Trois-Rivières, Université du Québec à Trois-Rivières, 3 et 4 novembre 1994.

Pronovost, Gilles, *Temps, culture et société*, Sainte-Foy, Presses de l'Université du Québec, 1983.

Pronovost, Gilles, *Loisir et Société : traité de sociologie empirique*, Sainte-Foy, Presses de l'Université du Québec, 1993.

Rabeau, Yves, « Salaires : stabilité forcée », *Revue Commerce*, novembre 1994, p. 93-94.

Regroupement québécois du loisir municipal, *L'intervention culturelle des municipalités québécoises*, Rapport d'une étude effectuée par la Chaire de gestion des arts de l'École des Hautes Études Commerciales de Montréal, Montréal, 1993.

Regroupement québécois du loisir municipal, « Le public des arts et de la consommation de produits culturels : 1991-2011 », *Agora*, vol. 16, nᵒ 2, juillet 1994, p. 17-18.

Renaud, Viviane, da Costa, Rosalinda, « La population immigrante du Québec », *Tendances sociales canadiennes*, Statistique Canada, nᵒ 7, Été 1995, p. 9-14.

Roberge, Pascal, « Une charte québécoise des municipalités : protection ou carcan ? », *Municipalité*, mars 1994, p. 13-16.

Roger, Paul-André, *Une nouvelle concertation scolaire-municipale*, Texte de conférence, Colloque international sur le loisir, Trois-Rivières, Université du Québec à Trois-Rivières, 3 et 4 novembre 1994.

Secrétariat à la famille, *Familles en tête 1995-1997 : les défis à relever*, Gouvernement du Québec, Ministère du Conseil exécutif, mars 1994.

Simard, René, *La jeunesse actuelle dans la tourmente d'une société qui change*, Texte de conférence, Colloque international sur le loisir, Trois-Rivières, Université du Québec à Trois-Rivières, 3 et 4 novembre 1994.

Sodem Recherche et Développement, *La politique culturelle du Québec... outil de partenariat et de développement pour les municipalités*, Actes du colloque sur la politique culturelle et les municipalités tenu à Saint-Hyacinthe le 8 octobre 1992, Montréal, Regroupement québécois du loisir municipal et Union des municipalités du Québec, 1992.

Soubrier, Robert, *Planification, aménagement et loisir*, Sillery, Presses de l'Université du Québec, 1988.

Statistique Canada, *Profil des divisions et subdivisions de recensement du Québec*, Parties A et B, 1991, Volumes I et II.

Statistique Canada, « Familles, 1992 », *Le Quotidien*, 17 août 1994, p. 5-7.

Statistique Canada, « Croissance des emplois à temps partiel », *Le Quotidien*, 6 septembre 1994, p. 3-6.

Statistique Canada, « Familles aînées, 1992 », *Le Quotidien*, 13 septembre 1994, p. 2-3.

Statistique Canada, « Estimations de la population au 1er juillet », *Le Quotidien*, 27 septembre 1994, p. 5-6.

Statistique Canada, « Enquête sur la population active », *Le Quotidien*, le 6 janvier 1995, p. 2-6.

Statistique Canada, « Projections démographiques pour le Canada, les provinces et les territoires », *Le Quotidien*, 23 janvier 1995, p. 7-8.

Thillay, Philippe, *À la croisée de l'école et de la famille*, Texte de conférence, Colloque international sur le loisir, Trois-Rivières, Université du Québec à Trois-Rivières, 3 et 4 novembre 1994.

Tocquer, Gérard, Zins, Michel, *Marketing du tourisme*, Boucherville, Gaëtan Morin, 1987.

Tremblay, René, *Le Regroupement des services de loisir des municipalités de Bernières et de Saint-Nicolas : enjeux et modalités d'intégration*, Rapport d'activité présenté pour l'obtention de la maîtrise en analyse et gestion urbaines, Montréal, UQAM, 1994.

Union des municipalités du Québec, *Rapport de la Commission d'étude sur les municipalités*, Montréal, U.M.Q., 1986.

Union des municipalités du Québec, *Rapport du comité de travail sur le développement communautaire*, Montréal, UMQ, mars 1994.

Ville de Beauport, Service des loisirs et de la vie communautaire, *Orientations du Service des loisirs et de la vie communautaire*, Beauport, 1995.

Ville de Beauport, Service des loisirs et de la vie communautaire, *Code d'éthique des administrateurs bénévoles de Beauport*, Beauport, 1995.

Ville de Charlesbourg, *Politique d'intervention communautaire*, Charlesbourg, 1991.

Ville de Charlesbourg, *Énoncé de politique familiale : plan d'action 1993-1998*, Charlesbourg, 1993.

Ville de Lachine, *Politique familiale de la Ville de Lachine*, Lachine, 1990.

Ville de Longueuil, *Guide de l'intervenant : organismes de loisirs et de développement communautaire*, Longueuil, 1989.

Ville de Montréal, Service des loisirs et du développement communautaire, *Programme jeunesse 2000 : loisirs pour et par les jeunes de 13 à 17 ans*, Montréal, 1990.

Ville de Pincourt, *Politique d'intervention sociocommunautaire*, Pincourt, Direction des services communautaires et du développement urbain, 1994.

Ville de Québec, Service des loisirs et de la vie communautaire, *Programme d'intervention municipale au regard de la clientèle adolescente à l'intention des organismes de loisir et sociocommunautaires*, Québec, 1995.

Ville de Sherbrooke, *Premier plan d'action en matière de politique municipale*, Sherbrooke, 1992.

Annexe

Profil sociodémographique de la population de la Ville de Sherbrooke

Profil sociodémographique de la Ville de Sherbrooke

CARACTÉRISTIQUES

POPULATION

Population, 1986 .... 74 478 A
Population, 1991 .... 76 429
Taux de variation de la population,
1986-1991 .... 2,6 %
Superficie en kilomètres carrés, 1991 ... 56,96

CARACTÉRISTIQUES DE LA POPULATION

Population totale 76 425

Selon le sexe et l'âge

Masculin, total 35 595
  0- 4 ans 2 085
  5- 9 ans 2 000
  10-14 ans 2 265
  15-19 ans 2 415
  20-24 ans 3 630
  25-29 ans 3 575
  30-34 ans 3 050
  35-39 ans 2 845
  40-44 ans 2 510
  45-49 ans 2 245
  50-54 ans 1 730
  55-59 ans 1 620
  60-64 ans 1 560
  65-74 ans 2 570
  75 ans et plus 1 500

Féminin, total 40 835
  0- 4 ans 1 905
  5- 9 ans 1 865
  10-14 ans 2 175
  15-19 ans 2 565
  20-24 ans 3 650
  25-29 ans 3 385
  30-34 ans 3 240
  35-39 ans 3 020
  40-44 ans 2 830
  45-49 ans 2 630
  50-54 ans 2 070
  55-59 ans 2 010
  60-64 ans 2 055
  65-74 ans 4 005
  75 ans et plus 3 425

Selon l'état matrimonial légal, personnes de 15 ans et plus

Célibataires (jamais marié(e)s) 25 850
Légalement marié(e)s (et non
séparé(e)s) 24 760
Légalement marié(e)s et séparé(e)s 1 830
Veufs(ves) 5 320
Divorcé(e)s 6 370

CARACTÉRISTIQUES

Selon la langue maternelle

Réponses uniques 75 055
Anglais 2 735
Français 70 440
Langues non officielles 1 885
  Italien 95
  Espagnol 395
  Grec 35
  Arabe 265
  Portugais 45
  Autres langues 1 055

Réponses multiples 1 370
Anglais et français 1 065
Anglais et langue non officielle 20
Français et langue non officielle 235
Anglais, français et langue non officielle ... 40
Langues non officielles 15

CARACTÉRISTIQUES DU LOGEMENT ET DU MÉNAGE

Nombre total de logements privés occupés 33 480

Selon le mode d'occupation

Possédé 11 665
Loué 21 815
Logement de bande .... -

Selon le type de construction résidentielle

Maison individuelle non attenante 8 565
Maison jumelée 740
Maison en rangée 470
Appartement, duplex non attenant 2 960
Immeuble d'appartements,
cinq étages ou plus 1 760
Immeuble d'appartements, moins de
cinq étages 18 775
Autre maison individuelle attenante 205
Logement mobile 5

Nombre total de ménages privés 33 480

Selon la taille du ménage

1 personne 11 850
2 personnes 11 295
3 personnes 5 065
4-5 personnes 4 920
6 personnes ou plus 340

CARACTÉRISTIQUES

Selon le nombre de familles de recensement

Ménage non familial	13 855
1 famille de recensement	19 550
2 familles de recensement ou plus	75

Nombre de personnes dans les ménages privés	72 725
Nombre moyen de personnes par ménage	2,2

CARACTÉRISTIQUES DE LA FAMILLE DE RECENSEMENT

Nombre total de familles de recensement dans les ménages privés 19 700

Selon la taille de la famille de recensement

2 personnes	10 290
3 personnes	4 605
4 personnes	3 530
5 personnes ou plus	1 275

Selon la structure de la famille et la présence de fils et filles jamais mariés

Total des familles époux-épouse 15 785

Total des familles comptant un couple actuellement marié 11 925

Total sans fils et filles à la maison	5 375
Total avec fils et filles à la maison	6 550
1	2 610
2	2 830
3 ou plus	1 100

Total des familles comptant un couple en union libre 3 860

Total sans fils et filles à la maison	2 400
Total avec fils et filles à la maison	1 465
1	860
2	475
3 ou plus	125

Total des familles monoparentales 3 915

Parent de sexe masculin	575
1	395
2	155
3 ou plus	30
Parent de sexe féminin	3 345
1	2 120
2	980
3 ou plus	240

CARACTÉRISTIQUES DE LA FAMILLE DE RECENSEMENT

Nombre total de fils et filles jamais mariés à la maison 19 685

CARACTÉRISTIQUES

Selon l'âge

Moins de 6 ans	4 565
6-14 ans	7 440
15-17 ans	2 615
18-24 ans	3 515
25 ans et plus	1 545

Nombre moyen de fils et filles jamais mariés à la maison par famille de recensement 1,0

PERSONNES DANS LES MÉNAGES PRIVÉS

Selon la situation des particuliers dans la famille de recensement et selon la situation des particuliers dans le ménage

Nombre total de personnes	72 720
Nombre de personnes hors famille de recensement	17 555
Vivant avec des personnes apparentées	1 920
Vivant avec des personnes non apparentées uniquement	3 785
Vivant seules	11 850
Nombre de membres d'une famille	55 170

Nombre moyen de personnes par famille de recensement 2,8

Nombre total de personnes de 65 ans et plus	9 170
Nombre de personnes hors famille de 65 ans et plus	4 075
Vivant avec des personnes apparentées	615
Vivant avec des personnes non apparentées uniquement	270
Vivant seules	3 190
Nombre de membres d'une famille de 65 ans et plus	5 095

CARACTÉRISTIQUES DE LA FAMILLE ÉCONOMIQUE

Nombre total de familles économiques dans les ménages privés 20 245

Selon la taille de la famille

2 personnes	10 425
3 personnes	4 795
4 personnes	3 625
5 personnes ou plus	1 400

Nombre total de personnes dans les familles économiques 57 090

Nombre moyen de personnes par famille économique 2,8

Nombre total de personnes hors famille économique 15 635

CARACTÉRISTIQUES

CARACTÉRISTIQUES DE LA POPULATION

POPULATION TOTALE
(DONNÉES INTÉGRALES) 76 429

POPULATION TOTALE (EXCLUANT LES
PENSIONNAIRES D'UN ÉTABLISSEMENT
INSTITUTIONNEL) 74 490

Selon la langue parlée à la maison

Réponses uniques	73 695
Anglais	2 320
Français	69 995
Langues non officielles	1 375
Italien	35
Espagnol	250
Grec	30
Arabe	95
Chinois	125
Autres langues	845
Réponses multiples	795

Selon la connaissance des langues officielles

Anglais seulement	820
Français seulement	44 215
Anglais et français	29 195
Ni l'anglais ni le français	260

Selon la connaissance des langues non officielles

Italien	435
Espagnol	1 425
Arabe	500
Grec	50
Allemand	345
Créole	125
Portugais	150

Selon la religion

Catholique	67 480
Protestante	2 440
Autres religions	1 040
Aucune religion	3 520

Selon l'origine ethnique

Origines uniques	69 275
Français	63 245
Britannique	2 175
Italien	510
Juif	55
Autochtone	265
Grec	35
Origines noires	125
Autres origines uniques	2 865
Origines multiples	5 210

CARACTÉRISTIQUES

Selon la citoyenneté

Citoyenneté canadienne	72 790
Citoyenneté autre que canadienne	1 700

Selon le lieu de naissance

Population non immigrante	70 645
Née dans la province de résidence	69 255
Population immigrante	3 440
État-Unis d'Amérique	680
Amérique du Sud et Amérique centrale ...	295
Caraïbes et Bermudes	200
Royaume-Uni	80
Autre Europe	1 135
Afrique	270
Inde	20
Autre Asie	740
Océanie et autres	15
Résidents non permanents	410

POPULATION IMMIGRANTE TOTALE 3 435

Selon la période d'immigration

Avant 1961	570
1961-1970	550
1971-1980	750
1981-1991	1 570

Selon l'âge à l'immigration

0-4 ans	460
5-19 ans	1 000
20 ans et plus	1 975

Mobilité
Population totale de 1 an et plus 71 990

Selon le lieu de résidence 1 an auparavant

Personnes n'ayant pas déménagé	55 970
Personnes ayant déménagé	16 020
Migrants intraprovinciaux	15 530
Migrants interprovinciaux	185
Migrants externes	305

Population totale de 5 ans et plus 68 890

Selon le lieu de résidence 5 ans auparavant

Personnes n'ayant pas déménagé	30 405
Personnes ayant déménagé	38 490
Non-immigrants	23 235
Migrants	15 250
Migrants internes	13 970
Migrants intraprovinciaux	13 435
Migrants interprovinciaux	540
Migrants externes	1 280

FEMMES DÉJÀ MARIÉES DE 15 ANS ET PLUS

Selon les enfants mis au monde

Femmes déjà mariées de 15 ans et plus	23 480
Enfants mis au monde pour 1 000	2 432
Femmes déjà mariées de 15-44 ans	11 005
Enfants mis au monde pour 1 000	1 336

POPULATION TOTALE DE 15-24 ANS 12 190

Selon la fréquentation scolaire

Ne fréquentant pas l'école	3 935
Fréquentant l'école à plein temps	7 300
Fréquentant l'école à temps partiel	945

POPULATION TOTALE DE 15 ANS ET PLUS 62 205

Selon le plus haut niveau de scolarité atteint

N'ayant pas atteint la 9e année	11 805
9-13e année	
- sans certificat d'études secondaire	9 925
- avec certificat d'études secondaires	9 280
Certificat ou diplôme d'une école de métiers	3 630
Autres études non universitaires seulement	
- sans certificat	4 560
- avec certificat	8 815
Études universitaires - sans grade	5 755
- sans certificat	995
- avec certificat	4 765
- avec grade	8 435

Selon l'activité

Hommes - 15 ans et plus	28 625
Population active	20 215
Personnes occupées	17 580
Chômeurs	2 635
Taux de chômage	13,0
Taux d'activité	70,6
Femmes - 15 ans et plus	33 585
Population active	18 140
Personnes occupées	15 940
Chômeuses	2 200
Taux de chômage	12,1
Taux d'activité	54,0
Sans enfants à la maison	49,9
Avec enfants à la maison	64,1
De moins de 6 ans seulement	59,4
Certains de moins de 6 ans	63,9
Les deux sexes - taux de chômage	12,6
15-24 ans	19,1
25 ans et plus	10,9
Les deux sexes - taux d'activité	61,7
15-24 ans	64,7
25 ans et plus	60,9

POPULATION ACTIVE TOTALE DE 15 ANS ET PLUS 38 355

Sans objet 1 345

Selon les divisions d'industries

Toutes les industries	37 010
Industries primaires	420
Industries manufacturières	5 875
Industries de la construction	1 610
Industries du transport et de l'entreposage	625
Industries des communications et autres services publics	1 045
Industries du commerce	6 080
Industries des intermédiaires financiers, des assurances et des services immobiliers	1 605
Industries des services gouvernementaux	2 515
Industries des services d'enseignement	4 335
Industries des services de soins de santé et des services sociaux	5 575
Autres industries	7 325

Selon le sexe et les grands groupes de professions

Hommes - toutes les professions	19 500
Directeurs, gérants, administrateurs et personnel assimilé	2 510
Enseignants et personnel assimilé	1 305
Médecine et santé	875
Trav. des sciences nat. et soc., clergé, prof. du dom. art. et personnel assimilé	2 230
Employés de bureau et travailleurs assimilés	1 180
Travailleurs spécialisés dans la vente	2 275
Travailleurs spécialisés dans les services	2 495
Travailleurs des industries primaires	380
Travailleurs des industries de transformation	985
Usineurs et trav. spéc. dans la fabrication, le montage et la répar. de produits	2 125
Travailleurs du bâtiment	1 445
Personnel d'exploitation des transports	925
Autres professions	775
Femmes - toutes les professions	17 510
Directeurs, gérants, administrateurs et personnel assimilé	1 330
Enseignants et personnel assimilé	1 450
Médecine et santé	2 395
Trav. des sciences nat. et soc., clergé, prof. du dom. art. et personnel assimilé	1 310
Employés de bureau et travailleurs assimilés	5 030
Travailleurs spécialisés dans la vente	1 475

Profil sociodémographique de la Ville de Sherbrooke

Travailleurs spécialisés dans
les services 3 045
Travailleurs des industries primaires ...   85
Travailleurs des industries de
transformation 295
Usineurs et trav. spéc. dans la fabrication,
le montage et la répar. de produits 870
Travailleurs du bâtiment 40
Personnel d'exploitation des transports ...   35
Autres professions 165

Selon le sexe et la catégorie de travailleurs

Hommes - toutes les catégories
de travailleurs 19 500
Employés 17 450
Trav. autonomes (constitués en société) .   765
Trav. autonomes (non constitués en
société) 1 270
Femmes - toutes les catégories
de travailleuses 17 510
Employées 16 580
Trav. autonomes (constituées en société)   250
Trav. autonomes (non constituées en
société) 645

Selon le lieu de travail

Hommes - population active occupée ...   17 585
Lieu de travail habituel 16 310
  Dans la SDR de résidence 12 440
  Dans une autre SDR 3 870
    Dans la même division de
    recensement 1 525
À domicile 1 060
En dehors du Canada 45
Sans lieu de travail habituel 170

Femmes - population active occupée ...   15 940
Lieu de travail habituel 14 840
  Dans la SDR de résidence 12 250
  Dans une autre SDR 2 590
    Dans la même division de
    recensement 1 125
À domicile 1 015
En dehors du Canada 20
Sans lieu de travail habituel 70

CARACTÉRISTIQUES DU LOGEMENT

TOTAL DES LOGEMENTS PRIVÉS OCCUPÉS . 33 480

Nombre moyen de pièces par logement ...   4,8

Nombre moyen de chambres à coucher
par logement 2,2

Valeur moyenne du logement $ 94 503

CARACTÉRISTIQUES

Selon l'état du logement

Entretien régulier seulement 24 280
Réparations mineures 7 015
Réparations majeures 2 190

Selon la période de construction

Avant 1946 .... 5 820
1946-1960 .... 6 890
1961-1970 .... 6 795
1971-1980 .... 6 500
1981-1985 .... 2 665
1986-1991 .... 4 805

CARACTÉRISTIQUES DU MÉNAGE

TOTAL DES MÉNAGES PRIVÉS 33 480

Nombre moyen de personnes par pièce ...   0,4
Locataires - ménages unifamiliaux
sans autres personnes 9 650
Loyer brut moyen $ 475
Loyer brut >= 30 % du revenu du ménage   2 860
Propriétaires - ménages unifamiliaux
sans autres personnes 8 885
Moyenne des principales dépenses de
propriété $ 633
Principales dépenses de propriété
>= 30 % du revenu du ménage 1 190

CARACTÉRISTIQUES DU REVENU - 1990

REVENU D'EMPLOI SELON
LE SEXE ET LE TRAVAIL

Hommes

Ayant travaillé à plein temps
toute l'année 10 330
Revenu d'emploi moyen $ 34 644
Erreur type du revenu d'emploi moyen $ ..   486
Ayant travaillé une partie de l'année
ou à temps partiel 9 590
Revenu d'emploi moyen $ 16 627
Erreur type du revenu d'emploi moyen $ ..   376

Femmes

Ayant travaillé à plein temps
toute l'année 7 430
Revenu d'emploi moyen $ 23 997
Erreur type du revenu d'emploi moyen $ ..   368
Ayant travaillé une partie de l'année
ou à temps partiel 10 595
Revenu d'emploi moyen $ 11 416
Erreur type du revenu d'emploi moyen .   226

Composition du revenu total

Total %	100,0
Revenu d'emploi %	73,1
Transferts gouvernementaux %	16,5
Autre revenu %	10,4

REVENU TOTAL SELON LE SEXE

Hommes de 15 ans et plus

avec un revenu	27 135
Moins de 1 000 $	645
1 000 $ - 2 999 $	870
3 000 $ - 4 999 $	955
5 000 $ - 6 999 $	1 710
7 000 $ - 9 999 $	2 615
10 000 $ - 14 999 $	3 630
15 000 $ - 19 999 $	3 200
20 000 $ - 24 999 $	2 755
25 000 $ - 29 999 $	2 670
30 000 $ - 39 999 $	3 570
40 000 $ - 49 999 $	1 855
50 000 $ et plus	2 655
Revenu moyen $	24 805
Revenu médian $	19 834
Erreur type du revenu moyen $	279

Femmes de 15 ans ou plus

avec un revenu	29 995
Moins de 1 000 $	1 105
1 000 $ - 2 999 $	1 660
3 000 $ - 4 999 $	1 800
5 000 $ - 6 999 $	3 110
7 000 $ - 9 999 $	4 665
10 000 $ - 14 999 $	6 080
15 000 $ - 19 999 $	3 410
20 000 $ - 24 999 $	2 800
25 000 $ - 29 999 $	1 810
30 000 $ - 39 999 $	2 045
40 000 $ - 49 999 $	850
50 000 $ et plus	650
Revenu moyen $	15 484
Revenu médian $	11 789
Erreur type du revenu moyen $	158

REVENU DE LA FAMILLE - TOUTES LES FAMILLES DE RECENSEMENT

REVENU DE LA FAMILLE - TOUTES LES FAMILLES DE RECENSEMENT ..	19 705
Moins de 10 000 $	1 290
10 000 $ - 19 999 $	3 565
20 000 $ - 29 999 $	3 410
30 000 $ - 39 999 $	3 280
40 000 $ - 49 999 $	2 320
50 000 $ - 59 999 $	1 910
60 000 $ - 69 999 $	1 240
70 000 $ et plus	2 690
Revenu moyen $	41 732
Revenu médian $	34 555
Erreur type du revenu moyen $	453

FRÉQUENCE DES UNITÉS À FAIBLE REVENU

Toutes les familles économiques	20 270
Familles économiques à faible revenu	4 295
Fréquence des unités à faible revenu %	21,2
Toutes les personnes hors familles économiques	15 595
Personnes hors familles économiques à faible revenu	7 575
Fréquence des unités à faible revenu % .	48,6
Population totale dans les ménages privés	72 635
Personnes à faible revenu dans les unités familiales	19 090
Fréquence des unités à faible revenu % .	26,3

REVENU DU MÉNAGE – TOUS LES MÉNAGES PRIVÉS

TOUS LES MÉNAGES PRIVÉS	33 480
Moins de 10 000 $	5 105
10 000 $ - 14 999 $	4 370
15 000 $ - 19 999 $	3 730
20 000 $ - 29 999 $	5 815
30 000 $ - 39 999 $	4 600
40 000 $ - 49 999 $	2 990
50 000 $ - 59 999 $	2 275
60 000 $ - 69 999 $	1 500
70 000 $ et plus	3 090
Revenu moyen $	33 365
Revenu médian $	25 670
Erreur type du revenu moyen $	319